本书为

国家社会科学基金重大项目『秦汉时期的国家建构、民族认同

与社会整合研究』（17ZDA180）

重庆大学中央高校基本科研业务费专项资金项目（文科振兴计划）

『中国历史时期的国家治理与社会文化变迁』（2021CDJSKZX03）

研究成果

秦汉时空观念研究

董涛 著

社会科学文献出版社
SOCIAL SCIENCES ACADEMIC PRESS (CHINA)

序

时空观念是人们对时间和空间的探索和认识，也是人们认知宇宙、自然的一种最为通常、普遍的方式。在人类历史上，当产生了最初的原始农业和农业定居聚落时，对幽深玄妙的时空进行探索就成为原始先民最重要的任务之一。由于时空对古代人生产、生活的极端重要性，对它的探讨，既构成早期人类以天文学为主体的科学技术体系，也在历史演进中形成早期政治文化的重要内涵。这在古代中国亦是如此。史前中国先民对天人关系和宇宙、方位的认知，大都与时空观念有着紧密联系。这种联系使史前先民往往将观测天象、物候等作为其时最重要的生存手段，并通过观天测地而实现对宇宙、时空的认知。从先秦到秦汉，中国古代时空观念及相关科学技术相互促进、长足发展，既提升了古代中国人对时空、宇宙的认知水平，也奠定了与这种时空、宇宙观念有着密切联系的政治文化、科技知识的基础，使中国古代文化、科技呈现出鲜明特色。因此，研究先秦、秦汉的时空、宇宙观念，有着重要的学术价值。董涛所著《秦汉时空观念研究》一书，正是通过对秦汉时人的时空观念的探索，从一个新的视角展现并阐释了秦汉时期的政治、科技、文化等方方面面的问题，对我们深入认识秦汉时期的时空观及相关问题有着重要意义。

从人类历史演进看，最初的原始农业的产生，促进了以时空为主轴的原始天文学、农学等的萌芽和发展。原始农业是早期人类发展历程中的一次重要革命，它创造的人工栽培的生产方式，不仅为史前人类的食物来源提供了保障，同时也为人类的定居生活及社会组织的建立、发展提供了条件。而支撑最初的原始农业发展的最重要的科学技术就是原始天文学，这是因为人工栽培的原始农业需要有精确的时间观念，即对历法、节气、气象的掌握，这直接关系到人工栽培作物的收成及早期人类的社会活动。例如错过了农时，那么农作物的歉收就会造成先民的生存危机。同时，早期人类的诸多政治、军事、生产活动，也离不开对气候、环境的了解。因此，在人类最古典的科技中，以时空为主要对象的天文学始终是人类最重要的科技门类，也是早期人类文化最重要的组成部分。

在中国文明起源中，早期天文学伴随着史前先民的生产、生活而一同发展。从考古资料看，早在距今七八千年前后的聚落遗址就发现了原始天文学遗迹。例如在距今 8000 年前的河南舞阳贾湖遗址就发现如龟甲、骨笛、叉形器成组出现的随葬品；在距今 7000 多年前的内蒙古兴隆洼遗址、辽宁阜新查海遗址中，也发现选用真玉精制的如玉玦、玉钻孔匕形器、玉斧、玉锛以及钻孔圆蚌等“神器”；在湖南沅水流域的高庙遗址下层，发现距今 7000 年前后的面积达 1000 多平方米的大型祭祀场和 39 个排列规律的祭祀坑，在出土陶器上发现了凤鸟负日、獠牙兽面（饕餮）、八角星纹及其组合图案，显然它们既属于祭器一类，也是其时先民太阳神崇拜的写照。从大量人类学材料看，这种太阳神崇拜遗迹，主要来自史前先民基于生存条件而对早期的天文学、数学、医学等公共服务产品的需求。但是在史前，这种公共服务产品往往是通过原始宗教的方式来获取的。例如史前宗教祭祀天地、神祇的祭坛等设施，就包含着观天测地、了解节气、预告风雨雷暴、驱邪祛病等诸般功能。所以，早期巫术所蕴含着的宗教与科学、迷幻与理性等内容，正是先民生产、生活所需求的各种实际功能的展现，在原始宗教的幕布下隐含着史前社会在物质与精神文化上的诸多发明、创造。又例如距今 8500—7800 年前后的湖北秭归东门头遗址发现的男性太阳神石刻图像，查海遗址中发现的用碎石块堆塑出的一条长 19.7 米的“石龙”，距今 7200—6400 年前后的内蒙古敖汉旗赵宝沟文化遗址中出土的 5 件刻画有神兽纹天象图案（包括神兽太阳纹、神兽月相纹、神兽星辰纹等）的陶尊等，就证明了早期聚落中先民的宗教信仰较集中地体现在与天文、天象有关的观象授时或预卜吉凶上。再如古人常常谈到的“律管候气”“测量日影”等，也是一种原始的天文技术。冯时先生在谈到贾湖遗址出土骨笛时指出，“十二律在当时很可能已经产生，而 22 支骨笛就是迄今我们所知的以骨为管的最早的骨律”,[①] 而这种“律管候气”，就是最早观测天象、节气的一种研几探赜的技术手段。

《史记 · 历书》索引述赞曰：“历数之兴，其来尚矣。重黎是司，容成斯纪。推步天象，消息母子。……敬授之方，履端为美。”它说明了早期人们的时空观及相关的天文学、数学等在中国文明起源中的重要价值。《周易 · 乾 · 文言》：“见龙在田，天下文明。”孔颖达《周易正义》则曰：“天下有文章而光明。”《周易 · 贲卦 · 彖传》亦记：“刚柔交错，天文也；

① 冯时：《中国天文考古学》，中国社会科学出版社，2010，第 267—268 页。

文明以止，人文也。观乎天文，以察时变；观乎人文，以化成天下。”这正说明了早期天文学与文明起源、发展的关系。从世界古老文明的发展看，与时空观密切相关的天文学、数学等不仅是服务于早期先民社会的文化之源，也是早期国家公共职能的重要元素。例如在中国的先秦时代，天文学就与早期国家的设官分职密切联系。《左传》昭公十七年记少皞氏以鸟名官曰：“秋，郯子来朝，公与之宴。昭子问焉，曰：‘少皞氏鸟名官，何故也?’郯子曰：‘……我高祖少皞挚之立也，凤鸟适至，故纪于鸟，为鸟师而鸟名。凤鸟氏，历正也；玄鸟氏，司分者也；伯赵氏，司至者也。’”杜注谓：“凤鸟知天时，故以名历正之官。”孔疏曰：“历正，主治历数、正天时之官，故名其官为凤鸟氏也。”它说明早期的神祇、官职与天文、历法、节令等公共事务息息相关。《左传》昭公元年又记子产曰：“昔高辛氏有二子，伯曰阏伯，季曰实沈……后帝不臧，迁阏伯于商丘，主辰。商人是因，故辰为商星。”意为高辛氏之子阏伯被迁于商丘，使其“主辰”，而“主辰”即是对辰星的观测、祭祀。辰星即大火星，大火星系二十八宿中东方苍龙七宿之心宿第二宿。对大火星观测、祭祀之官，也是观天象、测农时的官吏，亦称“火正”。《国语·楚语下》：“及少皞之衰也，九黎乱德，民神杂糅……颛顼受之，乃命南正重司天以属神，命火正黎司地以属民。”“火正”一职，既是祭祀之官，亦是观测、预报农业节气的民事之官，故而文献记其有“司地以属民”的民事职能。《史记·殷本纪》则有商族先祖契辅佐禹治水有功，舜命契为司徒（司土），“敬敷五教”的记载。故《史记·历书》载：“王者易姓受命，必慎始初，改正朔，易服色，推本天元，顺承厥意。”它说明了时空观及相应的天文学知识，不仅在古代百姓的社会生活中，在大一统的王朝国家中也起着重要作用。

但是，对于秦汉时期的时空观及相关科学技术的探讨，无疑是有着较大难度的课题。严格来说，从先秦至秦汉的时空观是一个多学科问题。由于古代时空观及人们对宇宙的认识大都遮掩在古代宗教的幕布下，因此它不仅是科学技术问题的探讨，也包括了古代宗教、哲学、政治学、人类学等学科界域的诸种问题。“天人之际”自古以来就是人们所关注的问题，尤其是与时空观有密切关联的制历、星象、占卜，包括王朝改易的“正朔”等，在王朝历史上本身就呈现为一种“推本天元，顺承厥意”的政治文化。这种情形给当代学者对中国古代时空、宇宙及天文、数术等的探究增加了极大困难，它不仅要求学者具备丰富的历史、文献知识，也要求相关的科学、技术知识甚至古代宗教知识。因此，经过历代学者的努力，该领域目前虽也有颇为丰硕的成果，但是与历史学其他领域的长足发展相比，它仍然处于较薄弱的研究境地，尚有较大的研究空间。

《秦汉时空观念研究》一书，正是作者在这一领域寒耕暑耘、有所创获的一部作品。该书以秦汉天文、测度与计时仪器为主要研究对象，依据考古发现和传世文献中的天文仪器资料，而对秦汉时人的时空观、天人观等进行了较系统的分析、研究。该书重点探讨了历史早期的时空、天文测绘工具的产生和发展，同时对“规”“矩”“准”“绳”，以及土圭、圭表、璇玑、浑仪、漏刻等测绘计时工具的产生、发展、功能、运用等探赜索隐，钩深致远。而这些问题的深入探讨无疑使我们对秦汉的时空、天文观念及测绘、计时仪器有了新的认识。更加重要的是，该书还对隐藏在这些仪器、观念背后的科技知识及政治文化内涵进行了颇有深度的分析、研究，例如对规矩、准绳与时空、宇宙观念，璇玑、浑仪与星象模拟中的时空认知，漏刻与精确时间观念，以及威斗与时空模拟、政治斗争中的厌胜作用等的关联都做了爬梳、阐释，使我们能够知晓秦汉时期测绘仪器的功能、作用及时人时空观、宗教观的变化等。书中亦经由对天文、历法等古老的科学技术进行分析，将秦汉时人的时空观与“天人合一”“天人之际”的政治、社会关系进行综合考察，进一步论述了秦汉时空、宇宙观念的宗教文化的特征。实际上，在古代中国，根据星象制作的璇玑玉衡等天文仪器，并非单纯的测量工具，也蕴含了王朝统治者试图借助天文、星宿等宗教观念来维持人间的等级秩序的现实意图。为了更好发挥这种测量工具的作用，王朝统治者并没有停留在对天象的简单模拟，而是根据政治斗争的需要，通过对天体运行规律的掌握建构起一种能够预知吉凶、防范禁忌等的宗教文化，这也是古代择日而行的思想基础。在统治者倡导下，秦汉民间社会此观念、手段亦甚为流行。所以，尽管看似是纯粹涉及自然科学的时空观念，但是当它加入了政治、宗教的内容，就成为秦汉时代普及的“天人相兼”的政治文化，并被统治者当作对秦汉社会进行整合、控制的工具。西汉末期这种情况甚著。作为汉家外戚的王莽夺取汉政权，出于内心恐惧，一直着意于通过天文、星象、占卜等观念、手段来厌胜其所取代的汉家神灵。王莽铸造威斗即是典型例证。威斗以“斗”为名，其基本形制来自北斗七星，并参考了作为量具的斗的形状。但是王莽铸造威斗的主要目的并不是制作一种有效的天文测量仪器，而是为了厌胜前朝神灵和压制当时愈演愈烈的四方动乱。因为在王莽等人看来，王朝政治、社会规律和北斗七星在宇宙中的运动轨迹息息相关，这种关联性使北斗七星自然具有神秘的辟邪、祛魅功能。《汉书·王莽传》记此事曰："是岁八月，莽亲之南郊，铸作威斗。威斗者，以五石铜为之，若北斗，长二尺五寸，欲以厌胜众兵。既成，令司命负之，莽出在前，入在御旁。铸斗日，大寒，百官人马有冻死者。"这一段历史记述既形象地表现了天象、星宿运行与人间的帝王气象的关系，也证明了时人的"天人相和"、威斗厌胜的观念。因此，在对秦汉时期的时空观和测绘工具进行研究的同时，亦要注重隐藏在其背后的王朝政治文化及其变迁，只有这样，才能真正地认识秦汉时期的科技、文化及其与王朝政治的关系。

《秦汉时空观念研究》正是这么一部颇具研究难度而又富有新意的学术著作。当然，该书仍有需要进一步提升的空间。例如书中对先秦时空观和天文、历法等对秦汉时空观念建构的影响的分析、探讨还显得薄弱，对秦汉时空观与秦汉大一统时代政治、经济、文化、科技背景的有机联系等的探讨还略有不足。但是瑕不掩瑜，我们相信该书的出版，将会在秦汉政治史、科技史、宗教史等方面开启一扇新的窗户，以一种新视野来认识秦汉时期的政治、科技、宗教等错综复杂的多元关系。

李禹阶

2023 年 11 月

目　录

绪　论

一　研究对象

所谓时空观念，简而言之是人们对时间和空间的探索和认识。本书研究的对象是秦汉时代的时空观念，以及基于此而产生的思想观念对人们进一步探索时间和空间产生的影响。也就是说，本书研究的实质是探讨人们认知世界的方式，以及由此而形成的世界观。

人们对时间和空间的认知很大程度上来源于对天文现象的观测，天文可以说是时空观念的基础。长久以来，人们仰望星空的主要目的就是确定时间和空间，也正是基于这样的目的，人们发明了多种测量时空的工具，其中就包括规矩、准绳，以及圭表、浑仪、漏刻等。这些仪器产生的时间大都比较早，在原始社会古人就已经开始使用其中的某些仪器了。进入秦汉时期以后，这些仪器的设计和制作逐渐成熟，而且，除了部分仪器仍然保留神秘功能之外，多数仪器已逐渐走向实用，在历法修订等领域中发挥越来越关键的作用。

天体的周期性回归是人们最早发现的天文现象之一，这也是修订历法的重要基础。人们制作的一些天文仪器，就是用来观测或者模拟天体的运行进而测定时间的。当然，漏刻等设备的完善使得人们可以不再单纯地依赖天文现象来确定时间。之所以会对时间的精度有如此高的要求，是因为在农业时代，人们希望行政机构以及整个社会都能像天体那样一直有秩序地运行。在时人的认知中，一旦天文现象出现异常，就意味着灾难性的事件有可能会发生。一旦修订的历法与天文现象发生冲突，往往会引起人们思想上的恐慌。人们为了尽可能追求历法的精确，就需要长时间观察自然的变化，这也就要求观测仪器尽可能精准。所以中国古人会反复改进天文仪器，以期准确观测、模拟天象，并对天文现象做出预测。

人们基于特定的时空观念发明出各类仪器和设备，但同时这些仪器也在影响人们对于宇宙的认知。其具体表现就是，人们基于对这些仪器的使用，获得了更加精确的认识，进而催生出更为精细的工具。比如通过发明规矩和准绳等，可以获知较为精确的方位与尺寸信息；同样，人们通过对漏刻的使用，到汉代的时候就可以把时间精确到“刻”。人类发展的历史表明，工具的不断改良是推动人们思想意识前进的最为主要的因素之一。具体到秦汉时期，天文测量仪器的进步使得人们对于天文有了接近科学和理性的认知，从秦、西汉一直到东汉，人们不再仅仅使用这些仪器进行神秘巫术的占卜，也不再轻易相信鬼神对时间和空间的控制，转而对时间和空间进行精度测算。也就是说，有赖于工具的发展，人们思想中的理性因素逐渐加强，而其深远之影响，显然不仅限于时间和空间观念方面。

总体而言，秦汉的时空观念可以看作当时人们对自己生活的世界的认知，所以本书所论也包括对当时的人与天、地关系的思考和探索。众所周知，汉代人特别喜欢强调天人关系，然天人关系中的“天”其实也包括“天时”“节气”，是与时间密切相关的内容，所以时间问题在彼时人们的生活中有着特殊的意义。另外，秦汉时人也特别喜欢讲阴阳和五行，而五行中的方位观念亦是极为重要的问题，它关系到当时人们对空间的整体认识。尽管这种认识在很大程度上建立在想象的基础上，但它对当时以及后世人们思想的影响是不容忽视的。

本书对秦汉时空观念的研究重点观照人们探索和认识时间与空间的总体进程。此一时期，人们发明和创造观测仪器，在对时空的认识上取得长足的进步；但同时也应该注意到在探索时空过程中的曲折性，很多当时普适的观念在后来被认为是谬误，这导致人们对世界的认识也混淆着“科学”与“伪科学”。然我们研究的重点不是指责古人的谬误，而是探讨这些观念产生的过程以及对后世的影响。进一步说，本书的研究目的不是为其中的神秘思想寻求合理面。我们的主旨是对秦汉时代人们关于时间和空间的思维方式进行尽可能全面和深入的描述，为探索时人的思想提供新的渠道和新的研究模式，以期对秦汉历史有更为深入的认知。

二　研究史回顾

时空观念是历史久远的问题，古人认为“宇”是四方上下的空间，而“宙”是古往今来的时间。[①] 对于时间的流逝，孔子曾发出“逝者如斯夫，不舍昼夜”的感叹，而《庄子·庚桑楚》说：“出无本，入无窍。有实而无乎处，有长而无乎本剽。有所出而无窍者有实。有实而无乎处者，宇也；有长而

① 例如《文子·自然》引述老子之言曰：“往古来今谓之宙，四方上下谓之宇。”

无本剽者，宙也。”《管子·宙合》则描述人们生活的空间为“天地，万物之橐；宙合又橐天地”，意思是说天地万物均在空间之中。可知对时间、空间的抽象认知在春秋战国时代就已经形成。而现代科学认为“宇宙”除了时间和空间之外，还包含物质和能量，而且是运动的。人们的时空观念与观测仪器有着密切的关系，以下分别从早期计时仪器研究、天文学史与天文考古学研究、时间制度与计时方式研究三个方面介绍相关的学术成果。

1. 早期计时仪器研究

20 世纪初，学者陆续注意到中国古代的计时仪器，并对其展开研究。1919 年，常福元考察北京古观象台，发表《北京观象台仪器残缺记》① 一文，后又完成《天文仪器志略》② 一书，不仅在之前文章的基础上详细介绍了北京观象台的仪器，还以图文并举的形式介绍了其他多种天文仪器。1927 年，高鲁发表《玉盘日晷考》③ 一文，在这篇短文中介绍了当时端方收藏的日晷及其相关问题。1932 年，刘复发表名为《西汉时代的日晷》④ 一文，对后来的学者有较大的影响。其后高鲁又有《刘半农的西汉日晷》⑤ 一文回应刘复的研究，并进行了进一步的讨论。

1937 年，当时的中研院组织古代历史和古建筑等方面的

---

① 常福元：《北京观象台仪器残缺记》，《观象丛报》第 4 卷第 12 期，1919 年。

② 常福元：《天文仪器志略》，京华印书局，1921。

③ 高鲁：《玉盘日晷考》，《中国天文学会会刊》第 4 期，1927 年。

④ 刘复：《西汉时代的日晷》，国立北京大学《国学季刊》第 3 卷第 4 期，1932 年。

⑤ 高鲁：《刘半农的西汉日晷》，《宇宙》第 6 卷第 2 期，1935 年。

相关人员考察了位于河南登封的“周公测景台”遗址，参加实地考察的有董作宾、余青松、王显廷、高平子、刘敦桢、李鉴澄等。考察的结果结集成书，命名为《周公测景台调查报告》[①]。其中，董作宾执笔完成了该书最为核心的部分，此部分详细介绍了周公测景台的历史沿革以及测量方式等内容；其他学者也都从各自的领域对周公测景台进行了相关研究。

从20世纪30年代开始，王振铎逐步开展制作和复原古代科技模型的工作，与天文测量仪器有关的内容包括对候风地动仪和司南等古代仪器的复原等，[②] 另外，他还对漏刻的具体使用等问题提出了自己的看法。[③] 王振铎的复原工作建立在对史料详细考察的基础之上，其中不乏真知灼见，对具体认识古代的测量仪器提供了重要的参考依据。但史料记载毕竟有限，尤其是其中许多关键内容的缺失，使得复原工作必然掺杂想象的成分，未必完全与古人相合也是在所难免的。此外，李鉴澄先生对中国的天文学研究同样做出了极为突出的贡献，在古代天文仪器方面，他对晷仪和圭表、浑仪、浑象、简仪、漏壶、漏刻等进行了系统的研究，[④] 为后来的学者开拓思路提供了宝贵

---

① 《周公测景台调查报告》，商务印书馆，1937。

② 王振铎：《张衡候风地动仪的复原研究》，《文物》1963年第2、4、5期；王振铎：《司南指南针与罗经盘——中国古代有关静磁学知识之发现及发明》，《中国考古学报》第3—5期，后收入氏著《科技考古论丛》，文物出版社，1989。

③ 王振铎：《西汉计时器“铜漏”的发现及其有关问题》，《中国历史博物馆馆刊》总第2期，文物出版社，1980。

④ 李鉴澄：《晷仪——现存我国最古老的天文仪器之一》，中国天文学史整理研究小组编《科技史文集》第1辑《天文学史专辑》，上海科学技术出版社，1978。后来李鉴澄对圭表、浑仪等的研究成果，收入北京天文馆编《李鉴澄先生百岁华诞志庆集》（中国水利水电出版社，2005）。

的资料。

1956年，刘仙洲在世界科学史会议上宣读了《我国古代在计时器方面的发明》一文，增删改定后在国内发表。① 在这篇文章中，作者简要讨论了圭表、日晷、漏壶、莲花漏、田漏等计时仪器，并连带讨论了张衡制作的水力天文仪器上与时间计量有关的部分内容。这篇论文的考证非常翔实，但侧重点是在张衡以及张思训、沈括等人的水运计时仪器的运行原理等方面，对圭表和日晷、漏刻等只是做了简单的介绍。

《李约瑟中国科学技术史》第3卷《数学、天学和地学》② 对中国古代的天文仪器制作给予了极高的评价。作者在书中专辟一节讨论中国古代天文仪器的发展，分别论述圭和表、日晷、刻漏、璇玑玉衡、浑仪、浑象等一系列天文仪器的发展和演变历程，并针对其中的一些细节提出了极为新颖的见解，这些见解对后来关注同一问题的学者有着十分重要的指导意义。需要注意的是，李约瑟的研究除了关注中国古代的天文之外，还将中国古代天文学与同时代世界其他文明的天文学进行对比，并多方采纳西方学者对中国天文学的研究，使得这部著作中的相关内容丰富具体，也为后来的学者提供了宝贵的研究资料。

日本学者对中国古代天文学的关注也有着较为悠久的历史，例如新城新藏、薮内清等人，进行了具有开创性意义的研

---

① 刘仙洲：《我国古代在计时器方面的发明》，《清华北大理工学报》1975年第2期。

② 〔英〕李约瑟：《李约瑟中国科学技术史》第3卷《数学、天学和地学》，梅荣照等译，科学出版社、上海古籍出版社，2018。

究。其中新城新藏的《东洋天文学史研究》[①] 极具代表性，作者在这部出版于20世纪20年代的著作中谈到了西周的年代问题、二十八宿的起源问题，并根据《左传》和《国语》中有关年代的记述考证了两书的成书年代，其研究对后来的中国和日本学界产生了巨大影响。薮内清的《中国的天文学》[②] 以对历法的讨论为主，其中对中国古代天文仪器的研究颇具参考价值。其后中国学者也很快开始了对日晷的研究，中国的天文考古学由此逐渐展开。

2. 天文学史与天文考古学研究

20世纪80年代前后，系统研究中国古代天文学史的专著开始出现。郑文光《中国天文学源流》[③] 深入研究中国古代天文学的起源和形成等早期问题，尤其是其中第五章重点关注土圭之法和璇玑玉衡的问题，对这些中国古代天文仪器的原理和具体使用方式提出了自己的意见。他在这部分中也提出了所谓"仪器和星象的辩证统一"的观点，实可谓真知灼见。另外，潘鼐的《中国恒星观测史》[④] 同样应当引起重视，这部著作致力于讨论中国古代恒星观测的各个方面，其中也涉及天文仪器的研究。

1981年，中国天文学史整理研究小组编著《中国天文学史》[⑤] 出版，其中介绍了中国远古至近代天文学的发展历程，并着重介绍了中国古代的天文仪器，为后来学者的研究提供了

① 〔日〕新城新藏：《东洋天文学史研究》，京都：弘文堂，1928。这本书1933年由沈璿翻译成中文，由位于上海的中华学艺社出版。1993年，这本书的书名改为《中国天文学史研究》，由台湾翔大图书有限公司出版。

② 〔日〕薮内清：《中国的天文学》，东京：恒星社，1949。

③ 郑文光：《中国天文学源流》，科学出版社，1979。

④ 潘鼐：《中国恒星观测史》，学林出版社，2009。

⑤ 中国天文学史整理研究小组编著《中国天文学史》，科学出版社，1981。

非常宝贵的资料。陈遵妫《中国天文学史》[①] 除简要介绍了中国古代天文学的发展历程之外，着重于天文学本身概念的界定、中国古代天文学与算学之间的关系等内容，并对中国古代的天文仪器及使用方法进行了较为系统的说明。2003 年，《中国科学技术史 · 天文学卷》[②] 出版，该卷由陈美东主笔完成，纵向讨论了中国天文学从奠基到形成体系再到日趋成熟的发展历程，其中包括天文仪器的制作等内容，并着重介绍了天文学说对天文仪器的影响。1988 年郭盛炽的《中国古代的计时科学》[③] 一书出版，作者研究了中国古代的计时仪器，包括依靠太阳的圭表和日晷，以及漏刻和浑仪等，其中的观点至今仍然具有重要的参考价值。1991 年，江晓原的《天学真原》[④] 出版，指出在历法修订方面，天文学与政治文化、民众社会生活之间有着极为紧密的联系。

随着考古工作的开展，中国古代尤其是秦汉时代的计时仪器出土多件。其中漏刻较为常见，比较重要的有兴平铜漏、满城铜漏、千章铜漏、巨野铜漏等，[⑤] 这些考古资料的出土，为计时仪器的研究提供了极为宝贵的资料。其他的计时仪器如圭表等在考古发掘中也经常可以见到，例如江苏仪征出土了东汉

① 陈遵妫：《中国天文学史》（上、中、下），上海人民出版社，2006。

② 卢嘉锡总主编，陈美东著《中国科学技术史 · 天文学卷》，科学出版社，2003。

③ 郭盛炽编著《中国古代的计时科学》，科学出版社，1988。

④ 江晓原：《天学真原》，辽宁教育出版社，1991。

⑤ 相关的考古发掘报告见兴平县文化馆、茂陵文管所《陕西兴平汉墓出土的铜漏壶》，《考古》1978 年第 1 期；中国科学院考古研究所满城发掘队《满城汉墓发掘纪要》，《考古》1972 年第 1 期；伊克昭盟文物工作站《内蒙古伊克昭盟发现西汉铜漏》，《考古》1978 年第 5 期。

铜圭表，已有学者进行了研究工作。[①] 此外，安徽阜阳西汉汝阴侯墓出土了包括二十八宿圆盘在内的多件天文仪器，学界对这些仪器的原理和作用也有了一定认识。[②] 考古工作者还对东汉时期的灵台遗址进行了发掘工作，使得人们能够对东汉时期的国家天文台有直观的了解。[③] 马王堆汉墓出土了一批包括《五星占》《天文气象杂占》在内的天文资料，使得我们对秦汉时期的五星会合周期、公转周期以及彗星的观测水平都有了新的认识，而这些显然有赖于当时更加先进的观测仪器。[④]

基于这些考古发现的天文仪器资料，中国的天文考古学逐渐展开。根据冯时的叙述，中国的天文考古学开始于 20 世纪初对秦汉日晷等的研究。[⑤] 1933 年朱文鑫出版《天文考古录》[⑥] 一书，介绍了中国古代的天文学，这部书通常被认为是中国天文考古的发端。后来冯时在《中国天文考古学》一书中，对天文考古学的概念和定义进行了论述，也对中国古代的天文仪器进行了较为细致的梳理，其中的许多见解建立在翔实的考证基础上，具有极高的学术价值。另外，在此书出版之

① 车一雄、徐振韬、尤振尧：《仪征东汉墓出土铜圭表的初步研究》，中国社会科学院考古研究所编《中国古代天文文物论集》，文物出版社，1989。

② 王健民、刘金沂：《西汉汝阴侯墓出土圆盘上的二十八宿古距度的研究》，中国社会科学院考古研究所编《中国古代天文文物论集》。

③ 中国社会科学院考古研究所洛阳工作队：《汉魏洛阳城南郊的灵台遗址》，《考古》1978 年第 1 期。

④ 刘云友：《中国天文史上的一个重要发现——马王堆汉墓帛书中的〈五星占〉》，《文物》1974 年第 11 期；席泽宗：《马王堆汉墓帛书中的彗星图》，《文物》1978 年第 2 期。

⑤ 冯时：《中国天文考古学》。

⑥ 朱文鑫：《天文考古录》，商务印书馆，1933。朱文鑫另外有《历法通志》一书，对中国古代的历法问题多有新颖的见解（商务印书馆，1934）。

前，冯时也有多部相关的著作，包括《星汉流年——中国天文考古录》《出土古代天文学文献研究》《中国古代的天文与人文》[1] 等。他还将天文仪器及相关的内容编入《中国古代物质文化史·天文历法》[2] 一书中，可参看。

此外，有关天文考古方面的研究可参看日本学者樱井邦朋的《天文考古学入门》[3]，以及美国学者班大为的《中国上古史揭秘：天文考古学研究》[4]。后者以独特的视角对先秦时期天文现象与政治文化之间的联系做了系统的讨论，李学勤在该书序言中指出，班大为研究的重点内容在年代学，同时将天文学与思想史和军事史紧密地结合在一起，使得多个领域的学者都能够在这部书中得到启发。这样的评价无疑是准确的。关于天文考古学的研究，也可以参看陆思贤、李迪的《天文考古通论》[5]，其中对立杆测影与璇玑玉衡的研究对于认识早期天文仪器具有重要的作用。陆思贤还完成了《周易·天文·考古》[6] 一书，其中对周易与时空观念的讨论具有启发性。

刘金沂和赵澄秋的《中国古代天文学史略》[7]，对古代的天文仪器进行了介绍和研究，其中对于圭表的作用以及浑仪的产生等问题提出了具有启发性的意见。例如作者认为在秦汉以

---

① 冯时：《星汉流年——中国天文考古录》，四川教育出版社，1996；冯时：《出土古代天文学文献研究》，台北：台湾古籍出版有限公司，2001；冯时：《中国古代的天文与人文》，中国社会科学出版社，2006。

② 冯时：《中国古代物质文化史·天文历法》，开明出版社，2013。

③ 〔日〕樱井邦朋：《天文考古学入门》，东京：讲谈社，1982。

④ 〔美〕班大为：《中国上古史实揭秘——天文考古学研究》，徐凤先译，上海古籍出版社，2008。

⑤ 陆思贤、李迪：《天文考古通论》，紫禁城出版社，2000。

⑥ 陆思贤：《周易·天文·考古》，文物出版社，2014。

⑦ 刘金沂、赵澄秋：《中国古代天文学史略》，河北科学技术出版社，1990。

前就已经存在量角度的仪器，而这种仪器由平面立起，就成了立体测量角度的仪器，也就是所谓的“立圆为浑”。这样的观点是非常需要重视的。由吴守贤、全和钧主编的《中国古代天体测量学及天文仪器》[①] 是对古代天体测量思想和仪器使用进行系统研究的重要著作，该书分上、下两编，上编着重讨论天体测量学的理论，下编研究中国古代的天文观测仪器。需要特别指出的是，作者在书中介绍了天文仪器与中国古代政治文化及宇宙论，也就是民众对宇宙的认识，亦即时空观念，对于相关课题的研究无疑具有极大的启示意义。另外，由潘鼐主编的《中国古天文仪器史（彩图本）》[②]，对中国古代的天文仪器进行了系统的介绍，其中对一些较为重要的天文观测仪器如圭表、日晷、漏刻、浑象等进行了比较细致的描述，尤其是关注到受到西方天文学影响的部分仪器，具有较高参考价值。

1991 年华同旭的《中国漏刻》[③] 一书出版。在这部著作中，作者除了对传统文献予以系统爬梳，还结合大量的复制、模拟实验，对古代漏刻的结构、性能和历史沿革进行了全面的讨论。华同旭的研究展示了实验考古在古代仪器研究中的特殊作用，这样的研究对于认识漏刻的原理和使用方法都具有极其重要的意义。值得一提的是，该书中有许多认识来源于作者的科学实验，具有极为坚实的基础。后来华同旭还参与编著《中国计时仪器通史（古代卷）》[④]，广泛搜集和整理了与计时器相

① 吴守贤、全和钧主编《中国古代天体测量学及天文仪器》，中国科学技术出版社，2008。

② 潘鼐主编《中国古天文仪器史（彩图本）》，山西教育出版社，2005。

③ 华同旭：《中国漏刻》，安徽科学技术出版社，1991。

④ 陈美东、华同旭主编《中国计时仪器通史（古代卷）》，安徽教育出版社，2011。

关的各类基础史料，对中国古代的计时仪器进行了全面和系统的研讨。而且和他之前的研究模式相似，这部著作同样包含对计时仪器模型复原和模拟试验方面的工作，这些工作对于具体而形象地认识中国古代计时器的发展演进与使用方法具有极其重要的意义。同样是对中国古代计时仪器的研究，李志超的《中国水钟史》① 也具有较高的学术价值，这部著作分为上、下两编，上编主要讲古代的漏刻，下编的主要内容围绕水运仪象台展开。作者还讨论了计时仪器和时间观念之间的联系，认为物理学上的时间和哲学上的观念是相辅相成的，物理学上的时间要接受哲学观念的指导。

对漏刻的研究还可参见陈美东《我国古代漏壶的理论与技术——沈括的〈浮漏议〉及其它》②、全和钧和阎林山《关于西汉漏刻的特点和刻箭的分划》③ 等文，其对漏刻的原理和使用方法提出了较为新颖的见解。另外可关注徐振韬对浑仪的研究，④ 相关论文还有萧良琼《卜辞中的“立中”与商代的圭表测景》⑤、

① 李志超：《中国水钟史》，安徽教育出版社，2014。

② 陈美东：《我国古代漏壶的理论与技术——沈括的〈浮漏议〉及其它》，《自然科学史研究》1982 年第 1 期。另外，陈美东也讨论过古代年月长度的测量工作，见氏著《论我国古代年、月长度的测定（上）》，中国天文学史整理研究小组编《科技史文集》第 10 辑《天文学专辑（3）》，上海科学技术出版社，1983。

③ 全和钧、阎林山：《关于西汉漏刻的特点和刻箭的分划》，《自然科学史研究》1985 年第 3 期。

④ 徐振韬：《从帛书〈五星占〉看“先秦浑仪”的创制》，《考古》1976 年第 2 期，后收入《中国天文学史文集》编辑组编《中国天文学史文集》，科学出版社，1978。

⑤ 萧良琼：《卜辞中的“立中”与商代的圭表测景》，中国天文学史整理研究小组编《科技史文集》第 10 辑《天文学专辑（3）》。

秦建明《华表与古代测量术》[①] 等，孙机对天文仪器的研究也极具特色。[②]

3. 时间制度与计时方式研究

这里需要特别提出的是汉代时间制度和计时方式的研究。早年陈梦家研究汉简中的历法问题，同时讨论了汉代的纪时方式和汉代纪时所需的仪器。此外陈梦家对漏刻制度的研究，以及对式盘的研究，都具有启发意义。[③] 劳榦考察居延汉简，认为汉简中是一日十二时，而且每时的命名和《左传》杜预注相同；[④] 陈梦家则认为杜预的补充未必符合春秋战国时期的制度，并指出西汉时期已经有了十六时制或者十八时制，到东汉时期实行十二时制，并且与地支配合。1981 年，于豪亮根据睡虎地秦简《日书》中的相关资料，讨论记时和记月等问题，指出《日书》文献出土之后可证陈梦家对十二时制产生时间的判断存在问题。[⑤] 李均明则认可陈梦家对一日十八时的判断，并通过寻求若干个时称间的时间长度的方法，论证陈梦家关于一日十八时、一时十分的说法是成立的。[⑥] 宋镇豪《试论

---

① 秦建明：《华表与古代测量术》，《考古与文物》1995 年第 6 期。

② 孙机：《简论"司南"兼及"司南佩"》，《中国历史文物》2005 年第 4 期，后收入氏著《汉代物质文化资料图说（增订本）》，上海古籍出版社，2008。

③ 陈梦家：《汉简年历表叙》，《考古学报》1965 年第 2 期，后收入氏著《汉简缀述》，中华书局，1980。

④ 劳榦：《居延汉简考释·考证之部》卷二，《汉简研究文献四种》下册，北京图书馆出版社，2007。

⑤ 于豪亮：《秦简〈日书〉记时记月诸问题》，收入中华书局编辑部编《云梦秦简研究》，中华书局，1981。

⑥ 李均明：《汉简所见一日十八时、一时十分记时制》，《文史》第 22 辑，中华书局，1984。

殷代的纪时制度——兼谈中国古代分段纪时制》[①] 认为至迟商代晚期，时分纪时法已经比较成熟，时段名称有三十多个。陈美东著《中国科学技术史·天文学卷》[②] 也着重讨论了出土日书文献中的十六时制问题。

现在看来，陈梦家关于春秋战国时期没有十二时制的看法当是有问题的。陈槃认为先秦古籍中已经出现了十二分的说法；[③] 李学勤则进一步明确春秋时期就已经有十二分的说法，只是没有和十二地支相结合，并指出《吴越春秋》中所述的十二时名称与杜预所提到的基本相同。[④] 张闻玉也认可十二时制的说法，同时对十六时制提出质疑，他认为支撑十六时制的新材料《日书》中的《日夕表》，其作用是分度昼夜长短，并不是一种纪时制度。[⑤] 对于这种看法，也有学者提出不同的意见，[⑥] 后来张闻玉又针对质疑再次重申了自己的观点。[⑦]

1998 年，饶宗颐发表《论天水秦简中之“中鸣”、“后鸣”与古代以音律配合时刻制度》[⑧] 一文，讨论秦汉时制中的

---

① 宋镇豪：《试论殷代的纪时制度——兼谈中国古代分段纪时制》，《考古学研究（五）》上册，科学出版社，2003。

② 卢嘉锡总主编，陈美东著《中国科学技术史·天文学卷》。

③ 陈槃：《汉晋遗简偶述》，《中研院历史语言研究所集刊》第 16 本，1947 年。

④ 李学勤：《时分与〈吴越春秋〉》，《历史教学问题》1991 年第 4 期。

⑤ 张闻玉：《云梦秦简〈日书〉初探》，《江汉论坛》1987 年第 4 期，另参氏著《论时刻》，《金筑大学学报》（综合版）1996 年第 2 期。

⑥ 见王胜利《〈云梦秦简《日书》初探〉商榷》，《江汉论坛》1987 年第 11 期。

⑦ 张闻玉：《云梦秦简〈日书〉再探——答王胜利先生》，收入氏著《古代天文历法论集》，贵州人民出版社，1995。

⑧ 饶宗颐：《论天水秦简中之“中鸣”、“后鸣”与古代以音律配合时刻制度》，《简牍学研究》第 2 辑，甘肃人民出版社，1998。

“十六时制”问题、《日书》中的纳音办法，以及“中鸣”“后鸣”与“元鸣”“前鸣”；天水放马滩秦简发掘报告正式出版之后，曾宪通根据简文中的相关材料，对饶宗颐的论点进行了申述。[①] 曾宪通也有一篇文章讨论秦汉时制的问题，他认为秦汉时期确实同时存在着十二时制和十六时制，至于是否有十八时制和二十时制，需要进一步的研究。[②] 周家台秦汉墓确实出土了与“二十八时制”有关的资料，宋镇豪认为这种二十八时段是历法家为了对照便利而创制的，并不能作为当时实行二十八时制的证据。[③] 笔者也认为二十八时制可能只是用于择日术。[④]

宋会群、李振宏有《秦汉时制研究》[⑤] 一文，认为十二时制起源于对天穹以北极为中心的十二个方位的划分。王重民认为东汉时期十二时制取代了十六时制；[⑥] 尚民杰也认为十六时制产生的时间要早于十二时制，并指出十二时制取代十六时制是在自然的状态下完成的。[⑦] 相关研究还可参看陈伟《新发表楚简资料所见的纪时制度》[⑧]，张德芳《悬泉汉简中若干“时

---

① 曾宪通：《选堂先生与秦汉时制研究》，《韩山师范学院学报》2015 年第 5 期。

② 曾宪通：《秦汉时制刍议》，《中山大学学报》1992 年第 4 期。

③ 宋镇豪：《先秦时期是如何记时的》，《文史知识》1986 年第 6 期。

④ 董涛：《秦汉简牍〈日书〉所见“日廷图”探析》，《鲁东大学学报》2013 年第 5 期。

⑤ 宋会群、李振宏：《秦汉时制研究》，《历史研究》1993 年第 6 期。

⑥ 王重民：《说〈十二时〉》，《敦煌遗书论文集》，中华书局，1984。

⑦ 尚民杰：《从〈日书〉看十六时制》，《文博》1996 年第 4 期；《云梦〈日书〉十二时名称考辨》，《华夏考古》1997 年第 3 期；《居延汉简时制问题探讨》，《文物》1999 年第 11 期。

⑧ 陈伟：《新发表楚简资料所见的纪时制度》，《第三届国际中国古文字学研讨会论文集》，香港：问学社，1997。

称”问题的考察》《简论汉唐时期河西及敦煌地区的十二时制和十六时制》[①]，以及森和《〈日书〉与中国古代史研究——以时称和时制的问题为例》[②]、李解民《秦汉时期的一日十六时制》[③]、吕世浩《汉代时制初探——以悬泉置出土时称木牍为中心的考察》[④]、张衍田《古代纪时考述》[⑤]等。李天虹对时制问题的研究进行了综述，肯定了十二时制和十六时制的存在，并对这两种时制存在的时间进行了详细的分析。[⑥]除此之外，陶磊也对近年来《日书》与古代历法的相关研究进行了系统综述，可参看。[⑦]

1983 年，陈久金发表《中国古代时制研究及其换算》[⑧]一文，探讨了中国古代时刻制度的变迁，他认为在魏晋南北朝以前没有见到过十二时辰与漏刻配合运用的具体案例，并说明了历史记载中的时刻记录与现代使用的二十四时制之间的关联。另外，任杰指出汉代除了十六时制外，还随季节推行过三十二

---

① 张德芳：《悬泉汉简中若干“时称”问题的考察》，《出土文献研究》第 6 辑，上海古籍出版社，2004；《简论汉唐时期河西及敦煌地区的十二时制和十六时制》，《考古与文物》2005 年第 2 期。

② 〔日〕森和：《〈日书〉与中国古代史研究——以时称和时制的问题为例》，《SHITEKI（史滴）》30 号，早稻田大学东洋史懇话会，2008 年 12 月。

③ 李解民：《秦汉时期的一日十六时制》，《简帛研究》第 2 辑，法律出版社，1996。

④ 吕世浩：《汉代时制初探——以悬泉置出土时称木牍为中心的考察》，《甘肃省第二届简牍学国际学术研讨会论文集》，上海古籍出版社，2012。

⑤ 张衍田：《古代纪时考述》，《儒家典籍与思想研究》第 9 辑，北京大学出版社，2017。

⑥ 李天虹：《秦汉时分纪时制综论》，《考古学报》2012 年第 3 期。

⑦ 陶磊：《〈日书〉与古历法研究综述》，《中国史研究动态》2004 年第 9 期。

⑧ 陈久金：《中国古代时制研究及其换算》，《自然科学史研究》1983 年第 2 期。

时制。[①] 任杰认为十二时制在汉到唐的民间并没有理想施行，王立兴则指出汉代以后民间曾经出现过二十四时制。[②] 另外有几篇硕士学位论文对时制问题进行了系统讨论。[③]

汉代简牍中有大量记录时间的文字，其中西北边地简牍中的“邮书课”详细记录了文书传递的时间，有些精确到“时”与“分”。那么在汉代是如何计量时间的呢？马怡《汉代的计时器及相关问题》[④] 一文对汉简中的时间计量方式等相关问题进行了非常翔实的考证和研究，对于认识当时的时间观念具有重要参考价值。陈侃理的研究涉及序数纪日方面的问题，其《序数纪日的产生与通行》[⑤] 一文讨论了秦和汉初官文书日期形式、序数纪日的产生与使用、官文书日期题署的变化等问题，并简要叙述了纪日方式变化的原因和相关影响等。他另有《秦汉的颁朔与改正朔》《北大汉简所见的古堪舆术》[⑥] 等文，与对时空观念问题的讨论有关，其中的许多新颖见解极具价值。

---

① 任杰：《秦汉时制探析》，《自然科学史研究》2009 年第 4 期。

② 王立兴：《民间二十四时制与魏晋迄隋的天象记录》，《天文学报》1982 年第 4 期。另参氏著《纪时制度考》，收入《中国天文学史文集》编辑组编《中国天文学史文集》第 4 集，科学出版社，1986。

③ 黄琳：《居延汉简纪时研究》，硕士学位论文，华东师范大学，2006 年；王钙镁：《秦汉时分纪时名称研究》，硕士学位论文，东北师范大学，2014 年；张帆：《秦汉纪时研究》，硕士学位论文，西北师范大学，2016 年。

④ 马怡：《汉代的计时器及相关问题》，《中国史研究》2006 年第 3 期。

⑤ 陈侃理：《序数纪日的产生与通行》，《文史》2016 年第 3 期。

⑥ 陈侃理：《秦汉的颁朔与改正朔》，余欣主编《中古时代的礼仪、宗教与制度》，上海古籍出版社，2012；陈侃理：《北大汉简所见的古堪舆术》，北京大学出土文献研究所编《北京大学藏西汉竹书》（伍），上海古籍出版社，2014。

总体而言，时空观念及相关领域已有的学术积累，为本书的研究提供了基础。本书所要进行的时空观念的研究首先是从天文观测仪器与时间观念之间的关系切入的。可以认为，天体的周期性回归是人们最早发现的天文现象之一，是时空观念的首要来源，当然也是历法修订的重要依据。古人制作的一些天文仪器，如圭表和璇玑、浑仪等，就是通过观测或模拟天体的运行，进而测定时间，这与人们的时空观念有着直接的联系。

三　研究思路与章节安排

本书除绪论和结语部分总共分为六章二十个小节，分别讨论规矩和准绳、土圭和圭表、璇玑和浑仪、漏刻、鸡鸣和威斗等相关问题，尝试梳理时空测量仪器与古人的时空观念之间的联系。

第一章讨论规矩、准绳与时空图式，重点关注“规”“矩”“准”“绳”等历史早期测绘工具的产生和发展，并尝试探讨规矩和准绳为何会具有神秘性特征。规矩、准绳经常出现在文献的记载之中，而横平、竖直、折角组成的所谓“钩绳图”也被认为是一种带有神秘主义特征的符号，广泛出现于包括日廷图、式图、博局图以及日晷等在内的图形或器物之上。学者认为这种“钩绳图”（或称“TLV 纹”）是一种“时空图式”，究其原因，应当就是规矩和准绳的“衡量”意义被扩大到整个宇宙的层面。

第二章着重讨论土圭和圭表的相关问题。“立杆测影”是通过观测日影掌握天体运行规律的技术，竖直的表和横平的圭组成了一套“立杆测影”的观象测时仪器。人们通过圭表可以观测太阳的周期性回归，但由于技术不够完善，以及对天文现象的掌握不够精熟，也会出现预测失误的情况，而基于此的神秘思想也就随之出现了。事实上，在人们探索宇宙的过程中，科学和谬误相伴确实是普遍的现象。另外本章讨论过程中也注意到，圭表起源很早，到汉代以后逐渐成熟，现在能够看到的明清时期圭表的基本形态在汉代就已经定型。

第三章着眼璇玑和浑仪的问题，重点讨论了秦汉时期模拟星象的方式。本章对这一问题的关注是从式盘入手的，在前期研究过程中笔者注意到，人们根据北斗七星围绕二十八宿的运转方式发明了式盘，如果这种仪器加入距度的数据，也可以较为精确地模拟日月五星的相对位置，进而知晓天体的“入宿度”，而这正是浑仪的基本操作方式。所以本章尝试由式盘切入，探讨相关的天文仪器，如前期的璇玑、后期的浑仪，并揭示历史早期人们模拟星象的一般性规律。

第四章讨论基于漏刻的精确时间观念的形成。历史早期人们更多根据自身的体验感知时间，后来有了圭表和璇玑、浑仪等工具，可以通过模拟天文现象对时间有更具体的认知。然而漏刻不依赖人自身的体感，也不依靠天文现象，是人们发明的全新的时间计量工具，且具有精确性特征，所以漏刻制度自汉代成熟和完善之后一直沿用至明清时期。本章注意到，计量时间技术进步的背后是人们对于时间精度要求的提高，而时间精度的提高，又促进了人们对于时间认识观念的转化，其中体现的科学技术与社会思想之间的互动关系尤其值得关注。

第五章以鸡鸣和鸡人问题为切入点，继续讨论精确时间观念的形成。事实上鸡鸣原本是一种自然现象，因为具有相对的稳定性而被人们作为计量时间的标志物。但这样的标志物显然无法满足精确计量时间的需要，所以在漏刻制度逐渐完善以后，“鸡鸣”逐渐被固定到时间点上作为时称，并且与地支相结合。“鸡鸣”作为一种自然现象被用于时间计量而后逐渐“数术化”的过程是本章重点关注的内容。经典文献中记载的“鸡人”之官的设置显然与“鸡鸣”有关，后来东汉时期一度恢复“鸡人呼旦”的传统。本章由此继续讨论执掌时间官员的相关问题，同时探讨东汉时期宫廷以及重要礼仪活动中的计时方式。

最后一章聚焦王莽时期的铸造威斗事件。“威斗”以“斗”为名，也有“斗”的形状，与传统文献记载的“璇玑玉衡”有密切的关系，可以说王莽铸造威斗是期望通过对天文现象的模拟，以及对经典文献记载的模仿，达到对应的政治目的。王莽一直以太一所在自居，并围绕太一建构官职体系，期待他的“天下”能够像日月星辰那样有序运行，从而达到“天下大治”的局面。人们模拟天体运行制作历法，以尽可能地掌握时间，例如前文提到的浑仪就可以发挥这样的作用。然王莽时代对天文的模拟更多是出于信仰方面的需要，这也是新莽时期政治文化的重要特征。

第一章　规矩、准绳与时空图式

规矩、准绳是历史早期的测绘工具，对于古人时空观念的产生、发展和演变都有非常重要的作用，其中包含的神秘意义是本章重点讨论的内容。从现有的材料来看，矩的起源较早，主要用于测绘方圆；绘图用的规相对起源较晚，而且形制并不固定。测量横平的准在历史早期并不是固定的仪器；而测量竖直的绳需要配合悬垂使用，有时也用于墨斗，可以绘制标准的直线。可以发现，规矩具有测绘方圆的功用，而测定横竖的准绳也逐渐被赋予更多衡量的功能。在天圆地方观念的影响之下，规矩和准绳逐渐神秘化，以其为核心的特殊符号也开始产生，并广泛出现于先秦秦汉时期的各类器物之上。

规矩和准绳的问题很早就引起了学者的注意。对于矩尺的研究最应关注的是刘东瑞的《矩和矩尺》① 一文。刘东瑞对相关的重要概念进行了解释，其观点对后来的学者很有启发。规矩和准绳首先是测绘工具。李浈《中国传统建筑木作工具》②一书主要关注传统木作加工工具的发展及配套使用情况，其中专辟一章讲测量和定向工具，对规矩和准绳进行了系统的梳

---

① 刘东瑞：《矩和矩尺》，《文史》第10辑，中华书局，1980。

② 李浈：《中国传统建筑木作工具》，同济大学出版社，2004。

理。另外，刘克明《中国工程图学史》[①] 第二章第三节“汉代几何作图的科学成就”中有关于规矩等制图工具的内容；宋鸿德等编著的《中国古代测绘史话》[②] 专门介绍了规矩准绳等工具；李俨《中国古代数学史料》[③] 介绍了规矩和古代几何学；金岷等的《文物与数学》[④] 一书介绍古代计算工具，其中也提到规矩等在实际测量中的应用情况。还有学者关注规矩和数学之间的关系，[⑤] 或从文字学的角度出发讨论“规”的字义，[⑥] 其结论都应当引起重视。

后来，规矩和准绳由测绘工具变为符号，这种符号的文化意义也引起了学者的兴趣。例如汉代画像石中常出现伏羲、女娲手持规矩和准绳的图像，刘克明《汉代画像石规矩图的图学及其文化意义》[⑦] 一文用“图学”考察画像石背后的科学成

① 刘克明：《中国工程图学史》，华中科技大学出版社，2003。

② 宋鸿德、张儒杰、尹贡白、李瑞进编著《中国古代测绘史话》，测绘出版社，1993。

③ 李俨：《中国古代数学史料》，《李俨　钱宝琮科学史全集》第 2 卷，辽宁教育出版社，1998。

④ 金岷等：《文物与数学》，东方出版社，2000。

⑤ 眭秋生：《“规”“矩”与我国古代数学》，《南京师大学报》（自然科学版）1987 年第 3 期。

⑥ 李守奎：《释楚简中的“规”——兼说“支”亦“规”之表意初文》，《汉字学论稿》，人民美术出版社，2016，第 57 页。

⑦ 刘克明：《汉代画像石规矩图的图学及其文化意义》，《碑林集刊》第 16 辑，三秦出版社，2011。相关的研究也可以参考王元林《伏羲女娲文化西渐的图像学试论》，敦煌研究院编《敦煌壁画艺术继承与创新国际学术研讨会论文集》，上海辞书出版社，2008；龙红《古老心灵的发掘——中国古代造物设计与神话传说研究》，重庆大学出版社，2014；牛天伟、金爱秀《汉代神灵图像考述》，河南大学出版社，2016。另外代浩的《规矩何谓：汉代墓葬美术中的伏羲女娲图像谱系与灵魂信仰研究》也值得关注（硕士学位论文，上海师范大学，2021 年）。

就，其中的许多观点值得注意。也有学者认为博局镜蕴含着中国古人的宇宙观念，铜镜中间的纹饰象征明堂，T形符号象征四门，V形符号象征五方，L形符号（也就是规矩）象征四季。[①] 另外，李学勤认为规矩纹体现了古人观念中的宇宙模型，他指出T形符号为二绳，L为四仲，V为四钩，并认为这种图形明确指示着四方或八方，其体现阴阳四时五行的功能即由此而来。[②] 冯时关注日晷的问题，认为日晷上的TLV纹饰是后人补刻的，而这些补刻的工作是在汉代完成的。[③] 李零《中国方术考》[④] 专辟一章讨论“式与中国古代的宇宙模式”，对出土的式盘和相关研究都进行了梳理，其中比较重要的是从配数和配物的方面对式图进行了解析，并讨论了其包含的原始思维。

总的来看，学者关于规矩和准绳的研究已经有了一定的积累。本章在此基础上对规矩和准绳进行更为系统的梳理，并着重讨论其中的神秘特征，尤其是所谓“时空图式”的相关问题。

第一节　作为测绘工具的矩和规

从文献的记载来看，矩和规是两种起源很早的测绘工具。

---

① S. Cammann, “The TLV Pattern on Cosmic Mirrors of Han Dynasty,” *Journal of American Oriental Society*, vol. 68, no. 4, 1948.

② 李学勤：《〈博局占〉与规矩纹》，《文物》1997年第1期。相关的研究也可以参考向明文《关于博局镜若干问题的研究》，《湖南省博物馆馆刊》第12辑，岳麓书社，2016。

③ 冯时：《中国天文考古学》，第208页。

④ 详参李零《中国方术考（修订本）》，东方出版社，2001，第90页。

例如《墨子·法仪》说："百工为方以矩，为圆以规。"[①]《荀子·不苟》说："五寸之矩，尽天下之方也。"[②]《吕氏春秋·分职》也说："巧匠为宫室，为圆必以规，为方必以矩。"[③] 这些材料说明在历史早期人们的认识中，矩和规是测量、绘制方形与圆形的工具。

1. 为方以矩

矩也称"矩尺""曲尺"，除了绘制方形，也就是"为方以矩"之外，还可以用来测定角度。例如《周礼·考工记·冶氏》有"倨句中矩"的说法，[④] 这里"倨"的意思是钝，"句"的意思是锐，分别指的是钝角和锐角，而"矩"则指的是直角，所以有学者认为这条材料的意思是矩可以被用于测定是否为直角。[⑤] 另外，《考工记·车人》提到"半矩谓之宣"，[⑥] 是说矩为 90 度，而矩的一半是"宣"，也就是 45 度。《周髀算经》中有多处关于矩的记载，其中有商高曰："数之法出于圆方，圆出于方，方出于矩，矩出于九九八十一。"然后就提到了"勾股之法"，即"折矩以为勾广三，股修四，径隅五"。关于矩的使用方式则说道："平矩以正绳，偃矩以望高，覆矩以测深，卧矩以知远，环矩以为圆，合矩以为方。"也就是说，矩能够校正水平，测高度、深度以及距离，并能够画圆和

① 孙诒让：《墨子间诂》，孙启治点校，中华书局，2001，第 20—21 页。

② 王先谦：《荀子集解》，沈啸寰、王星贤点校，中华书局，1988，第 49 页。

③ 吕不韦编，许维遹集释《吕氏春秋集释》，梁运华整理，中华书局，2009，第 667 页。

④ 《周礼注疏》，阮元校刻《十三经注疏》，中华书局，2009，第 915 页。

⑤ 李浈：《中国传统建筑木作工具》，第 211 页。

⑥ 《周礼注疏》，阮元校刻《十三经注疏》，第 2018 页。

画方。[1] 刘东瑞曾对文献记载中矩的使用方式做过详尽的讲解，他认为测高、测深和测距离采用的都是直角三角形相似比的原理，可参看。[2]

文献记载与考古发现的矩的形状基本相似，即有一个 90 度的折角和两条边，与今天的矩尺差别不大。《说文解字·工部》说："巨，规巨也，从工，象手持之。巨或从木矢，矢者，其中正也。"[3] 《战国古文字典》认为"巨"字写作""，其实就是人手持"工"，"工"也就是画直角的工具。[4] 甲骨文中"工"字写作""，或许就是早期矩的形状。马叙伦认为"工"字就是"巨"的初文，并提出这就是早期形态的规矩；其观点也得到了高鸿缙的认可。[5] 而陈政均引用长沙马王堆汉墓出土的《经法》中"矩之内曰方"一句，证明古人其实是用矩的内侧画直角的，并指出实际上汉代的矩只是截取了古矩的部分，古矩要比矩尺用途广泛得多。[6] 这些看法应当都是符合历史事实的。另外需要注意的是，金文中的"工"字简化为""，仍保留了矩的形状。也有一种说法认为

① 〔日〕川边信一著，徐泽林、刘丽芳译注《〈周髀算经图解〉译注》，上海交通大学出版社，2015，第 5 页。另外也可参考程贞一、闻人军译注《周髀算经译注》，上海古籍出版社，2012。

② 刘东瑞：《矩和矩尺》，《文史》第 10 辑，第 238 页。

③ 许慎撰，段玉裁注《说文解字注》，上海古籍出版社，1981，第 201 页。

④ 何琳仪：《战国古文字典——战国文字声系》，中华书局，1998，第 495 页。也有学者提出了不同的看法，例如谷衍奎就认为工这个字的甲骨文、金文皆像古人筑墙用的石杵，上边是木制横把，下为石制杵头。金文填实，篆文线条化就看不出了。隶变后楷书写作工（见氏编《汉字源流字典》，语文出版社，2008，第 17 页）。

⑤ 马叙伦：《读金器刻词》，中华书局，1962；高鸿缙编著《中国字例》，台北：三民书局，2008。

⑥ 陈政均：《试释"巨乘马"》，《文博》1984 年第 3 期。

“工”象矩形，矩为工具，故“工”字引申有工作、事功、工巧等意，这种说法同样应当引起注意。[①]

还有一种观点认为早期的矩可能是三角形的，例如天津市文化局收集有一件商代的青铜器“[illegible]父觶”，研究者认为第一个字读作“畺”，就是《说文解字》中的“畕”字，它中间的三角形就是丈量田亩的矩，并且指出这种量田用的矩在汉武梁祠画像中亦有所见，即伏羲手持之器。[②] 然而我们知道，矩是用来绘制直角或者圆形图案的，所以早期的矩一般都没有刻度；即便有刻度，一般的矩的长度也就是一尺或者五尺，用来丈量土地显然并不合适。所以这个字中的三角形和矩尺到底有没有关系，是应当存疑的。

1933 年安徽寿县朱家集李三孤堆楚墓出土了一件战国楚国的青铜矩（现藏安徽博物院，图 1-1），这是现今能看到的较早历史时期的矩的实物。根据介绍，这件矩的两边长度相等，均长 23. 3 厘米，约等于楚国一尺；边宽 2. 5 厘米，边厚 2. 7 厘米，通体素面，没有刻度，折角为 90 度。[③] 总体来看，这件青铜矩与文献记载中矩的形状大致相符，刘东瑞征引《墨子》以及《考工记》等材料，认为矩本来就是没有刻度的等腰三角形，寿县出土的这件矩就是其较早期的形态。[④]

---

① 方述鑫等编《甲骨文金文字典》，巴蜀书社，1993，第 344 页。

② 天津市文化局文物组：《天津市新收集的商周青铜器》，《文物》1964 年第 9 期。

③ 李景聃：《安阳寿县楚墓调查报告》，中研院历史语言研究所专刊之十三《田野考古报告》，商务印书馆，1936。另参安徽省文物志编辑室编印《安徽省文物志稿》，1993，第 94 页，据说当时出土的时候有两件，其中一件现藏于安徽省博物馆，另一件现藏于国家博物馆。

④ 刘东瑞：《矩和矩尺》，《文史》第 10 辑。

另外，和这件青铜矩一同出土的还有青铜锯、铜刀和铜斧等多件加工木制品的实用工具，证明这件青铜矩确实也有实用的功能。

图 1-1　安徽李三孤堆楚墓出土青铜矩

图片来源：董伯信编著《中国古代家具综览》，安徽科学技术出版社，2004，第 18 页。

根据出土文物和画像石等材料，可以发现到了汉代，矩的形状发生了变化。例如根据实际的需要，矩的两边不再相等，而且有的矩上出现刻度，和尺结合在一起，成为矩尺。[①] 矩最初的作用是绘制方形和圆形，因而是否有刻度并不重要；但此时的两边不等长以及出现刻度显然更多考虑了矩的实用性。根据学者的推测，两边长短不等是为了便于手持操作；而有刻度便可以当作量尺使用，在观测的时候可以随时读出数据，便于计算。[②] 在文献记载中，矩的长边被称为股，短边被称为勾，前文提到《周髀算经》中说“故折矩以为勾广三，股修四，径隅五”，就是所谓的勾股定理。

① 李浈：《中国传统建筑木作工具》，第 211 页。另参刘东瑞《矩和矩尺》，《文史》第 10 辑，第 238 页。

② 眭秋生：《“规”“矩”与我国古代数学》，《南京师大学报》（自然科学版）1987 年第 3 期。

汉代的矩目前出土了多件，其中现藏于国家博物馆的一件青铜矩最有代表性（图 1-2）。这件青铜矩两边分别长 22.5 厘米和 37.6 厘米，其中短边大概是汉代一尺的长度，而长边大约是汉代一尺半的长度。[①] 这可以说是汉代矩尺常见的形态。

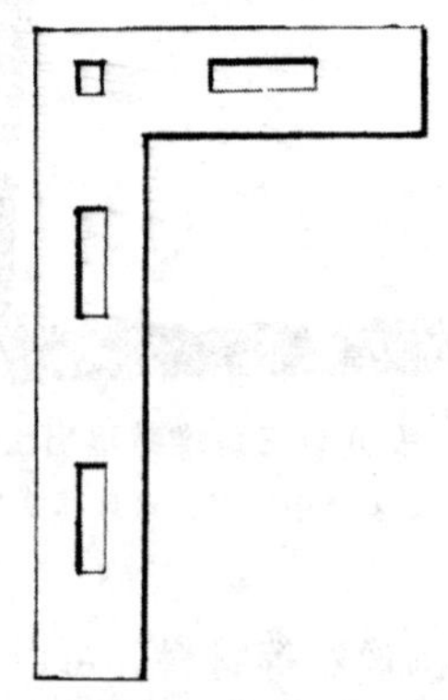

图 1-2　国家博物馆藏汉代青铜矩尺

图片来源：金岷等：《文物与数学》，第 210 页。

1994 年 4 月陕西省子长县城关桃园村出土了一件汉代铜矩，现藏于陕西历史博物馆（图 1-3）。据介绍，这件铜矩两边分别长 23 厘米和 11.5 厘米，大约相当于汉代一尺和半尺的长度。铜矩长边的两面均有刻度，分为十等份，每份约合汉代一寸；短边两面也都有刻度，分为五等份。[②]

另外，山东省计量科学研究院也藏有一件类似的青铜矩（图 1-4）。据介绍，矩边有刻度，分五格，长 11.6 厘米，约

① 参见李浈《中国传统建筑木作工具》，第 211 页。另参刘东瑞《矩和矩尺》，《文史》第 10 辑，第 238 页。

② 师小群、韩建武：《陕西历史博物馆新征集文物选释》，《陕西历史博物馆馆刊》第 3 辑，西北大学出版社，1996，第 173 页。

合汉代一尺的一半，也就是五寸。①

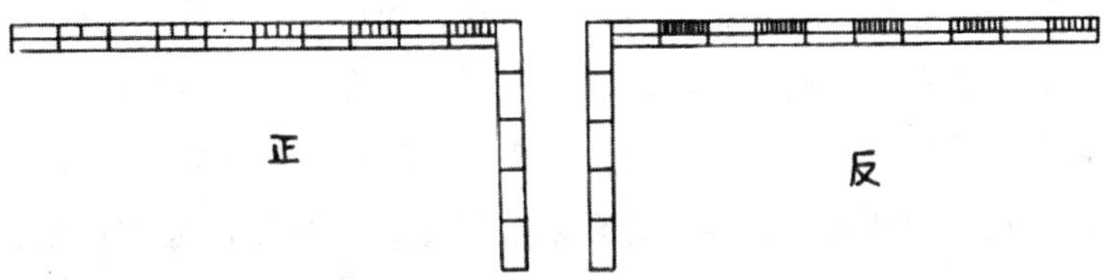

图 1-3　陕西子长县出土汉代铜矩

图片来源：师小群、韩建武：《陕西历史博物馆新征集文物选释》，《陕西历史博物馆馆刊》第 3 辑，第 173 页。

图 1-4　山东省计量科学研究院藏青铜矩

图片来源：张颂斌：《五寸之矩，尽天下之方》，《齐鲁晚报》2009 年 6 月 22 日，C12 版。

日本人嘉纳治兵卫《白鹤帖》收录了一件铜矩尺，罗振玉将时代定为南朝。这件铜矩尺两边分别为 24.9 厘米、9.96 厘米，长边约合一尺，短边约为半尺，和前述汉代铜尺形制基本相同。另外，铜矩尺长边平均分成十格，短边平均分成五格，每格的长度约为一寸，格间镂刻精美的凤纹，边缘装饰点状连续纹样，推测这些纹样应当也具有测量的功能。②

① 张颂斌：《五寸之矩，尽天下之方》，《齐鲁晚报》2009 年 6 月 22 日，C12 版。

② 有关这件铜矩的详细介绍参卢嘉锡总主编，丘光明等著《中国科学技术史·度量衡卷》，科学出版社，2001，第 285 页。

汉代画像石中也经常出现矩的图像。伏羲女娲是汉代画像石的重要题材，他们常手持规矩出现在画像石上。其中比较重要的是山东嘉祥武梁祠画像石，可以看到女娲手持圆规，而伏羲则手持矩（图 1-5）。我们注意到，伏羲手中所持的这件矩有一长一短两边，大体上符合之前讨论的汉代矩的通常形制，只是多出一道斜梁连接长边和短边。类似形状的矩也出现在其他相关主题的画像石中，但在出土的青铜矩中还没有见到过。

图 1-5　武梁祠左石室后壁小龛西侧画像

图片来源：蒋英炬主编《中国画像石全集》第 1 卷《山东汉画像石》，山东美术出版社、河南美术出版社，2000，第 56 页。

推测斜梁的作用可能和矩的质地有关。现在出土的几件矩都是青铜铸造的，但不应排除早期的矩有竹、木质地的可能性，如果是竹、木质地，那么长边和短边结合不牢固就无法获得理想的直角，斜梁就能起到固定作用。当然，这种推测还需要更多史料的支撑。

四川省合江县出土了一件东汉时期的画像石，画面中位于右侧的女娲右手持矩，左侧伏羲左手持规（图 1-6）。只是与出土文物中所见的矩尺不同的是，女娲手中的这件短边向上略有突出，使得这件矩看起来有点像“门”字形。这样形状的矩在四川崇庆出土的画像石中也可以见到，位于画面左侧的女娲手持的矩已经比较接近“门”字形了。这两件画像石中的规也与其他地方略有不同，相关问题详见下文的讨论。

图 1-6　四川合江画像石

图片来源：高文主编《中国画像石全集》第 7 卷《四川汉画像石》，山东美术出版社、河南美术出版社，2000，第 146 页。

唐代伏羲女娲主题绢画中，经常会出现伏羲女娲一人持规、一人持矩的形象。其中矩的形状和汉代大致相同，都有一长一短两边，而在有的图像中，连接矩的两边通常会绘制有墨盒的形状。

图 1-7　吐鲁番阿斯塔那墓伏羲女娲绢画

图片来源：巫新华主编《新疆绘画艺术品》，山东美术出版社，2013，第 94 页。

唐代的矩被称为“曲尺”，后来到了宋代也沿用这一说法，例如《〈营造法式〉看详·取正》说“用曲尺校令方正”,[①] 其中的“曲尺”就是矩尺，但“令方正”的功能并没有变化。史料记载中还提到，南宋以后曲尺与鲁班尺配合使用，在测绘的同时可以判定吉凶宜忌，例如天一阁藏明代《鲁班营造正式》提到：“曲尺者有十寸，一寸乃十分。凡遇起

① 梁思成：《营造法式注释》，中国建筑工业出版社，1983，第 11 页。

造至营开门、高低长短度量皆在此上。须当凑对鲁班尺八寸吉凶相度，则吉多凶少为佳。匠者但用仿此。”①

总体而言，从战国到秦汉，矩的形状并未发生太大的变化，长边和短边的区分或是为了便于手持；而长边一尺、短边半尺的设定，也是为了测量的方便。另外，汉代以后矩上出现刻度，是为了在测量的时候直接读出长度。刻度的一般单位是“寸”，也出现了更小的单位“分”，这说明矩尺在精度上已经达到了较高的水平。

2. 为圆以规

规的出现则显然要晚于矩。上文征引《周髀算经》关于矩的使用方式，可知矩能够校正水平，测高度、深度、距离，也能够画方圆。也就是说，在历史早期几乎所有的几何学测绘都可以由矩这一种工具完成，那么规相对晚出也就可以理解了。

从文字学的角度来看，古文字中的“规”字和画圆的工具并无直接关联。《说文解字·夫部》说：“规巨，有法度也。”段玉裁注云：“法者，刑也。度者，法制也。规矩者，有法度之谓也……凡有所图度匡正皆曰规。”② 另外也有学者指出，“规”的本意是树枝，而树枝在早期被作为画圆的工具使用，③ 这种说法显然具有太大的推测成分。

规的出现大约是在战国到秦汉之间。在古籍中流传下来的关于规和矩的记载中，有时二者并称指一种工具，例如《史

---

① 转引自李浈《中国传统建筑木作工具》，第 215 页。

② 许慎撰，段玉裁注《说文解字注》，第 499 页。

③ 李守奎：《释楚简中的“规”——兼说“支”亦“规”之表意初文》，《汉字学论稿》，第 57 页。

记·五帝本纪》中曾提到大禹治水的时候“左准绳，右规矩”，其实是将“规矩”作为一种工具，与准绳并称；有时分开指称两种工具，例如《淮南子·天文训》中有东方太皞之佐句芒“执规而治春”，南方炎帝之佐朱明“执衡而治夏”，中央黄帝之佐后土“执绳而制四方”，西方少昊之佐蓐收“执矩而治秋”，北方颛顼之佐玄冥“执权而治冬”，[①] 这里规、矩与权、衡、绳是五种不同的工具。另，谶纬文献中也有类似的说法，例如《尚书纬·考灵曜》说：“岁星为规，荧惑为矩，镇星为绳，太白为衡，辰星为权，权、衡、规、矩、绳并皆有所起，周而复始。”[②] 在这里岁星、荧惑所对应的分别为规和矩，自然指的是两种工具。大抵来说，汉代以后的文献记载中，规和矩的分别越发分明。

考古发现中虽然没有出土确切证明为圆规的实物，但在一些文物中却有使用圆规的痕迹，其中最明显的就是铜镜背面纹饰的绘制。有学者对铜镜的铸造工艺进行了细致的分析和研究，认为铜镜背面的纹饰显然是使用了圆规和直尺等制图工具完成的，而且在某些铜镜背面的几何纹饰中，的确能够找到当初制模过程中用圆规画的圆；圆中心画出的十字线，也可以证明这些铜镜在制模时使用了圆规。[③] 另外有学者指出，汉代铜镜上的几何绘图已经达到了极高的水平，可以对圆进行标准的三等分、六等分、八等分或者十二等分，等分的目的是在铜镜边缘绘制圆弧，这些都表明汉代铜镜铸造已经具备了规范的

---

① 何宁：《淮南子集释》，中华书局，1998，第183—188页。

② 赵在翰辑《七纬》，钟肇鹏、萧文郁点校，中华书局，2012，第203页。

③ 董亚巍、郭永和：《从汉代铜镜纹饰看圆规在制图中的应用》，《江汉考古》2003年第4期。

制图体系，[①] 显然也需要圆规与直尺等制图工具。

需要使用到圆规的工艺还包括铜钱的铸造。有学者指出，汉代钱模铸造的时候要“先以规画圆，于中刻四界成形”。[②] 陕西省长安县窝头寨遗址被认为是汉代上林三官国家铸币工坊之一，这里出土有大量红陶钱范，其中有的钱范“穿”的中心有圆心点，是刻制时使用圆规的痕迹。[③] 山东齐国临淄古城遗址内也出土有汉代钱范，其中两枚无字，考古工作者推测是用圆规画好的钱模外廓。[④] 还有一些土木工程的进行可能也需要使用到圆规，但由于缺少相关材料，现在暂时还没有办法证实。

正如前文所述，伏羲女娲主题的画像石和绢画中，有时会出现伏羲、女娲一人持规、一人持矩的形象。其中规的形状较为奇特，从画面上看它应当是在矩尺的长边垂直增加一个横杠。这种规显然与西方以及现代常用的两脚规有较大的差异。有学者推测其基本形制是在一根细长的木片或者竹片一端安装固定的脚，另一端装上笔，使用的时候固定住圆规的脚，旋转笔的一端获得圆形。[⑤] 到唐代还有对这种形制圆规使用方法的介绍，例如《新唐书·天文一》记载：“削篾为度，径一分，其厚半之，长与图等，穴其正中，植针为枢，令可环运。”[⑥]

---

① 参刘克明《中国工程图学史》第二章第三节“汉代几何作图的科学成就”，第21页。另参氏著《汉代画像石规矩的图学及其文化意义》，《碑林集刊》第16辑，第157页。

② 王献唐：《中国古代货币通考》，齐鲁书社，1979，第1638页。

③ 陕西省博物馆文管会考古调查组：《长安窝头寨汉代钱范遗址调查》，《考古》1972年第5期。

④ 张龙海：《山东临淄近年出土的汉代钱范》，《考古》1993年第11期。

⑤ 李迪：《我国历史上的一种圆规》，吴文俊主编《中国数学史论文集》（三），山东教育出版社，1987。

⑥ 《新唐书》卷三一《天文一》，中华书局，1975，第811页。

如果由此观察画像中矩的形制，可以发现矩完全能够实现规的功能，也就是将矩的一端固定，另一端绕其转动一圈。这便是文献中所谓的“环矩以为圆”。当然，也可以证明矩的出现确实要早于规。

前文曾经提到四川合江县出土了以伏羲女娲为主题的画像石，另外四川崇庆县也出土有一件类似主题的画像石，这两件画像石中矩的形制类似，但又与其他地区画像石中的矩有明显区别。同样，合江画像石中伏羲手中所持的圆规也与其他地区不大相同，这件圆规整体呈“T”字形，在使用的时候应当也是一端固定，另一端旋转成圆形。崇庆画像石中伏羲手中所持器物不易分辨，但与合江画像石类似，这件器物的顶端为圆形，而且有较细的直线突出，应当可以判定两者是形制相同的圆规。我们推测，画像石的制作者虽然根据传统或者当时流行的风尚，在伏羲、女娲手中加上规、矩等道具，但是对矩尺和圆规的形制和用途未必真切了解，所以导致这两件圆规呈现出不同的造型。

这种类型的圆规使用细长的竹片或者木片制作而成，因而可以就地取材加工，所绘制的圆形的半径也可长可短，这为数学的运算提供了较大的便利。例如《周髀算经》中有七衡图，有学者用规定的比例进行了换算，得出这种图的半径小的有4.2寸，大的有8.4寸，这样大的圆形，显然在绘制的时候特意选取了较长的竹片或者木片进行辅助才得以完成。[①] 而这种形制的圆规在后来明代人绘制的《三才图会》中也可以见到（图1-8）。这件圆规的主体是一根细长的木条，木条的一端有

① 相关的研究参曲安京《黄道与盖天说的七衡图》，《自然辩证法通讯》1994年第6期；石璋如《读各家释七衡图、说盖天说起源新例初稿》，《中研院历史语言研究所集刊》第68本第4分，1997年。

两个小孔，另一端有六个小孔；圆规还有两个附件，一个是固定一端的脚，另一个是画圆的笔。可知木条上的六个小孔，应当是插销固定附件笔所用的，即通过调整附件笔在木条上的位置来控制圆的半径大小。

图 1-8　《三才图会·器用》中的圆规

图片来源：王圻、王思义编集《三才图会》，上海古籍出版社，1988，第 1111 页。

需要注意的是，画像材料中也有类似现在常用的两脚圆规。例如山东沂南北寨汉墓出土的画像石中，伏羲、女娲夹盘古而立，女娲手中所持的明显就是一个两脚规。再例如开凿于西魏时期的敦煌莫高窟第 285 窟壁画中，可以清楚地看到伏羲手中所持的两脚规（图 1-9）。前文图 1-7 吐鲁番阿斯塔那墓伏羲女娲绢画中的圆规也是两脚规。这说明从秦汉到隋唐时期，两脚规确实是存在的。敦煌壁画中两脚规的形制非常清晰，可以推测这种两脚规应该是使用一根柔韧性较强的竹条或者木条制成，对折之后将交叉点固定，在使用的时候一脚固定，另一脚旋转。在实际使用的过程中，可以根据需要改变交叉点的位置，控制圆规两脚之间的距离，由此得到不同直径的圆形。

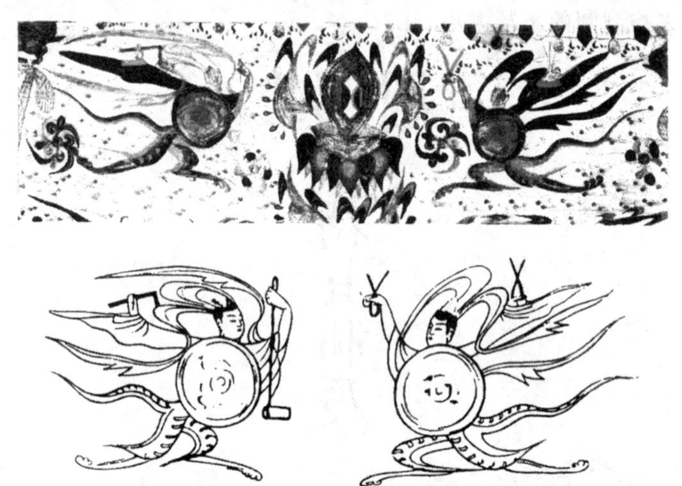

图 1-9　敦煌莫高窟 285 窟伏羲女娲图

图片来源：王元林：《伏羲女娲文化西渐的图像学试论》，敦煌研究院编《敦煌壁画艺术继承与创新国际学术研讨会论文集》，第 637 页。

通过以上论述，可以发现矩的形状大体保持不变，而规却至少有两种基本形制。不同时期的人们会根据对圆形的需要而改变规的形制，这显然是因为古人在使用工具的时候更注重其实用性。同时也应当注意到，今天之所以能够对规、矩形制的变化有如此多的了解，是因为它们反复出现在伏羲女娲主题的画像石、画像砖、壁画及绢画之中，规、矩是表现伏羲、女娲形象的重要象征性道具；而在文献记载中，规和矩也分别是大禹、句芒和蓐收等历史人物和神话人物手持的道具。对规矩背后的思想观念，下文将做详细的讨论。

另外，出土文物中有汉代用于测量日影变化以确定时间的圭表，有学者认为这种圭表也是矩尺。例如南京博物院藏有1965年出土于江苏仪征石碑村的铜圭表，这件圭表可以根据日影的变化确定方向和时间，是非常重要的天文仪器。学者指出，这件仪器实际上也能根据一边（表）和一锐角（光线与表的夹角）来确定一个直角，故可以被认为是一件随时改变边长的矩尺。[①] 对于这样的看法，本书并不认可。规和矩的使用方式以及背后包含的思想观念，在文献记载中是清晰明确的，而对圭表的使用方式和相关理念，古人也有着非常具体的描述，二者没有必要混为一谈。有关圭表的讨论详见本书第二章。

第二节　作为测绘工具的准和绳

和规、矩一样，在古代文献的记载中，准和绳也是两种重要的测绘工具，其中准是用来测绘横平的工具，绳是用来测绘竖直的工具。《墨子·法仪》有言："百工为方以矩，为圆以规，直以绳，正以县。"孙诒让《墨子间诂》引《考工记·舆人》说："圆者中规，方者中矩，立者中县，衡者中水。"另引《庄子·马蹄》说："匠人曰：我善治木，曲者中钩，直者应绳。"[②] 这里提到的以规矩测绘方圆已见前文叙述，而所谓"直以绳，正以县""立者中县，衡者中水"，就是以绳悬挂垂球测量竖直，以水平特性测量横平。

1. 衡者中水

"水平"是人们在日常生活中总结出的经验，现代测量工

① 刘东瑞：《矩和矩尺》，《文史》第10辑，第238页。

② 孙诒让：《墨子间诂》，第20—21页。

具中有水平仪和水准仪，前者可以测量水平，后者也可以通过运算测量两点的高差，然其最根本的原理都是通过水来确定横平。对于“水平”的特性，古人早就有较为直观的认识，例如《庄子·天道》说：“水静则明烛须眉，平中准，大匠取法焉。”成玄英疏：“夫水，动则波流，止便澄静，悬鉴洞照，与物无私，故能明烛须眉，清而中正，治诸邪枉，可为准的，纵使工倕之巧，犹须仿水取平。”[①]《白虎通义·五行》也说：“水之为言准也，养物平均，有准则也。”陈立疏证引《释名·释天》曰：“水，准也。准，平物也。”另引《说文·水部》：“水，准也，北方之行，象众水并流，中有微阳之气。”《尔雅疏》：“水，准也。言水之平均而可准法也。”陈立疏证指出正是因为水性平的特点，《周礼·考工记·轮人》提到制作轮子的时候说：“水之以视其平，沈之均。”[②] 这其实都是利用水来测定平准。

关于陈立提到的《考工记·轮人》中的材料，《周礼注疏》解释说：“两轮俱置水中，观视四畔，入水均否。若平深均则斫材均矣。”[③] 也就是将车轮沉入水中，观察车轮是否平衡下沉。这种方法不仅可以测量水平，还可以测量木材的质地是否均匀。

另外，《考工记》记载古人选择都城的时候要先“水地以县，置槷以县，视以景。为规，识日出之景，与日入之景，昼参诸日中之景，夜考之极星，以正朝夕”。此句中“水地以

① 郭庆藩：《庄子集释》，王孝鱼点校，中华书局，1961，第459页。

② 班固撰集，陈立疏证《白虎通疏证》，吴则虞点校，中华书局，1994，第167页。

③ 《周礼注疏》，阮元校刻《十三经注疏》，第1965页。

县”是确定地表平整的方法。郑玄认为所谓“水地以县”就是在四角以“水”来立直木，远望来测定高差，如果高差定了，就可以平整土地。贾公彦疏说得更为详尽，指出要使用悬绳的办法确定立木是否垂直于地面，然后在远处用水平之法遥望，确定木的高低，最后确定地表的高低平整。[①] 实际上，现代水准仪正是根据水平测量的原理，利用一条水平视线，借助水准尺，测量两个地点的高差。

不过本书认为，郑玄和贾公彦的解释可能都太繁复了，“水地以县”在实际中的运用应该要简单有效得多。有学者指出，在商代的时候就开始以水来确定平准，例如甲骨文中的“癸”字就是以水测平的水沟体系，并推测当时的测量方法是“先挖直交之二条干沟成 X 形，再在沟之两端挖直交之小沟，遂成✕形，灌水其中，即可测地面之水平”，“癸字本意即为测量水平面，为揆之初义。故《说文》训：癸，冬时水土平，可揆度也，象水从四方流入地中之形”。[②] 据说在 20 世纪二三十年代殷墟的考古发掘过程中，也发现了类似的干沟和支沟，就是匠人以水测平用的。[③] 如果以甲骨文“癸”字形水沟解释“水地以县”，可能更符合实际。

而郑玄所谓立直木，然后通过“望”的办法确定地面水平和高差，应该是汉代社会中经常会使用的一种测量方法，例如《史记·河渠书》记载：“天子以为然，令齐人水工徐伯表，悉发卒数万人穿漕渠，三岁而通。”《索隐》曰：“徐伯

---

① 原文详见《周礼注疏》，阮元校刻《十三经注疏》，第 2005 页。

② 温少峰、袁庭栋：《殷墟卜辞研究——科学技术篇》，四川社会科学院出版社，1983，第 381—382 页。

③ 李亚农：《殷代社会生活》，上海人民出版社，1955，第 109 页。

表，水工姓名也。小颜以为表者，巡行穿渠之处而表记之，若今竖标，表不是名也。”① 颜师古的说法见于《汉书·沟洫志》注释，他解释“表”为“巡行穿渠之处而表记之，今之竖标是”。② 显然颜师古的看法是正确的，“表”不是人的名字，而是测量的意思，也就是所谓的“竖标”。

同样是修建水利工程，表的使用也见于《汉书·西域传》：“汉遣破羌将军辛武贤将兵万五千人至敦煌，遣使者案行表，穿卑鞮侯井以西，欲通渠转谷，积居庐仓以讨之。”颜师古注引孟康曰：“大井六通渠也，下泉流涌出，在白龙堆东土山下。”③ 在这两条材料中，“表”的作用显然都是测量方位。对于河渠的修建而言，水平高差的测定极为重要，这关系到水流的落差问题，是河渠修筑能否成功的关键。例如《汉书·沟洫志》说：“可案图书，观地形，令水工准高下，开大河上领，出之胡中，东注之海。”④ 所谓“准高下”就是测量水平高差的意思。《西域传》中所谓“表”的使用方法应该与郑玄的描述基本相同，即使用固定长度的标杆，通过水面获得水平，也就是现代水准仪工作中使用水平视线来准确测量两个地点的高差。

实际上，这就是“重差术”的运用。《九章算术》和《周髀算经》都提到了这种测量高度和距离的技术，后来刘徽又有所谓“重差九问”，对重差的基本公式和运用进行了推广，写入《海岛算经》一书，基本操作方式是通过表的不同位置求得山高水深等。其中《周髀算经》明确提出“二表下地，

① 《史记》卷二九《河渠书》，中华书局，1982，第1410页。

② 《汉书》卷二九《沟洫志》，中华书局，1962，第1680页。

③ 《汉书》卷九六下《西域传下》，第3907页。

④ 《汉书》卷二九《沟洫志》，第1686页。

依水平法定其高下”，之所以特意强调水平法，就是考虑到水作为平准测量工具的特性。[①]

《汉书·律历志》曾提到使用井水测量量器的水平问题：“量者，龠、合、升、斗、斛也，所以量多少也。本起于黄钟之龠，用度数审其容，以子谷秬黍中者千有二百实其龠，以井水准其概。”颜师古注引孟康曰：“概欲其直，故以水平之。井水清，清则平也。”又曰：“概所以概平斗斛之上者也。”[②]可见这也是一种使用水获得准平的方法。

至魏晋南北朝时期，某些天文仪器上出现了用于测量水平的水平槽，据《隋书·天文志》记载：“至明元永兴四年壬子，诏造太史候部铁仪，以为浑天法，考璇玑之正。”永兴是北魏明元帝的年号，永兴四年即 412 年。这件天文仪器的重要特点是用水测定水平，所谓“其制并以铜铁，唯志星度以银错之。南北柱曲抱双规，东西柱直立，下有十字水平，以植四柱。十字之上，以龟负双规”。[③] 这里的“十字水平”，就是制作十字形的沟槽，然后注入水以测定水平，与前文提到商代工程建设中的“癸”字形水沟原理类似。至唐代制作的游仪，史书记载：“柱在四维，龙下有山云，俱在水平槽上，并铜为之。”[④] 特意提到测定水平的十字水平槽。《宋史·天文一》把这种十字水平槽称为“水臬”，所谓“十字为之，其水平满，北辰正。以置四隅，各长七尺五寸，高三寸半，深一寸。四隅

① 相关研究参钱宝琮《周髀算经考》，《科学》第 4 卷第 1 期，1929 年，后收入《李俨　钱宝琮科学史全集》第 9 卷。

② 《汉书》卷二一上《律历志上》，第 967—968 页。

③ 《隋书》卷一九《天文上》，中华书局，1973，第 518 页。

④ 《旧唐书》卷三五《天文上》，中华书局，1975，第 1298 页。

水平，则天地准”。[①]

史料中也记载有南北朝时期祖暅在圭表上设置水平槽的实例。《隋书·天文志》说：“造八尺铜表，其下与圭相连。圭上为沟，置水，以取平正。揆测日晷，求其盈缩。”[②] 河南登封古观象台的土圭部分有两道凹槽，祖暅铜表上测量水平的凹槽大概也就是这种形制。与之类似，南京紫金山天文台有明清时期的圭表，土圭部分也有两道凹槽，应当就是水平槽，这与今天水平仪的原理基本相同。另外，唐代史料中还记载了被称为“水平”的水准仪，北宋《营造法式》也详细记载了“定平之制”，元明清各时期都有测定水平的相关仪器。[③]

总体而言，魏晋南北朝以后出现的水平仪，主要用于天文仪器的水平测量，在工程中用到水准仪可能是更晚历史时期的事情，但这并不妨碍在之前历史时期重要工程修建过程中使用“水平”进行精密测量。事实上古人在长期实践中探索出了简单实用的工具，充分利用水的特性实现“平”的精度测绘。所以，虽然在早期历史中并没有所谓水平仪或者水准仪之类的工具，但“平准”的获得是毫无问题的。与之相伴，古人对“横平”观念的认识也是极为深刻的。

2. 立者中县

与水可以测量平准类似，人们发现绳索加上垂球可以测绘竖直，当然也可以与墨斗配合引出直线，用于切割木料，还可以测量距离和高度，因而绳在古人观念中就有非同寻常的意

---

① 《宋史》卷四八《天文一》，中华书局，1985，第954页。

② 《隋书》卷一九《天文上》，第524页。

③ 详细的讨论参见李浈《中国传统建筑木作工具》第六章“测量及定向工具”。此不赘述。

义。也正是因为绳这种工具，人们在思想中逐渐产生“直”的观念，所谓“直绳”也就随之具有了严格的含义。

绳是人类较早掌握的工具之一，《说文解字·系部》说：“绳，索也。”段玉裁注：“草有茎叶，可作绳索也。故从木系。绳可以县，可以束，可以为闲。”[①] 另外，段注提到除了草之外，制作绳索可以用竹，也可以用木。

在确定竖直的时候，绳索一般配合垂球使用，这也就是所谓的“悬”（文献中也作“县”）。前引《考工记》有“水地以县，置槷以县”，在用表测量日影变化的时候，确保表与地面的垂直是极为关键的因素，“水地”也就是利用水的特性取得精准的水平面，然后从表顶端垂下绳索，通过观察绳索与表是否平行来确定表与地面是否垂直。

现代垂球一般为圆锥形，由金属制作而成，在使用的时候以圆锥的尖端对准地面，另一端系以细绳，其自由下垂的方向就是地球重力线的方向。古代垂球也基本利用相同原理。虽然绳索是极难保存的，但近些年出土了若干件垂球，其中年代较早的是出土于江西省德安县陈家墩商周遗址的木制垂球。根据介绍，这件垂球用一根直径 4.5 厘米，长 7.2 厘米的小圆木制作而成，整体分为两段，上段为圆顶平面，下段修成尖锥形。垂球的质地为杂木（当地人称为“斗栗木”），制作较为精良。[②]这件木质垂球和木质觇标墩共同出现于水井之中，考古工作者分析其可能用于水井修造工程，并推测其具体使用方法为：水井每开挖到一定深度，都以细绳悬挂垂球，测量井壁和细绳是

---

① 许慎撰，段玉裁注《说文解字注》，第 657 页。

② 于少先：《木质垂球及木质觇标墩——测量工具的始祖》，《寻根》1997 年第 5 期。

否平行；觇标墩则用于校准中心，确定水井的圆周。[①] 由此可见，商代的时候人们在工程中使用绳索和垂球已较为成熟。实际上，即便是现在，水井、烟囱以及墙壁等的建造工程中，垂球仍然是必不可少的工具。

湖北省大冶市铜绿山古铜矿也出土了春秋时期的木垂球。根据介绍，这件木垂球由坚硬致密的木材制作而成，整体为桃形，表面打磨光滑，全长 7.7 厘米，横断面为椭圆形，长径 6 厘米，短径 5.4 厘米。垂球的中心凿有长方形的穿孔，下端中心削尖，穿孔中心刻有线状凹槽，与垂球下端的尖端位于同一直线上。[②]

秦汉时期亦有类似的木质垂球出土。广州秦汉时期的造船工场遗址中发现了一件木制垂球，垂球为方锥形，上端为方榫形凸起，已残断，残高 5.8 厘米，宽 3.5 厘米，考古工作者推测这可能是造船时取垂直用的吊线工具。同时出土的还有铅块，被认为是切割木料时划线用的。[③] 孙机指出汉代文献中有“怀铅”的说法，可知铅在历史早期是较为常用的书写和绘画工具。[④]

也有人认为广州造船工场出土的铅块用于切割木料时划线的说法有较大的推测成分。[⑤] 我们所熟知的木工划线多使用墨

---

① 彭明瀚：《吴城文化水井初探》，《考古与文物》2003 年第 5 期。

② 政协大冶市委员会编《图说铜绿山古铜矿》，中国文史出版社，2011，第 38 页。

③ 广州市文物管理处等：《广州秦汉造船工场遗址试掘》，《文物》1977 年第 4 期。

④ 孙机还指出各地出土的汉代铜质、铅质、木质坠已有多件，应当就是所谓的悬垂。参氏著《汉代物质文化资料图说（增订本）》，第 24 页。

⑤ 参周世德《中国古代造船工程技术成就》，自然科学史研究所主编《中国古代科技成就》，中国青年出版社，1978，第 610 页。

斗，这样能够得到较为标准的直线。墨斗通常由墨池、线轮和棉线等部分组成，棉线经过墨水浸泡，在使用的时候抽出，固定在木料一端，通过弹线的方式得到笔直的墨线。另外，墨斗中的棉线也可以做测量垂直的吊线，与前文所述垂球的操作类似。1993 年安徽省天长县祝涧村汉墓出土了一套 28 件木工工具（图 1-10），其中就有所谓墨斗线陀。① 根据介绍，这件墨斗线陀为束腰六边形器，断面呈六边形，显然与现在常见的墨斗有较大区别，推测其可能只是墨斗的一部分，也就是绕轮。另外，与这件墨斗线陀同出的，还有一件木质长方形的器物。这件器物呈案形，长 32 厘米，宽 16 厘米，通高 14 厘米，背部鼓起，正面平，中间刻一长方形平面，两端各设三个方形的穿孔，每个穿孔上都有可起伏的活动木构件。对于这件奇怪的器物，考古工作者猜测可能就是所谓的水准仪。②

图 1-10　安徽天长县祝涧村汉墓出土木工工具

图片来源：邓朝源：《天长汉墓群出土大批珍贵文物》，《中国文物报》1992 年 7 月 5 日。

---

① 邓朝源：《天长汉墓群出土大批珍贵文物》，《中国文物报》1992 年 7 月 5 日。

② 周崇云：《天长三角圩汉代木工工具刍议》，《文物研究》第 11 辑，黄山书社，1998，第 53 页。

古代墨斗实物虽不多见，但考古发掘工作中却多见使用墨斗绘制直线的实例。例如北京大葆台汉墓中，黄肠木的开料比较规整平直，有些大黄肠木的内向一端平面上留有清晰的“十”字形墨线，还有些黄肠木的扁平面上留有墨色直线，这些墨线都很直，推测可能是使用了墨斗之类的工具。[①] 另外，甘肃武威磨咀子东汉墓出土的木棺内侧的木板上，留有多处清晰的墨线痕迹。这些墨线粗细均匀，线的边缘还有毛刺，显然是弹上去的，和现在木工用墨斗弹的墨线完全相同。[②]

魏晋南北朝以后也出土了多幅伏羲女娲画像，与秦汉时期的画像不同，伏羲女娲手中不仅有规矩，还多了墨斗。例如前文提到开凿于西魏时期的敦煌莫高窟第 285 窟（见图 1-9），窟顶东坡中央有伏羲和女娲相对的形象，二者均为人首兽身。伏羲在右，一手持规；女娲在左，一手持矩，而另一手所持应当就是墨斗。可以注意到，女娲手持墨绳的一端，另一端垂吊着的是一件圆筒略呈束腰形的器物，与前文提到的墨斗线陀形状类似，大概这本就是早期墨斗的基本形制。另外，新疆阿斯塔纳地区唐代高昌国遗址出土了三十多幅伏羲女娲画像，伏羲、女娲手中一般都会持有一件墨斗或者算筹之类的物件。而与莫高窟壁画不同的是，新疆伏羲女娲画像中墨斗呈现更为显著的束腰形；有的壁画中墨斗直接悬挂在矩上，这也是较为少见的形式。

总的来说，以水测横平和以垂球测竖直都是利用了物理学上的重力原理。古人在长期的生产和生活实践中发现了这样的

---

① 靳宝：《大葆台西汉墓研究》，北京燕山出版社，2012，第 55 页。

② 赵昊成：《平木用“刨”新发现》，《文物》2005 年第 11 期。

规律，并加以利用，所以在工具并未成熟和完善的情况下，依然能够获得较为精确的水平线和垂直线。当然更应引起我们注意的是，人们经由对横平和竖直这两种现象的认识，在理念上也对准绳等工具进行了神秘化，逐渐地，这些工具就有了更多神秘特征。

第三节　规矩和准绳的神秘特征

如果仅仅是作为实用的测绘工具，规矩和准绳显然不会引起人们太多的注意，然而这几种工具在历史上被有意识地赋予了神秘意义。这种神秘性的起源，往往与上古帝王和神仙的传说有关。至于宣扬这些传说的人，或许就是早期工具的使用者。

1. 工倕的故事

前文已经提到，规矩和准绳在秦汉到隋唐时期的画像中是伏羲、女娲手持的重要道具，然而在传世文献中却并没有见到相关的记载。在古人的观念中，伏羲一直都是三皇之一，而女娲的身份逐渐演变，大约在东汉时期也成为三皇之一。[①] 战国秦汉的文献中常见伏羲、女娲的记载，例如《山海经·大荒西经》说："有神十人，名曰女娲之肠，化为神。"[②]《楚辞·天问》说："登立为帝，孰道尚之？女娲有体，孰制匠之？"

---

① 有关这一问题较早的研究参闻一多《伏羲考》，《神话与诗》，吉林出版集团股份有限公司，2017，第 1 页。另参宋超《战国秦汉时期女娲形象的演变》，《咸阳师范学院学报》2004 年第 1 期。

② 袁珂校注《山海经校注（最终修订版）》，北京联合出版公司，2014，第 328 页。

王逸注云："传言女娲人头蛇身，一日七十化，其体如此，谁所制匠而图之乎？"[①]《列子》《淮南子》等文献中都记载了女娲炼石补天的故事，《说文解字》《风俗通义》中也出现了关于女娲抟土造人的记载。然而在古典文献的记载之中，都没有提到伏羲、女娲与规矩或者准绳有关。

东汉王延寿《鲁灵光殿赋》记载汉代宫殿中有关于伏羲、女娲人首蛇身的画像，说"伏羲鳞身，女娲蛇躯"，[②] 其形象与汉代画像石中的伏羲、女娲类似，只是并没有提到手中持有规矩或者准绳等。唐代张彦远《历代名画记》记载有陈思王曹植为伏羲女娲画像所作之赞，其中提到女娲"人首蛇形"，[③] 形象也与秦汉时期画像石相似，但同样没有提到伏羲、女娲所持的道具。有学者指出，规矩或者准绳本身可能确实和伏羲女娲没有关系，只是到汉代被用于画像石中作为图像表现的有机成分，是图像的设计者刻意增加上去的。[④] 这样的说法应当是有一定道理的。另外需要注意的是，伏羲女娲以规矩为道具应当是汉代出现的，而以准绳为道具，则应当晚至魏晋南北朝才出现。

汉代文献记载中大禹治水的时候曾手持规矩和准绳，例如《史记·夏本纪》说："左准绳，右规矩，载四时，以开九州，通九道，陂九泽，度九山。"《集解》引王肃曰"左右言常用也"，意思是大禹以准绳和规矩作为常用的工具，但《索隐》

---

① 洪兴祖：《楚辞补注》，白化文等点校，中华书局，1983，第 104 页。

② 严可均校辑《全上古三代秦汉三国六朝文》，中华书局，1958，第 6187 页。

③ 张彦远撰，承载译注《历代名画记全译》，贵州人民出版社，2009，第 228 页。

④ 龙红：《古老心灵的发掘——中国古代造物设计与神话传说研究》，第 61 页。

则认为“左所运用堪为人之准绳，右所举动必应规矩也”，[①]强调规矩和准绳的象征含义。结合大禹治水的事迹，这里的准绳和规矩如果解释为常用的工具，应当是更合情理的，《索隐》的解释显得有些迂曲了。大禹“左准绳，右规矩”的记载也见于《大戴礼记》、《孔子家语》以及战国、秦汉时期的其他古籍，显然手持规矩和准绳进行治水活动，是当时人们关于大禹形象的一种共同想象。然而现在能够看到的大禹治水题材的画像石中，大禹手持的多是实用的生产工具，而不是规矩或者准绳。例如武梁祠画像石中，大禹是头戴斗笠、手持耜的形象（图 1-11）；另在徐州地区出土的画像石中，大禹手中所持的应当是锸，同样是用于生产的工具。这至少说明，在对传说人物形象特征的认识中，汉代社会不同地域和不同人群之间也存在着不小的差异。

《淮南子 · 天文训》以五行配五帝所在的方位及五帝之佐，想要构建五方五帝的体系。引起我们注意的是五帝之佐手中所执的工具，包括本章讨论的规、矩和绳，以及另外两种测量重量的工具，即权和衡。[②]《淮南子》中五帝和五行、五方的组合显然与《礼记 · 月令》、《吕氏春秋》十二纪同源，对后来的王莽也有重要影响——新莽的主要官员即有持类似道具者。《汉书》中同样保留有相关的记载，只是五帝之佐所执规、矩、绳、权、衡一项，不见于其他材料。总的来看，《淮南子》等文献记载将五种工具与方位、神灵对应，显示出一定程度的刻意性，这或许是当时的知识阶层尝试对不同地域和

---

① 《史记》卷二《夏本纪》，第 51—52 页。

② 何宁：《淮南子集释》，第 184—188 页。

不同人群中存在的信仰观念进行整合的结果。

图 1-11　武梁祠画像石中的大禹形象

图片来源：蒋英炬主编《中国画像石全集》第 1 卷《山东汉画像石》，第 29 页。

在文献记载中，规矩和准绳的发明者是倕，也写作“垂”，或者称为“工倕”“巧倕”。根据《尚书》、《史记》和刘向《说苑》的说法，他善巧思，因而受到尧和舜的赏识。例如《史记·五帝本纪》将倕与禹、皋陶、契、后稷、伯夷、夔、龙、益、彭祖等人并列，说他们都是帝尧和帝舜时代的贤臣。司马迁另引《尚书》说：“舜曰：‘谁能驯予工？’皆曰垂可。

于是以垂为共工。”《史记集解》引马融曰：“为司空，共理百工之事。”[①]《汉书·扬雄传》引扬雄《甘泉赋》提到“般倕弃其剞劂兮，王尔投其钩绳”，颜师古注释说：“般，公输般也。倕，共工也。”[②]《后汉书·崔骃传》李贤注也说倕“舜时为共工之官”。[③]《山海经·海内经》说：“又有不距之山，巧倕葬其西。”又云：“帝俊生三身，三身生义均，义均是始为巧倕，是始作下民百巧。”袁珂校注认为“巧倕”应该就是舜之子商均，并引《路史·后纪十一》：“女莹（英）生义均，义均封于商，是为商均。”[④]

另外，《墨子》、《荀子》、《庄子》、《楚辞》、《吕氏春秋》和《淮南子》中都曾经提到过工倕，认为他是许多器物的发明者，其中就包括规矩和准绳。例如《墨子·非儒》说“巧倕”是舟船的发明者，[⑤]《荀子·解蔽》说他是弓的发明者，所谓“倕作弓，浮游作矢，而羿精于射”。[⑥]《吕氏春秋·仲夏纪·古乐》则说帝喾命有倕作鼙、鼓、钟、磬等乐器。[⑦]《世本》中提到：“倕作规矩准绳……垂作耒耨。垂作耜。垂作钟。垂作铫。”[⑧]另外《庄子·胠箧》说：“毁绝钩绳而弃规矩，攦工倕之指，而天下始人有其巧矣。”成玄英疏云：“工倕是尧工人，作规矩之法。”并说“工倕禀性机巧，运用钩

① 《史记》卷一《五帝本纪》，第39、41页。

② 《汉书》卷八七上《扬雄传上》，第3529页。

③ 《后汉书》卷五二《崔骃传》，中华书局，1965，第1705页。

④ 袁珂校注《山海经校注（最终修订版）》，第386、393页。

⑤ 孙诒让：《墨子间诂》，第293页。

⑥ 王先谦：《荀子集解》，第401页。

⑦ 吕不韦编，许维遹集释《吕氏春秋集释》，第124页。

⑧ 宋衷注，秦嘉谟等辑《世本八种》，中华书局，2008，第360页。

绳，割刻异端，述作规矩”。[①] 这里其实也是说倕是规矩和钩绳的发明者。

至东汉王符《潜夫论·赞学》说：“昔倕之巧，目茂圆方，心定平直，又造规绳矩墨以诲后人。”明确指出工倕是“规绳矩墨”的发明者，并说：“故圣人之制经以遗后贤也，譬犹巧倕之为规矩准绳以遗后工也。”[②] 由此可见倕是战国秦汉时代人们较为熟悉的能工巧匠，因此认为类似规矩准绳之类的工具是倕发明的。

其实，规矩准绳这样的生产工具，都是在漫长的实践过程中产生的，未必真有一个明确的发明者。根据前文引述的材料可以发现，倕因为被帝舜任命做过管理工程事务的工师，所以人们就认为他一定具备“巧”的特性，能够制造出如准绳规矩之类的工具，或者是舟船、弓、乐器等。其中，规矩准绳因为是工匠日常使用的，在普通民众的思想观念之中，其发明者必然就是工倕了。

墨家被认为和工匠有密切关系，应当是规矩准绳之类工具较早的实际使用者，《墨子》一书中也多有以规矩和准绳举例进行讨论的内容，显示墨家对类似的工具非常熟悉。例如《墨子·法仪》载子墨子之言：“百工为方以矩，为圆以规，直以绳，正以县。无巧工不巧工，皆以此五者为法。巧者能中之，不巧者虽不能中，放依以从事，犹逾已。故百工从事，皆有法所度。”孙诒让以《考工记》校之，认为“直以绳”之前应当有“平以水”，此说甚确。[③] 另外，《墨子·天志》也说：

---

① 郭庆藩：《庄子集释》，第 356 页。

② 王符撰，汪继培笺，彭铎校正《潜夫论笺校正》，中华书局，1985，第 11—12 页。

③ 孙诒让：《墨子间诂》，第 20—21 页。

“我有天志，譬若轮人之有规，匠人之有矩。轮匠执其规矩，以度天下之方圆，曰：‘中者是也，不中者非也。’”“是故子墨子之有天之，辟人无以异乎轮人之有规，匠人之有矩也。今夫轮人操其规，将以量度天下之圆与不圆也，曰：‘中吾规者谓之圆，不中吾规者谓之不圆。’是以圆与不圆皆可得而知也。”[①]《法仪》和《天志》都是《墨子》中重要的章节，也是阐述墨子思想核心内容的部分。墨者的主体是居住于城中的工人，自然就包括使用规矩准绳等工具进行木制品生产的工匠，所以墨家对规矩准绳有着特殊的情结，也就顺理成章了。

总的看来，规矩、准绳是能够测绘方圆与横竖的基本工具，也是古代工程中必须用到的，因而自古以来包括墨者在内的人们十分重视这些工具。然而也正是因为这些工具具备测绘方圆与横竖的功能，所以在内涵上逐渐被升华，再加上方、圆是人们认识的地、天的基本形状，而横、竖也是人们在认识和改造世界中的关键标尺，所以这些工具就逐渐被赋予更多的神秘色彩。是以人们会认为只有最为“巧”的人才会是这些工具的发明者，而上古帝王手持的道具，也非这些工具莫属。

2. 时空图式

在汉代社会观念中，规矩和准绳的衡量意义被放大并神秘化，成为对时人观念影响深远的时空图式。例如《淮南子》说度量轻重“生乎天道”，所以“规生矩杀，衡长权藏，绳居中央，为四时根”，还说：“阴阳大制有六度：天为绳，地为准，春为规，夏为衡，秋为矩，冬为权。绳者所以绳万物也，准者所以准万物也，规者所以员万物也，衡者所以平万物也，

① 孙诒让：《墨子间诂》，第195、205页。

矩者所以方万物也，权者所以权万物也。”①《淮南子》中以规矩准绳衡量天地万物的神秘主义内涵，对于理解规矩的神秘色彩，无疑是十分重要的。另外，《汉书·律历志》也说：“准者，所以揆平取正也。绳者，上下端直，经纬四通也。准绳连体，衡权合德，百工繇焉，以定法式，辅弼执玉，以翼天子。”②

先秦、秦汉时期与矩和绳有关的符号十分常见，而且这些符号通常出现在具有神秘主义特征的图形和器物之上。第一种应当引起注意的图形是出土简牍日书中常见的“日廷图”。“日廷图”这一名称见于王充《论衡·诘术》：“日廷图甲乙有位，子丑亦有处，各有部署，列布五方，若王者营卫，常居不动。”③ 王充以日廷图作为论据，可知这种图式在汉代是广为人知的。2000 年出土于湖北随州孔家坡的汉代简牍《日书》中有一幅线图（图 1-12），

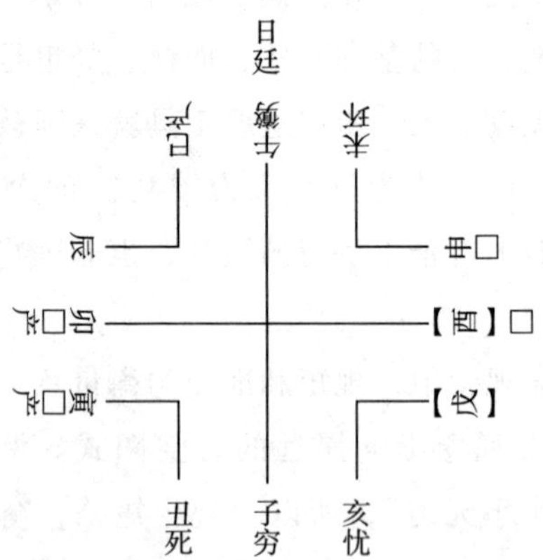

图 1-12　孔家坡汉简《日书》中的《日廷图》

图片来源：湖北省文物考古研究所、随州市考古队编《随州孔家坡汉墓简牍》，文物出版社，2006，第 144 页。

① 何宁：《淮南子集释》卷三，第 256、244 页，卷五，第 439 页。

② 《汉书》卷二一上《律历志上》，第 970—971 页。

③ 黄晖：《论衡校释（附刘盼遂集解）》，中华书局，1990，第 1032 页。

上端有“日廷”二字，被认为是原有的篇题。这幅图与王充所述的日廷图特征相符，堪为典型。

日廷图的图形部分是所谓的“钩绳图”，也就是四个不同方向的矩的符号，以及垂直交叉的二绳。《说文解字》说：“钩，曲也。”所以这种图形被称为“钩绳图”，也写作“勾绳图”。日廷图的核心内容是钩绳图与地支、天干的固定搭配，并由此形成时间模型和空间模型，也就是王充所谓的“甲乙有位，子丑亦有处，各有部署，列布五方，若王者营卫，常居不动”。地支搭配钩绳图亦见于《淮南子》中，所谓子午、卯酉为二绳，丑寅、辰巳、未申、戌亥为四钩。丑寅在东北方，为报德之维；辰巳在东南方，为常羊之维；戌亥在西北，为蹄通之维；未申在西南方，为背阳之维，是为“四维”。[①] 这样的记载恰好能够与出土的日廷图对应。

由此可见，日廷图其实就来源于矩和绳这两种测绘工具的符号化，在图中，矩和绳可以同时用于表示空间和时间。我们将这种图式称为“时空图式”。就空间来说，两条垂直交叉的绳表示的是东、西、南、北四个方向，而四个矩尺形则表示东南、西南、东北、西北四个方向；就时间来讲，矩和绳的十二个顶端可以表示十二个月、十二地支，顶端中间的位置可以表示十天干。这样，钩绳图与天干地支搭配，就构成了包含时间与空间的完整宇宙模型。[②]

---

① 何宁：《淮南子集释》，第 207 页。

② 也有学者研究四川汉墓中的仙人六博图，认为博者为仙人（天神、天帝），处所为神山仙境，所用的“钩绳”博局是时人观念中宇宙基本框架的直接表现。见王煜《四川汉墓画像中“钩绳”博局与仙人六博》，《四川文物》2011 年第 2 期。

第二种含有与矩和绳有关符号的图形是式图①，也就是式盘的地盘上的图形。作为战国秦汉时期的一种重要占卜工具，式盘目前已经出土多件，可以认为，式图实质上就是将日廷图绘制在式盘的方形地盘之上，只是稍微复杂了些，增加了二十八宿等元素。式图的图形部分多出一些方形区域，但这些区域并没有实际作用，可能只是用于装饰。文字部分除了天干地支之外，最外侧一般都写有二十八宿，呈东西南北各七宿均匀排列，和天干地支并无严格对应关系。在式盘的实际使用过程中，二十八宿发挥着关键的作用，所以说标注二十八宿也是式图的主要特征。同样作为占卜吉凶所用的工具，日廷图有更多的原始特征，而式图相对更为成熟完善，两者的前后演进关系十分明显。

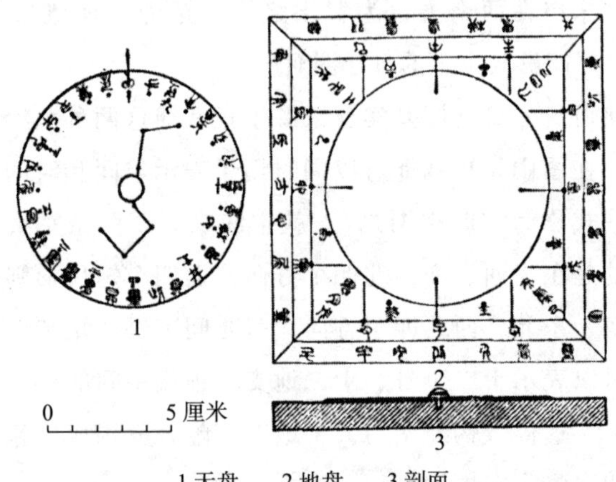

1.天盘　2.地盘　3.剖面

图 1-13　安徽阜阳双古堆汉墓出土的式盘

图片来源：安徽省文物工作队、阜阳地区博物馆、阜阳县文化局：《阜阳双古堆西汉汝阴侯墓发掘简报》，《文物》1978 年第 8 期。

---

① 李零曾经将代表式的图式称为“式图”，本书也沿用这一称呼。见李零《中国方术考（修订本）》，第 89—90 页。该书第二章详尽讨论“式与中国古代的宇宙模式”，并对前人的研究成果进行了系统的梳理。

第三种是所谓的博局图。这种图形绘制于博局之上，是行棋的轨道，它的基本形式也与矩和绳的符号有着密切的关联。关于这种图形，中外学者都曾经有所论及，例如劳榦就认为博局的布置是以古代宫室的形式为基础的，他指出中国古代宫室的基本形式是“亞”字形，并试图将博局图与明堂图结合起来。[①] 博局图虽看起来十分复杂，其实它的基本元素仍然是矩和绳，只是为实际行棋的方便故意使之复杂化。但图 1-14 的博局图并非仅用

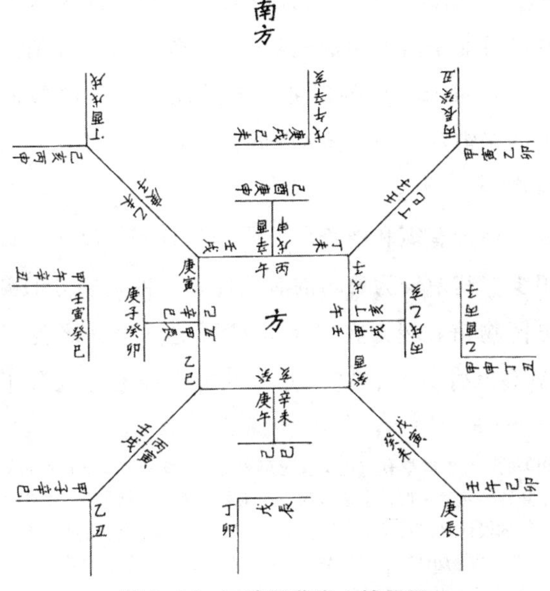

图 1-14　尹湾汉墓出土博局图

图片来源：连云港市博物馆、东海县博物馆、中国社会科学院简帛研究中心、中国文物研究所编《尹湾汉墓简牍》，中华书局，1997，第 125 页。

---

① 劳榦：《六博及博局的演变》，《中研院历史语言研究所集刊》第 35 本，1964 年。

于行棋，它也用于占卜，使用方式和日廷图基本相似。汉代画像石中亦常见“仙人六博”的形象，其中也有类似的博局图。[①]

关于带有矩和绳相关的符号的器物，首先要提的是博局镜。博局镜也被称为TLV纹镜、规矩纹镜等，目前出土数量众多。TLV纹镜这一名称可能出自沙畹，他在《北中国考古图录》一书中公布了博局镜的拓片，欧洲人才得以见到这种铜镜纹饰，并在之后几十年的研究中取得重要成果。劳佛（B. Laufer）见到武梁祠画像石中的博戏图，认为这是方术表演，六博盘可能是占卜用的式盘。[②] 另外值得一提的是美国学者坎曼（S. Cammann）的研究，正是他提出了博局镜蕴含着中国古人的宇宙观念。[③] 李学勤同样论证规矩纹是古人观念中的宇宙模型。[④]

另外一种带有矩和绳符号的器物是日晷。汉代的日晷流传至今的很少，其中较为著名的有三件。一件是端方旧藏，现藏中国历史博物馆。端方在《匋斋藏石记》中称之为“测景日晷”，“盘高八寸九分，宽九寸，日晷直径七寸九分半，字径

---

① 相关的研究参傅举有《论秦汉时期的博具、博戏兼及博局纹镜》，《考古学报》1986年第1期；李零《跋中山王墓出土的六博棋局——与尹湾〈博局占〉的设计比较》，《中国历史文物》2002年第1期，后收入氏著《入山与出塞》，文物出版社，2004；王煜《四川汉墓画像中“钩绳”博局与仙人六博》，《四川文物》2011年第2期。

② B. Laufer, *Chinese Grave-Sculptures of the Han Period*, New York: F. C. Stechert & Company, 1911.

③ S. Cammann, "The TLV Pattern on Cosmic Mirrors of Han Dynasty," *Journal of American Oriental Society*, vol. 68, no. 4, 1948。法国学者马克（Marc Kalinowski）的研究也应当注意，见《关于TLV镜与六壬关系之我见》，《Numen》(29)，1982年，第114—120页；《汉代天文纪年用具与六壬式》，《法国远东学院学刊》第72卷，1983年，第309—419页。

④ 李学勤：《〈博局占〉与规矩纹》，《文物》1997年第1期。

图 1-15　尚方铭四灵博局镜

说明：这件铜镜直径 13.7 厘米，重 457 克，铭文为："尚方御竟大毋伤，巧工刻之成文章，朱鸟玄武顺阴阳，子孙备具居中央，长保二亲乐富昌。"

图片来源：清华大学艺术博物馆编《必忠必信：清华大学艺术博物馆藏铜镜》，上海书画出版社，2017，第 69 页。

二寸，篆书"。后来陈梦家根据日晷背面的铭文，推测这件日晷出土于山西托克托城，也就是现在内蒙古呼和浩特市南部（图 1-16）。① 第二件为怀履光旧藏，1932 年出土于洛阳金村，现藏加拿大多伦多皇家安大略博物馆，也有学者认为这件日晷可能是赝品。② 还有一件是周进旧藏，出土于山西右玉，也被称为"右玉日晷"。③ 日晷的用途是根据太阳的运行测量一日

① 陈梦家：《汉简年历表叙》，《汉简缀述》，第 273 页。相关的研究参李鉴澄《晷仪——现存我国最古老的天文仪器之一》，中国天文学史整理研究小组编《科技史文集》第 1 辑《天文学史专辑》。

② 孙机：《汉代物质文化资料图说（增订本）》，第 290 页。

③ 冯时：《中国天文考古学》，第 205—207 页。

之内的时间，其上图案的意思应当如孙机先生所说是“象征天宇”。[①] 有学者根据日晷上的篆文，推测它们都是汉代的物品。[②] 而李学勤认为，日晷与博局镜一样，都代表着古人的宇宙观念。[③]

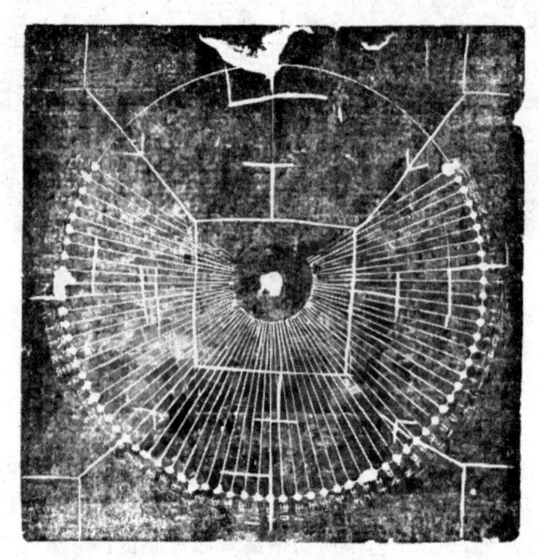

图 1–16　托克托日晷拓片

图片来源：陈遵妫：《中国天文学史》（下），第 1239 页。

可以认为，日廷图、式图、博局图、博局镜、日晷等装饰矩和绳相关符号的图形或者器物都或多或少地带有神秘特征，而这种神秘特征有的直接来源于矩和绳的纹饰，如日廷图、式图、博局图等；有的则因其纹饰而增强，如博局镜等。正如前文讨论的那样，规矩和准绳原本是具有衡量作用的工具，其功用后来逐渐被扩大到衡量宇宙，这是规矩和准绳神秘性的来源。

---

① 孙机：《托克托日晷》，《中国历史博物馆馆刊》，1981 年。

② 马怡：《汉代的计时器及相关问题》，《中国史研究》2006 年第 3 期。

③ 李学勤：《〈博局占〉与规矩纹》，《文物》1997 年第 1 期。

小　结

综上，本章主要讨论了规矩、准绳与时空图式之间的关系。规矩和准绳本来都是实用性的工具。矩的形制经过一系列的演变，大约在汉代基本固定下来，而规是从矩中分离出来的。也就是在汉代，规和矩成为两种不同的工具，一者画圆，一者画方。与之对应，先秦时期，人们已开始利用水的横平特性以及绳索悬重下垂的特性测绘横、竖。正因为规矩具有绘制和测量方圆的功用，能够与古人天圆地方的观念对应，加之诸多因素的共同作用，规矩准绳等测绘工具逐渐完成了神秘化过程。同时，矩和绳也被秦汉时期的人们认为是带有神秘主义特征的符号，广泛运用于包括日廷图、式图、博局图以及博局镜、日晷等图形与器物之上。这些图形和器物的神秘特征都和当时人们对宇宙的认识和探索有关。正如前文所述，方形和圆形是大地和天空的形状，而横平和竖直是构成世界的基本图形，当人们把这些形状组合起来，就具有了模拟时空的意味。另外，人们在绘制这种样式图形的时候，也会添加进表示时间和空间的天干、地支等元素，使得其对宇宙特征的模拟更具有可操作性，基于天干和地支的占卜术也正是因这种图形而起。

第二章　圭表考

在《周礼》和《礼记》的记载中，土圭是用于测量日影、确定“天下之中”的具有重要象征意义的特殊玉器，然而其在实际使用中却很难发挥作用。目前为止，考古资料中没有见到过这种能够用于实际天文测量的玉器。这提示我们，礼书记载中的土圭或只是用于礼仪场合，其象征意义大于实际作用。为了满足实际测量日影的需要，立杆测影的表与测量日影长短的圭结合在一起，成为一组固定的器物，也就是所谓的圭表。至少从汉代开始，圭表已经基本定型，而且一直延续使用到清代，这期间古人一直在尝试完善圭表，以便获得精确的日影测量数据。

对于土圭和圭表，前人的研究成果已经较为丰厚。学者注意到，圭这种器物和斧钺或者生产工具有关，例如邓淑苹就认为圭起源于斧钺。[①] 而从字形上来看，“圭”这个字显然与“土”有着非常密切的关系，亦有学者认为“圭”字和“卦”有关。[②]

---

① 邓淑苹：《故宫博物院所藏新石器时代玉器研究之三——工具、武器及相关的礼器》，《故宫学术季刊》1990 年第 1 期。

② 相关的研究可以参考沈建华《从甲骨文圭字看殷代仪礼中的五行观念起源》，《文物》1993 年第 5 期。有学者认为“圭”这个字可以理解成“卦”字，意思就是在表的影子上刻画符号，这样的看法也是有一定道理的（邓可卉、李迪：《对圭表起源的一些看法》，《科学技术与辩证法》1999 年第 5 期）。

文献记载中的“土圭之法”在实际操作中一直找不到合适的对应，这也是一直让学者们非常困扰的问题。李约瑟指出土圭应当是一种测量日影的“标准玉板”,[①] 所谓“圭影板”或者“圭影版”的说法引起了中国学者的注意。陈遵妫认为，土圭原本是一种石头或玉制作而成的短尺，后来经过长期的观测实践，“发展成南北向水平固定放置的长尺，即所谓量天尺。把圭和直立的杆装在一起，统称为圭表”。他还指出在鲁宣公的时代，就已经用土圭来观测日影。[②] 吴承洛认为，以圭璧考度的制度确实是存在的，但周代以后圭璧定度的制度就已经不可考了：“圭与璧皆为玉之名，朝廷以玉为印信，谓之玉玺。国有大事，执玉圭以为符信，统称瑞玉。凡玉玺瑞玉均有一定之大小，注以尺寸，所以示信。故以圭璧考度之制，足为更有力之证。惟以圭璧定度之制，周以后已不可考。”[③] 因为圭璧定度的制度大都在《周礼》中记载，所以吴承洛会认为周以后相关的制度就不可考了。[④]

另有学者指出，“原始的圭影版，是用一支尺来测量立竿之日影长度，但尺之长短因各地习惯不同而有差异，所以创制一支标准之尺以统一度衡，此尺古代称为‘土圭’”。[⑤] 但张

---

① 〔英〕李约瑟：《李约瑟中国科学技术史》第3卷《数学、天学和地学》，第269页。

② 陈遵妫：《中国天文学史》（下），第1221页。

③ 吴承洛：《中国度量衡史》，商务印书馆，1937，第47页。

④ 相关的研究也可以参邓淑苹《圭璧考》，《故宫学术季刊》1977年第3期；凌纯声《中国古代瑞玉的研究》，《中研院民族学研究所集刊》第20期，1965年；夏鼐《商代玉器的分类、定名和用途》，《考古》1983年第5期；孙庆伟《西周玉圭及其相关问题的初步研究》，《文物世界》2000年第2期；梁云《周代用圭制度的流变》，《中国历史文物》2005年第3期。

⑤ 万迪棣：《中国机械科技之发展》，台北："中央"文物供应社，1983，第174页。

闻玉注意到一尺三寸的土圭无法满足实际测影的需要；[①] 卢嘉锡和路甬祥也指出一年之中除夏至之外日影都长于一尺五寸，固定的圭无法满足需要，所以土圭是从表发展到圭表的过渡阶段，就是用一根活动的尺子去量度表影。[②]

至于表的问题，学者认为陶寺遗址和良渚遗址都出现了观测日影的观象台，这应当是较为原始的表。例如陈久金提到，陶寺遗址的观象台可以通过观测日出的方位判断季节，进而制作历法，指导农业和社会生活等；[③] 陈雍则指出良渚遗址瑶山观测台可能是较为原始的圭表形态。[④] 冯时注意到春秋战国时期出现的祖槷，并指出这是圭表的表座，揭示了春秋战国时期圭表的基本形态。[⑤] 冯时关于圭表问题的相关研究对于认识战国、秦汉之际圭表的发展和演变也有非常重要的意义。[⑥] 学者还注意到西汉汝阴侯墓出土的圭表[⑦]以及江苏仪征石碑村汉墓出土的东汉圭表，后者已经基本能够确认是道家在进行制丹之类的活动时计时所用。[⑧]

总体上来看，经过学者的研究，先秦、秦汉时期从原始的

---

① 张闻玉：《古代天文历法讲座》，广西师范大学出版社，2008，第 112 页。

② 卢嘉锡、路甬祥主编《中国古代科学史纲》，河北科学技术出版社，1998，第 478 页。

③ 陈久金：《试论陶寺祭祀遗址揭示的五行历》，《陈久金天文学史自选集》，山东科学技术出版社，2017。

④ 陈雍：《说说考古》，故宫出版社，2017，第 250—251 页。

⑤ 冯时：《祖槷考》，《考古》2014 年第 8 期。

⑥ 相关的内容参冯时《中国天文考古学》第四章“古代天文仪器”，第 269—274 页。

⑦ 石云里、方林、韩朝：《西汉夏侯灶墓出土天文仪器新探》，《自然科学史研究》2012 年第 1 期。

⑧ 王振铎、李强：《仪征汉墓出土的铜圭表》，徐湖平主编《南京博物院文物博物馆考古文集》，文物出版社，2003，第 331 页。

立杆测影到圭表逐渐成熟的发展演变轨迹大体上是比较清楚的，但其中仍然有一些问题。例如在土圭的历史记载和实际功用之间的扞格，土圭的神秘功用对人们时间观念的影响等方面，仍存在继续讨论的空间。

第一节　圭与土圭

在文献的记载中，土圭是圭类器物的一种，具有其基本特征，但又明显和其他圭类器物不同。土圭以及“土圭之法”被认为具有实用功能，是非常重要的时空测量工具，而其他类型的圭主要用于祭祀和丧葬等场合。本书认为，对土圭在测量时空方面的功能应当存疑，但其象征性意义不容忽视。

1.“圭”字探源

在《周礼》记载中，圭是传统的“六瑞”之一，也是最为重要的玉器种类。《周礼·春官》有典瑞之职，其主要职责是收藏保管玉器，以及分辨不同玉器的用途和种类，另外还要负责玉器与礼仪服饰的搭配，等等。典瑞所保藏的玉器以玉圭为主，例如“大圭”“镇圭”“桓圭”“信圭”“躬圭”等。同时，典瑞负责区别玉圭的用途，例如“四圭有邸，以祀天，旅上帝”，“两圭有邸，以祀地，旅四望”，“裸圭有瓒，以肆先王，以裸宾客”，“圭璧，以祀日月星辰”，“土圭，以致四时日月，封国则以土地”，“珍圭，以征守，以恤凶荒”，“穀圭，以和难，以聘女”，“琬圭，以治德，以结好”，“琰圭，以易行，以除慝”，等等。①

① 《周礼注疏》，阮元校刻《十三经注疏》，第1676—1680页。

《考工记》有玉人之职，是玉器的制作者。玉人所掌管制作的玉器之中，又以玉圭最要。[①]《玉人》篇中详细规定了这些玉圭的长度，这也提示我们不同名称的玉圭的差异主要在尺寸，即如贾公彦疏："皆博三寸，厚半寸，剡上，左右各寸半，唯长短依命数不同。"[②] 所谓"命数"，即持玉圭官员的等级，官员等级的高低决定了所持玉圭的长短，例如大圭长三尺，镇圭长尺有二寸，桓圭是九寸，信圭和躬圭为七寸。其他种类的圭也靠尺寸来区分，例如祭天的四圭尺有二寸，祭祀宗庙的祼圭尺有二寸，琬圭九寸，琰圭九寸，榖圭七寸，两圭五寸，等等。特别值得注意的是测量日影的土圭长度是一尺五寸，即所谓"土圭尺有五寸，以致日，以土地"。土圭的长度要超过王所使用的尺有二寸的镇圭，仅次于长三尺的大圭，显示出土圭在玉圭之中具有特殊性。

对于玉圭的基本形制，除了《周礼》以外其他文献中也有较为详尽的记载，例如《说文解字·土部》释"圭"为："瑞玉也，上圆下方。公执桓圭，九寸；侯执信圭，伯执躬圭，皆七寸；子执榖璧，男执蒲璧，皆五寸。以封诸侯，从重土。楚爵有执圭。"段玉裁注释认为所谓"瑞玉"指的是以玉为信物，并引应劭的看法，认为圭象征自然之形，阴阳之始。此外，他还注意到玉圭的上部应是尖状，而非"正圆"。[③] 玉圭通常都有尖尖的顶部，也就是文献记载中所谓"剡上"。例如《说文解字·玉部》在解释"璋"字的时候说："剡上为

① 《周礼注疏》，阮元校刻《十三经注疏》，第 1994 页。

② 《仪礼注疏》，阮元校刻《十三经注疏》，第 2319 页。

③ 许慎撰，段玉裁注《说文解字注》，第 693 页。

圭，半圭为璋。”[①] “剡上为圭”的说法来自《礼记·杂记》：“圭，公九寸，侯、伯七寸，子、男五寸。博三寸，厚半寸。剡上，左右各寸半，玉也。藻三采六等。”[②]《汉书·艺文志》引《易》“剡木为矢”一句，颜师古解释说：“剡谓锐而利之也。”[③]也就是将顶端削尖的意思。而对于要“剡上”的长度，后世解释经典的学者有不同的看法。元代毛应龙《周官集传》说：“凡圭，博三寸，厚半寸，剡上左右各半寸。”[④] 清乾隆《钦定周官义疏》则认为：“圭皆剡上，左右各寸半。”[⑤] 这里“博”是宽度，“寸半”“半寸”指的是开始“剡”的部位到顶尖的长度。所以很显然“剡上寸半”是合乎比例的，多数文献还是支持“寸半”说法。另外，“半圭为璋”的意思是将玉圭从中间切分成两半，也就有了玉璋，这种说法来自《毛诗》“半圭曰璋”。[⑥]

“剡上为圭”，说明在人们的印象中圭这种器物最主要的特征是“剡上”，在汉代文献中也叫“兑上”，“兑”即“锐”，也是说圭有尖尖的顶部。《史记·晋世家》提到成王与叔虞游戏，削桐叶为珪给叔虞，曰：“以此封若。”[⑦] 成王削桐叶，正说明圭有尖的顶部。至于玉圭“兑上”的原因，汉儒曾有过详细的解读，如《白虎通·瑞贽》说：

---

① 许慎撰，段玉裁注《说文解字注》，第 12 页。

② 《礼记正义》，阮元校刻《十三经注疏》，第 938 页。

③ 《汉书》卷三〇《艺文志》，第 1763 页。

④ 《周礼订义》卷三〇，文渊阁四库全书本。

⑤ 《钦定周官义疏》卷四五，文渊阁四库全书本。

⑥ 《毛诗正义》，阮元校刻《十三经注疏》，第 3396 页。

⑦ 《史记》卷三九《晋世家》，第 1635 页。

> 何谓五瑞，谓珪、璧、琮、璜、璋也……五玉者各何施？盖以为璜以征召，璧以聘问，璋以发兵，珪以质信，琮以起土功之事也。珪以为信何？珪者兑上，象物皆生，见于上也。信莫著于作见，故以珪为信，而见万物之始，莫不自洁。珪之为言圭也，上兑阳也，下方阴也。阳尊，故其礼顺备也。位在东，阳见义于上也。[①]

所谓“以珪为信，而见万物之始”，是汉儒对圭的形象进行的解读和演绎，但“珪者兑上，象物皆生，见于上也”这样的说法是值得注意的。古人有时候会不加区分，直接将上端为尖状的玉器统称为“圭”，这也影响了后来的考古工作者，将出土文物中许多带有尖状顶部的器物都称为“圭”。

正是根据圭的“剡上”特征，学者推断圭形器可能起源于新石器时代的生产工具或者武器，例如林巳奈夫就认为这种形制的器物和新石器时代的骨铲有关，[②] 戴应新则指出这类玉器是“仿耒耜的形状而作的瑞玉……必然与农事有关，我认为它是祈年用的礼器”。[③] 刘子芬《古玉考》说：“圭之体制似斧凿，盖古人之制器物必有所取象……圭之似斧凿，亦非以圭为杀也，所以示王者有生杀之权而不用也。”[④] 于省吾也提出龙山文化遗址出土的圭形玉器起源于工具锛，后来逐渐演化为手持的玉笏。[⑤] 还有学者认为圭的祖型为手持斧钺，但直接的取

---

① 班固撰集，陈立疏证《白虎通疏证》，第349—350页。

② 〔日〕林巳奈夫：《中国古代的石刀形玉器和骨铲形玉器》，《东方学报》第54册，1982年。

③ 戴应新：《神木石峁龙山文化玉器》，《考古与文物》1988年第5、6期。

④ 刘子芬：《古玉考》，《玉说汇编》，书目文献出版社，1993，第14—15页。

⑤ 于省吾：《释两》，《古文字研究》第10辑，中华书局，1983，第1页。

象型则是石戈。[1] 无论圭起源于农具还是武器，都表明在上古时代人们的社会生活中，这种器形较为常见。

另外，文献记载之中圭还是一种计算单位。例如《汉书·律历志》说："度长短者不失豪厘，量多少者不失圭撮，权轻重者不失黍絫。"颜师古注引应劭曰："圭，自然之形，阴阳之始也。四圭曰撮，三指撮之也。"又引孟康曰："六十四黍为圭。"[2] 可见圭是对数量进行计算的最小单位。《说文解字》也说："撮，四圭也。"段玉裁引《广韵》注释说："孟子（孟康）曰六十四黍为一圭，十圭为一合。"另引《孙子算经》说："六粟为一圭，十圭为一撮，十撮为一抄，十抄为一勺，十勺为一合。"[3] 可以发现，《汉书》孟康注以黍为计量对象，而《孙子算经》以粟为计量对象，显然二者的记载分属两种计量体系，应有不同的起源。但无论如何，圭都是最小的计算数量的单位，所以应劭说圭是"自然之形，阴阳之始"，段玉裁以阴阳观念解释道："阴阳之始易之数，阴变于六，故六粟曰圭"，"以圭为阴阳之始，故六十四黍为圭，四圭为撮，十圭为一合，量于此起焉"。段玉裁另外提到《方言》中有"鼃，始也"的说法，并解释说："鼃从圭声，与圭同音。鼃，始也，即圭，始也。"[4] 联系前引《白虎通》中"圭者兑上，象物皆生，见于上也"的说法，"圭"字从字形上看确实也有"初生于土"的含义。此后，"圭"的内涵逐渐演变，由"初始"衍生出"信"的意义，也就是《白虎通》所

---

① 唐启翠：《玉圭如何"重述"中国——"圭命"神话与中国礼制话语建构》，叶舒宪主编《重述神话中国》，上海交通大学出版社，2018。

② 《汉书》卷二一上《律历志上》，第956—957页。

③ 许慎撰，段玉裁注《说文解字注》，第599—600页。

④ 许慎撰，段玉裁注《说文解字注》，第600、693页。

谓的“信莫著于作见，故以圭为信”。后来多以玉圭为礼器，原因也就在于此。

总而言之，关于圭的起源有两种可能的情形：一种是由生产工具或者武器发展而来，一种是字形上的“初生于土”。前一种说法关注的是圭的器形，后一种说法关注的是圭的字形，这两种说法都是有一定道理的。事实上，圭之所以被当作最小计量单位，原因就在于这个字本来就有“初生”或者“初始”的含义，其造字的本意应当就是从土中刚刚伸展而出的意思，是以郑玄说：“圭锐，象春物初生。”① 而“圭”字象征初生，后来逐渐衍生出洁白、纯净的含义，例如有学者研究甲骨文中所见的祭祀礼仪，认为商代人祭天用圭表示洁白无瑕，② 所以在这个基础上又衍生出“信”的含义。当然，土圭长一尺五寸，恰等于夏至日正午之日影，由于这是在长期观测的基础上发现的，人们把这种现象也认为是圭有“信”的表现，这也是合乎逻辑的解释。

2. 考古发现的“圭”

考古学界将传世或者出土的新石器时代至秦汉时期许多玉铲及方首长条形器物都定名为“圭”，例如龙山文化中多见的方首长条形玉器即被认为是玉圭，其根据应当就是前文所引“博三寸，厚半寸。剡上，左右各寸半，玉也”的记载。③ 只是同类器物也并非都是玉质的，考古中还发现了陶质、木质和

① 也有学者指出，“圭”字是上下重叠的两个斧钺的形状，可备一说，见董莲池、毕秀洁《商周“圭”字的构形演变及相关问题研究》，《中国文字研究》第 13 辑，大象出版社，2010，第 2 页。

② 沈建华：《从甲骨文圭字看殷代仪礼中的五行观念起源》，《文物》1973 年第 5 期。

③ 王巍总主编《中国考古学大辞典》，上海辞书出版社，2014，第 31 页。

石质的圭。

根据学者们的介绍，传世的玉圭之中，时代最早的一件被命名为“玉鹰兽面纹圭”。这件玉圭长 25.2 厘米，宽 3.5 厘米，厚 0.5 厘米，玉器为黄褐色，一面阴琢展翅的雄鹰纹饰，另外一面为兽面纹。因为其兽面纹和山东龙山文化遗址出土玉锛上的纹饰类似，所以被认为可能是龙山文化遗物，现藏于天津博物馆（图 2-1）。①

图 2-1　天津博物馆藏玉圭

图片来源：孙机：《从历史中醒来：孙机谈中国古文物》，生活·读书·新知三联书店，2016，第 4 页。

① 相关的研究和介绍参贾峨《两周“杂佩”的初步研究》，杨伯达主编《传世古玉辨伪与鉴考》，紫禁城出版社，2005；陆建芳主编，欧阳摩壹著《中国玉器通史·战国卷》，海天出版社，2014，第 92 页。

台北故宫博物院也藏有类似的清宫旧藏玉圭（图 2-2），据介绍距今约 4300—3800 年。圭的一面刻有大漩涡眼、头戴“介”字形宝冠的神人形象，另一面刻有向上飞的鹰鸟形象。[①]

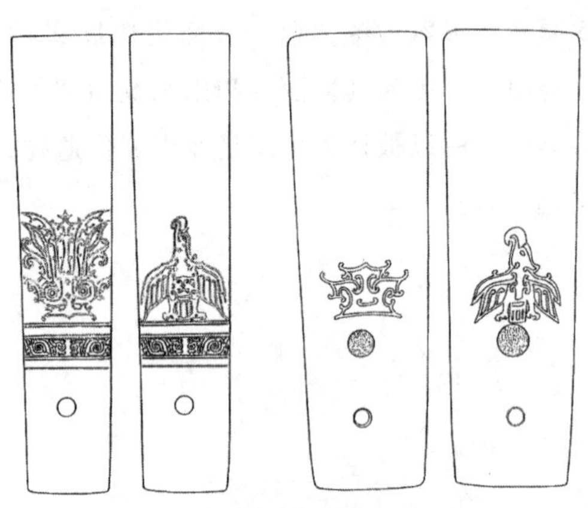

图 2-2　台北故宫博物院藏玉圭

图片来源：孙机：《从历史中醒来：孙机谈中国古文物》，第 4 页。

陶寺遗址中也出土有这种方首长条形玉器（图 2-3），同样被认为是玉圭，甚至有学者认为这就是文献记载中的土圭。[②]考古报告说这件玉圭出土于陶寺遗址中一座中期王族墓葬，这座墓葬被命名为 IIM22，同出的还有一件残长 171.8 厘米的漆木杆（图 2-4），以及被认为是游标尺的玉琮。其中漆木杆被推测是立表测影中要用到的“表”，也有学者认为是测量日影

① 相关的介绍和研究可以参考那志良《两件玉圭的时代》，《故宫文物月刊》第 40 期，1986 年；王仁湘《凡世与神界：中国早期信仰的考古学观察》，上海古籍出版社，2018，第 64 页；〔美〕巫鸿《传统革新：巫鸿美术史文集》卷 1，上海人民出版社，2019，第 14 页。

② 相关的介绍也可参见朱渊清《赞同——周康王即位仪式中礼器的使用》，《艺术史研究》第 18 辑，中山大学出版社，2016。

用的圭尺。[①] 至于同时出土的两件玉圭，学者认为是一阴一阳，“知原始的计晷方法必以阴阳二圭接续相重，从而体现揆度日影以效阴阳的传统观念”。[②] 如果这种说法能够成立，那么这两块玉器就是后世文献中的土圭了，但很显然这种形制的玉圭无法满足实际测量的需求。

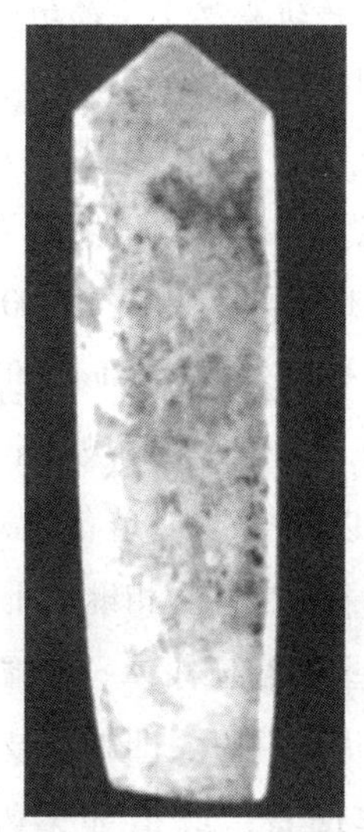

图 2-3　陶寺遗址出土玉圭

说明：根据介绍，这件玉圭出土于陶寺遗址 1700 号墓，高 17 厘米，宽 3.7—4.9 厘米，厚 1 厘米。

图片来源：杨伯达主编《中国玉器全集》，河北美术出版社，2005，第 34 页。

① 何驽：《山西襄汾陶寺城址中期王级大墓 IIM22 出土漆杆“圭尺”功能试探》，《自然科学史研究》2009 年第 3 期。

② 冯时：《陶寺圭表及相关问题研究》，《考古学集刊》第 19 集，科学出版社，2013。

图 2-4 陶寺遗址出土漆木杆

图片来源：何驽：《山西襄汾陶寺城址中期王级大墓 IIM22 出土漆杆“圭尺”功能试探》，《自然科学史研究》2009 年第 3 期。

另外有学者指出，传统观念中圭都是用玉制作的，而在更早的时期，圭应当是木制品，所以他认为陶寺遗址出土的那件漆木杆应当是土圭。[①] 至于土圭为何会变成玉圭，学者认为，随着时间的推移，在政治和意识形态领域衍生出了衡量等级差别的玉质尺度“圭臬”，陶寺城址早期中型墓 M1700 和 M3032 出土的尖首玉圭便是有力的例证。[②] 当然，相关问题仍存在争论，也有学者根据实际的测量和计算，对这件器物被判定为圭尺提出了质疑。[③]

四川三星堆遗址以及金沙遗址都发现了许多类似圭的器物，其中三星堆遗址一、二号坑相继成批出土了大量形状相似的玉器，有学者把这些玉器统称为“玉瑞”，并概括其基本特征是：整体为长条板状，端刃、凹首或歧锋，柄部一穿，有阑或齿状阑饰，个别非凹首，或柄部无阑，但可以视为同类（图 2-5）。[④] 后来也有学者对三星堆遗址出土的玉器进行梳理，将其分为五种类型，以分别对应文献记载中的大圭、镇

---

① 何驽：《山西襄汾陶寺城址中期王级大墓 IIM22 出土漆杆“圭尺”功能试探》，《自然科学史研究》2009 年第 3 期。

② 高炜：《陶寺文化玉器及相关问题》，邓聪主编《东亚玉器》，香港中文大学考古艺术研究中心，1998。

③ 李勇：《晷影测年：以陶寺疑似圭尺为例》，《自然科学史研究》2016 年第 4 期。

④ 王永波：《试论广汉三星堆发现的玉瑞》，李绍明、林向、赵殿增主编《三星堆与巴蜀文化》，巴蜀书社，1993，第 170 页。

圭、桓圭、青圭（或玄圭、信圭）、琬圭等。① 只是这样的分类方式存在进一步探讨的空间，三星堆中发现的玉器能否和《周礼》等文献的记载一一对应，尚无定论。

图 2-5　三星堆遗址“玉瑁圭”

说明：根据介绍，这件玉圭的编号为 6003，最早的命名是“玉凿”。“器身扁圆、长条形，通体琢磨光洁，转角圆润，抛光细腻，柄部顶端平齐，一边系玉料的自然缺角，近顶端中部有一直径为 1 厘米的圆穿，系程钻法制作，圭首为减地琢制的微弧双面平钝刃，减地转折似犁帽。”

图片来源：肖先进等：《三星堆研究》第 4 辑《采集卷》，巴蜀书社，2014，第 117 页。

① 敖天照：《三星堆玉石器再研究》，《四川文物》2003 年第 2 期。相关的研究也可参见林向《古蜀牙璋新论》，《巴蜀考古论集》，四川人民出版社，2004；王樾《中国古代玉器中的“六瑞”与“六器”》，《中国文物报》2002 年 1 月 4 日；李天勇、谢丹《璋的考辨——兼论三星堆玉器》，《四川文物》“三星堆古蜀文化研究专辑”，1992 年；王永波《试论广汉三星堆发现的玉瑞》，李绍明、林向、赵殿增主编《三星堆与巴蜀文化》。另外也有学者对三星堆玉器的研究进行综述，参看陈显丹《三星堆出土玉石器研究综述》，《史前研究》，陕西师范大学出版社，2006。

战国时期各种类型的圭在考古发掘中比较常见，尤其是石圭发现的数量较多，有些石圭上书写有载书或者盟书等文字资料，具有非常重要的价值。另外考古工作者在山西发现了晋国石圭作坊，借此对石圭的制作过程也能够有所了解。[①] 还有学者注意到秦人以圭陪葬的习俗，指出秦人通常以石圭、陶圭陪葬，其中有较为深刻的文化渊源。[②]

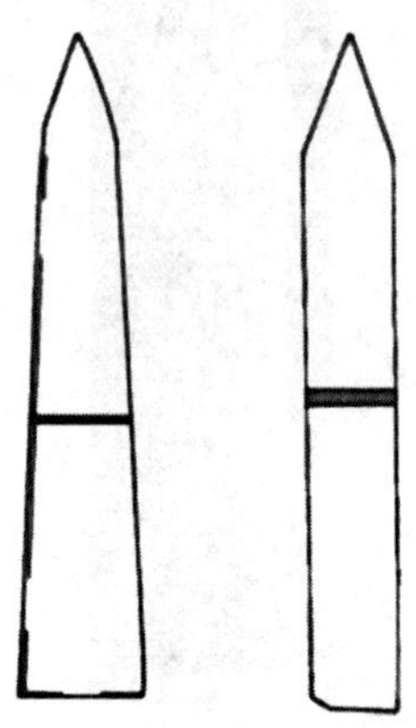

图 2-6　东周石圭

图片来源：陆建芳主编，欧阳摩壹著《中国玉器通史·战国卷》，第94页。

汉代以后仍然发现了数量众多的圭，例如考古工作者在汉景帝阳陵就发现了石圭，另外汉武帝茂陵也发现了石圭。根据介绍，茂陵石圭的长度在8.3—10.1厘米，宽度在1.9—2.2厘米，厚0.9厘米，1979年出土于李夫人墓附近（图2-7）。这些石圭的形制基本相同，都是长条形扁平体，三角尖首，后端平齐。

---

① 山西省考古研究所侯马工作站：《晋国石圭作坊遗址发掘简报》，《文物》1987年第6期。

② 祝中熹：《试说秦人葬圭习俗的文化渊源》，《古史钩沉》，上海古籍出版社，2018。

图 2-7　汉武帝茂陵石圭

图片来源：王志杰：《茂陵文物鉴赏图志》，三秦出版社，2012，第 93 页。

总之，从现有的情况来看，已经出土许多件被认为是圭的器物，其中包括玉器、石器等，足以说明类似的器物在先秦和秦汉时期普遍存在。虽然这些圭状器物的用途仍存在争议，但总体来说大都和祭祀行为有关，出土和发现的地点也以墓葬为主，表明这些圭状器物具有非常明显的礼器特征，而这和《周礼》记载中玉圭的用途亦是基本相同的，即文献记载和考古发现中的圭在使用功能这一点上是大致对应的。只不过，现在还不能确定哪一件是文献记载的土圭，这也让学者怀疑，在汉代以前是否真的有所谓的土圭存在，或者我们对于土圭的认识是否有更正的必要。有学者就认为圭的出现要比表晚得多，而且土圭不能理解为“度圭”，而应当理解为“卦”的古文。[①] 也就是说古人在立杆测影的时候，只是在地

① 邓可卉、李迪：《对圭表起源的一些看法》，《科学技术与辩证法》1999 年第 5 期。

上做好标记，然后测量标记的长度，这个标记就是圭。这样的意见对于继续思考土圭的相关问题是很有助益的。

3. 土圭图考

前文提到，土圭是《周礼》记载中的重要器物，考古发现的圭类器物也都与祭祀等礼制行为有关。而后世学者绘制的礼图之中，亦出现了圭的形象，其中比较著名的是宋代学者陈祥道绘制的土圭（图 2-8）。

图 2-8 陈祥道《礼书》中的土圭

图片来源：陈祥道：《礼书》卷三五，元至正七年（1347）福州路儒学刻明修本，第 534 页。

陈祥道在这件土圭上绘制有刻度，显然是认可土圭具有测量的功能，并且认为土圭是具有实际使用价值的。陈祥道对土圭的具体使用方式进行了认真的思考，他指出："古者土圭必植五表，地中植中表，千里而南植南表，千里而北植北表，东西二表相去如之。先儒谓天地相距八万里，其升降也不过三万里之中。于表移一（千）〔寸〕则于地差千里，故于相距准表之度，而表八寸。以升降之半准土圭之度，而圭尺有五寸。”[①] 显然，陈祥道关于土圭的认识来自经典文献中的记载，只是在土圭上绘制刻度却是他本人的创见。这种带有刻度的土圭并不见于其他文献的记载。

有学者指出，陈祥道《礼书》中关于玉圭的部分，在分类、器形以及功能方面都体现了对聂崇义《三礼图》的传承，但《三礼图》之中并没有关于土圭的图像。事实上，宋代以来兴起了绘制礼器图的风尚，相继出现如吕大临《考古图》、宋徽宗主持修订的《宣和博古图》，以及后来元明时期的《古玉图》《三才图会》等，绘制了《周礼》记载中诸如大圭、镇圭等器物的图形，但少有土圭的形象。至于原因，很可能是宋代以来的人们见过传至当时的玉圭，但并没有见过所谓的土圭，所以也就无从下笔了。如《三才图会》中没有直接绘制土圭，

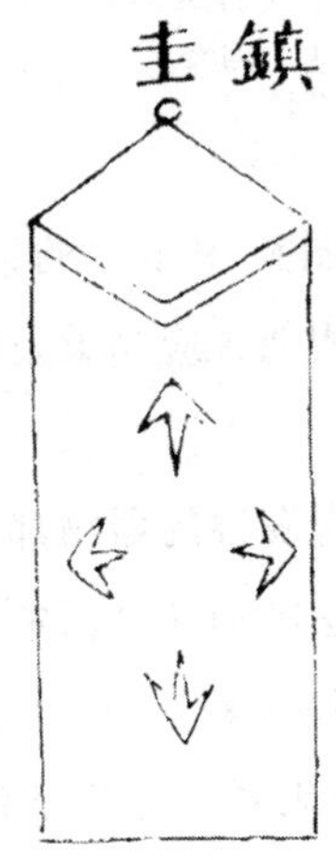

图 2-9　《三才图会》中的玉圭

图片来源：王圻、王思义编集《三才图会》，第 1099 页。

① 陈祥道：《礼书》卷三五，元至正七年福州路儒学刻明修本，第 534 页。

但绘制了镇圭（图 2-9）、桓圭等，可以作为土圭形象的参考。此外吴大澂《古玉图考》中也有玉圭的图像（图 2-10），亦可参看。

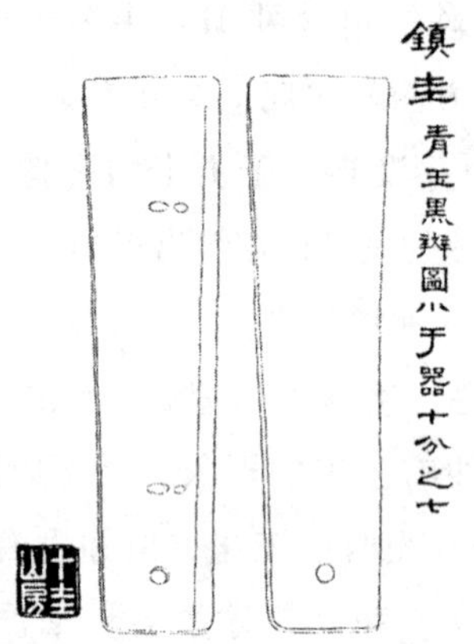

图 2-10 《古玉图考》中的玉圭

图片来源：吴大澂：《古玉图考》，浙江人民美术出版社，2013，第 5 页。

另外，清代《礼器图》中圭表的造型（图 2-11），和当时实际使用的圭表极为相似，应当就是根据当时的圭表实物绘制的。

总的来看，目前考古发掘的器物都很难与礼书中记载的土圭完全符合。宋代以来绘制的礼书图中，也很少见到土圭的形象，这很可能是因为人们并没有见到过这种类型的玉器。从《周髀算经》的相关记载来看，至少从汉代开始，天文官在进行天文测量的时候，是不会使用这种类型的土圭的。事实上，在立表测影的早期阶段，表和圭应当都极为简陋，如果需要测量日影，只需在水平的土地上画下记号即可，这或许就是“土圭”真实的含义。后来随着天文观测的常态化和精确化要求，

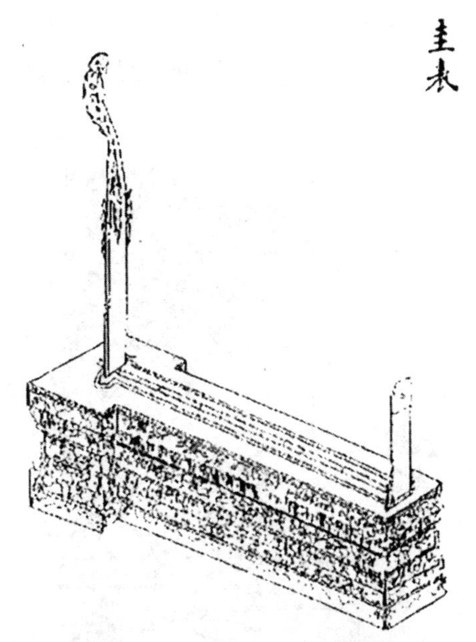

图 2-11　《礼器图》中的圭表

图片来源：《礼器图》卷三，清文渊阁四库全书本。

表需要一定的高度，而且要被固定在某一方位，于是修建了石制或青铜制的圭表，这样就有了圭表的基本形态；而从西汉或者更早的时期一直到明清，圭表的基本形制都没有发生太大的变化。也就是说，梳理从原始的立杆测影到圭表成熟完善的不同发展阶段，可以发现《周礼》记载中的土圭并没有实际使用的可能性。

4. "土圭之法"

前文提到，土圭是圭的一种，根据文献记载，其作用是测量日影。例如在《周礼》的记载中，土圭的基本功能是"致日"和"土地"，也就是观测二分二至日的日影以及据此测量国都的位置。而在传统的观念之中，国都应当位于"天下之中"，所以“土圭之法”也就自然被认为具有测量天下之中所在的功能。“土圭之法”能够同时测定时间和空间，这是应当特别引起注意的内容。

图 2-12　夏至致日图

图片来源：《钦定书经图说》卷一，光绪三十一年（1905）刻本。

在《周礼》的记载中，土圭的主要功能是在“封邦建国”的时候确定土地的相对位置。例如《地官·司徒》记载大司徒的职责时提到“土圭之法”：

> 以土圭之法测土深，正日景，以求地中。日南则景短多暑，日北则景长多寒，日东则景夕多风，日西则景朝多阴。日至之景，尺有五寸，谓之地中，天地之所合也，四

> 时之所交也，风雨之所会也，阴阳之所和也。然则百物阜安，乃建王国焉，制其畿，方千里而封树之。[①]

郑玄注说："土圭，所以致四时日月之景也。测犹度也，不知广深故曰测。故书求为救。杜子春云：'当为求。'郑司农云：'测土深，谓南北东西之深也。日南谓立表处大南，近日也。日北谓立表处大北，远日也。景夕谓日跌景乃中，立表处大东，近日也。景朝谓日未中而景中，立表处大西，远日也。'玄谓昼漏半而置土圭，表阴阳，审其南北，景短于土圭谓之日南，是地于日为近南也；景长于土圭谓之日北，是地于日为近北也；东于土圭谓之日东，是地于日为近东也；西于土圭谓之日西，是地于日为近西也。"也就是说，《周礼》中所谓的"土圭之法"就是使用土圭测量日影，然后根据日影判断"土深"，即该地所处的相对位置，从而判断该地是否为"天下之中"。另外，古人认为都城必须建立在"天下之中"，也是因为这里是阴阳四时交会的所在，在政治文化中具有非常重要的意义。[②]

《夏官·司马》中有"土方氏"，应是管理工程建筑的职官，据记载他也掌管"土圭之法"，"以致日景，以土地相宅而建邦国都鄙"。[③] 可见土方氏和大司徒职掌的"土圭之法"并没有明显的区别，都是根据对日影长短的测量来确定国都的位置。王引之《经义述闻》指出："大司徒以天下之图，周知九州之地

---

① 《周礼注疏》，阮元校刻《十三经注疏》，第 704 页。

② 相关的研究参李久昌《周公"天下之中"建都理论研究》，《史学月刊》2007 年第 9 期；王晖《周武王东都选址考辨》，《中国史研究》1998 年第 1 期。

③ 孙诒让：《周礼正义》，第 3247 页。

域，广轮之数，辨其山林、川泽、丘陵、坟衍、原隰之名物，而辨其邦国都鄙之数，制其畿疆而沟封之……土方氏掌土圭之法，以土地相宅而建邦国都鄙。皆谓辨其地之可以封邑者也。”①同样，典瑞之职中有“土圭以致四时日月，封国则以土地”的说法，郑玄解释说：“以致四时日月者，度其景至不至，以知其行得失也。冬夏以致日，春秋以致月。土地，犹度地也。封诸侯以土圭度日景，观分寸长短，以制其域所封也。”② 郑玄说“土地”即“度地”，也就是使用土圭进行测量的意思，至于测量的目的，则和大司徒与土方氏一样，都是为了“辨其地之可以封邑者也”。这已经不仅是确定“天下之中”以确立国都所在，还包括了确定诸侯国首都所在的内容。

在《周礼》的记载中，土圭的功能除了根据日影测量土地外，还有“致日”，也就是通过观测日影来确定冬至和夏至，以及春分和秋分等，此即前引典瑞之职中的“土圭以致四时日月”。《周礼·冬官·玉人》说：“土圭尺有五寸，以致日，以土地。”郑玄解释说：“致日，度景至不。夏日至之景尺有五寸，冬日至之景丈有三尺。”③ 也就是通过测量日影长短来确定夏至和冬至之日的意思。而“土方氏”也有“致日”的责任，《周礼·春官》中称其“冬夏致日，春秋致月，以辨四时之叙”，郑玄注释说：“冬至，日在牵牛，景丈三尺；夏至，日在东井，景尺五寸，此长短之极。极则气至，冬无愆阳，夏无伏阴。春分日在娄，秋分日在角，而月弦于牵牛、东井，亦以其

① 王引之：《经义述闻》，上海书店出版社，2012，第 230 页。

② 孙诒让：《周礼正义》，第 1921 页。

③ 孙诒让：《周礼正义》，第 4021 页。

景知气至不。春秋冬夏气皆至，则是四时之叙正矣。”① 需要注意的是，郑玄生活在东汉晚期，这个时代观测二分二至的技术相对于春秋战国时期已经有长足的进步，所以郑玄对“致日”的理解并不能完全等于《周礼》中的记载。至于在《周礼》成书的时代是如何使用土圭进行“致日”的，还有待继续讨论。

此外，《周礼·冬官·匠人》有使用“规”来测影的记载，被认为是和土圭配合使用，其中提到：“匠人建国，水地以县，置槷以县，视以景。为规，识日出之景与日入之景。昼参诸日中之景，夜考之极星，以正朝夕。”所谓“为规”测影，郑玄解释说：“日出日入之景，其端则东西正也。又为规以识之者，为其难审也。自日出而画其景端，以至日入，既则为规测景两端之内，规之规之交，乃审也。度两交之间，中屈之以指臬，则南北正。”孙诒让引《周髀算经》解释说：“以日始出立表，而识其晷，日入后识其晷，晷之两端东西也。中折之，指表者，正南北也。”② 郑玄和《周髀算经》的解释基本相同，“为规”测影是为了确定正南正北的方位。

前文提到，“土圭之法”可以确定“日中”，而至少在汉代的时候人们就已经注意到，“天下之中”在颍川阳城附近，例如前引《周礼》中郑众的注释说：“土圭之长尺有五寸，以夏至之日立八尺之表，其景适与土圭等，谓之地中，今颍川阳城地为然。”③ 郑众的这个解释为后来学者所接受，阳城一直被认为是天下之中。当地有所谓周公测景台遗址，人们认为当

---

① 孙诒让：《周礼正义》，第 2537 页。

② 孙诒让：《周礼正义》，第 4126—4130 页。

③ 孙诒让：《周礼正义》，第 721 页。

初周公营造洛邑，在此测量夏至日日影为尺有五寸，确认这里就是天下之中。今天河南省登封市周公测景台遗址留存的石圭和石表为唐朝时南宫说仿周公旧制修建（图 2-13），陈遵妫认为当时南宫说使用的标准尺是通行的开元尺，所以这座石圭修建于开元年间是确定无疑的。[①] 根据传统的说法，这件土圭恰好体现“夏至之日立八尺之表，其景适与土圭等”，所以这里

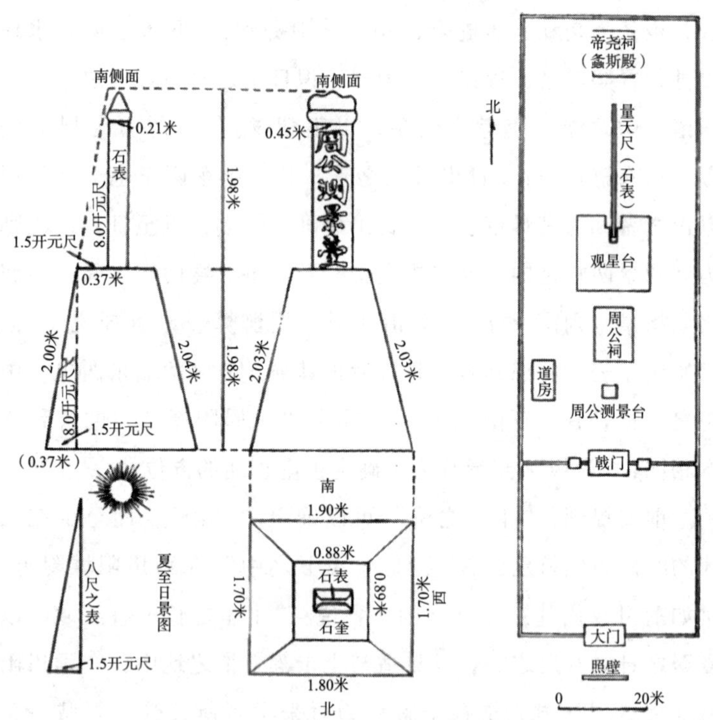

图 2-13　周公测景台及告成周公表平面图

图片来源：陈遵妫：《中国天文学史》（下），第 1204 页。

---

① 陈遵妫：《中国天文学史》（下），第 1203 页。

也被当地民众称为“没影台”。[①] 应该注意的是，阳城所在地区的纬度圈在夏至日的影长都是一尺五寸（图 2-14），所以以这样的理由定阳城为天下之中，是不符合现在的认知的。[②]

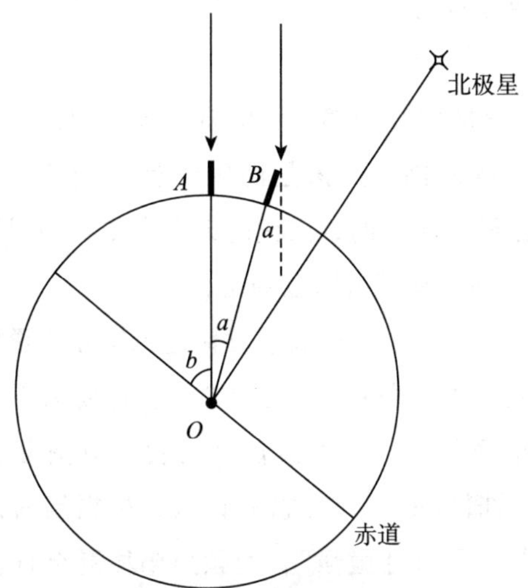

图 2-14　日射角与纬度之间的关系

说明：A 表示北回归线上的点，B 表示登封告成，α 表示夏至日射角，β 表示北回归线纬度。

图片来源：史宁中：《数学思想概论》第 5 辑《自然界中的数学模型》，附录“试论周公确定‘地中’的道理”，东北师范大学出版社，2015，第 316 页。

到了南宋的时候，朱熹对《周礼》记载的立表测影之事也提出了自己的看法，他说：

---

① 王邦维：《“洛州无影”与“天下之中”》，《四川大学学报》2005 年第 4 期。

② 伊世同：《周公测景台——兼及元代郭守敬四丈测影高表》，陈美东、胡考尚主编《郭守敬诞辰 770 周年国际纪念活动文集》，人民日报出版社，2003，第 105 页。

> 大司徒以土圭求地中，今人都不识土圭，郑康成解亦误。圭，只是量表影底尺，长一尺五寸，以玉为之。夏至后立表，视表影长短，以玉圭量之，若表影恰长一尺五寸，此便是地之中。①

仔细看来，朱熹的解释和郑玄并没有太大区别，至于他说“郑康成解亦误”的原因，应该是南宋时代人们认识的“地中”所在和汉代已经有所不同，汉代的天下之中在颍川阳城，而南宋的“地中”则是在开封附近的岳台。

以岳台为天下之中是唐玄宗时代进行实际测量的结果，根据《旧五代史》的记载：“开元十二年，遣使天下候影，南距林邑国，北距横野军，中得浚仪之岳台，应南北弦，居地之中。”② 另据《旧唐书·天文志》记载，根据当时的实测，岳台“夏至影长一尺五寸微强”，而颍川阳城夏至日影则是“一尺四寸八分弱”，③ 所以夏至日日影最接近一尺五寸的地方是岳台。而岳台实际就在后来的开封城内，所以这个结果宋代人是很乐意看到的。所谓“皇家建国，定都于梁”，正是因为这里是新的“天下之中”所在。

据研究，岳台也就是北宋东京宣德门前天街西第一岳台坊，④“岳台晷影”屡见于宋代史料，宋人后来亦在岳台设置神庙祭祀。学者注意到，“天下之中”的所在从洛阳到开封的

---

① 黎靖德编《朱子语类》，王星贤点校，中华书局，1986，第2212页。

② 《旧五代史》卷一四〇《历志》，中华书局，1976，第1864页。

③ 《旧唐书》卷三五《天文上》，第1304页。

④ 李合群：《试论影响北宋东京规划布局的非理性因素——象天设都与堪舆学说》，《河南大学学报》2006年第5期。

变化，是非常重要的政治文化现象。[①] 朱熹对这一点自然是印象深刻，或者正因此他认为郑玄关于地中是“今颍川阳城地也”的说法是错误的。

这里需要注意的是，通过测量日影求取夏至日日影最接近一尺五寸处为“天下之中”，这并没有太大的难处，但文献记载中玉质的土圭是否具有实用性特征，则应当谨慎定论。有学者推测，在圭表测影的实际操作中，土圭的底端靠近表影，土圭平卧在平整的地面上，尖端指向正北，可从土圭尖端两侧比对表影与圭尺的重合状态和吻合程度。当然这样的测量方式受到包括气象和测量工具精度等诸多因素的限制和影响，而且可能需要多年的经验或长期实践的累积，才能够获得较为精确的测量数据。[②]

前文讨论《周礼》中的“土圭之法”以及相关内容，可以知道在《周礼》成书或者更早的历史时期，人们已经知晓了立杆测影的技术，但是直到汉代才能够实现一定程度的精确测量。而到了唐代，这种测量已扩大到全国范围，根据《旧唐书·天文志》的记载可知，当时已经可以做到对全国若干地点进行精度的日影长短测量。然而如果真要使用“尺有五寸”的土圭作为测量工具，存在实际操作上的困难，例如如果要使用土圭测量夏至日正午以外的日影，可能需要在土圭上刻度，然后使用翻杆测量的方法。所以前文提到宋代学者陈祥道根据想象绘制的土圭图样上，就标有刻度。然文献中并未提到在圭上刻度，出土的文物中目前也还没有见到有刻度的圭，

---

① 孙英刚：《神文时代：谶纬、术数与中古政治研究》，上海古籍出版社，2015，第 62 页。

② 伊世同：《周公测景台——兼及元代郭守敬四丈测影高表》，陈美东、胡考尚主编《郭守敬诞辰 770 周年国际纪念活动文集》，第 105 页。

所以有刻度的圭是否存在同样是相当可疑的。《旧唐书·天文志》记载南宫说等人的测量方式是:“太史监南宫说择河南平地,以水准绳,树八尺之表而以引度之。”[①]《新唐书》则作:“太史监南宫说择河南平地,设水准绳墨植表而以引度之。”[②]“引”本是一种度量单位,史料记载说一引十丈,而在这里“以引度之”应当是一种测量方法,即以“引”标记日影长度,以标准尺测量“引”的长度。[③]显然唐玄宗时期测量日影长短并没有使用土圭。加之文献中并未见到使用土圭测量日影长短的实例,由此可以判断,土圭可能只是一种礼仪用具。

《隋书·天文志》记载有祖暅对土圭测影之法的实践:“先验昏旦,定刻漏,分辰次。乃立仪表于准平之地,名曰南表。漏刻上水,居日之中,更立一表于南表影末,名曰中表。夜依中表,以望北极枢,而立北表,令参相直。三表皆以悬准

① 《旧唐书》卷三五《天文上》,第1304页。

② 《新唐书》卷三一《天文一》,第185页。《元史·历志》中有所谓“旧法”,应当就是南宫说的方法,其中提到“旧法择地平衍,设水准绳墨,植表其中,以度其中晷”,还提到了这种方法存在的问题,即所谓“然表短促,尺寸之下所为分秒太、半、少之数,未易分别。表长,则分寸稍长,所不便者,景虚而淡,难得实景。前人欲就虚景之中考求真实,或设望筒,或置小表,或以木为规,皆取表端日光下彻圭面”。另外还有元代“以铜为表”制度,可参看《元史》卷五二《历一》,中华书局,1976,第1121页。

③ 陈遵妫提到南宫说竖立周公测景台石圭的时候曾经使用开元尺,这是当时通行的标准尺。见氏著《中国天文学史》(下),第1203页。而关于“以引度之”的含义,竺可桢指出“太史南宫说择河南平地,以水准绳墨引度距离”,但并没有解释“引度距离”是什么意思(见竺可桢《中国古代在天文学上的伟大贡献》,《竺可桢文集》,科学出版社,1979)。另外有学者认为南宫说的测量方法是:“用绳子量度距离,用墨斗弹线连接测距,设立水准使绳子处于水平位置。量距过程中,为保持行进方向处于直线状态,使用标杆前后照准‘以引度之’。”(见陈久金主编《中国古代天文学家》,中国科学技术出版社,2013,第246页)

定，乃观。三表直者，其立表之地，即当子午之正。三表曲者，地偏僻。”[①] 祖暅发现经典文献中的记载在实际使用中存在问题，所以在测影的时候用了三个竖直的表，另外配合漏刻，共同测量日影。再者，根据祖暅的测影之法，以这三个表为依据，通过观察春分和秋分二日的日影，也可以确定东、西两个方位。总的来看，祖暅的测量方法是郑众和郑玄的解说在实践中的运用，当然更重要的是增加了实际操作的可行性。只是祖暅用到了表和漏刻，甚至用到了前文提到的准绳，即所谓“三表皆以悬准定”，但唯独没有提到土圭，这也提示我们，在实际的测影过程中，土圭确实是非必要的。

概言之，《周礼》记载中的“土圭之法”可以说就是立杆测影的技术，主要用来确定二分二至以及国都城邑所在的位置。立杆测影的技术在先秦时期就已经出现，汉代的时候可以进行一定精度的测量，而到了唐代才在全国范围内大规模应用。只是在实际的测影工作之中，并没有使用土圭的相关记载。所以本书认为土圭只是一种礼器，在实际测量日影的操作中没有必要使用这样造价不菲又缺乏操作便利性的工具。

5. 晷影失行说与吉凶占验

古人发现同一地点同一节气的晷影在不同年份可能有所不同，天文学者称其为“晷影失行”，并指出这种现象出现的根本原因是太阳运行的“南北失节”。[②] 在汉代尤其是西汉中后期以降，“天人感应”的思想对时人影响较深，所以晷影失行的现象往往会带来重要的社会影响，甚至会造成比较严重的政

① 《隋书》卷一九《天文上》，第 522—523 页。

② 陈美东：《中国古代天文学思想》，中国科学技术出版社，2007，第 452 页。

治危机。为了解决这个问题，当时的人们一方面用各种天文仪器观测天象，校准历法；另一方面也会根据日影的长短占卜吉凶。其中冬至日/夏至日的日影是否最长/最短，常作为判断吉凶的标准。

前引郑玄注典瑞之职时说："以致四时日月者，度其景至不至，以知其行得失也。"[①]"度其景至不至"即考察冬至日/夏至日的日影是否最长/最短。西汉夏侯灶墓出土了一件类似圭表的天文仪器，这件圭表上面虽然没有刻度，但标识出了春分、夏至、秋分、冬至正午日影的位置，学者怀疑这件天文仪器就是用来判断上述时间日影是否到达应该到达的位置，也就是郑玄所谓的"度其景至不至"。[②] 这种说法是有一定道理的。

史料记载也提到，在汉代的时候，历法上的夏至日/冬至日如果不是日影最短/最长的那一天，就会被认为是灾异现象，例如《汉书·天文志》说："冬至日南极，晷长，南不极则温为害。夏至日北极，晷短，北不极则寒为害……政治变于下，日月运于上矣。"[③] 这里"南不极"和"北不极"指的应当是历法和实际的日影测量无法精确对应，而所谓"南不极则温为害""北不极则寒为害"，是说"南不极"和"北不极"都是不吉利的。[④] 另外，《开元占经》引《洪范五行传》曰："日

① 孙诒让：《周礼正义》，第1921页。

② 石云里、方林、韩朝：《西汉夏侯灶墓出土天文仪器新探》，《自然科学史研究》2012年第1期。

③ 《汉书》卷二六《天文志》，第1296页。

④ 有学者解释说："如果冬至时日影不够长，表示太阳没有抵达极南处，天气就会比常年温暖，冬季不冷就是一种灾害。同样夏至时晷影应该最短，但若太阳不能抵达极北之处，晷影就不会短到一尺五寸，天气就会比常年为寒。夏季不够热也是一种灾异。"（卢央：《中国古代星占学》，中国科学技术出版社，2013，第277页）

月之行，则有冬有夏，而为寒暑。若南失节，晷过而长则为寒，退而晷短则为燠。人君疾，则晷进疾而寒，舒，则晷退迟而燠。”[①] 是将日影测量与“人君”的“疾”“舒”等执政风格相联系，其实也是在进行吉凶判断。

时人还从阴阳观念的角度来解释晷影失行的现象。例如文献记载提到，历法和实际日影无法对应，原因可能是阴阳势力不平衡，而这可能会导致水、旱等不同灾害的发生。《汉书·天文志》说：

> 晷景者，所以知日之南北也。日，阳也。阳用事则日进而北，昼进而长，阳胜，故为温暑；阴用事则日退而南，昼退而短，阴胜，故为凉寒也。故日进为暑，退为寒。若日之南北失节，晷过而长为常寒，退而短为常燠。此寒燠之表也，故曰为寒暑。一曰，晷长为潦，短为旱，奢为扶。扶者，邪臣进而正臣疏，君子不足，奸人有余。[②]

对于这段文献记载中“扶”的含义，颜师古注释引郑氏之说：“扶当为蟠，齐鲁之间声如酺。酺扶声近。蟠，止不行也。”苏林曰：“景形奢大也。”晋灼曰：“扶，附也，小臣附近君子之侧也。”王先谦《汉书补注》引叶德辉的说法，认为《天文志》的记载就是《周礼》之中的土圭测影之法。[③] 而从这里的

---

① 皮锡瑞考证认为：“《占经》所引《五行传》当亦出于刘向、刘歆，其言晷长晷短则有寒燠，与《汉·天文志》合，盖皆夏侯《尚书》之说。”（氏著，吴仰湘编《今文尚书考证》，中华书局，2015，第273页）

② 《汉书》卷二六《天文志》，第1294页。

③ 王先谦补注《汉书补注》，上海师范大学古籍整理研究所整理，上海古籍出版社，2012，第1851页。

描述来看，根据晷影的长短，可以占测水涝灾害等，这其实也是一种日影占测的占星术。[①]

《淮南子·天文训》说："八尺之景，修径尺五寸。景修则阴气胜，景短则阳气胜。阴气胜则为水，阳气胜则为旱。"[②]也是将晷影的长短与阴阳观念结合，用来解释水旱灾害的问题。《乙巳占》引京房曰："日月行房乘三道。太平行上道，升平行中道，霸世行下道。日不可视，以宿度影晷，推知可知，影短则行上道矣。列宿当有道之国，日月过则光明，人君吉昌，民人安宁。"[③] 可见在京房看来，晷影短是行上道，阳气盛，所以是吉利的，相反则是不吉利的。

另，根据《史记·天官书》的说法，通过日影长短判断太阳和太白星之间的位置关系，可以占卜军事行动的吉凶，所谓："日方南金居其南，日方北金居其北，曰赢，侯王不宁，用兵进吉退凶。日方南金居其北，日方北金居其南，曰缩，侯王有忧，用兵退吉进凶。"《正义》引郑玄云："方犹向也。谓昼漏半而置土圭表阴阳，审其南北也。影短于土圭谓之日南，是地于日为近南也；长于土圭谓之日北，是地于日为近北也。凡日影于地，千里而差一寸。"[④] 郑玄原本是在注释《周礼·春官·大

① 相关的研究参卢央《中国古代星占学》，第228页。

② 何宁：《淮南子集释》，第211页。

③ 《乙巳占》卷一，清十万卷楼丛书本。

④ 《史记》卷二七《天官书》，第1324—1325页。有学者解释这两句话的意思是："太阳正处于南方，而金星处于太阳之南，或太阳正处于北方，而金星处在太阳之北，这叫作赢，出现这种星象，就预示诸侯国王不得安宁，用兵打仗前进则吉，后退则凶。"（赵继宁：《〈史记·天官书〉研究》，甘肃人民出版社，2015，第395页）另外陶新华《史记全译》则说："太阳在南金星位置还在太阳南，或者太阳在北金星位置还在太阳北，叫作赢。"（线装书局，2016，第234页）

司徒》中“以土圭之法测土深，正日景，以求地中。日南则景短多暑，日北则景长多寒”之句。[①]《天官书》中的“赢”和“缩”是古代天文学中较为常见的名词，除了前引金星之外，还有岁星“其趋舍而前曰赢，退舍曰缩”，填星“其失次上二三宿曰赢……失次下二三宿曰缩”，可见在《天官书》中至少金星、岁星、填星的赢缩有不同的标准。而《汉书·天文志》则对“五星”赢缩的标准进行了统一，所谓“凡五星，早出为赢，赢为客；晚出为缩，缩为主人。五星赢缩，必有天应见杓”。[②]总的来看，《史记·天官书》中的说法是以立杆测影的办法来确认太阳的位置，然后比对金星的位置，判断金星的赢、缩情况。但前文也提到，对根据日影判断太阳位置时必须使用土圭是应当存疑的。

测量日影，也可以判断来年年岁的好坏。例如《续汉书·律历志》李贤注引《易纬》说：“冬至之日，树八尺之表，日中视其晷。晷如度者其岁美，人民和顺。晷不如度者则岁恶，人民多讹言，政令为之不平。晷进则水，晷退则旱。进一尺则日食，退一尺则月食。月食则正臣下之行，日食则正人主之道。”[③] 这里所谓“晷如度”，指的是冬至日这一天晷影的长度

---

① 《周礼注疏》，阮元校刻《十三经注疏》，第 1516 页。

② 《汉书》卷二六《天文志》，第 1289 页。《中国古代天文学词典》解释“赢”说：“古人用赢来表示由于行星的运动较快而出现了行星的位置在理论计算位置的前面，或者行星的出现比理论计算出现时间要早的现象。它所反映的只是行星运动速度较快而引起的总体效果，并不能表示当时行星运动的速度情况。”（徐振韬主编《中国古代天文学词典》，中国科学技术出版社，2013，第 303 页）相关研究参见陈美东《中国古代天文学思想》中关于“五星失行说”的讨论（第 445 页）。

③ 《后汉书》志一《律历上》，第 3061 页。

为一年中最长，也就是一丈三尺。[①] 另外纬书中还提到“冬至，晷长一丈三尺。当至不至，则旱，多温病。未当至而至，则多病暴逆心痛”，“夏至，晷长一尺四寸八分。当至不至，国有大殃，旱，阴阳并伤，草木夏落，有大寒。未当至而至，病眉肿”。[②] 根据纬书的说法，如果晷“如度”，也就是历法能够和天文实测相合，那这一年“岁美”，风调雨顺，人民生活平和；反之则会有“旱”以及“大殃”“温病”等较为严重的灾害发生。

需要注意的是，汉代文献中并没有明确提到测量晷影的工具，但是特意强调对日影长短的观测。所以，如果推测有一种类似土圭的工具，专用于测量夏至日日影，判断该日日影是否达到最短，想来也是没有太大问题的。《汉书·王莽传》提到“岁星司肃，东岳太师典致时雨，青炜登平，考景以晷”，后文还有“考方法矩”“考圆合规”等句，显然这里的“晷”已被认为是一种测量时间的工具。颜师古注引晋灼曰：“春秋分立表以正东西。东，日之始出也，故考景以晷属焉。”[③] 按照晋灼的说法，这里的“晷”是用来测东西方向的，这样的说法或许是为了与“东岳太师”掌管的方位对应；根据前文的讨论，晷的作用也包括正南北等方位。在这里“晷”和规、矩一样，成了一种“道具”。也就是说，王莽所谓的“晷”其

① 有学者解释此处的记载说：“‘晷如度’才是理想的状态，才能‘岁美，人民和顺’。如果影子超过圭表（晷进），就会发生水灾；如果影子没有达到圭表的长度（晷退），就会发生旱灾。如果影子长度和标准值差距太大，甚至会引发日蚀和月食。”（见陈金华、孙英刚编《神圣空间：中古宗教中的空间因素》，复旦大学出版社，2014，第222页）

② 《后汉书》志一《律历上》注引《易纬》，第3079—3080页。

③ 《汉书》卷九九中《王莽传中》，第4101—4102页。

实是一种测量日影的工具，或者王莽等人根据《周礼》等文献的记载，重新制作了一件特殊的土圭作为“东岳太师”的“道具”，就像王莽制作了威斗那样。只是这样的看法目前还缺少史料的支撑。

汉代以后，冬至日日影长短与吉凶的关系不再被人们重视，测量日影更倾向于实际的用途，即修订历法的需要。例如《续汉书·律历志》说：“历数之生也，乃立仪表，以校日景。景长则日远，天度之端也。日发其端，周而为岁，然其景不复，四周千四百六十一日，而景复初，是则日行之终。”① 但是如果历法上的冬至日不能与天象对应，就需要修改历法以与天象相合，例如《宋书·律历志》记载何承天曾经修改旧历为《元嘉历法》：“以月蚀检今冬至日在斗十七，以土圭测影，知冬至已差三日。”② 是说“元嘉历”中的冬至日和用土圭测量出来的冬至日之间，已经相差三天之久了，所以需要更改历法，以应天象。《隋书·律历志》也记载说：“元嘉十年，何承天以土圭测影，知冬至已差三日。”③ 另外，北齐武平七年(576) 曾经试图通过立表测定日影，求取二分二至，所谓“建表测影，以考分至之气”，④ 只是最终并未施行。从以上记载可以知晓，汉以后测量日影确定冬至日，考虑更多的是历法与天象的对应问题，至于与人事吉凶的关系，已经不再是主要的内容。显然这也是政治文化逐渐脱离神秘主义的表现。

总的来说，圭这种类型的器物在考古发现中较为常见，学

① 《后汉书》志三《律历下》，第 3057 页。

② 《宋书》卷一二《律历中》，中华书局，1974，第 262 页。

③ 《隋书》卷一七《律历中》，第 426 页。

④ 《隋书》卷一九《天文上》，第 524 页。

者认为这种器物起源于尖状的生产工具或者武器。而圭的小篆字形则是“初生于土”的意思，后来逐渐衍生出“初始”“纯洁”“信”等含义。土圭是圭的一种，《周礼》之中有“土圭之法”，是通过观测日影来确定国都城邑的方位，也可确定冬至夏至以及春分秋分。可以说在《周礼》的记载中，土圭是最为重要的一种时间和空间测量工具。然而近年来的考古发掘中虽然发现了很多被认为是圭类的器物，但没有办法确定哪一件是土圭；古人根据《周礼》记载绘制的土圭形象，也更多是出于臆测。事实上立杆测影的技术出现得较早，在汉代以后逐渐成熟，而在立杆测影的技术中并没有使用造价不菲且并不实用的玉质土圭的必要。但在礼仪活动中，一尺五寸的土圭可能因为具有某种象征意义，并且可以用来判断夏至、冬至日的日影是否合乎标准，所以在《周礼》之中特别受重视。

最后也应当注意到，《周礼》记载中“土圭之法”是很重要的内容，《周礼》的《大司徒》《典瑞》《玉人》《土方氏》等篇中都出现了有关土圭的详细记载，这说明《周礼》的作者对土圭这种器物非常在意，也非常熟悉。然而除《周礼》外，其他文献中很少再见到有关土圭的记载，其中主要的缘由可能是土圭这种类型的器物只是在较短时间和一定地域范围内使用，也只有很少的人知晓其功用。由于《周礼》这部文献在后世的特殊地位，连带着土圭这种少见的器物也得到重视。

第二节　说“表”

人们称现在的时间测量工具为“表”，有手表、钟表等，显然，现代的表和本节讨论的表有着较深的渊源，历史文献记载中表本身就是测量时间的工具。需要注意的是，作为一种重要的测量工具，中国历史上的表不仅可以用来测量时间，也可以用来测量空间方位，例如文献中提到表可以指示方位，还可以测量不同地点的高差，在水利和建筑工程中发挥重要的作用。历史上的表可以同时测量时间和空间，这是应当引起我们注意的现象。

1. 考古发现的表

前文提到，陶寺遗址出土的漆木杆更有可能是测影用的表，而不是圭。圭是测量影长的工具，而表则是竖立在地面上，用于显示日影的工具。在文献的记载中，表也被称为“臬”，所以圭表也被称为“圭臬”。文献里“臬”有时候也写作“槷”，两个字的意思相同，《周礼》中有“置槷以县”的说法，后来发现的文物中也有被称为“祖槷”的器物，其实都是表。李约瑟在《中国科学技术史》中提出，并且附上了婆罗洲某部落两个人于夏至日在地面上立表测量日影长度的照片（图 2-15），同时说明“所有天文学仪器中，最古老的是一种结构简单，直立在地上的杆子，在中国可说是如此”。①

确实，立表测影所需的材料十分简单，在历史早期人们就已经掌握了这种技术。陶寺遗址有观象台，可以通过观测太阳和月亮的运行，确定岁首、四季和节气（图 2-16），正如有学者讨论的那样：“陶寺祭祀遗址的天象功能主要是用于观测日

① 〔英〕李约瑟：《李约瑟中国科学技术史》第 3 卷《数学、天学和地学》，第 265 页。

出方位的。观测日出的目的是为了定季节，定季节的目的是为了确定农时和制定历法。"① 也就是说，陶寺遗址观象台的部分也可以被认为是巨大的表。

图 2-15 《李约瑟中国科学技术史》插图

说明："现在还有人在使用表杆和土圭。图示婆罗洲某部落的两个人在夏至日用这两种仪器测量日影长度。"

图片来源：〔英〕李约瑟：《李约瑟中国科学技术史》第3卷《数学、天学和地学》，第265页。

---

① 陈久金：《试论陶寺祭祀遗址揭示的五行历》，《陈久金天文学史自选集》。相关的研究也可参见武家璧、何驽《陶寺大型建筑ⅡFJT1的天文学年代初探》，《中国社会科学院古代文明研究中心通讯》2004年第8期；武家璧《陶寺观象台与考古天文学》，《科学技术与辩证法》2008年第5期。

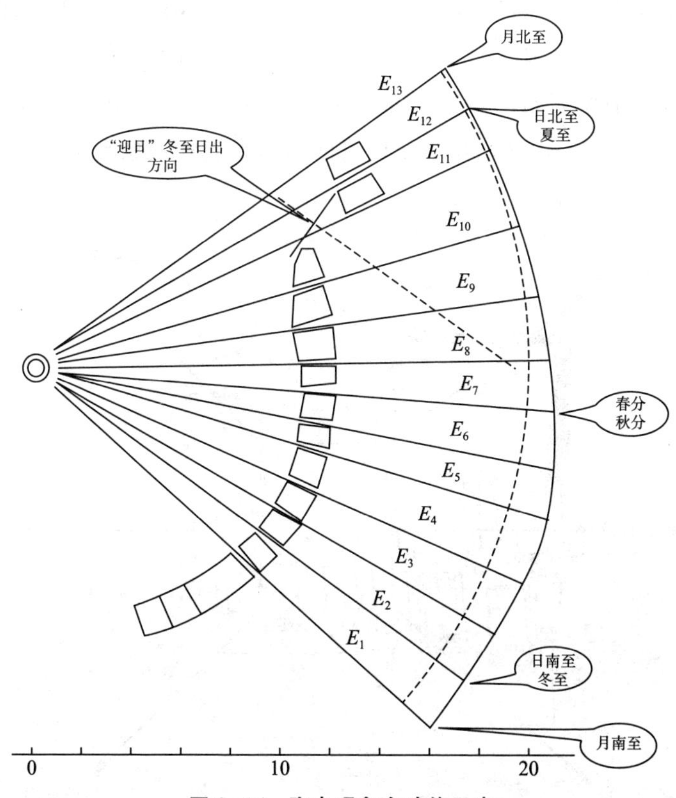

图 2-16　陶寺观象台功能示意

说明：陶寺观象台的使用方式是："当在 E_2 缝中看到太阳时，为冬至；在 E_7 缝中看到太阳时，为春分或秋分；在 E_{12} 缝中看到太阳时，为夏至。通过观测 E_1 缝和 E_{13} 缝可以对月初进行观测。冬至时，可站于 E_{11} 缝前朝向日出方向举行'迎日'祭祀活动。"

图片来源：石硕、严俊主编《观天者说》，科学普及出版社，2019，第 22 页。

无独有偶，考古工作者在杭州良渚遗址也发现了距今 4500 年前后的观象测年遗址。良渚的先民们将瑶山的山顶修凿成方形覆斗状的坛台，坛台的顶部用灰色的土壤填埋成长方形边框，边框内部装红黄色的土壤。研究者经过两年的实地观测，发现冬至日、夏至日和春秋分日日出、日落的方向如图 2-17 所示。有学者指出，这可能是文献记载中早期土圭的初始形态。① 可见瑶山祭坛观象测年遗址和陶寺遗址观象台的原理基本相同。

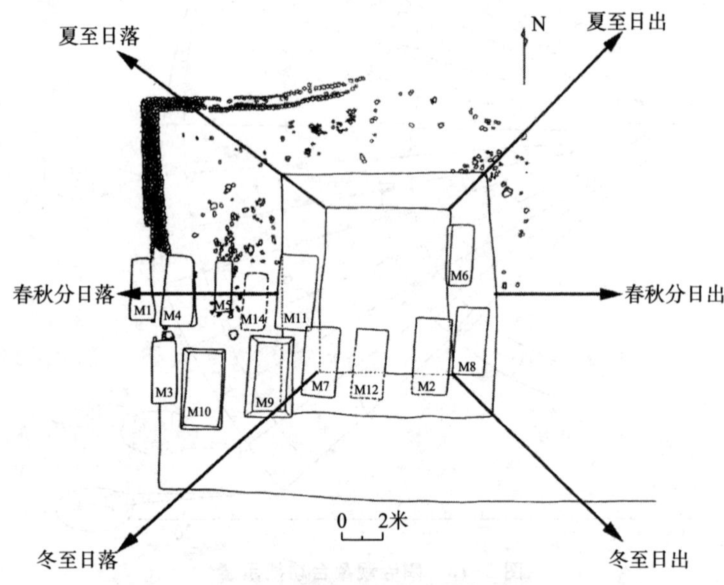

图 2-17 瑶山祭坛观象测年示意

图片来源：陈雍：《说说考古》，第 252 页。

商代甲骨文中有所谓“立中”的记载，被认为是在进行圭表测影。② 此说有一定道理。商代圭表测影应当已经有相当

① 相关的研究可参看陆思贤、李迪《天文考古通论》，第 73 页；刘斌《良渚文化的祭坛与观象测年》，《中国文物报》2007 年 1 月 5 日；等等。

② 萧良琼：《卜辞中的“立中”与商代的圭表测景》，《科技史文集》第 10 辑《天文学专辑（3）》，第 27 页。

程度的发展，人们对不同时间点日影的长短已经有较清晰的认识。例如甲骨文中对日出、日入及日中都有记载，而且人们对二分二至、回归年以及方位的认识都已经较为成熟，这显然有赖于圭表之类的测量器具。① 可以推测，在商代就已经出现了形制较为完善的圭、表，只是由于制作使用的是非常简易的材料，不易保存，所以并未见到实物。

春秋战国时代出土了许多与表有关的器物，其中有一种器物被学者称为“祖槷”。例如 1990 年淅川和尚岭二号春秋晚期墓出土的一件青铜器底座（图 2-18），底面呈正方形，方座

图 2-18　淅川和尚岭二号墓祖槷

图片来源：转引自冯时《祖槷考》，《考古》2014 年第 8 期。

① 参陈遵妫《中国天文学史》（上），第 136—140 页；吴守贤、全和钧主编《中国古代天体测量学及天文仪器》，第 285 页；萧良琼《殷墟甲骨文中的天文资料提要》，薄树人主编《中国科学技术典籍通汇 · 天文卷》（一），河南教育出版社，1993。

四面由下向上弧形内收，平顶，整体呈穹隆形。平顶中央立一中空的管状插柱，柱下段为正方体，柱内留朽木，可知管状柱中本插植木柱。这件青铜器原来被认为是镇墓兽，后经学者研究认为是测影所用，应被称为“槷表”，现存的是表座部分，上面应插有木质的槷柱，槷柱顶端当有青铜柱首。[①] 也就是说，整个器物的作用是放置于日光之下观察日影变化以确定时间和方位。出土文物之中，类似可以被确认为槷表的青铜器有好几座，大多是春秋战国时期的，基本形制大体相同，可以确认是同一种类的器物。

宋代王黼《宣和博古图》收录有一件表座（图 2-19），根据介绍，这件表座为汉代器物，“右表座高四寸六分，深四寸二分，阔七寸一分，口径一寸一分，重三斤九两，无铭。是器，表座也。作三圆筒相合为一体，措之地，则一筒端立，可

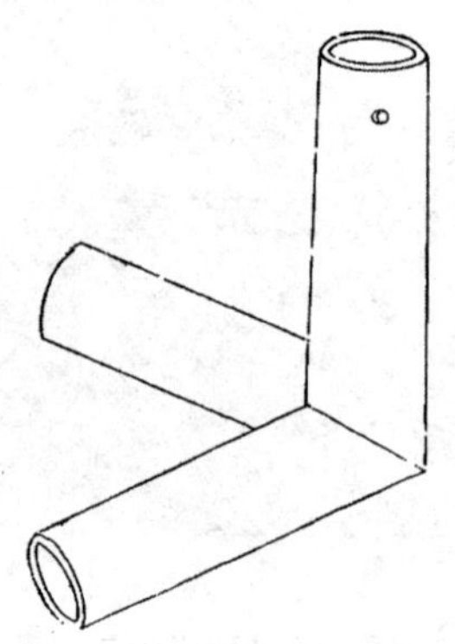

图 2-19　《宣和博古图》中的表座

图片来源：李国豪主编《建苑拾英——中国古代土木建筑科技史料选编》，同济大学出版社，1990，第 590 页。

① 冯时：《祖槷考》，《考古》2014 年第 8 期。

以立表，《周官》所谓槷者。是器所以为测日之具也”。① 也就是说，王黼提到的这件器物与和尚岭出土的青铜祖槷类似，都起到立表的作用。然而王黼的这种说法其实有太多推测的成分，这种器物是否是立杆测影用的表座，还应当存疑。②

考古发掘中出土了可以明确为圭表的西汉时期器物。例如，西汉汝阴侯夏侯灶墓葬中出土了一件“不知名漆器”，学者考察后认为是西汉时期的圭表实物，而且是我国历史上最早的圭表实物（图 2-20）。③ 据介绍，这件漆器的主体是完全对称并以木铰链连接、可折叠的两个部分，展开总长 68 厘米，宽 6.2 厘米，厚 2.2 厘米，两部分折叠起来后的长度是 34.5

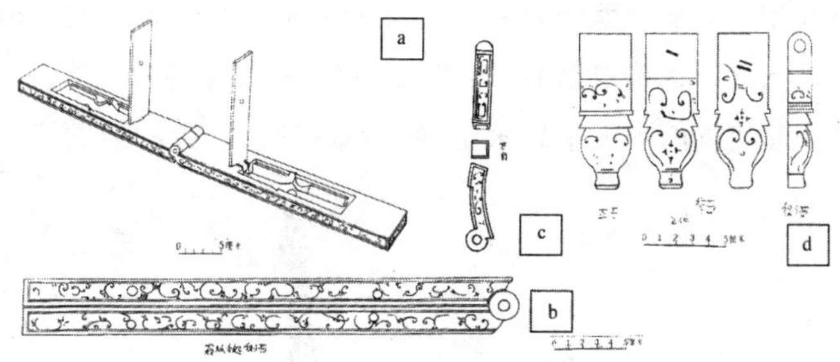

图 2-20　西汉汝阴侯墓圭表

图片来源：石云里、方林、韩朝：《西汉夏侯灶墓出土天文仪器新探》，《自然科学史研究》2012 年第 1 期。

---

① 王黼：《宣和博古图》，诸莉君整理校点，上海书店出版社，2017，第 503—504 页。

② 有学者讨论圭表问题的时候引用《宣和博古图》中的这件器物，认为“这就表明可以把表插在表座上，组成一个活动圭表，用这种方法也可进行测影”。见车一雄、徐振韬、尤振尧《仪征东汉墓出土铜圭表的初步研究》，中国社会科学院考古研究所编《中国古代天文文物论集》。

③ 石云里、方林、韩朝：《西汉夏侯灶墓出土天文仪器新探》，《自然科学史研究》2012 年第 1 期。另参韩国河等《中国古代物质文化史·秦汉》，开明出版社，2014，第 293 页。

厘米。虽然圭的部分没有刻度线，但学者发现根据这件器物上的纹饰可以实现对二分二至正午阳光影长的测量，其实这些纹饰也可以被认为是刻度。另外值得注意的是，这件器物具有便携性，可以在不同地区进行日影测量。

1965年江苏仪征石碑村东汉一号墓出土了一件带有刻度的尺状物，刚开始被当成尺子，[①] 后来经过学者考证，证实它是一件折叠式的圭表（图2-21）。其中表的部分高八寸，这个数字显然和传统认为八尺高的表有极密切的关系。[②] 圭表的底端，也就是圭的部分有刻度线，共十五寸，每寸之下又有十分，以圆点表示。另外，这件圭表可以折叠，在使用的时候将表的部分拉出，圭面上就会有一个长方形的槽，有学者指出，槽中可以注入水，以确定水平。[③] 当然，这个槽首先是为了折叠安放表的，是否同时考虑了以水定平，则是见仁见智的问题了。同

图2-21　江苏仪征石碑村圭表

图片来源：冯时：《中国古代物质文化史·天文历法》，第321页。

① 南京博物院：《江苏仪征石碑村汉代木椁墓》，《考古》1966年第1期。

② 冯时：《中国古代物质文化史·天文历法》，第321页。

③ 车一雄、徐振韬、尤振尧：《仪征东汉墓出土铜圭表的初步研究》，中国社会科学院考古研究所编《中国古代天文文物论集》，第154页。

样，这件圭表也具有便携性，可以在不同地区进行日影测量。

然学者进一步研究之后认为，这件器物并不用于实际测量，而是为陪葬制作的明器，主要原因是圭面上刻度的间隔并不均匀，无法正常使用，显然其象征意义大于实际效用。也有学者指出，这件圭表上的三个铜钉可以标志二分二至的影长。[①] 还有学者提示，根据同出的铜量、过滤器、铁臼等判断，这件铜圭表不是专门用于天文测量的圭表，而是这组炼丹器具的一个组成部分；既然是道家使用的计时或仪式性工具，圭表上的刻度就无须十分精确了。[②]

从实际使用的角度分析，圭表主要用于对以年为周期的较长时段进行测量，例如二分二至等，实在没有便携的需要。另外，现在能够见到的汉代以后的圭表，体积都非常大，例如郭守敬主持修建的观星台，甚至是将圭表的尺寸放大了五倍，这些显然都是为了实际观测的需要。所以说，西汉夏侯灶墓以及江苏仪征东汉墓出土的圭表，实际使用的可能性确实很小，很难相信古人会使用这样的圭表进行实际的日影测量。然而这两件圭表显然不是无中生有的，如果说它们是模型，那么在汉代应当有实际使用的圭表作为模拟对象。

由此，通过这两件圭表可以还原汉代圭表的基本形态。圭表通常由竖直的表的部分和与之垂直平放的圭的部分组成，而且表的高和圭的长度的比例大体上是固定的，即表高八尺，圭长一丈三尺。从传世文献记载中可以看到，圭的部分一般有刻

① 何驽：《江苏仪征东汉墓出土铜圭表再分析》，《南京博物院集刊》第 12 集，文物出版社，2011，第 146 页。

② 王振铎、李强：《仪征汉墓出土的铜圭表》，徐湖平主编《南京博物院文物博物馆考古文集》，文物出版社，2003，第 331 页。

度，用于读出日影长度，或有水槽以测量水平。例如《三辅黄图》就提到西汉时期长安城附近的一座圭表：“（长安灵台）有铜表，高八尺，长一丈三尺，广尺二寸，题云：‘太初四年造。’”根据《三辅黄图》的说法，灵台的作用是供方术士“观阴阳天文之变”,[①] 后来又在上面放置了张衡制作的浑仪、相风铜乌等，显然就是一个类似后世观象台的地方。[②] 如果《三辅黄图》的记载无误，那么这座圭表其实就是江苏仪征石碑村圭表的放大版。这里所谓的“高”自然是表立起来的高度，而“一丈三尺”应当就是圭的长度，显然是根据冬至日日影长度确定的。另外，《三辅黄图》提到圭表上有铭文“太初四年造”。联系汉武帝太初元年开始用《太初历》，而圭表的作用在很大程度上是为了验证历法是否准确，《玉海》引《三辅黄图》特意提到“汉造太初历，立晷仪”，说明这件仪器极可能是《太初历》制定以后，为了验证或者修订历法而设立的。

总体而言，祖槷这种器物的发现表明春秋战国时期立表测影的技术已经有较大的进步。另外，通过夏侯灶墓西汉圭表、仪征东汉圭表，加上《三辅黄图》记载的印证，已经可以清楚知道汉代圭表的基本形式，即由竖直的表和平放的圭两部分组成，二者相互垂直，且高度与长度比例大体固定。事实上后世的圭表也大都是这种形式，只是在此基础上进行了细节的调整，以满足更为精确的日影测量的需要。这也说明到汉代的时候圭表的形制就已经基本成熟了。《三辅黄图》记载的圭表都

① 何清谷校释《三辅黄图校释》，中华书局，2005，第 279 页。

② 冯时：《中国古代物质文化史・天文历法》，第 339 页。

是铜质的，与后世相同，例如现在能够见到的南京紫金山天文台存放的明清时期的圭表就是青铜铸造的。为了精确，圭表面应该有刻度，至于《三辅黄图》记载的圭上是否已经出现了水平槽，就不得而知了。为了取得更精确的数据，后世常常放大圭表的尺寸，例如元代郭守敬就修建了四十尺的表，而明清时期文献记载中也存在着按比例放大的圭表。事实上，圭表和其他时间测量工具如浑仪、漏刻等不同，其原理相对简单，所以基本形制在历史上并没有太大的变化。

2. 灵台晷影

前文提到，圭表在汉代形制基本成熟，东汉时期在灵台设置圭表，从此圭表成为历代天文台必不可少的观象仪器。此后不同时期都有人对圭表进行改进，以更为精确地进行日影测量工作。

在汉代文献中，“晷”指的是表的影子，也就是日影，例如《说文解字·日部》说：“晷，日景也。”段玉裁注引《释名》曰“晷，规也，如规划也”，并认为晷指的就是“以表度日”，即立表测影的意思。段玉裁另引《诗经·大雅》“既景乃冈”，传云“考于日景，参之高冈”，[①] 原意也是测量日影，判断时间。汉代文献中常见观测晷影的记载，例如《史记·天官书》说：“冬至短极，县土炭，炭动，鹿解角，兰根出，泉水跃，略以知日至，要决晷景。岁星所在，五谷逢昌。其对为冲，岁乃有殃。”《正义》解释说：“言晷景岁星行不失次，则无灾异，五谷逢其昌盛。若晷景岁星行而失舍有所冲，则岁乃有殃祸灾

① 许慎撰，段玉裁注《说文解字注》，第305页。

变也。”[①] 按照司马迁的说法，“县（悬）炭”是为了提前知道冬至日到来的时间。《汉书》颜师古注引孟康说：“先冬至三日，县土炭于衡两端，轻重适均，冬至而阳气至则炭重，夏至阴气至则土重。”[②] 但是这种方法只能约略知晓冬至或者夏至的大概时间，如果想要知道精确的冬至日，就需要使用圭表等仪器测量“晷景”了。

从相关的记载来看，东汉时期官方的天文机构，也就是灵台，[③] 应该设置有前引《三辅黄图》记载中的铜圭表。例如《续汉书·律历志》载汉明帝时期对漏刻制度进行改革，提到：“太常史官运仪下水，官漏失天者至三刻。以晷景为刻，少所违失，密近有验。”[④] 这里晷和漏刻都由史官掌管，在使用中两者互相校准。据记载，东汉洛阳平昌门外有灵台，应当就是当时的天文观测机构，这座灵台修建于光武帝时期，基本功能与《三辅黄图》记载的长安灵台类似。李贤注引《汉宫阁疏》说：“灵台高三丈，十二门。天子曰灵台，诸侯曰观台。”[⑤] 另引杨衒之《洛阳伽蓝记》说：“平昌门直南大道，东是明堂大道，西是灵台。”[⑥] 另外，《续汉书·百官志》说灵台是太史令掌管的机构，所谓“灵台掌候日月星气”，刘昭注引《汉官》提到“太史令”下属有“灵台待诏四十二人”，其中

---

① 《史记》卷二七《天官书》，第 1342 页。

② 《汉书》卷二六《天文志》，第 1300 页。

③ 《三辅黄图》记载长安附近有周文王灵台和西汉时期的灵台，但这两处所谓的灵台是否真实存在，以及是否为天文观测机构，应当怀疑。

④ 《后汉书》志二《律历中》，第 3033 页。

⑤ 《后汉书》卷一下《光武帝纪下》，第 84 页。

⑥ 《后汉书》卷二八上《桓谭传》，第 961 页。

就包括“三人候晷影”,[①] 是说其基本职责就是观测晷影。

东汉洛阳灵台有各类天文仪器，其中多为青铜铸造，前引《三辅黄图》长安灵台“有铜表”可为旁证。后来洛阳灵台遭董卓洗劫，《后汉书·董卓传》载：“又坏五铢钱，更铸小钱，悉取洛阳及长安铜人、钟虡、飞廉、铜马之属，以充铸焉。”李贤注引张璠《后汉纪》说：“太史灵台及永安候铜兰楯，卓亦取之。”[②] 董卓等人取铜铸钱，在长安和洛阳附近搜刮青铜，灵台上各种青铜铸造的天文仪器因此悉数被毁，如果圭表是青铜铸造的，那么应当也在此时被毁。

西晋在洛阳附近也设置有灵台，同样归太史令管辖，由“灵台丞”具体负责，大体沿用东汉灵台旧制。只是东汉时期铸造的天文仪器应当已经悉数损毁，很多天文观测仪器是魏晋以后重新铸造的，其中应当就包括圭表。再后来西晋的灵台引起了石勒的注意，《晋书·石勒载记》说：“勒命徙洛阳晷影于襄国，列之单于庭。”[③] 所谓“洛阳晷影”的具体形制已不得而知，但既然需要“徙”，显然是一件体型较大的器物，推测与《三辅黄图》所载圭表的基本形制类似。

另外，《晋书·隐逸传》记载有人声称能够通过立表测影求取太阳和月亮的直径，所谓“以冬至之后立晷测影，准度日月星。臣案日月裁径百里，无千里；星十里，不百里”。[④] 因为没有办法验证，所以这件事也就没有了下文，推测其原理就是前文提到的“重差术”。这也说明立表测影技术逐渐为人所

① 《后汉书》志二五《百官二》，第 3571 页。

② 《后汉书》卷七二《董卓传》，第 2325 页。

③ 《晋书》卷一〇五《石勒载记下》，中华书局，1974，第 2742 页。

④ 《晋书》卷九四《隐逸传》，第 2433 页。

知，民间也出现了能够熟练掌握这种技术并且想具体运用的奇人异士。

入主中原的少数民族首领如石勒、刘曜等人，对西晋天文仪器有特殊的兴趣。上文已经提到石勒将洛阳灵台上的天文仪器搬到襄国，并在那里也设置了天文机构；《晋书·律历志》也记载刘曜曾经特意铸造土圭和浑仪等天文仪器："光初四年铸浑仪，八年铸土圭，其尺比荀勖尺一尺五分。"[①] 刘曜的这件土圭形制不明，可以推测不会与古器物相差太远。只是这件土圭是"铸"成，所以不会是玉质。前文提到，立表测影，为了测量精确的需要一般会在圭上标示刻度，这样方便和历年日影长短做对比，由此亦可反证经典文献记载中的玉质土圭没有实际使用的必要。而从相关文献的记载来看，刘曜等人铸造的这件土圭，更像是一把标准尺，也就是所谓的"法尺"，可以在实际中使用，但同时具有很强的象征意义。后来刘裕北伐到达长安，"收其彝器、浑仪、土圭之属，献于京师"，[②] 刘裕的行为本身具有很强的政治含义，而其中特意提到土圭，是应当引起注意的。同样，《南史·武帝纪》也载："长安丰稔，帑藏盈积，帝先收其彝器、浑仪、土圭、记里鼓、指南车及秦始皇玉玺送之都；其余珍宝珠玉，悉以班赐将帅。"[③] 珍宝珠玉班赐给将士，但浑仪及土圭之类有特别的象征意义，所以要送回京，献给晋帝。可见和董卓毁东汉灵台铜器铸钱相比，此时天文仪器的政治文化含义已经发生了较为显著的变化。

在后代文献的记载中，刘曜的这件土圭也被当成测量长短

① 《晋书》卷一六《律历上》，第491页。

② 《宋书》卷二《武帝中》，第42页。

③ 《南史》卷一《武帝纪》，中华书局，1975，第20页。

之尺，例如《隋书·律历志》载："赵刘曜浑天仪土圭尺，长于梁法尺四分三厘，实比晋前尺一尺五分。"另引梁武《钟律纬》云："宋武平中原，送浑天仪土圭，云是张衡所作。验浑仪铭题，是光初四年铸，土圭是光初八年作。并是刘曜所制，非张衡也。制以为尺，长今新尺四分三厘，短俗间尺二分。"[①]明显，这件土圭被归入测量长短的"尺"类，所以名为"土圭尺"，也就是刘曜前赵王朝的"法尺"。

另外李约瑟说："测量影长最初当然是用当时的尺，但由于尺的大小随官方规定和地方习惯而不同，因此特制了一种可称之为表影样板的标准玉板，也就是土圭。"[②] 李约瑟的说法有很大的推测成分，不过根据前面的讨论，我们认为刘曜铸造的这件土圭，应当是具有所谓"标准玉板"的含义。也有学者指出，公元 318 年刘曜定都长安，为了恢复晋朝的典章制度而制作浑仪、土圭等，所以作为天文仪器的土圭就与实际使用中的尺功能重合。[③] 这种说法为认识这件土圭提供了新的思路。总体而言，刘曜的这件土圭虽然恢复了文献中的旧名称，但和实际测量二分二至日影长短的圭表已经相去甚远了。

至南朝时期，祖暅根据文献的记载，结合实际需要，制作了一件新的圭表，《隋书·天文志》记载："梁天监中，祖暅造八尺铜表，其下与圭相连。圭上为沟，置水，以取平正。揆测日晷，求其盈缩。"[④] 从形制上看它应当是对汉代圭表的复

---

① 《隋书》卷一六《律历上》，第 408 页。

② 〔英〕李约瑟：《李约瑟中国科学技术史》第 3 卷《数学、天学和地学》，第 263 页。

③ 卢嘉锡总主编，丘光明等著《中国科学技术史·度量衡卷》，第 277 页。

④ 《隋书》卷一九《天文上》，第 524 页。

原。还记载了祖暅测影的方式："先验昏旦，定刻漏，分辰次。"[①] 昏旦的验证需要实际观测，而刻漏显然是与圭表配合使用的，用于测量较为精确的时间。其实至魏晋时代，对晷影不能够与历法相合的现象已经有较为科学合理的认识，圭表的用途也主要在修订历法方面，与汉代人对晷影的认识相比，已经发生了显著的进步，当然这种进步和观测仪器的改进是密不可分的。

隋朝在长安设有天文台，唐代因而用之，然天文仪器则多沿用自魏晋，例如《隋书·天文志》说："史臣于观台访浑仪，见元魏太史令晁崇所造者，以铁为之，其规有六……隋开皇三年，新都初成，以置诸观台之上。大唐因而用焉。"[②] 是说天文台上铁铸的浑仪为北魏所造，至唐代仍在使用，其他天文仪器也当如此。另外，唐代皇宫之中也有天文仪器，据《旧唐书·天文志》："太宗因令淳风改造浑仪，铸铜为之，至七年造成……其所造浑仪，太宗令置于凝晖阁，以用测候，既在宫中，寻而失其所在。"[③] 是说李淳风铸造的这件浑仪被放到了凝晖阁之中，而凝晖阁位于禁中，一般人很难得见，而且这件浑仪后来也不知所踪了。

在唐代除首都长安外，洛阳附近也是进行天文测量的重要地点。例如阳城一直被认为是周公测影确定的天下之中所在，[④] 所以至唐代开元十一年（723），太史监南宫说在此修建了一座周公

---

① 《隋书》卷一九《天文上》，第522页。

② 《隋书》卷一九《天文上》，第505页。

③ 《旧唐书》卷三五《天文上》，第1293页。

④ 王邦维：《"洛州无影"与"天下之中"》，《四川大学学报》2005年第4期。

测景台。据《新唐书·地理志》载："万岁登封元年将封嵩山，改阳城曰告成。神龙元年复故名，二年复为告成。天祐二年更名阳邑。有测景台，开元十一年，诏太史监南宫说刻石表焉。"[①] 现存至今的就是当时南宫说建造的测景台，由石座和石表两部分组成，表的高度为八尺，南侧刻有"周公测景台"字样。[②]

至于周公测景台的使用方式，清乾隆二十年（1755）刘士伟写道："其石表……夏至时刻，周遭没影。谚云：无影塔，天心、地胆者也。"[③] 就是说在夏至日正午的时候看不到测景台的影子，因而当地民众称这里为"没影塔"。李约瑟推测，"圭表的设计是使那时夏至日的日影恰好达到金字塔形基础的顶端，北侧的斜面正好与日影的边缘相合"，所以夏至日这一天就看不到日影。[④] 近来也有学者进行了实地考察，根据其观测结果，"日影逐渐缩小，到 13 点 08 分，不仅在石台正北的地面上见不到石表的日影，石台自身的日影也完全消失。不仅北面如此，其他三方的地面上也是如此"。[⑤]

实际上，周公测景台是在长期观测的基础上修建的，人们根据对当地夏至日正午日影长短的观察，巧妙设计表和基座的尺寸，能够做到在夏至日这一天的正午台和表都没有日影。然

① 《新唐书》卷三八《地理二》，第 983 页。

② 有学者对测景台长宽高等数据进行了精细的测量，可参陈久金主编《中国古代天文学家》，第 244 页。

③ 转引自李鉴澄《考察古阳城测景台和观星台的回忆》，《中国科技史料》1984 年第 1 期。

④ 〔英〕李约瑟：《李约瑟中国科学技术史》第 4 卷《物理学及相关技术》第 1 分册《物理学》，陆学善等译，科学出版社、上海古籍出版社，2003，第 47 页。

⑤ 王邦维：《"洛州无影"与"天下之中"》，《四川大学学报》2005 年第 4 期。

而我们也知道，这样做其实并没有太多实际的测量意义，所谓“测景”之名并不能如实反映其功能。至于修建这座周公测景台的真实功用，恐怕是让人们能够直接观测到天象，对“天下之中”的地理概念有直观而深刻的感受。

周公测景台从本质上来说继承了汉代以来圭和表组合的基本形制，只不过突出了夏至日日影最短，即所谓“没影”的特点，但在其他时间点对日影的测量却起不到实际作用。在周公测景台修建的次年，南宫说等人在阳城实地测量日影，《旧唐书·天文志》载：“开元十二年，太史监南宫说择河南平地，以水准绳，树八尺之表而以引度之。”[①] 这次的测量显然没有使用测景台，而是重新树表测量日影。另外在此之前，“仪凤四年五月，太常博士、检校太史姚玄辩奏于阳城测影台，依古立八尺表，夏至日中，测影尺有五寸，正与古法同”，[②] 这次测量也是依“古法”立八尺之表。所以有学者指出，周公测景台的象征意义要大于实用意义，“实际上它并不是一座仪表，而是纪念阳城为夏至影长 1.5 尺的古地中与古代周公在此测影的一座丰碑”。[③] 此说甚确。

周公测景台附近有郭守敬修建的观星台。学者已经指出，实际上它并不只是用来观测星象的，其主体部分也可以作为一件放大了的圭表使用。[④] 观星台的主体是一个覆斗形的高台，台上有两间房屋，据记载房屋始建于嘉靖七年（1528）。原本高台上有一根横梁，上面应当有郭守敬发明的景符，根据史料

① 《旧唐书》卷三五《天文上》，第 1304 页。

② 杜佑：《通典》，王文锦等点校，中华书局，1988，第 739 页。

③ 陈久金主编《中国古代天文学家》，第 246 页。

④ 吴守贤、全和钧主编《中国古代天体测量学及天文仪器》，第 483 页。

的记载，景符使用了小孔成像的原理，避免了阳光散射对圭表精度的影响。① 高台北壁中部有一个凹槽，槽底部连接有向北伸展的石圭。从石圭的表面到横梁，高度是40尺，而石圭本身长128尺，所谓“今以铜为表，高三十六尺，端挟以二龙，举一横梁，下至圭面，共四十尺，是为八尺之表五”。② 显然郭守敬放大圭表是为了求得更为精确的日影数据，尤其是景符的发明，可以测出太阳中心的影长，并解决了表高影端模糊的问题，大大提高了观测的精度。另外，郭守敬还发明了窥几，推广了圭表的用途。③

宋代沿用了石晋时期设计建造的圭表，据说这件圭表仿照“古法”，“立八尺铜表，厚二寸，博四寸，下连石圭，一丈三尺，以尽冬至景长之数，面有双水沟为平准，于沟双刻尺寸分数，又刻二十四气岳台晷景所得尺寸，置于司天监”。④ 圭表沿用了汉代以来的基本形制，其主体部分表的高度都是八尺，而圭座部分长度为一丈三尺，以适应冬至测量日影的需要。“厚二寸，博四寸”是铜表的厚度和宽度，这些数据在之前的历史记载中很少见到。“面有双水沟为平准”则显然沿用自祖暅“圭上为沟，置水”的设计。后来南京紫金山天文台明清时代的铜圭表也基本沿用了这种形制。

南京天文台铜圭表是现今能够看到的形制最为完整的古代大型铜圭表，原本放置于北京观象台，抗战前夕迁往南京，在

① 详参《元史》卷四八《天文一》“景符”条。

② 《元史》卷五二《历一》，第1121页。

③ 李鉴澄：《考察古阳城测景台和观星台的回忆》，《中国科技史料》1984年第1期。

④ 《宋史》卷七六《律历九》，第1751页。

中科院紫金山天文台保存至今。这件铜圭表是明代正统年间制作的，据说仿自元代的八尺铜表。圭也由青铜铸造而成，放置于石质平台之上，长一丈六尺二寸，广二尺七寸。上有两道凹槽，可以注水，以确定水平。表垂直立于圭的一端，原高八尺，后来清代在表的顶端加装了青铜叶片，现高十尺。另外，圭的一边还有一个较短的表，长三尺五寸，据说是为了测冬至日日影。[①] 前文提到祖暅测影的时候曾使用南、北、中三个表配合，以求得尽可能精确的数据，但南京铜圭表中的一长一短两表显然不是配合使用的，这是值得注意的问题。

总的来说，圭表作为中国历史上测量日影的主要天文仪器，其精度逐渐提升，但基本形制自西汉时期确定以后直至清代没有发生太大的变化。而自从汉代在天文台，也就是灵台上设置圭表，此后历代天文台也都设有观测日影的圭表。人们其实很早就认识到，日影的长度会发生周期性的变化，夏至日日影最短，冬至日日影最长，这是人们认识太阳回归运动的最主要标志。历法的修订以太阳回归运动作为重要的参考依据，人们的日常生活也深受其影响。事实上，汉代人就是以冬至日作为旧的一年和新的一年的时间交点，人们据此修订历法，以安排每年的政治和社会活动。

3. 日晷的相关问题

汉代文献中经常提到的“日晷”这个词，本来的意思是日影，也就是文献中常见的“晷影”，而不是我们今天理解的类似钟表的工具。例如《汉书·艺文志》有“《太岁谋日晷》

---

① 王德昌、张建卫编著《时间雕塑——日晷》，安徽科学技术出版社，2006，第 223 页。

二十九卷”“《日晷书》三十四卷”，[1] 从名称来看，这些应当都是讲立杆测影的理论和技术的书籍。另外汉代文献记载中有所谓“晷仪”，例如《汉书·律历志》说：“乃定东西，立晷仪，下漏刻。”[2] 从名称来看，“晷仪”应该是测量晷影的仪器，也就是前文提到的圭表。《续汉书·律历志》说：“定精微于晷仪，正众疑，秘藏中书，改行《四分》之原。”[3] 这是使用晷仪修订历法的意思。另，《续汉书·礼仪志》也提到：“守宫设席于器南，北面东上，正德席，鼓南西面，令晷仪东北。”[4] 从这段记载来看，晷仪似乎是可以移动的，应当不是《三辅黄图》里记载的那种石制的圭表。再者，圭表也被称为“表”，例如《续汉书·律历志》说：“二者既立，以比日表，以管万事。”注释特意说：“表即晷景。”[5]

文献中有所谓“梁日晷铜表”，如果单从名称来看，当和晷仪类似，都是测量日影的仪器，其功能应当也是根据日影定二分二至。其实直到明代，日晷依然指的是测量二分二至的仪器，例如《明史·天文志》说：“日晷者，砻石为平面，界节气十三线，内冬夏二至各一线，其余日行相等之节气，皆两节气同一线也。”[6] 可知明代人所谓的日晷其实指的还是圭表。文献中反复提到的“晷”，在通常情况下指的应当都是八尺之表投射下的日影。

---

① 《汉书》卷三〇《艺文志》，第 1766 页。

② 《汉书》卷二一上《律历志上》，第 975 页。

③ 《后汉书》志二《律历中》，第 3036 页。

④ 《后汉书》志五《礼仪中》，第 3125 页。

⑤ 《后汉书》志一《律历上》，第 2999 页。

⑥ 《明史》卷二五《天文一》，中华书局，1974，第 361 页。

现在通常所谓的日晷，也被称为“日晷仪”，主要根据日影的位置判断当时的时辰刻数，实际上和圭表的原理及基本形制差别不大，属于同一类别的器物，只不过日晷用来测量一日之内的时间，而圭表通常用来测量的是一年以内的时间。而且现存的三件被认为是日晷的器物，都是后人的命名：一件是中国历史博物馆藏端方旧藏，一件是加拿大多伦多皇家安大略博物馆藏怀履光旧藏，还有一件是周进旧藏，损毁严重。① 以托克托日晷为例，其本身是一块方形的石板，长 27.5 厘米，宽 27.4 厘米，厚 3.5 厘米，石板正面是一个大圆圈，圆心处有一个圆孔，推测应当是立表的地方。圆面上大约三分之二的区域均匀地刻着 69 根辐射状划线，每根划线与圆周的交界处都有一个圆窝，圆窝的外侧按顺时针方向依次标有一到六十九的数字，用秦汉之际盛行的小篆书写而成。也有学者推断这些划线的夹角相等，如果补足，可等分圆周为 100 份。② 至于这件日晷的使用方式，学者推测应当是水平安放，有辐射状标志线的部分朝北；圆孔中心处竖直插一定长度的表，观测表影的位置判断时间。所以这是一件地平式日晷，与我们现在经常见到的赤道式日晷不同。③

日晷的基本原理是根据一天之内太阳的运行导致日影的移动测算时间，以人们长期观测、认识到的自然现象为基础，对其精准地利用并不太难。只是学者也发现，在实际的使用过程

① 李鉴澄：《晷仪——现存我国最古老的天文仪器之一》，中国天文学史整理研究小组编《科技史文集》第 1 辑《天文学史专辑》，第 31 页。

② 孙机：《托克托日晷》，《中国历史博物馆馆刊》，1981 年。

③ 关增建：《量天度地衡万物——中国计量简史》，大象出版社，2013，第 42 页。

中，地平式日晷有诸多不便之处，例如日影早、晚移动较快，午间移动较慢，所以如果想要精确测量时间，日晷的刻度就不能是均匀的。后来为了解决这一问题，发明了赤道式日晷，不过这已经是相当晚近的事情了。[①] 而且从实际的使用来看，日晷显然只能用于白天，这就在使用的便利性上落后于当时技术已经较为成熟的漏刻。而如果只是为了获得较为粗略的时间，随处可见的立杆测影就可以实现了。所以，文献记载中几乎没有提到类似的日晷，而且日晷在出土文物中也不多见。这不是没有原因的。

汉代人获知一日之内精确时间的方式主要是使用漏刻，而日晷更为主要的用途应当是校准漏刻。在汉代文献的记载中，漏刻一日百刻，孙机已经指出日晷晷面100度和漏刻昼夜百刻恰好一致，这绝不是偶然。在文献的记载中，漏刻一直配合日晷使用，例如《新论·杂事》记载漏刻在使用的时候“昼日参以晷景，夜分参以星宿，则得其正”，[②] 可见晷影是用来校准漏刻的。再例如《史记·司马穰苴列传》记载：“穰苴先驰至军，立表下漏待贾。”《索隐》说：“立表谓立木为表以视日景，下漏谓下漏水以知刻数也。”[③] 表和漏刻的记载也见于《三国志》中，孙权通过立表下漏的方式计量时间。[④] 司马穰

---

① 有学者认为，赤道式日晷可能要到宋代以后才流行开来，见邓可卉编著《天文史话》，上海科学技术文献出版社，2019，第57页；管飞主编《天问之路——中国古代天文学史话》，贵州教育出版社，2013，第60页。

② 桓谭著，白兆麟校注《桓谭新论校注》，黄山书社，2017，第85页。

③ 《史记》卷六四《司马穰苴列传》，第2157、2159页。

④ 《三国志·吴书·吴范传》中提到：“权立表下漏以待之。及中不至，权问其故，范曰：‘时尚未正中也。’”（中华书局，1982，第1422页）

苴和孙权的例子都是在军中，军事活动对于时间的精确性向来有较高的要求，例如《六韬·犬韬》说：“大将设营而陈，立表辕门，清道而待。诸将吏至者，较其先后；先期至者赏，后期至者斩。如此，则远近奔集，三军俱至，并力合战。”[①]《尉缭子·将令》也说：“将军告曰：‘出国门之外，期日中设营，表置辕门，期之，如过时则坐法。’”[②] 而行军打仗不可能携带过于笨重的时间测量仪器，所以采用漏刻与日影配合的方式，以求得尽可能精确的时间。类似的计时方式在战国秦汉时代应当是被广泛使用的。

事实上，对于将这种类型的器物定名为“日晷”，学者们也有争议。例如陈梦家和李鉴澄就认为这种器物正是《汉书·律历志》中“定东西，立晷仪，下漏刻”中的“晷仪”，[③] 对此孙机提出了不同意见，认为还是应当命名为“日晷”。[④] 这种类型的器物和现在常见的日晷非常类似，功能也基本相同，命名为“日晷”并没有什么问题。但也需要明白文献中的记载和现在使用的日晷也大不相同，现在的日晷用于测定一天范围内的时间点，而圭表则更多是用于测量二分二至，主要为满足修订历法的需要。

4. 表与标杆

表能够在空间测量中发挥作用，也是人们早就认识到的。事实上，作为测量高度和落差的工具，表的用途类似现在工程测量

---

① 《六韬》卷六，文渊阁四库全书本。

② 《尉缭子》卷四，文渊阁四库全书本。

③ 参陈梦家《汉简年历表叙》，《汉简缀述》；李鉴澄《晷仪——现存我国最古老的天文仪器之一》，中国天文学史整理研究小组编《科技史文集》第1辑《天文学史专辑》。

④ 孙机：《托克托日晷》，《中国历史博物馆馆刊》，1981年。

中用到的标杆。已经有学者指出，表是古代建筑中重要的测量工具，[①] 例如《史记·秦始皇本纪》有“表南山之颠以为阙”一句，本意应当是以表测量南山之巅的高度，然后建造宫殿。《史记·夏本纪》记载大禹“命诸侯百姓兴人徒以傅土，行山表木，定高山大川”，《索隐》认为“表木，谓刊木立为表记”，并引《尚书》“敷随土山刊木”说明。[②] 颜师古认为这句话的意思是“禹随行山之形状而刊斫其木，以为表记，决水通道，故高山大川各得安定”。[③] 但是联系到夏禹在进行水利工程建设，以及后文所谓“定高山大川”，这里“表木”应当作测量工具解，即以表作为测量高下的工具。大禹的工作主要是疏通河道，所以确定水位高下至关重要，也必然会需要用到标杆之类的工具。

在文献记载中，古代水利工程师最主要的任务就是确定地形的高下，例如汉代有人曾经提出一个疯狂的想法，要在黄河的上游修一条水渠，使得河水能够流经匈奴人统治的地区，然后再向东注入大海，即《汉书·沟洫志》所谓“可案图书，观地形，令水工准高下，开大河上领，出之胡中，东注之海”，[④]“准高下”就是测量水平高差的意思。事实上，在水利工程中以表作为标杆已经是较为成熟的技术，例如《沟洫志》记载：“上以为然，令齐人水工徐伯表，发卒数万人穿漕渠，三岁而通。”有人认为“徐伯表”是人名；颜师古则认为“徐伯”是

---

① 秦建明：《华表与古代测量术》，《考古与文物》1995 年第 6 期。

② 《史记》卷二《夏本纪》，第 51—52 页。

③ 《汉书》卷二八上《地理志上》，第 1524 页。

④ 《汉书》卷二九《沟洫志》，第 1686 页。

人名，“表”的意思是“巡行穿渠之处而表记之，今之竖标是”。[①]《汉书补注》记沈钦韩引《长安志》曰：“凡水广尺深尺为一徼，以百二十徼为准。古有徼道，水家取以为量水准则。”并认为“徼即表之字变也”，[②]意思就是“表”是测量水的体积的单位。现在看来此说似乎过于迂曲了，“表”还是应当理解为水工测量高下的工具。《汉书》还记载息夫躬“立表，欲穿长安城，引漕注太仓下以省转输”，[③]息夫躬想要穿过长安城墙修渠，则势必要知晓不同地点的高下，否则水渠断难修成，而立表测高下在当时显然已经是较为成熟的技术了。

汉人也使用这种技术在西域地区修建水渠，《汉书·西域传》载：“汉遣破羌将军辛武贤将兵万五千人至敦煌，遣使者案行表。”[④]这里的“行表”，应当就是使用表测量地形高下，然后再修建水渠。[⑤]

前面提到的例子都和水渠的修建有关，这是因为水利工程对地形的高下要求较高。另外史料中可以见到宫殿建筑工程用表的记载，例如汉成帝时期准备修建辟雍时提到使用表。《汉书·礼乐志》说：“丞相大司空奏请立辟雍。案行长安城南，营表未作，遭成帝崩，群臣引以定谥。”[⑥]所谓“案行长安城南，营表未作”，应当理解为在长安城南进行过实地的测量工

① 《汉书》卷二九《沟洫志》，第1679—1680页。

② 王先谦补注《汉书补注》，第2870页。

③ 《汉书》卷四五《息夫躬传》，第2182页。

④ 《汉书》卷九六下《西域传下》，第3907页。

⑤ 也有学者认为这条资料所载是修建坎儿井，相关的研究参见李艳玲《新疆坎儿井起源之争》，《中国社会科学报》2017年7月25日，第6版。

⑥ 《汉书》卷二二《礼乐志》，第1034页。

作，但后来成帝崩，建辟雍的工程并未进行。

至于工程建设中表的具体使用方法，前文已经进行过讨论，即使用固定长度的标杆，通过水面获得水平，也就是现代水准仪工作中使用的水平视线，准确测量两个地点的高差。实际上，这就是“重差术”在实践中的运用，《九章算术》和《周髀算经》都提到这种测量高度和距离的技术。后来刘徽又有“重差九问”，对重差的基本公式和运用进行了推广，也就是《海岛算经》，基本操作方式是通过立表来求得山高水深。其中《周髀算经》明确提出“二表下地，依水平法定其高下”的方法，之所以特意强调“水平法”，就是考虑了水作为平准测量工具的特性。[①]

5. 封、玛尼堆与华表

古人会在交通要道上竖立一根木头作为地点的标识，这种标识也被称为“表”。有学者指出，古代重要的交通地点，包括桥梁、道路交叉口、亭和邮等附近都有表，而放置于亭和邮附近的表也被称为“亭邮表”。[②] 需要注意的是，重要交通地点附近的表显然是为了指示方向，例如《荀子·成相》说：“表仪既设民知方。”[③] 也就是说，至少在春秋战国时代，就已经出现了可以指示方位的表。王充《论衡·须颂》也说：“道立国表，路出其下，望国表者，昭然知路。汉德明著，莫立邦表之言。”刘盼遂认为，这里的“邦表”应当作“邮表”，可备一说。[④] 但王充明确说，在道路旁边有表，可以指示方向，

① 相关研究参钱宝琮《周髀算经考》，《李俨　钱宝琮科学史全集》第 9 卷。

② 马怡：《汉代的计时器及相关问题》，《中国史研究》2006 年第 3 期。

③ 王先谦：《荀子集解》，第 469 页。

④ 黄晖：《论衡校释（附刘盼遂集解）》，第 858—859 页。

这应当就是汉代社会实际存在的情形。

实际上，这种在重要交通地点设置标记的行为有着悠久的传统，例如古代文献记载中有所谓的“封”或者“京”，现代西藏、青海等地区有玛尼堆，等等。学者们研究发现，这种位于重要交通地点的神秘建筑，在中国很多地区都可以见到，例如蒙古族称之为“鄂博”或者“敖包”，土族则称为“雷台”，门巴族称“玛尼朵个”。王子今提到：“在山口、村头和许多重要路段，都可以看到插挂有经幡、彩带、布条的石堆。人们行旅途经此地，大都手拾石块置放在石堆上，也有人在这里专心系挂上事先准备好的经幡和彩条等。”他认为，这种特殊的道路标识，既有宗教意义，又发挥着某种交通指示作用，与汉地的封有着密切的关系。①

在古代文献的记载中，封的含义其实也是堆聚土石，作为某种界域的标识，而竖立在交通要道上的封，还具有标记里程的功能。例如西汉名将霍去病曾经“封狼居胥山”，② 东汉时期的窦宪和耿夔也曾经击溃匈奴，深入北方荒漠追击三千余里，“铭功封石”而还。③ 王子今指出，古代的交通道路管理曾经以“封堠”划分里程，例如文献中有所谓“五里一封堠，十里双封堠”的制度。④ 显然表也发挥着指示交通的功能，只不过封可以用于标记道路远近，而表通常设在重要的交通点附

① 王子今：《康巴民族考古与交通史的新认识》，《中国文物报》2005 年 10 月 5 日，第 8 版，另参王子今《轩辕传说与早期交通的发展》，《炎黄文化研究》2001 年第 8 期。

② 《汉书》卷五五《卫青霍去病传》，第 2486 页。

③ 《后汉书》卷八九《南匈奴列传》，第 2967 页。

④ 王子今：《轩辕传说与早期交通的发展》，《炎黄文化研究》2001 年第 8 期。

近，用于标识地点和指示方向，当然其阴影也可用于显示时间。事实上，在古代社会并不需要特别精确的时间的情况下，交通道路旁边的表所显示的较为粗略的时间已经能够满足大多数人的需求了。

马怡在讨论汉代计时器的时候指出，在汉代西北边塞有使用表测影的记录，并根据边塞“守御器簿”认为西北边燧大概皆有表。然而目前并没有看到有使用圭测量日影的记载。根据马怡的研究，一种可能的解释是，汉代西北边塞主要使用漏刻计时，以应付传递公文等实际需要；而表主要用于测量日中，以校正漏刻，所以并不需要特别精确的刻度，也就不需要圭这种器物了。①

另外也有文献提到，汉代位于交通要道上的表有时被书写上地名，这就很像是现在的路牌了。例如《汉书·游侠传》记载原涉的故事，说原涉羡慕“京兆仟”这样的名称，“乃买地开道，立表署曰南阳仟，人不肯从，谓之原氏仟”。② 原涉在路旁立表，表上书写“南阳仟”，“仟”通“阡”，文献记载南北向的道路称为“阡”，东西向的道路称为“陌”，所以“南阳仟”的意思大约等同于“南阳路”。

再者，由于重要的交通点附近人流量大，也是当权者向民众发布信息，以及民众向当权者提出意见的场所，所以表也逐渐具有了政治功能。在《史记》的记载中有“诽谤之木”，《集解》引服虔的说法，认为“诽谤之木”是“尧作之，桥梁交午柱头”，应劭曰：“桥梁边板，所以书政治之愆失也。至秦去之，

① 马怡：《汉代的计时器及相关问题》，《中国史研究》2006年第3期。

② 《汉书》卷九二《游侠传》，第3716页。

今乃复施也。”《索隐》引韦昭云：“虑政有阙失，使书于木，此尧时然也，后代因以为饰。今宫外桥梁头四植木是也。”[①] 这些说法认为“诽谤之木”是帝尧时代的发明，是为了让百姓对统治者行为中的过失提出意见。至于其原因，则是因为这种表一般位于桥梁或者重要的交通场所附近，这些地区人员来往密集，所以在上面发布通知，或者民众向统治者提出意见，都比较容易引起注意。久而久之，表也就被称为“诽谤之木”了。

这种表后来逐渐被称为“华表”，《史记索隐》引郑玄注《礼》云：“一纵一横为午，谓以木贯表柱四出，即今之华表。”[②] 可见自郑玄的时代“华表”的称呼就已经出现了。至于华表得名的原因，崔浩以为“木贯表柱四出名‘桓’，陈楚俗桓声近和，又云‘和表’”。[③] 西晋时崔豹《古今注·问答释义》对“尧设诽谤之木”进行解读，所谓：“今之华表也。以横木交柱头，状若花也。形似桔槔，大路交衢悉施焉。或谓之表木，以表王者纳谏也，亦以表识衢路也。秦乃除之，汉始复修焉。今西京谓之交午木。”[④] 而《汉书·酷吏传》颜师古注引如淳提到“旧亭传于四角面百步筑土四方，上有屋，屋上有柱出，高丈余，有大板贯柱四出，名曰桓表。县所治夹，两边各一桓。陈宋之俗言桓声如和，今犹谓之和表”，颜师古认为“和表”也就是“华表”。[⑤]《说文解字·木部》也说：“桓，亭邮表也。”[⑥] 此后“华表”的称呼就一直沿用下来。有学者指出，宋代张

① 《史记》卷一〇《孝文本纪》，第 424 页。
② 《史记》卷一〇《孝文本纪》，第 424 页。
③ 《史记》卷一〇《孝文本纪》，第 424 页。
④ 崔豹：《古今注》，明芝秀堂刊本。
⑤ 《汉书》卷九〇《酷吏传》，第 3673 页。
⑥ 许慎撰，段玉裁注《说文解字注》，第 257 页。

择端《清明上河图》汴梁虹桥桥头两侧有直立的高柱，可能就是表木。[①]

也就是说，华表得名的根本原因在于所谓“木贯表柱四出”，而“交午木”这样的称呼提示我们，这种形制的表可以用来指示东西南北四个方向，对于重要交通点来说，标识方位和时间显然是至关重要的。而对于这种表的使用方式，马怡有一段推测，她认为将横木贯穿木表并指向东西方向，“交午木”在阳光的照射下就会在地上投下十字形的日影，而越是接近正午，十字就越会呈现横平竖直的形态，[②] 行走的旅人或者就是通过这样的方式来判断时间的。这样的推测应当是比较接近历史真实的。

6. “表东海”

通过对相关文献记载的分析可以发现，立表的原意是确认地点，方便寻找，后来逐渐衍生出“彰显”以及“表扬”的含义。例如在文献的记载中，有所谓“表商容闾”“表里门”的说法，指在人们居住的巷落附近设立显著的标识，以表彰居住在其中的人。还有所谓“表墓”的说法，也就是在墓地上竖立显著的标记，对死者进行表彰。另有一种竖立在边界地区的表，其作用类似现在的界碑。而在后来表未必是一根实际存在的木头或者一块石头，更多是一种理念上的存在，这也就洐生出“表扬”这个词的含义了。

《史记・吴太伯世家》有“表东海者，其太公乎”的说法，这句话出自《左传》，古来学者对其含义有不同理解，例

---

① 秦建明：《华表与古代测量术》，《考古与文物》1995 年第 6 期。另参马怡《汉代的计时器及相关问题》，《中国史研究》2006 年第 3 期。

② 马怡：《汉代的计时器及相关问题》，《中国史研究》2006 年第 3 期。

如《史记集解》引王肃曰："言为东海之表式。"这是从道德方面理解的，但未必符合本意。可以认为，这里"表东海"的意思是在东海竖表，其含义是竖立界碑，同时确立对这一地区的实际占有，其作用类似于封。同样《史记·齐太公世家》说"既表东海，乃居营丘"，[①] 意思是太公将领土扩展到东海之边，然后定都于营丘。另外，史料中也常见"表四海"和"四表"的说法。颜师古认为"四表"是"四海之外""四方之外"的意思，[②] 但"四表"并没有"之外"的含义，只是在疆界上竖立标志。王充《论衡·验符》说："帝宅长远，四表为界。"[③] 这里的"四表"也是竖立在边疆的界碑。所以文献中也常见"边表"的说法，例如《左传》襄公三年："孟献子曰，以敝邑介在东表，密迩仇雠，寡君将君是望，敢不稽首。"这里的"东表"指的是东方的边界之地，有偏僻的含义，孔颖达说："青州在东，界外之畔为表，故云东表之地。"[④]

同样的例子也见于《史记·越王句践世家》："于是句践表会稽山以为范蠡奉邑。"[⑤] 这里"表会稽山"的意思也是以会稽山作为边界。《汉书·东方朔传》说："又诏中尉、左右内史表属县草田，欲以偿鄠杜之民。"[⑥] 《说苑·复恩》说："于是文公表绵上山中而封之，以为介推田，号曰介山。"[⑦] 显

---

① 《史记》卷三一《吴太公世家》，第 1452、1454 页，卷三二《齐太公世家》，第 1513 页。

② 《汉书》卷八《宣帝纪》，第 270 页。

③ 黄晖：《论衡校释（附刘盼遂集解）》，第 842 页。

④ 《春秋左传正义》，阮元校刻《十三经注疏》，1930 页。

⑤ 《史记》卷四一《越王句践世家》，第 1752 页。

⑥ 《汉书》六五《东方朔传》，第 2847 页。

⑦ 刘向撰，向宗鲁校证《说苑校证》，中华书局，1987，第 122 页。

然都是竖表以确定疆界的意思。

只是，“表”未必一定是立杆，其最早的含义应当是“标记”。《史记正义》引《三辅旧事》云：“始皇表河以为秦东门，表汧以为秦西门，表中外殿观百四十五，后宫列女万余人，气上冲于天。”① 这几处“表”也可以理解为竖表以确定疆界。关于“秦东门”的问题，《秦始皇本纪》说：“于是立石东海上朐界中，以为秦东门。”② 有学者指出，门阙常常是国土界线的标志，而史料中出现两处“秦东门”显然与秦人的国家意识有关。③ 秦人在东海以石为界，这种行为也可以被称为“表东海”。

总的来说，表在文献的记载中有多种用途，不仅可以用来测量时间，也可以用来测量空间，文献中提到表可以测量不同地点的高差，在水利和建筑工程中发挥极为重要的作用；而竖立在道路之旁的表，可以指示方向，也可以用来标明时间；后来的“诽谤之木”或者华表因为竖立于人员密集的地方，又有了政治层面的作用。另外表还可以竖立在边界上，标识疆界的所在，这个意义上的表同样具有政治方面的内涵。

小　结

本章主要讨论圭和表的相关问题。现在被称为“圭表”的天文仪器可以根据日影的变化测量一年范围内节令的变化，用

---

① 《史记》卷六《秦始皇本纪》，第 241 页。

② 《史记》卷六《秦始皇本纪》，第 256 页。

③ 参曾磊《秦东门琐议》，《中国社会科学院历史研究所学刊》第 10 集，商务印书馆，2017。

以修订历法以及指导民众的社会生活等。圭表由圭和表两部分组成，《周礼》记载中有玉质的土圭，后来的学者曾努力还原土圭的形态，也有很多学者将新石器时代至秦汉时期许多玉铲及方首长条形玉器和石器定名为“圭”。而现在出土的圭状器物大都与祭祀行为有关，出土地和发现地也以墓葬为主，这表明这些器物具有明显的礼器的特征，和《周礼》记载中玉圭的用途是基本相同的，也可以说文献记载和考古发现中的圭在使用功能这一点上是大致相同的。但现在并没有办法确定哪件器物是文献记载中的土圭，而且《周礼》中各种名称的圭也无法与考古材料一一对应。事实上，土圭在历史早期并不是一件真实存在的器物，古人在立杆测影的时候，只是在地上做好标记，然后测量标记的长度，这个标记就是圭。而“土圭”这样的名称也提示我们，在历史早期人们测量日影的技术经历过相当原始和粗糙的阶段。

我们认为，圭是测量影长的工具，而表则是竖立在地面上、用于显示日影的工具，在实际的使用过程中，先有表，然后才有测量日影用的圭。通过探讨夏侯灶墓西汉圭表以及仪征东汉圭表，加上《三辅黄图》记载的印证，可以清楚知道汉代圭表的基本形式，即圭表通常由竖直的表的部分和与之垂直平放的圭的部分组成，而且表的高度和圭的长度比例大体上是固定的。东汉时期的灵台也放置有圭表，此后历朝历代的天文机构都有圭表类的天文仪器。由于这种天文仪器的形制相对较为简单，所以在中国古代历史上变化不大，只是不同时期在精度上有所调整。而为了取得更精确的数据，后世一般会放大圭表的尺寸，例如元代郭守敬就修建了四十尺的表，而明清时期文献记载中也存在着按比例放大了的圭表。

历史上由于历法修订并未做到足够精密，人们发现同一地点同一节气的晷影在不同年份可能有所不同，天文学者称其为“晷影失行”，而这种现象出现的根本原因是太阳运行的“南北失节”。“晷影失行”原本是天文测量技术上的问题，但在汉代特殊的社会氛围之下，这种现象也在政治文化和社会意识方面造成一定程度的影响。面对这样的问题，当时的人们一方面用各种天文仪器观测天象，校准历法；另一方面也会根据日影的长短判断吉凶，其中冬至日或者夏至日的日影常被作为吉凶判断的标准。

本章还讨论了王莽时代命东岳太师“考景以晷”的问题，认为就像制作威斗一样，王莽也很有可能模仿《周礼》的记载制作了一件土圭，作为“东岳太师”的道具。

第三章　璇玑、浑仪与星象模拟中的时空观念

在古代文献的记载中，璇玑玉衡是一种模拟天文星象所在位置以影响现实政治的天文仪器，即所谓“璿（璇）玑玉衡，以齐七政”。而璇玑玉衡模拟的就是北斗七星和二十八宿的运行，它们围绕北极星有规律地旋转，也就是文献中所说的“二十八宿环北辰，三十辐共一毂，运行无穷”。[①] 后来人们根据北斗七星围绕二十八宿的运转方式发明式盘，用于占卜吉凶宜忌，如果这种仪器加入距度的数据，就可以较为精确地模拟日月五星的相对位置，进而知晓天体的入宿度，而这也正是浑仪的基本操作方式。秦汉时期是浑仪发展和完善的关键时期，当时浑天说被运用于历法的制作，浑仪也就被运用于历法的验证工作。

关于璇玑玉衡向来有两种说法，一种是星象说，一种是天文仪器说，学者们大都承认星象说产生的时间要早于天文仪器说。[②] 鲁子健认为人们受北斗七星运动的启示发明了璇玑玉衡

① 《史记》卷一三〇《太史公自序》，第 3319 页。

② 李约瑟认为璇玑玉衡是一种测天的仪器，见氏著《李约瑟中国科学技术史》第 3 卷《数学、天学和地学》，第 388—400 页。《中国天文学简史》也持相同的看法，见《中国天文学简史》编写组编《中国天文学简史》，天津科学技术出版社，1979，第 7 页。另外相关的研究参张樱烁、邹越《兼论“璇玑玉衡”星象说与天文仪器说》，《读天下》2016 年第 23 期。

作为观测仪器，主张璇玑玉衡为天文仪器。[①] 有学者指出，璇玑玉衡是浑仪以前的一种天文仪器，或者说是浑仪的雏形。[②] 罗树元认为璇玑玉衡是基于盖天说而制作的天文观测仪器。[③] 此外江晓原的研究也提示我们对于“在璇玑玉衡，以齐七政”可以有新的理解方式。[④] 关于所谓“玉璇玑”的问题，夏鼐认为这种所谓的玉质璇玑不是天文观测仪器，[⑤] 然其意见并未终结对相关问题的讨论，此后仍有不少学者围绕这一问题展开辨析。

关于浑仪的起源问题，刘金沂总结了从圆仪到浑仪的演化过程，[⑥] 其中的许多观点具有启发意义。学者们认识到，在浑天说没有出现之前，是不太可能出现浑仪这种仪器的。[⑦] 同时人们也注意到文献中记载，在西汉的时候落下闳提出浑天学说，后来鲜于妄人用其来测量天体位置，耿寿昌（或是加以改造后）用其来演示浑天说描述的天球运动。[⑧] 有学者认为，耿寿昌的浑仪是其早期形式，与现代的浑仪相比，缺少了地平环的部分；[⑨] 但也有不少学者认为耿寿昌制作的浑仪其实是演

---

① 鲁子健：《璇玑玉衡考》，《社会科学研究》1994 年第 5 期。

② 吴守贤、全和钧主编《中国古代天体测量学及天文仪器》，第 428 页。

③ 罗树元：《璇玑玉衡探源》，《湖南师范大学自然科学学报》1990 年第 4 期。另参罗树元、黄道芳《论〈夏小正〉的天象和年代》，《湖南师范大学自然科学学报》1985 年第 4 期。

④ 江晓原：《天学真原》，第 31 页。

⑤ 夏鼐：《所谓玉璿玑不会是天文仪器》，《考古学报》1984 年第 4 期。

⑥ 刘金沂：《从“圆”到“浑”——汉初二十八宿圆盘的启示》，《中国天文学史文集》编辑组编《中国天文学史文集》第 3 集，科学出版社，1984。

⑦ 李志超：《仪象创始研究》，《自然科学史研究》1990 年第 4 期，后收入氏著《天人古义——中国科学史论纲》，大象出版社，2014。

⑧ 吴守贤、全和钧主编《中国古代天体测量学及天文仪器》，第 463 页。

⑨ 李鉴澄：《中国古代浑仪结构的演变》，收入北京天文馆编《李鉴澄先生百岁华诞志庆集》，第 198—215 页。

示用的浑象。[①] 另外可以证实，文献记载中的圆仪其实就是浑仪。[②] 至于汝阴侯墓出土的二十八宿圆盘，学者们大多承认这是浑仪的早期形式，事实上，已经有学者指出它可能和璇玑玉衡有关，并认为它就是文献记载中的圆仪。[③]

总的来看，学界尤其是在天文学史领域的学者对于璇玑和浑仪已有了较为深入的研究。本章主要依据文献的记载，结合既有讨论，系统梳理从璇玑到式盘再到浑仪的发展历程，并尝试揭示人们模拟星象背后的时间观念。

第一节　璇玑玉衡：从星象到天文仪器

璇玑在文献中也写作“璿玑”或者“琁玑”、“旋玑”，较早的记载见于今本《尚书·虞书·舜典》：“正月上日受终于文祖，在璇玑玉衡，以齐七政。”[④]《史记·五帝本纪》引作“于是帝尧老，命舜摄行天子之政，以观天命。舜乃在璇玑玉衡，以齐七政。”[⑤] 由于这句话说得过于简略，其具体含义很难理解，所以古往今来的学者有不同的解读。

1. 星象说

璇玑玉衡是星象的说法产生较早，影响也较为深远。这种说法认为，璇玑玉衡有时候指北斗七星中具体的星，有时候又可以分开指北斗七星的斗魁和斗杓，文献中也有以璇玑玉衡代

---

① 陈美东：《中国古代天文学思想》，第 125 页。

② 钱宝琮：《盖天说源流考》，《李俨　钱宝琮科学史全集》第 9 卷，第 451 页。

③ 吴守贤、全和钧主编《中国古代天体测量学及天文仪器》，第 428 页。

④ 《尚书正义》，阮元校刻《十三经注疏》，第 126 页。

⑤ 《史记》卷一《五帝本纪》，第 24 页。

表北斗七星。例如《史记·天官书》说："北斗七星，所谓'旋、玑、玉衡以齐七政'。"《索隐》引谶纬文献《春秋运斗枢》解释说："斗，第一天枢，第二旋，第三玑，第四权，第五衡，第六开阳，第七摇光。第一至第四为魁，第五至第七为标，合而为斗。"[①] 也就是说，"旋（璇）"和"玑"分别是北斗七星的第二和第三颗星的名称，同属于北斗"斗魁"的部分，而"（玉）衡"是第五颗星的名称。另引《文耀钩》云："斗者，天之喉舌。玉衡属杓，魁为琁玑。"[②] 明确说斗魁就是璇玑。同样，《古诗十九首·明月皎夜光》中有"玉衡指孟冬，众星何历历"一句，[③] 以"玉衡"指代斗柄，这里说的其实就是斗柄指向孟冬时节。

值得注意的是，在西汉还有一种说法认为璇玑是北极星，例如《尚书大传》载："旋机者何也？传曰：旋者，还也。机者，几也，微也。其变几微，而所动者大，谓之旋机。是故旋机谓之北极。"[④] 学者普遍认为《尚书》这部分内容是伏生所传，如果此说成立，则璇玑为北极星的说法在西汉初年就已经存在了。成书于大致相同时期的《周髀算经》也说璇玑是北极星，其中提到测量"北极枢，璇周四极"的办法，说"璇玑径二万三千里，周六万九千里"。[⑤] 对于这部分内容，有学者指出《周髀算经》其实是在说北极星也是在围绕北天极旋转，所以叫"北极璇玑四游"，而使用"立八尺表"的办法，

① 《史记》卷二七《天官书》，第 1291—1292 页。

② 《史记》卷二七《天官书》，第 1292 页。

③ 丁福保编《全汉三国晋南北朝诗》，中华书局，1959，第 56 页。

④ 皮锡瑞撰，吴仰湘编《尚书大传疏证》，中华书局，2015，第 27 页。

⑤ 程贞一、闻人军译注《周髀算经译注》，第 104 页。

就可以求出北极星绕北天极的直径和周长。[①] 这种说法在汉代有较大的影响，例如刘向也认为璇玑是北极星，《说苑·辨物》说："璇玑，谓北辰句陈枢星也。以其魁杓之所指二十八宿为吉凶祸福。"[②] 另扬雄《甘泉赋》有"攀琁玑而下视兮，行游目虖三危"，[③] 从文意推测，此"琁玑"为北极星的可能性较大。

这让后来的学者非常疑惑："璇玑"到底指的是北斗七星，还是北极星？《续汉书·天文志》刘昭注认为："琁玑者，谓北极星也。玉衡者，谓斗九星也。"[④] 刘昭以"玉衡"为"斗九星"的说法未见于其他记载，不知是否有根据，只是可以看出刘昭的用意当在弥合"北极星说"和"北斗星说"。[⑤]

我们认为，璇玑指北斗七星和指北极星，可能并不矛盾。古人观察北斗七星，通常是为了判断时间，例如《楚辞·九思》有"谣吟兮中野，上察兮璇玑"，[⑥] 一般认为这里观测的应当是北斗七星，具体而言就是通过观察斗柄的指向，以判断时间。这是因为一年内每天在黄昏时观测到的北斗七星斗柄的指向是不同的，正如《鹖冠子》所说："斗柄东指，天下皆

---

① 程贞一、闻人军译注《周髀算经译注》，第104页。另参赵继宁《〈史记·天官书〉研究》，第89—90页。

② 刘向撰，向宗鲁校证《说苑校证》，第442页。

③ 《汉书》卷八七上《扬雄传》，第3531页。

④ 《后汉书》志一〇《天文上》，第3213页。

⑤ 关于"北斗九星"的说法，有学者指出，大约从公元前40世纪到公元前16世纪，在黄河流域的维度上，北斗七星以及斗柄下的玄戈、招摇两星都清晰可辨，所以玄戈和招摇二星被归入北斗座，分别作为北斗的第八和第九颗星，是以有"北斗九星"的说法。参鲁子健《璇玑玉衡考》，《社会科学研究》1994年第5期。

⑥ 洪兴祖：《楚辞补注》，第316页。

春；斗柄南指，天下皆夏；斗柄西指，天下皆秋；斗柄北指，天下皆冬。”[①] 前引《明月皎夜光》提到“玉衡指孟冬”，也是以斗柄所指判断时间。北斗七星会随着北极星自东向西旋转，北极星与天枢和天璇位于同一直线上，所以也可以根据观察北斗，进而找到北极星，然后确定方位。这就是说，“上察兮璇玑”既可以判断时间，也可以判断方位。由此提示我们，古人在观测天文以获知时间和空间的时候，可能以璇玑指代北斗和北极共同组成的星象体系，所以在某种程度上，“北极星说”和“北斗星说”并不矛盾，只是侧重点不同而已。

2. 天文仪器说

在汉代及之前文献的记载中，“璇玑玉衡”也是一种天文仪器的名称。除了《天官书》外，《史记》在《律书》中亦提到璇玑，即所谓“在旋玑玉衡以齐七政，即天地二十八宿，十母，十二子，钟律调自上古。建律运历造日度，可据而度也”。[②] 这句话出自《律书》“太史公曰”，“在旋玑玉衡以齐七政”即模拟天地二十八宿的排列方式，也可以与十天干和十二地支搭配，用来协调音律，创制历法，以及追踪太阳运行的位置。有学者认为，司马迁在这里提到的璇玑玉衡的功能已经接近天文仪器了。[③] 事实上，“天地二十八宿，十母，十二子”是汉代式盘的基本元素，司马迁的这段话可以与式盘的形态对应理解。

前文提到，汉代式盘目前已经出土多件，其基本结构是天

---

① 黄怀信：《鹖冠子校注》，中华书局，2004，第 70 页。

② 《史记》卷二五《律书》，第 1253 页。

③ 罗树元：《璇玑玉衡探源》，《湖南师范大学自然科学学报》1990 年第 4 期。

盘在上，地盘在下，其中地盘标记二十八宿和十天干十二地支，而天盘一般都是北斗七星图案。式盘主要用于占断吉凶，而占断的方式也就是模拟北斗七星的运转，以及与天干地支及二十八宿的相对位置。汝阴侯汉墓出土的标有二十八宿距度的圆盘，与式盘极为类似，这件圆盘可以模拟太阳运行的路径，而圆盘上的距度表明其可以用于历法的修订，这都符合《史记》中“分阴阳，建四时”“建律运历造日度，可据而度也”的说法。所以总体而言，司马迁在《律书》中描述的内容，很容易令人联想到式盘和汝阴侯汉墓的二十八宿圆盘，其中提到的璇玑玉衡应当就是一种天文仪器。而且显然司马迁是有机会见到这种仪器的，所以才能够对其中包含的“天地二十八宿，十母，十二子”有清晰的了解。另外有学者指出这可能就是文献中提到的圆仪，① 也是有一定道理的，下文将有讨论。

除此之外，也有学者认为司马迁在《天官书》和《律书》中的这部分描述可以联系起来构成一幅圆形的图画，这幅图由星图、时间和方位三个层次构成，如果这三个层次的图形以同心的方式组合在一起，就构成了一件可以转动的仪器，也就是所谓的璇玑。学者还指出，司马迁记述的这个璇玑玉衡，其实就是基于盖天说的一种完善的天文观测和演示仪器，只是到了西汉年间，浑天说取代了盖天说，此后相关的仪器也逐渐被遗忘，这就使得人们混淆了两者的区别，把盖天说的仪器也当成浑天说的。② 这样的看法值得重视。

那么问题是，本节开头引《尚书》中的那句“在璇玑玉

---

① 吴守贤、全和钧主编《中国古代天体测量学及天文仪器》，第428页。

② 罗树元、黄道芳：《论〈夏小正〉的天象和年代》，《湖南师范大学自然科学学报》1985年第4期。

衡，以齐七政”又该如何理解呢？其实在汉代就有学者尝试对这句话进行解释。例如孔安国直接指出璇玑玉衡就是“王者正天文之器，可运转者”，而所谓“正天文”应当理解为使人事与天文密切配合。孔安国在谈论的显然是一件天文仪器，但将天文与人事结合起来，其中的神秘意义是应当注意的。前面提到西汉汝阴侯墓出土的二十八宿圆盘（图 3-1），由上下两盘构成，中间有圆孔相通，上盘略小，下盘稍大，两盘显然是搭配使用的。上盘中间绘制有七个圆点，应当代表的是北斗七星；下盘边缘按逆时针刻有二十八宿的名称及其距度。在使用的时候，上盘和下盘通过竖直的木杆连接起来，对准星空，将下盘的二十八宿与星空二十八宿位置对应，旋转上盘斗柄以与实际斗柄对应，如此就可以知晓测量时的时间，这也许就是孔安国所谓的“可运转者”。孔安国也认为“七政”是日月五星，那他提到的这件“正天文之器”就应当和模拟日月五星的运行有关，也就是司马迁所说的“建律运历造日度”。这样的话“在璇玑玉衡，以齐七政”这句话就可以理解为通过观测星象，来确定政事的运行。① 马融曾言：“日月星皆以璇玑玉衡度，知其盈缩退进，失政所在，圣人谦让犹不自安，视璇玑玉衡以验齐日月五星行度，知其政是与否，重审己之事也。”② 这说的其实是两回事：一是通过璇玑玉衡观察天文现象，二是在政治层面根据天文现象做出反应。当然，在汉代特殊的政治文化背景中这两者曾经密切结合；而如果从狭义的角度来理解，“在璇玑玉衡，以齐七政”即通过观测北斗七星，确定时

① 相关的研究参江晓原《天学真原》，第 31 页。

② 《尚书正义》，阮元校刻《十三经注疏》，第 126 页。

令，以合理地安排农业生产和政治活动。

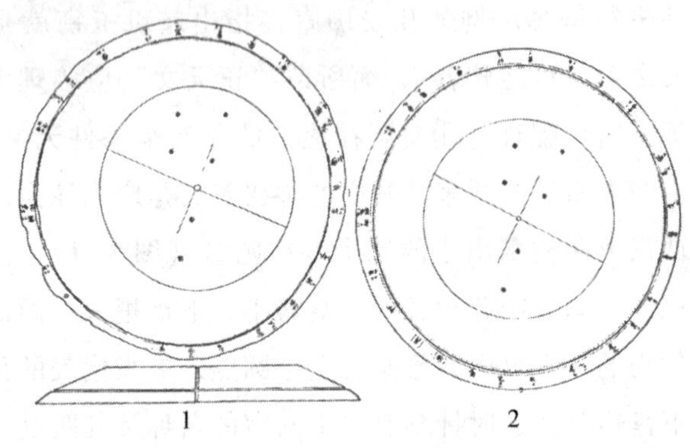

1. 摹本　2. 示意图

图 3-1　汝阴侯二十八宿圆盘线图

图片来源：殷涤非：《西汉汝阴侯墓出土的占盘和天文仪器》，《考古》1978 年第 5 期。

后来孔颖达说："察此璇玑玉衡，以齐整天之日月五星七曜之政，观其齐与不齐。齐则受之是也，不齐则受之非也。"①孔颖达所谓的"齐"与"不齐"，指的是人们通过对天文现象的模拟创制的历法是否能够与实际天象对应。前文曾提到古时历法时常不能够与天象保持一致的问题，汉代人一度将这种现象作为占卜预测的依据。与孔颖达的说法类似，《晋书·天文志》也引《尚书考灵曜》说："分寸之晷，代天气生，以制方员。方员以成，参以规矩。昏明主时，乃命中星观玉仪之游。"②《玉海》卷四《天道》引这一段并补充道："璇玑中而星未中为急，急则日过其度，月不及其宿；璇玑未中而星中为舒，舒则

① 《尚书正义》，阮元校刻《十三经注疏》，第 126 页。

② 《晋书》卷一一《天文上》，第 284 页。

日不及其度，月过其宿。”① 可见《考灵曜》所谓的“急”与“舒”也就是孔颖达所言的“不齐”的表现，这些在汉代都是判断吉凶的依据，亦是修订历法的时候进行校准的依据。

综上所述，在汉代以前存在用于观测星象、校准历法的仪器，文献中把这种仪器称为“璇玑玉衡”。因为其主要操作方式是观测北斗七星所在的方位以确定时间，所以以此为名。

3. 璇玑是浑仪吗？

将璇玑和浑仪联系在一起的是东汉时期的学者。例如《尚书正义》引马融曰：“浑天仪可旋转，故曰玑衡，其横箫所以视星宿也，以璇为玑，以玉为横，盖贵天象也。”② 另，《史记索隐》引马融曰：“璇，美玉也。机，浑天仪，可转旋，故曰机。衡，其中横筒。以璇为机，以玉为衡，盖贵天象也。”③ 虽然和孔安国一样对璇玑的描述都有“可旋转”这一特点，但马融明确说“机，浑天仪”，并提到“横箫所以视星宿”，说明他确实见过浑天仪，才会有如此笃定的判断。做出同样判断的还有郑玄，《史记集解》引郑玄曰：“璇玑，玉衡，浑天仪也。”《正义》引郑玄曰：“运转者为玑，持正者为衡。”④ 而《史记·天官书》的《索隐》引郑玄注《大传》云“浑仪中筒为旋机，外规为玉衡”，“中筒”和“外规”都是浑仪部件的名称，这证明郑玄确实将璇玑玉衡当作浑仪，又或者说，郑玄和马融一样，也认为其见到的浑仪就是经典文献记载中的璇玑玉衡。但事实恐非如此。

① 《玉海》卷四《天道》，文渊阁四库全书本。

② 《尚书正义》，阮元校刻《十三经注疏》，第 126 页。

③ 《史记》卷二七《天官书》，第 1292 页。

④ 《史记》卷一《五帝本纪》，第 24 页。

到魏晋南北朝，人们就已经开始怀疑，在浑天说尚未出现的时候，浑仪是否会出现。尽管三国时期王蕃认为："浑天仪者，羲、和之旧器，积代相传，谓之玑衡。其为用也，以察三光，以分宿度者也。"[①] 但很快就有人指出，落下闳时期浑天说方才用于历法修订，到扬雄时仍然有浑天说和盖天说之争，在此之前既然没有明确浑天说，又怎么会有浑仪？这也就是《宋书·天文志》中的疑问："设使唐、虞之世，已有浑仪，涉历三代，以为定准，后世聿遵，孰敢非革。而三天之仪，纷然莫辩，至扬雄方难盖通浑。"[②] 这个看法无疑是正确的。

夏鼐曾指出，可能是因为马融和郑玄等人曾经对照过东汉时期出现的浑仪，所以才会认为璇玑是浑仪的前身，[③] 这为理解璇玑问题指明了方向。根据史料的记载，至少在汉明帝时期，东汉洛阳城外的灵台就安放有浑仪，《后汉书·显宗孝明帝纪》提到永平三年诏书有"登灵台，见史官，正仪度"一句，李贤注释说："仪谓浑仪，以铜为之，置于灵台，王者正天文之器也。度谓日月星辰之行度也。史官即太史，掌天文之官也。"[④] 如果李贤等人的理解无误，则汉明帝时期的天文台上确实有可以实际使用的浑天仪。后来张衡成为太史令，又对浑仪进行了改造，至此浑仪形制基本定型。洛阳城外灵台上的浑仪，蔡邕是有机会见到的，所以《史记正义》引蔡邕云："玉衡长八尺，孔径一寸，下端望之，以视星宿，并县玑以象

① 《隋书》卷一九《天文上》，第516页。

② 《宋书》卷二三《天文一》，第678页。

③ 夏鼐：《所谓玉璿玑不会是天文仪器》，《考古学报》1984年第4期。

④ 《后汉书》卷二《显宗孝明帝纪》，第105页。

天，而以衡望之，转玑窥衡，以知星宿。玑径八尺，圆周二丈五尺而强也。”① 蔡邕描述的这件仪器已经与今天的浑仪没有太大区别了。这件仪器可能也毁于东汉末年的董卓之乱，详见前文关于土圭的讨论。

总的来说，璇玑是星象的名称，后来还是天文仪器的名称，而这种天文仪器往后逐渐演变成为现在的浑仪。至于马融和郑玄等人认为璇玑是浑仪，虽然缺乏足够的证据，但也并非完全是空穴来风：两种仪器的用途类似，都是观测星象以确定时间，也都被用于历法修订方面。只不过浑仪是在浑天说的基础上发展而来的仪器，且更为精确和科学；而璇玑只是一种较为原始的测天工具。另外还要注意，在浑天说没有被广泛接受之前，浑仪是不太可能出现的，而璇玑玉衡显然比浑天说有更为悠久的历史。所以不能简单认为璇玑玉衡就是浑仪，对于两者之间的关联当有进一步探讨的必要。

在对这个问题进行论述之前，我们将先对某些被认为是璇玑玉衡的器物进行考证。

第二节　“玉璇玑”与庐山“璇玑玉衡”

前文曾对《周礼》记载中的圭与土圭进行详细的考述，提到土圭被认为是一种玉器，但在实际的天文观测中却没有使用这种仪器的必要。无独有偶，璇玑玉衡也被认为是玉器，但无论是早期的式盘、二十八宿圆盘，还是后来的浑仪，都没有使用玉制。只是到了清代，吴大澂宣称他收藏的一种玉器就

① 《史记》卷一《五帝本纪》，第 24 页。

是璇玑，此后类似形状的玉器就统统被称为璇玑了。后来也有学者想要证明这种玉器是如何用于窥测天文的，并将形状大致相同的玉器都命名为“璇玑”，给相关的研究带来一定的困扰。夏鼐认为，“玉璇玑”不会是天文仪器，并且进行了系统的讨论，最终将这种玉器定名为“牙璧”。但夏鼐的观点并未终结相关问题的讨论，对于这个问题，学者们仍然争论不休。与此同时也有其他被命名为“璇玑”的器物需要考证。

1. 玉璇玑与牙璧

因为“璇玑”二字都从“玉”，又有所谓“玉衡”的说法，所以早期的学者一般认为璇玑玉衡应该是一种玉器，例如前引马融说：“璇，美玉也。”《史记正义》引《说文》：“璇，赤玉也。”[①] 只是后来被认为和璇玑玉衡有关的汝阴侯二十八宿圆盘以及历代的浑仪，都没有使用玉的，这就令学者极为费解。另外前引《正义》引蔡邕云：“玉衡长八尺，孔径一寸，下端望之，以视星宿，并县玑以象天，而以衡望之，转玑窥衡，以知星宿。玑径八尺，圆周二丈五尺而强也。”所以也有人认为这件长八尺、孔径一寸的“窥管”是玉制作的。然而玉相对较为贵重，而且其他材质也完全可以发挥同样的作用，所以在实际的测量操作中，“窥管”并没有使用玉制作的必要。

至清代，吴大澂收藏有一件三节带齿的牙形凸起玉璧，称之为“璇玑”，他在《古玉图考》中说：“是玉外郭有机牙三节，每节有小机括六，若可钤物使之运转者，疑是浑天仪中所

① 《史记》卷一《五帝本纪》，第 24 页。

用之机轮。今失其传，不知何所设施。”① 这样的看法并没有太多的依据。浑天仪和璇玑的关系已见前述，而浑天仪上面也没有类似的部件，可见吴大澂的看法有些想当然了。但是这种看法毕竟为悬而未决的疑问找到了一个相对较为合理的解释，再加上吴大澂本人又是玉器研究的名家，所以很多人立即接受了他的观点，此后就把这种玉器称为璇玑了。

吴大澂的结论也影响了海外学者。夏鼐提到，美国汉学家劳佛在其所著《玉器》（*Jade*）一书中就大量引用了吴大澂的观点，其中也包括把类似三节带齿轮的牙形凸起玉器当作是璇玑。因劳佛在学术界的地位，国外的学者也大都接受了这样的看法，其中就包括比利时人密舍尔（H. Michel），他把吴大澂书中提到的那件玉器称为“环极星的观测版”，认为玉琮是套在板中心的圆孔中的，并试图说明如何使用这件玉器来测量星辰的位置（图 3-2）。这样的说法也为李约瑟接受，并在《中

图 3-2　密舍尔假设的璇玑玉衡使用法

图片来源：转引自夏鼐《所谓玉璿玑不会是天文仪器》，《考古学报》1984 年第 4 期。

① 吴大澂：《古玉图考》，第 51 页。

国科技史》一书中加以引用。

当然也有一些海外学者并不同意这样的看法。例如夏鼐就提到英国学者卡楞（C. Cullen）指出密舍尔故意移动了许多星的位置以证明自己的观点，实际上这些星离外缘凹入处很远，北极星离圆孔中心也很远，这件玉器根本起不到观测作用，所以不可能是璇玑。

夏鼐明确指出，这种所谓的“玉璇玑”与天文仪器没有关系，他认为这种玉器实际上是玉璧的一种，时间很早，河姆渡遗址中就出土过这样的小璧。至于它的用途，应该主要是作为装饰物，或者可能起到辟邪等宗教信仰方面的功能。夏鼐在文章中还提到卡楞和法勒（Farrer）合作完成了一篇文章，认为应当把“玉璇玑”改称为“有扉棱的三叶饼形物（flanged trilobate disc）”，而他本人则主张把这种器物称为“多齿三牙璧”，或者简称“牙璧”。夏鼐搜集了几乎所有被认为是玉璇玑的器物的资料，具体阐述了其演变过程，结论真实可靠。他最后还指出，“璇玑”这样的名称最好弃之不用，以免产生误会，给天文史的研究制造困难。

然问题并未就此定论，后来陆续有不同学者提出自己的看法。例如有学者为璇玑“正名”，指出山东海阳司马台遗址出土的一件玉器就是璇玑，而它的用途也并非只是作为装饰品，而是一种简单的观测天象的仪器。[①] 也有学者指出，玉璇玑既不是天文仪器，也不是所谓的“牙璧”，而是“日晕形佩”，是一种象征太阳神的用于祈雨的佩饰。[②] 另外有学者

① 曲石：《为璇玑正名》，《文博》1988 年第 5 期。

② 尤仁德：《璿玑新探》，《考古与文物》1991 年第 6 期。

把这种玉器称为“玉圆孔边刃三牙器”或者“玉璇玑形环状器”，认为其主要功能是一种女巫事神的器具。①

当然也有许多学者与夏鼐的观点相同，例如安志敏就接受了“牙璧”的命名，同时也认可这种器物就是佩饰，并在夏鼐讨论的基础上进一步深入，指出牙璧大体上起源于新石器时代大汶口文化的玉璧，盛行于龙山文化时期，一直延续到商代和西周。② 也有学者指出牙璧产生于大汶口文化中期，主要分布地区是山东和辽东半岛南部，后来开始向西部扩散，同时认为这种玉器的功能应当包括装饰、祭祀、辟邪，以及其他特殊功能等。③ 从近期的研究来看，这种玉器起源于环渤海地区的山东半岛东部和辽东半岛南部一带，有学者确切指出这种玉器在以上两个地区并行起源，后来逐渐融合。④

总的来说，对牙璧这种形制特殊的玉器的起源和流传过程，学者进行了细致的研究，至于其功用，则以夏鼐指出的装饰和辟邪为主。有很多学者倾向于将这种玉器和时人的天文认识或者鬼神信仰联系在一起，但缺乏令人信服的证据。本书认为，简单讨论牙璧与当时人们天文思想之间的关联虽有一定学术意义，但并非关键，而夏鼐指出不必将这种仪器认为是天文仪器，以免学者浪费精力探究其作为天文仪器的使用方法，现

---

① 杨伯达：《莱夷玉文化板块探析——胶县三里河大汶口文化玉器解读》，《故宫博物院院刊》2009 年第 6 期。另见氏著《“璇玑”、“玉牙璧”辨析——兼论“夷玉”与岫岩玉的关联》，《巫玉之光·续集》（上），紫禁城出版社，2011。

② 安志敏：《牙璧试析》，《东亚玉器》，香港中文大学考古与艺术研究中心，1998。

③ 栾丰实：《牙璧研究》，《文物》2005 年第 7 期。

④ 任妮娜：《有齿出牙环状玉器：后红山文化时代环渤海地区的文化互动》，《辽宁师范大学学报》2015 年第 5 期。

在看来确乎是至诚之言。

2. 庐山“璇玑玉衡”考实

江西庐山博物馆内藏有一件铁铸的器物（图 3-3），被认为是璇玑玉衡，但从其基本形制来看，与文献记载的璇玑玉衡以及后来的浑仪都差异甚大。应当可以认为，庐山“璇玑玉衡”这个名称的确定缺乏科学和审慎的态度。

图 3-3　庐山“璇玑玉衡”

图片来源：转引自邹秀火《古天文仪器——璇玑玉衡》，《南方文物》2001 年第 1 期。

有关庐山这件器物的记载很少，根据民国 36 年（1947）《庐山续志稿》记载，清代吴名凤有《游太平宫记》一文，其中提到他在太平宫见到了这件“璇玑玉衡”，原文说：“庭列璇玑玉衡，铸铁为之。下截如覆甑，旁镌癸未七月匠人张文造。上截推之可转，中铁广厚径尺，上下四方俱有圆翅，长半尺许，周围拱之不尽，其向下一翅与下甑枘凿相含，如磨脐然。推之，圆转如轮。询之道人，则谓真人在施食台上炼丹时用以窥测星宿审定时刻，不识此语诚然否也。”① 从现有的资料来看，庐山“璇玑玉衡”的名称就出自吴名凤的记载，而他对这件器物的命名则来源于当地道人的说法，实际上吴名凤本人对这件器物的用途也存有疑问。然而他在笔记中把这件器物称为“璇玑玉衡”，却给后来的研究者带来不小的困扰。

根据庐山博物馆方面铭牌介绍：“璇玑玉衡：庐山太平宫遗物，道士炼丹时观测星宿测定时间的天文仪器（残件）。生铁铸造，重约 2000 公斤，该仪器应当由三部分组成，上部为一大圆盘，刻有二十八宿和北斗七星（已损失），中部为铁棱角，下部为基座，形似铁钟。基座底部铸有‘岁次癸未七月 日　匠人张文进’字样，当为明代嘉靖二年（1523）。”根据博物馆的说法，这件器物原本属于庐山太平宫，太平宫本身是道教宫观，再加上前引《游太平宫记》的相关记载，这件器物当和炼丹有关，是道士测天的仪器。②

由于这件所谓的“璇玑玉衡”只是残件，有学者就根据想象对这件器物进行了复原，在上部添加了一个绘制有二十八宿的圆盘（图 3-4）。复原后的“璇玑玉衡”分为上、中、下三层：上层由标有二十八宿和北斗七星的天盘组成；中层为“铁棱角”，起着枢纽和轴承的作用；下层勺底座，底座上分

① 吴宗慈编纂《庐山续志稿》卷二，转引自郭盛炽《庐山“璇玑玉衡”的用途初析》，《中国科学院上海天文台年刊》第 16 期，上海科学技术出版社，1995。

② 王宪章：《庐山太平宫的“璇玑玉衡”为古代道人测天仪器》，《中国道教》1994 年第 1 期。

别标有后天八卦十二时表、五行方位，起承接作用。学者认为，上盘可能是玉制，以解释“璇玑玉衡”为何没有玉的疑问。显然，这样的想法实在有些异想天开了。[①]

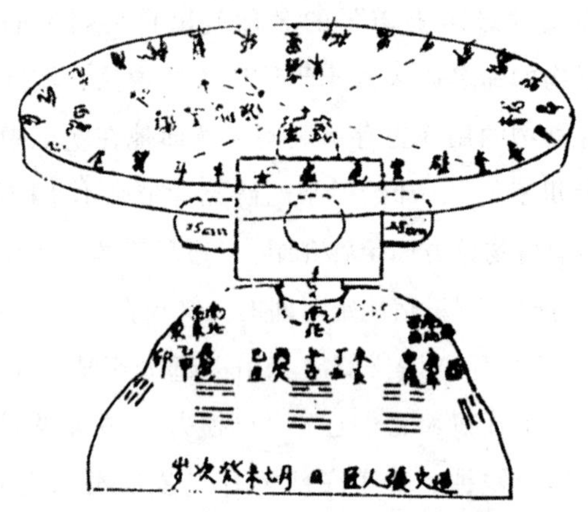

图 3-4　庐山“璇玑玉衡”复原图

图片来源：邹秀火：《古天文仪器——璇玑玉衡》，《南方文物》2001 年第 1 期。

后来有专业天文学研究者对这件“璇玑玉衡”的作用进行了细致分析，认为庐山“璇玑玉衡”上面没有恒星标识点，也没有日月五星的对应物，更没有机械传动装置，不能模拟星空的运转，不可能观测到星空中的任何天体，所以不会是浑象仪。[②] 学者还指出，这件器物是浑仪“前身”的说法也欠妥，因为现保存于中国科学院南京紫金山天文台的浑仪也铸造于明代，具体铸造时间是正统三年（1438），比这件器物还早了 85 年，但是与这件器物相比却更为精细巧妙，也可以用于实际天

---

① 曹家骧：《庐山古天文仪面纱揭开》，《文汇报》1991 年 2 月 1 日。

② 郭盛炽：《庐山“璇玑玉衡”的用途初析》，《中国科学院上海天文台年刊》第 16 期。

象的观测。事实上，早在约一千年前的南朝时期，陶弘景就铸造了一件用于道教活动的浑仪，史料记载："又尝造浑天象，高三尺许，地居中央，天转而地不动，以机动之，悉与天相会。云：'修道所须，非止史官是用。'"① 可见包括修道炼丹之类的道教活动确实需要使用浑天仪，用于计算时间，或者是模拟星象的运转，以期获得来自上天的神秘力量。只不过陶弘景铸造的浑仪显然要比庐山这件器物先进得多，可见说庐山器物是"前身"的说法确实是不合适的。

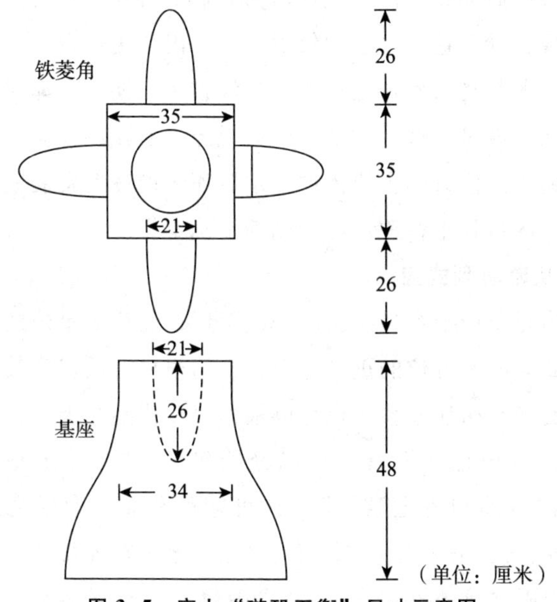

图 3-5　庐山"璇玑玉衡"尺寸示意图

图片来源：郭盛炽：《庐山"璇玑玉衡"的用途初析》，《中国科学院上海天文台年刊》第 16 期。

① 《南史》卷七六《陶弘景传》，第 1898 页。

综上，庐山上的这件器物既不是“璇玑玉衡”，也不是浑仪或其前身。有学者推测它是星晷或者地平式日晷，抑或是“天地模型”，均可备一说。“璇玑玉衡”的名称实是“以讹传讹”。

第三节　浑仪探原

前文提到，“璇玑”是星象名称，也是一种测天仪器的名称。西汉中后期以后浑天说逐渐为人们所接受，浑仪的雏形也开始出现，璇玑这种古老的仪器逐渐淡出历史舞台。事实上西汉时期，尤其是汉武帝太初改历到汉宣帝时期，是浑仪定型的关键时期，就是在这一时期，浑天说经过实践的检验，最终成为武帝朝历法修订的主要依据。尔后浑天说逐渐发展完善，也就在这样的过程中，浑仪的形制渐渐确定了。

1. 从璇玑到式盘

作为星空中最容易辨认的一组图形，北斗七星曾经是古人用来判断时间和方位的重要标识，人们很早就认识到其移动和四季的变换有密切关系，也可以根据北斗找到北极星，以此确定方位。《史记·天官书》已经明确说：“北斗七星，所谓‘旋、玑、玉衡以齐七政’。”[①] 认可璇玑和北斗七星之间的关系。同样，《晋书·天文志》说：“北斗七星在太微北，七政之枢机，阴阳之元本也。”[②] 纬书之中也有类似的说法，《尚书纬》即有解释璇玑和七政关系的内容：

---

① 《史记》卷二七《天官书》，第1291页。

② 《晋书》卷一一《天文上》，第290页。

> 琁玑斗魁四星，玉衡拘横三星，合七，齐四时五威。五威者，五行也。五威在人为五命，七星在人为七瑞。北斗居天之中，当昆仑之上，运转所指，随二十四气，正十二辰，建十二月。又州国分野年命，莫不政之，故为七政。[①]

研究纬书的学者注意到，这里璇玑玉衡显然指的是北斗七星。[②] 根据纬书中的说法，北斗七星不仅能够规范五行、四时和十二辰，而且对州国的治乱也有影响，所以被称为“七政”。关于璇玑玉衡和七政之间的关系，《春秋纬·运斗枢》说：“五帝所行同道异位，皆循斗枢机衡之分，遵七政之纪、九星之法”，“天有将相之位，佐列宿为衙，皆据琁机玉衡，以齐七政，四时布德，三道正气”。[③] 需要注意的是，《春秋纬》揭示的是政治治理层面的内涵，强调的是天文和人间政治之间的联系。所以王应麟将《尚书》中的“舜在璇玑玉衡，以齐七政”理解为“舜初摄位，乃察玑衡，以审七政之所在，以起浑天仪”，[④] 说舜根据北斗七星的运转方式发明了浑天仪。也有学者提到：“北斗七星，前四星为魁，后三星为杓。所谓魁枕参首是也。魁第一星曰天枢，二曰璇，三曰玑，四曰权。杓第一星曰玉衡。尧时璇玑玉衡，准此以制器，后儒乃谓璇为珠，以璇为玑，以玉为衡，失其义矣。”[⑤] 综合以上说

---

① 赵在翰辑《七纬》，第 234 页。

② 任蜜林：《汉代内学——纬书思想通论》，巴蜀书社，2011，第 197 页。

③ 赵在翰辑《七纬》，第 486、504 页。

④ 王应麟：《六经天文编》，郑振峰等点校，中华书局，2012，第 123 页。

⑤ 杭世骏：《揭扬县学魁星楼记》，收入《杭世骏集》，蔡锦芳、唐宸点校，浙江古籍出版社，2015，第 258 页。

法，可以认为古人就是根据北斗七星以及相关的天文星象创制了璇玑玉衡。[①]

除此之外，璇玑的得名也与北斗七星规律性地旋转有关。例如《史记·天官书》说："斗为帝车，运于中央，临制四乡。分阴阳，建四时，均五行，移节度，定诸纪，皆系于斗。"[②]《天官书》对北斗七星的运行有细致的描述："北斗七星，所谓'旋、玑、玉衡以齐七政'，杓携龙角，衡殷南斗，魁枕参首。用昏建者杓；杓，自华以西南。夜半建者衡；衡，殷中州河、济之间。平旦建者魁；魁，海岱以东北也。"[③] 也就是说，司马迁将北斗七星分成"杓""衡""魁"三个部分，[④] 并明确指出它们和二十八宿的位置关系，以及昏、夜半和平旦三个时刻观测星象所要参考的坐标据。这里值得注意的是，"斗为帝车"的观念在汉代十分盛行，在山东武梁祠画像石中就出现了"斗为帝车"的拟人化形象。[⑤] 另，纬书文献《春秋元命苞》说："北者，高也；极者，藏也。言太一之星高居深藏……斗为帝令，出号布政，授度四方，故置辅星以佐功。为斗，为人君之象，而号令之主也。"[⑥] 北斗七星绕北极星旋转，因而被人们形象地想象成"帝车""帝令"。

---

① 鲁子建：《璇玑玉衡考》，《社会科学研究》1994 年第 5 期。

② 《史记》卷二七《天官书》，第 1291 页。

③ 《史记》卷二七《天官书》，第 1291 页。

④ 司马迁分"杓""衡""魁"三部分的方式令人费解，因为"杓"和"衡"的位置区分不十分明显，所以《汉书》颜师古注引孟康曰："假令杓昏建寅，衡夜半亦建寅也。"也因此《晋书·天文志》就只有"魁"和"杓"两部分，所谓"魁四星为璇玑，杓三星为玉衡"。

⑤ 信立祥：《汉代画像石综合研究》，文物出版社，2000，第 180 页。

⑥ 赵在翰辑《七纬》，第 404、434 页。另参〔日〕安居香山、〔日〕中村璋八辑《纬书集成》，河北人民出版社，1994，第 559、647 页。

由此可见，古人曾经把北斗七星当成钟表的指针，那么天空中应当也有对应的“表盘”，用以标记北斗七星和日月五星的运行，而“表盘”上的标记符号，就是二十八宿。在文献的记载中，天空中的二十八宿环绕在北极星周围，呈一个圆形，《史记·太史公自序》说：“二十八宿环北辰，三十辐共一轂。”[①] 而北斗七星也环绕北极星运转，人们自然就以二十八宿来标记北斗七星运行的方位。二十八宿的“宿”，《说文解字》说是“止”的意思，所以在古代文献中有时也被写成“二十八舍”，例如《史记·律书》记载“《书》曰‘七正’，二十八舍”，《索隐》认为“七正，日、月、五星。七者可以正天时。又孔安国曰‘七正，日月五星各异政’也。二十八宿，‘七正’之所舍也。舍，止也。宿，次也。言日月五星运行，或舍于二十八次之分也”。[②] 刘向《说苑·辨物》也说：“所谓宿者，日月五星之所宿也。”[③] 王充有更为形象的描述，他说：“二十八宿为日月舍，犹地有邮亭，为长吏廨也。”[④] 这些都可以说明古人对二十八宿的认识。

古人还认为二十八宿和月亮的运行有关，《吕氏春秋·季春纪·圜道》说：“月躔二十八宿，轸与角属，圜道也。”[⑤] 陈遵妫《中国天文学史》也指出：“二十八宿是古人由间接斟酌月球在天空的位置，来推定太阳的位置而设立的。”他还引新城新藏《东洋天文学史研究》的观点，认为“自西向东划设

① 《史记》卷一三〇《太史公自序》，第3319页。

② 《史记》卷二五《律书》，第1243页。

③ 刘向撰，向宗鲁校证《说苑校证》，第443页。

④ 黄晖：《论衡校释（附刘盼遂集解）》，第484页。

⑤ 吕不韦编，许维遹集释《吕氏春秋集释》，第79页。

二十七或二十八个标准点者，乃全为研究月对于恒星的运动，即为逆推日月在朔的位置而已”。[①] 而学者们也注意到，古代并不是只有中国人在利用二十八宿，印度和阿拉伯地区也都有与中国类似的划分，而且不同地区的二十八宿在功能上也有相似之处。[②]

二十八宿如果要发挥标记月亮或者北斗七星运行位置的功能，则每一宿势必需要一个相对具体的位置，以便更为精确地测量，这也就有了距度的概念。所谓距度，即每一宿固定两星的赤经差。在历法的修订过程中，距度的计算和测量是极为重要的工作，它关系到历法能否足够精确。例如汉武帝时代修订历法，《史记·历书》说：“至今上即位，招致方士唐都，分其天部。”《集解》引《汉书音义》说：“谓分部二十八宿为距度。”[③] 应当注意的是，唐都只是完善距度以满足历法修订的需要，事实上在秦或者更早的时候，人们已经完成了二十八宿的距度整理。[④] 近代以来，有越来越多的出土文献中出现了距度的资料，所以有学者结合传世文献和出土文献，指出目前二十八宿有两个主要体系：其一是保存于《淮南子·天文训》、《汉书·律历志》以及近年来出土的放马滩秦简《日书·星度篇》中的二十八宿，这是石氏体系的今度；其二是《开元占经》引刘向《洪范传》中的古度，也包括出

① 陈遵妫：《中国天文学史》（上），第306页。

② 参竺可桢《二十八宿起源之时代与地点》，《思想与时代》第34期，1946年；钱宝琮《论二十八宿之来历》，《思想与时代》第43期，1947年；夏鼐《从宣化辽墓的星图论二十八宿和黄道十二宫》，《考古学报》1976年第2期。

③ 《史记》卷二六《历书》，第1260—1261页。

④ 陈遵妫：《中国天文学史》（上），第327页。

土的汝阴侯汉墓二十八宿圆盘。[①]

距度原本是纯粹使用数学的方式测算出的，但在长期的实践中，人们发现，借助某些仪器能够更好地实现较为精确的天文观测和计算。种种迹象表明，至少在汉代，人们已经模拟北斗七星和二十八宿创制了一种天文仪器，用于历法的修订工作。前文曾谈到司马迁在《史记·律书》中对“律”

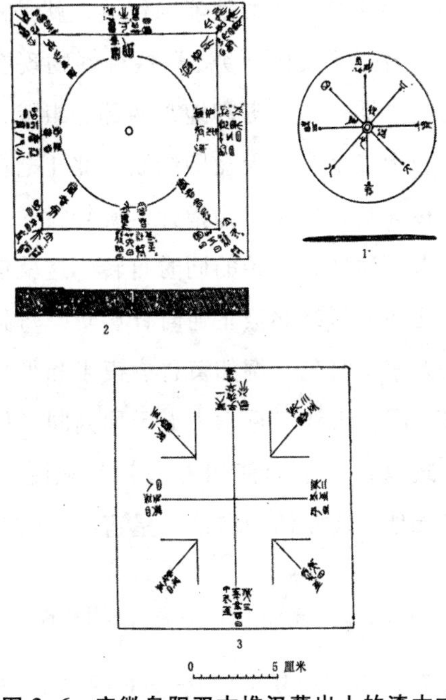

图 3-6 安徽阜阳双古堆汉墓出土的漆木式

图片来源：李零：《中国方术考（修订本）》第二章“式与中国古代的宇宙模式”，第 93 页。

① 孙占宇：《放马滩秦简日书“星度”篇初探》，《考古》2011 年第 4 期。相关的研究也参程少轩《放马滩简〈星度〉新研》，《自然科学史研究》2014 年第 1 期。

的问题有一段总结性的表述："在旋玑玉衡以齐七政，即天地二十八宿，十母，十二子，钟律调自上古。建律运历造日度，可据而度也。"有学者指出，虽然司马迁并没有明言，但这里显然是在说一种仪器，即通过这种仪器可以确定二十八宿和天干地支的位置，然后可以确定音律和历法以及太阳运行的轨迹。[①]

在汉代确实存在具有类似功能的仪器，就是式盘。前辈学者对汉代式盘进行过系统的研究，[②] 这种器物现在已经出土了多件，通常为漆木器，由天盘和地盘两部分组成，地盘一般绘制有二十八宿和十二地支，天盘则绘制有北斗七星等图案。在使用的时候旋转天盘，以斗柄为指针，旋转指向二十八宿。需要注意的是，由于地球在公转的同时自转，这就使在地球上观测到的现象是北斗七星绕北极星逆时针旋转，每昼夜旋转三百六十度；而每天固定时刻，例如黄昏、夜半和平旦，斗柄所指的位置都略有不同，大约三百六十五天回到同一位置。所以标有二十八宿的式盘，通常的使用方法就是观测二十八宿的所在，然后旋转天盘，使斗柄指向这一星宿，再根据所在星宿确

① 罗树元：《璇玑玉衡探源》，《湖南师范大学自然科学学报》1990 年第 4 期。

② 参见王振铎《司南、指南针与罗经盘——中国古代有关静磁学知识之发现与发明》，氏著《科技考古论丛》，第 50 页；严敦杰《跋六壬式盘》，《文物参考资料》1958 年第 7 期；严敦杰《关于西汉初期的式盘与占盘》，《考古》1978 年第 5 期；严敦杰《式盘综述》，《考古学报》1985 年第 4 期。陈梦家讨论汉代简牍中的计时问题，曾经论及式盘，详见氏著《汉简缀述》。相关的问题也可参见连劭名《式盘中的四门与八卦》，《文物》1987 年第 9 期。此外李零《中国方术考（修订本）》第二章“式与中国古代的宇宙模式”，对前人的研究进行了系统的介绍，可参看（第 89—176 页）。

定吉凶。式盘一般会有与之配套的占辞，只是现在已经很少看到了。

式盘的核心元素是日廷图，前文称这种图式为“时空图式”。近来出土的周家台秦简有与二十八宿占相关的内容，① 其中有一幅“二十八宿占图”（图 3-7）。这幅图整体为圆形，方向为上东下西。全图由分成二十八个部分的圆环和一幅钩绳图组成，钩绳图内部书写有天干和地支，而天干和地支的排列方式与出土日书文献中常见的日廷图大致相同，其中天干“戊”和“己”书写于最中心的位置。圆环内的文字分为两层，靠内一层为二十八个时称，在已发现的计时方式中二十八时制十分罕见；靠外的一层为二十八宿，与二十八时对应。另外，圆环的外侧有“东”“西”“南”“北”四个方位名称，在圆环内侧相应的位置有“木”“金”“火”“水”四个元素名称。值得注意的是，这幅图虽然是线图，但其使用方式和式盘基本相同。有学者认为，周家台秦简中的“二十八宿占图”

① 日本学者工藤元男曾对《日书》中的二十八宿占问题进行过早期的研究，相关的内容参见氏著《睡虎地秦简所见秦代国家与社会》第九章第一节“《玄戈》所见秦、楚占法原理的异同”，〔日〕广濑薰雄、曹峰译，上海古籍出版社，2010，第 294 页。工藤元男另外还有两篇关于二十八宿占的文章，分别为《二十八宿占（一）——秦简〈日书〉札记》，《史滴》第 8 号，1987 年 1 月；《云梦睡虎地竹简〈日书〉秦、楚二十八宿占——先秦社会文化的地域性和普遍性》，《古代》第 88 号，1989 年。也有学者关注隋唐以后出土文献中的二十八宿问题，见周利群《西域出土的早期星宿占卜文献》，朱玉麒、孟宪实主编《探索西域文明——王炳华先生八十华诞祝寿论文集》，中西书局，2017。另外也有学者研究唐卡中的天文历算问题，注意到西藏密宗经典《宿曜经》中的二十八宿占断，可参看琼那·诺布旺典《唐卡中的天文历算》，陕西师范大学出版社，2007，第 217 页。有关式盘问题新近的研究可参见黄儒宣《〈日书〉图像研究》第二章“《日书》表示时空的图式”，中西书局，2013，第 62 页。

揭示了一个重要信息，即天圆地方的式盘并不是一开始就有的，这种图式应该是早期式盘向后期式盘过渡时期的产物。①

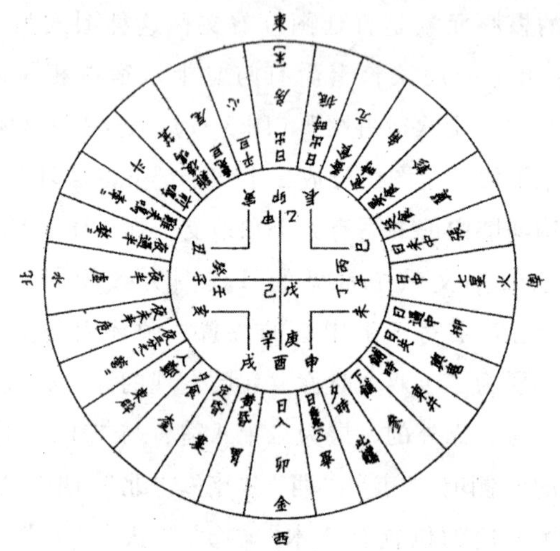

图 3-7 周家台秦简“二十八宿占”线图

图片来源：湖北省荆州市周梁玉桥遗址博物馆编《关沮秦汉墓简牍》，中华书局，2001，第 107 页。

根据前文的讨论，可以认为这幅图其实省略了天盘之上的北斗七星图案，但是给出了所谓“求斗术”。原简中的相关文字为：

> 求斗术曰：以廷子为平旦而左行，数东方平旦以杂之，得其时宿，即斗所乘也。②

---

① 陶磊：《〈淮南子·天文〉研究——从数术史的角度》，齐鲁书社，2013，第 50 页。相关的研究参孙占宇、鲁家亮《放马滩秦简及岳麓秦简〈梦书〉研究》，武汉大学出版社，2017，第 130 页。

② 湖北省荆州市周梁玉桥遗址博物馆编《关沮秦汉墓简牍》，第 117 页。

其实周家台秦简二十八宿占的基本操作模式，是为了占卜的需要将一昼夜分成二十八份，就有了二十八时制，然后确定每时斗所在的位置。在知晓斗的位置后，就可以根据其后罗列的占辞占卜吉凶。例如其中一条占文为："角：斗乘角，门有客，所言者急事也。狱讼，不吉；约结，成；逐盗、追亡人，得；占病者，已；占行者，未发；占来者，未至；占市旅者，不吉；占物，黄、白；战斗，不合。"① 也就是说，如果斗指向二十八宿中的角宿，占文所言事项的吉凶就可以判定了。

放马滩秦简《日书》乙种中有一幅线图，绘制在简一七九至一九二上，简一八七残断，但可根据原有形制复原（图3-8）。这幅日廷图与孔家坡汉简日廷图相同，外侧写有二地、四时、六律、八风等文字。图形周围还抄写有天干、地支、五行、五音、二十四时称、二十八宿、十二月等文字，其中与天干有关的是"甲九木，乙八木，丙七火，丁六火，戊五土，己九土，庚八金，辛七金，壬六水，癸五水"，与地支有关的是"子九水，丑八金，寅七火，卯六木，辰五水，巳四金，午九火，未八金，申七水，酉六金，戌五火，亥四木"。②

---

① 湖北省荆州市周梁玉桥遗址博物馆编《关沮秦汉墓简牍》，第 110 页。曾磊认为这里的占物有可能是星色，或者说是不确定指代，在具体的占卜中各有所指，参见曾磊《周家台秦简〈日书〉"占物"臆解》，《四川文物》2013 年第 2 期。

② 甘肃省文物考古研究所编《天水放马滩秦简》，中华书局，2009，第 96 页。

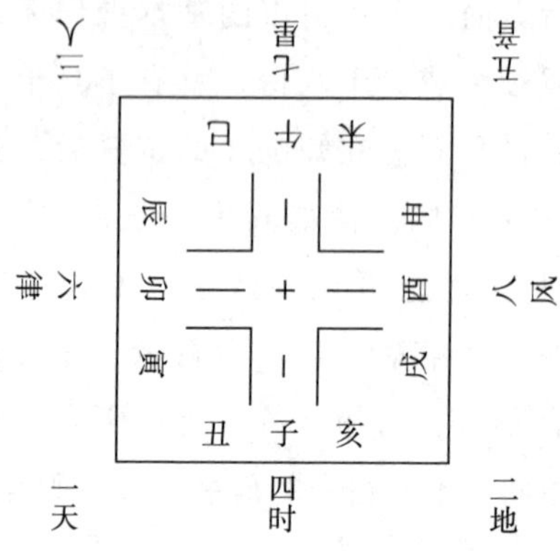

图 3-8　放马滩秦简《式图》复原图

图片来源：孙占宇：《天水放马滩秦简集释》，第 192 页。

“日廷图”的名称见于王充《论衡·诘术》：“日廷图甲乙有位，子丑亦有处，各有部署，列布五方，若王者营卫，常居不动。”这里透露的信息是，他见到的日廷图包含天干和地支，且天干和地支的排列是固定且有规则的。王充接着说：“今端端之日中行，旦出东方，夕入西方，行而不已，与日廷异，何谓甲乙为日之名乎。”① 这里王充以日廷图作为论据，可知这种图式在汉代是广为人知的。所以尽管传世文献中关于日廷图的记载目前仅此一例，依然可以认为它的存在是确凿无疑的。

文献中也有使用式盘的实例，可以帮助我们理解其使用方式。例如《史记·日者列传》说：“今夫卜者，必法天地，象四时，顺于仁义，分策定卦，旋式正棋，然后言天地之利害，事之成败。”《索隐》认为：“式即栻也。旋，转也。栻之形上

① 黄晖：《论衡校释（附刘盼遂集解）》，第 1032 页。

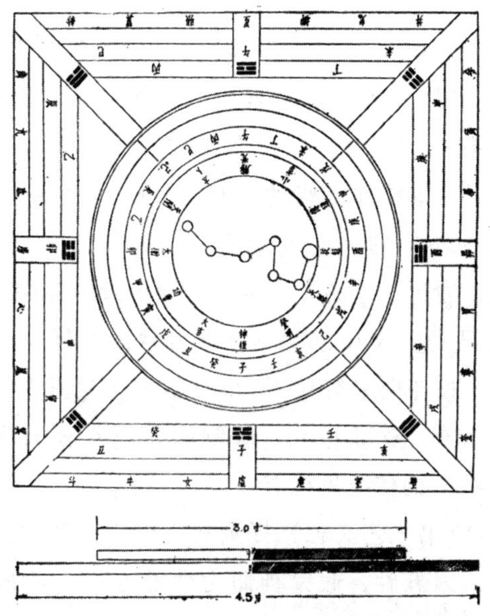

图 3-9　汉代式占天盘和地盘复原图

图片来源：王振铎：《科技考古论丛》，第 108 页。

圆象天，下方法地，用之则转天纲加地之辰，故云旋式。”[①]《索隐》中提到的式盘使用方法，可以与现在所见之古代式盘相参照。另外，褚少孙补《龟策列传》曰：“卫平乃援式而起，仰天而视月之光，观斗所指，定日处乡，规矩为辅，副以权衡，四维已定，八卦相望，视其吉凶，介虫先见。”[②] 这也就是所谓的“卫平式法”。而“卫平式法”中的“观斗所指，定日处乡，规矩为辅，副以权衡”，也见于《汉书 · 王莽传》，其中提到新莽末年叛军攻入长安，王莽在宣室前殿使用式盘进

① 《史记》卷一二七《日者列传》，第 3218 页。

② 《史记》卷一二八《龟策列传》，第 3229 页。

行具有神秘主义色彩的仪式："天文郎桉栻于前，日时加某，莽旋席随斗柄而坐，曰：'天生德于予，汉兵其如予何。'"颜师古注释说："栻，所以占时日。天文郎，今之用栻者也。"[①]式盘的地盘有二十八宿，天盘有北斗七星，从《王莽传》的记载来看，天文郎操作式盘的天盘，随时间改变斗柄的朝向，王莽也就根据斗柄的朝向改变座位。对于迷信"时日小数"的王莽来说，通过这样的方式可以获得上天的神秘力量，表现出"德"在己身，汉兵也就不能够拿他怎么样。李零认为这里使用式法，按斗向来避兵；[②]也有学者认为王莽的行为是在模拟"斗为帝车，运于中央，临制四向"；[③]还有学者提出这和"北斗避兵"的传统思想有关。[④]

另外，《汉书·艺文志》提到兵阴阳家"顺时而发，推刑德，随斗击，因五胜，假鬼神而为助者也"，[⑤]所以有学者指

---

① 《汉书》卷九九下《王莽传下》，第4190—4191页。王先谦《汉书补注》引沈钦韩曰："栻当为式，《唐六典》'太卜令用式之法，其局，以枫木为天，枣心为地，刻十二辰，下布十二辰，以加占为常，以月将加卜时，视日辰阴阳，以立四课'。"其中"以加占为常，以月将加卜时，视日辰阴阳，以立四课"的方式与卫平式法以及王莽操作式盘的方式可以对比研究。

② 见李零《中国方术续考》，东方出版社，2000，第111页。另外也有学者将王莽的这种式法与后来道教中的"踏罡步斗"联系在一起，认为两者都是基于北斗的模拟巫术，这样的看法也是值得注意的（见刘仲宇《道教法术》，上海文化出版社，2002，第51页）。

③ 江晓原：《天学真原》，第218页。

④ 李约瑟曾经写道："'斗柄'的指向为他指明了他必须面对的方向，这样才能提醒上天他所具有的帝王之力，才能打败那些叛乱者。"（〔英〕李约瑟原著，柯林·罗南改编《中华科学文明史》，上海交通大学科学史系译，上海人民出版社，2019，第25页）班大为也认识到，北斗在宇宙—巫术式意象中对帝国官僚机构具有非常重要的象征意义（见氏著《中国上古史实揭秘——天文考古学研究》，第330—340页）。

⑤ 《汉书》卷三〇《艺文志》，第1760页。

出王莽使用式盘和战争行为有关，也就是《周礼·春官·太史》中的“抱天时与大师同车”。[①] 郑众解释为：“大出师，则大史主抱式，以知天时处吉凶，史官主知天道。”[②] 汉武帝的时候曾经绘制灵旗：“为伐南越，告祷太一。以牡荆画幡日月北斗登龙，以象太一三星，为太一锋，命曰‘灵旗’。为兵祷，则太史奉以指所伐国。”[③] 后来王莽也制作过威斗，同样是期待借助北斗的神秘力量。

综上所述，人们模拟北斗七星和二十八宿的关系，创制了式盘这样的器物。从传世文献和出土文献的记载来看，式盘主要用于占卜活动，王莽使用式盘的例子便显示出这种器物在当时具有神秘功能。如果在式盘上加上距度数据，就可以模拟天体运行，也可以用于历法修订。浑仪显然就是在这样的基础上产生的。

2. 浑天说与浑天仪

前文曾经提到，有文献记载说浑仪的创制是尧舜时代的事情，例如朱熹就认为帝舜发明了浑仪，另外也有所谓“唐尧即位，羲和立浑”的说法。当然，除了个别学者之外，多不信其真。《宋书·天文志》载宋孝武帝时太中大夫徐爰之言曰：“设使唐、虞之世，已有浑仪，涉历三代，以为定准，后世聿遵，孰敢非革。而三天之仪，纷然莫辩，至扬雄方难

---

① 王先谦补注引周寿昌的说法，认为王莽式法礼仪的根据在于《周礼》之中的“抱天时与大师同车”，王莽信用《周官》，所以采用了这样的制度（见王先谦补注《汉书补注》，第 6211—6212 页）。

② 孙诒让：《周礼正义》，第 2518 页。相关的研究参陶磊《〈淮南子·天文〉研究——从数术史的角度》第七章第三部分“刑德用式考”，第 130 页。

③ 《史记》卷二八《封禅书》，第 1395 页。

盖通浑。张衡为太史令，乃铸铜制范，衡传云：‘其作浑天仪，考步阴阳，最为详密。’故知自衡以前，未有斯仪矣。”[①] 徐爰指出，到了扬雄的时代还在就盖天说与浑天说进行争论。在浑天说理论基础没有成熟之前，浑天仪也就无从谈起了。只是徐爰说张衡之前没有浑仪，也是不符合实际的，东汉初年洛阳灵台上应当就已经有形制比较成熟的浑仪了。而张衡也是基于原先已有的仪器进行了改进工作，相关内容可见前文的讨论。

事实的情况是，浑天说至西汉初年仍没有形成成熟的理论体系，也不为人们所接受，所以学者普遍认为，一切倡言西汉之前就有浑仪的说法都不可信。而且在西汉太初以前并未以天为球，何来浑仪?[②] 在学者看来，浑仪作为一种天体测量仪器，如果要出现并投入使用，则必须有相对完善的理论基础，而根据现有的资料，浑天说雏形虽然可能早在战国时期就已经出现，但其理论的成熟还要到西汉时期。

汉代人曾经对之前的几种天文学说进行总结，例如《后汉书·张衡传》李贤注引《汉名臣奏》，提到蔡邕对三种天文学说的介绍：“言天体者有三家：一曰周髀，二曰宣夜，三曰浑天。宣夜之学绝，无师法。周髀术数具存，考验天状，多所违失，故史官不用。唯浑天者，近得其情，今史官所用候台铜仪，则其法也。”[③] 其中宣夜说的影响较少，蔡邕指出宣夜说东汉末年就已经不存。而且其说虚无缥缈，不如盖天说符合人

---

① 《宋书》卷二三《天文一》，第 678 页。

② 李志超：《仪象创始研究》，《天人古义——中国科学史论纲》。另参氏著《中国水钟史》，第 57 页。

③ 《后汉书》卷五九《张衡传》，第 1898 页。

们的直观感觉，也不如浑天说合理严谨，所以后来也就少有人提起了。

在蔡邕提到的三种学说之中，盖天说出现的时间较早，且影响也较为深远，主要是因为这种学说比较直白浅显，也符合人们的日常生活经验，所以从春秋战国一直到西汉初年都是主流的观念。《晋书·天文志》认为《周髀算经》所持的就是盖天说："其言天似盖笠，地法覆槃，天地各中高外下。北极之下为天地之中，其地最高，而滂沲四隤，三光隐映，以为昼夜。"① 盖天说一直有"苍天如圆盖，陆地如棋局"的说法，简单来说就是天圆地方。但这种学说容易出现较大的误差，所以西汉以后观测天文、制作历法逐渐不再使用，这也就是蔡邕所谓的"周髀术数具存，考验天状，多所违失，故史官不用"。另外有学者指出，中国古代的盖天说经过两次发展，《周髀算经》里面的相关记载，其实已经是第二次盖天说。②

浑天说则认为："天如鸡子，地如鸡中黄，孤居于天内，天大而地小。天表里有水，天地各乘气而立，载水而行。"把天比喻成鸡蛋，而大地是蛋黄，日月星辰都在天球上运行，生动而形象。而且这种说法其实与现代球面天文学中的天球模型基本相同，具有一定的合理性，在实际的天文观测中也比较容易获得更为精准的数据。后来浑天说还发展了自身的理论，将周天分成三百六十五度四分度之一，用于标记日月星辰所在的位置，即"周天三百六十五度四分度之一，又中分之，则半覆

---

① 《晋书》卷一一《天文上》，第 278 页。

② 钱宝琮：《盖天说源流考》，《李俨　钱宝琮科学史全集》第 9 卷。

地上，半绕地下，故二十八宿半见半隐，天转如车毂之运也”。[①]浑天说将天球依据数学进行划分，这样就可以对日月星辰所在的方位进行较为精准的测算，为历法的修订提供重要的参考依据。但这需要对天文星象进行长期的观测，而且要求天文推步之学有较大的发展，故其流传范围受到一定的制约。然正如蔡邕所说的那样，盖天说和宣夜说都有各自的弱点，浑天说毕竟相对科学合理，所以后来浑天说占据主流，这也为浑天仪的出现奠定了基础。

关于从盖天说到浑天说的转变，有一段故事经常被引用。据说扬雄原先也相信盖天说，后来接受桓谭的说法，转而相信浑天说。这段资料见于《太平御览》引桓谭《新论》，其中记载：“通人扬子云因众儒之说天，以天为如盖转，常左旋，日月星辰随而东西。”[②] 扬雄将天想象成能够旋转的盖子，这正是盖天说的基本观念，而桓谭用具体的例证说服了扬雄。后来扬雄也提出八个问题责难盖天说，就是所谓的“难盖天八事”。然而这段记载未必全然可信。扬雄生长于蜀中，同样来自巴蜀的落下闳以浑天说为武帝所重，这是早于扬雄 70 余年的事情，扬雄学识广博，应该不会对此毫不知情，其由桓谭才知晓浑天说实在于情理不合。但《新论》里的这段记载确实能够说明直到西汉中后期，浑天说和盖天说的争论还一直存在，只是后来随着浑天说理论进一步发展及其在天文观测和历法修订中的使用，前者才逐渐获得压倒优势。浑天仪基于浑天说而创制，在具体使用过程中印证了浑天说的可靠性，这是讨

---

① 《晋书》卷一一《天文上》，第 281 页。

② 李昉等：《太平御览》，中华书局，1960，第 9b 页。

论两者关系时必须注意的内容。

3. 从落下闳到耿寿昌

浑天说在汉武帝时代开始用于历法修订，所以有学者认为浑天仪就是在这个时候出现的。也有学者怀着审慎态度，认为汉武帝时代落下闳创制浑天仪缺乏可靠的依据。[①] 对于相关问题仍然需要进一步的思考。

汉武帝在元封年间组织历法修订的工作，《史记·历书》提到："至今上即位，招致方士唐都，分其天部；而巴落下闳运算转历。"[②] 学者通常认为，唐都其实是建立了一套相对完整的恒星体系，而这套体系应当来源于《石氏星经》。[③] 文献中极少有关于唐都的记载，中华书局 1982 年版《史记》将"招致方士唐都"和"分其天部"断开，如此可以看作承认其"方士"的身份，[④] 但在 2015 年修订本中，此句断为"至今上即位，招致方士，唐都分其天部"，意思是将唐都、落下闳等人都认为是方士。[⑤]《史记·太史公自序》提到司马谈曾经跟唐都学习天文历算之学，即所谓"太史公学天官于唐都"，[⑥] 如果说司马谈"仕于建元元丰之间"，那么唐都和落下闳应生于汉景帝或者更早的时期。是以有学者指出，到了汉武帝的时

① 李志超：《仪象创始研究》，《天人古义——中国科学史论纲》。

② 《史记》卷二六《历书》，第 1260 页。

③ 吴守贤、全和钧主编《中国古代天体测量学及天文仪器》，第 125 页。另外也有学者指出，《史记》中关于星学的内容也来自唐都，见潘鼐《中国恒星观测史》，第 103 页。

④ 中华本《史记》的标点应当是参考了《汉书·律历志》"方士唐都、巴郡落下闳与焉"（第 975 页），猜测司马迁特意点明了唐都的"方士"身份。

⑤ 《史记》卷二六《历书》，中华书局，2015 年修订本，第 1505 页。

⑥ 《史记》卷一三〇《太史公自序》，第 3288 页。

代唐都和落下闳应当已经是老师宿儒了。[①] 史料中没有提到唐都的籍贯，但他能够教授司马谈，活动地域应当就在长安三辅附近。

落下闳的主要工作是进行历法计算，《史记索隐》姚氏案《益部耆旧传》云："闳字长公，明晓天文，隐于落下，武帝征待诏太史，于地中转浑天，改《颛顼历》作《太初历》，拜侍中不受。"[②]《汉书·律历志》也记载："乃选治历邓平及长乐司马可、酒泉候宜君、侍郎尊及与民间治历者，凡二十余人，方士唐都、巴郡落下闳与焉。"[③] 是说这次历法的修订吸纳了包括中央具有专业背景的官员，以及地方专家在内的人士共同参与，唐都和落下闳都是其中的重要成员。

根据司马迁的记载，这次历法的修订较为成功，结果是"日辰之度与夏正同"，所以汉武帝宣布"自是以后，气复正，羽声复清，名复正变，以至子日当冬至，则阴阳离合之道行焉。十一月甲子朔旦冬至已詹，其更以七年为太初元年"。[④] 这次修订的历法也就是《太初历》。根据《汉书》的记载，汉武帝曾命人对落下闳等人修订历法的精确性进行了验证，结果"宦者淳于陵渠复覆《太初历》晦朔弦望，皆最密，日月如合璧，五星如连珠"，[⑤] 显示出历法之严密。

至汉昭帝元凤三年（前78），太史令张寿王上书指出当时

---

① 蒙文通：《巴蜀史的问题》，收入蒙文通著，蒙默编《蒙文通全集》第4册《古地甄微 古族甄微》，巴蜀书社，2015，第157页。

② 《史记》卷二六《历书》，第1261页。

③ 《汉书》卷二一上《律历志上》，第975页。

④ 《史记》卷二六《历书》，第1260页。

⑤ 《汉书》卷二一上《律历志上》，第976页。

使用的《太初历》存在诸多问题，请求改历，所谓“今阴阳不调，宜更历之过也”。汉昭帝派遣“主历使者”鲜于妄人询问情况，后来鲜于妄人“请与治历大司农中丞麻光等二十余人杂候日月晦朔弦望、八节二十四气，钧校诸历用状。奏可。诏与丞相、御史、大将军、右将军史各一人杂候上林清台，课诸历疏密，凡十一家。以元凤三年十一月朔旦冬至，尽五年十二月，各有第”。[①] 这次检验同样是以历法对照实际天象，来证明《太初历》的精确性。前文在讨论圭表问题时曾提到，对历法进行验证，圭表是非常重要的工具，《律历志》提到鲜于妄人等人“杂候……八节二十四气”，很可能要用到圭表；至于“日月晦朔弦望”就更容易验证了。最终，提出历法有问题的张寿王因此事受到了较为严厉的惩罚。

那么现在的问题是，汉武帝《太初历》在修订过程中使用过浑仪吗？

正如前文所述，汉武帝时代的《太初历》采用了浑天说理论，制作出较为精密的历法，使用了一百八十多年，但在历法修订的过程中并没有使用浑仪的必要。令人费解的是，作为

---

① 《汉书》卷二一上《律历志上》，第 978 页。在后来大臣们的报告之中，也有张寿王为何会反对《太初历》的记载，其中提到：“寿王及待诏李信治黄帝《调历》，课皆疏阔，又言黄帝至元凤三年六千余岁。丞相属宝、长安单安国、安陵桮育治《终始》，言黄帝以来三千六百二十九岁，不与寿王合。寿王又移《帝王录》，舜、禹年岁不合人年。寿王言化益为天子代禹，骊山女亦为天子，在殷周间，皆不合经术。寿王历乃太史官《殷历》也。寿王猥曰安得五家历，又妄言《太初历》亏四分日之三，去小余七百五分，以故阴阳不调，谓之乱世。”有关张寿王的研究可以参看张闻玉《古代天文历法讲座》，第 209 页。也有学者指出，张寿王事件证明《太初历》是经得起考验的，见潘鼐《中国恒星观测史》，第 80 页。

专业的天文学者，司马迁对于这次历法改制似乎并不热心，《史记》里关于《太初历》修订的内容以及唐都、落下闳等人的记载都很少，而且《历书》所载《历数甲子篇》采用的仍然是古四分历的推步方法。

相比之下，《汉书·律历志》对元封年间的这次历法修订工作则进行了相对详细的记述，班固引用司马迁的说法，也指出落下闳和唐都一起参与了《太初历》的修订工作，其中唐都主要负责“分天部”，落下闳主要负责“运算转历”。与此同时《汉书》还详细记载了落下闳运算的方法：“其法以律起历，曰：‘律容一龠，积八十一寸，则一日之分也。与长相终。律长九寸，百七十一分而终复。三复而得甲子。夫律阴阳九六，爻象所从出也。故黄钟纪元气之谓律。律，法也，莫不取法焉。’”[①] 从《汉书·律历志》中的这段记载来看，落下闳制作历法以运算为主，是纯数学的推算，并没有必要使用浑仪。《律历志》又载：“定东西，立晷仪，下漏刻，以追二十八宿相距于四方，举终以定朔晦分至，躔离弦望。”[②] 这里晷仪和漏刻都是测量时间的工具，这些仪器对于历法的制定有非常重要的作用，但并没有提到同样重要的浑仪，从侧面也可以说明在这次历法修订的时候，浑仪还没有开始使用。

然而，史料中较为模糊的记载还是给学者们认识浑仪带来较大的困扰，其中一段材料出自扬雄《法言·重黎》：

> 或问“浑天”。曰：“落下闳营之，鲜于妄人度之，

① 《汉书》卷二一上《律历志上》，第975—976页。
② 《汉书》卷二一上《律历志上》，第975页。

> 耿中丞象之，几乎！几乎！莫之能违也。”请问“盖天”。曰：“盖哉！盖哉！应难未几也。”①

有人认为，“落下闳营之”的意思是落下闳制作了一件浑天仪，最早《宋书·天文志》就认为：“若问天形定体，浑仪疏密，则雄应以浑义答之，而举此三人以对者，则知此三人制造浑仪，以图晷纬。问者盖浑仪之疏密，非问浑仪之浅深也。以此而推，则西汉长安已有其器矣。”② 《法言义疏》引盛百二《尚书释天》也说：“仪、象二者，皆为治历之首务。但必有浑仪测知日月之躔度，星辰之经纬，而后著之于象，始与天体密合。故欲制象，必先制仪。则落下闳经营者宜为仪，耿中丞铸者宜为象，鲜于度之者正测量星辰之经纬也。”③

可细析此句含义，“或问‘浑天’”下文又有“请问‘盖天’”，则此“浑天”指的是浑天说，而非浑天仪，那么落下闳“营之”的对象就只能是浑天说而非浑天仪，所以根据这条材料认为落下闳制作或者发明了浑天仪，都是难以成立的。④ 有学者指出，对于扬雄这几句话的正确理解应该是：

① 扬雄撰，汪荣宝注疏《法言义疏》，陈仲夫点校，中华书局，1987，第320页。李轨注解释为：“落下闳为武帝经营之；鲜于妄人又为武帝算度之；耿中丞名寿昌，为宣帝考象之。”

② 《宋书》卷二三《天文志》，第678页。

③ 扬雄撰，汪荣宝注疏《法言义疏》，第323页。

④ 《法言义疏》注释认为：“所谓落下闳营之者，不过发意造端，未必即为制器也。”（扬雄撰，汪荣宝注疏《法言义疏》，第323页）然确实多有学者坚持落下闳制作或者发明浑仪，例如中国天文学史整理研究小组《中国天文学史》就认为是落下闳制作了浑仪。另外陈美东也认为这里的“浑天”指的是“浑仪”（见氏著《中国古代天文学思想》，第125页）。潘鼐同样认为：“落下闳是位工匠，他的制作技术，无疑是从战国传授下来的。”（见氏著《中国恒星观测史》，第89页）

"落下闳提出了浑天（学说），鲜于妄人用其来测量天体位置，耿寿昌用其来（或经改进、改造、制作后）演示按浑天说描述的天球运动。"① 这样的说法应当是更为符合原意的。

另外一条资料出自桓谭《新论》，提到扬雄曾经向"黄门老工"请教天文仪器方面的知识：

> 扬子云好天文，问之于黄门作浑天老工，曰："我少能作其事，但随尺寸法度，殊不晓达其意。然稍稍益愈，到今七十，乃甫适知已，又老且死矣。"②

中华书局新编诸子集成续编《新辑本桓谭新论·启寤篇》与《太平御览》本文字稍异：

> 扬子云好天文，问之于落下黄闳以浑天之说，闳曰："我少能作其事，但随尺寸法度，殊不晓达其意。后稍稍益愈，到今七十，乃甫适知已，又老且死矣。今我儿子学作之，亦当复年如我，乃晓知已，又且复死焉。"其言可悲可笑也。③

成书于清代乾隆和嘉庆年间的《畴人传》引这段话把"黄门作浑天老工"改成了"落下黄闳"，另引孙星衍云："《史记索隐》引《益部耆旧传》曰：'闳字长公，明晓天文，隐于落下。'闳乃姓黄而隐于落下耳。"所以后来多有学者认为这个

① 吴守贤、全和钧主编《中国古代天体测量学及天文仪器》，第463页。

② 李昉等：《太平御览》，第12a页。

③ 桓谭撰，朱谦之校释《新辑本桓谭新论》，中华书局，2009，第28页。

“落下黄闳”就是落下闳，那么这则材料便可以说明落下闳在年轻时就制作完成了浑天仪。[①] 然而《太平御览》引桓谭《新论》的这种说法存在很大的问题，扬雄或者真的曾经就天文的问题求教于“黄门作浑天老工”，但此人绝不可能是落下闳。扬雄大约在汉成帝元延年间（公元前 10 年前后）来到长安，此时距甘露二年（前 52）耿寿昌制作浑仪已经过去 40 余年，扬雄和“黄门作浑天老工”对话，讨论浑仪的制作问题，是可能的。但落下闳是汉武帝时人，大约在公元前 87 年就已经过世，扬雄断没有亲见落下闳的可能性。显然《畴人传》是误解了《新论》的记载，自然也就不能用来证明落下闳创制了浑天仪。

另外，《史记索隐》引姚氏案《益部耆旧传》中关于落下闳“于地中转浑天”的记载并不可靠。后来有学者辑录《益部耆旧传》，与《索隐》引文有所差异，而且没有提到“转浑天”：

> 闳，字长公，巴郡阆中人也。明晓天文地理，隐于洛亭。武帝时，友人同县谯隆荐闳，待诏太史。更作《太初历》，拜侍中，辞不受。[②]

陈直注意到，《太平御览》中还有一处引《益部耆旧传》，其中记载说：“巴郡落下闳，汉武帝时改《颛顼历》，更作《太

---

① 徐振韬：《从帛书〈五星占〉看“先秦浑仪”的创制》，《中国天文学史文集》编辑组编《中国天文学史文集》。

② 熊明辑校《汉魏六朝杂传集》，中华书局，2017，第 1525 页。

初历》，曰：后八百年，此历差一日，当有圣人定之。”① 落下闳“于地中转浑天”的说法亦传之后世，《隋书·天文志》引虞喜说：“落下闳为汉孝武帝于地中转浑天，定时节，作《泰初历》。”②《全唐文》载有卢肇《浑天法》，其中也提到“虞喜又云：落下闳为汉武帝于地中转浑天定时。修《太初历》。又知此术在张平子前也”。③

《益部耆旧传》至少已经是三国以后的作品，④ 其成书时浑天说早已深入人心，浑天仪也已经为人所熟知，再加上东汉以后洛阳为“天下之中”的理念对人们的思想造成了深远的影响，所以所谓落下闳“于地中转浑天”并不能排除以讹传讹的可能性。前文提到，落下闳的主要工作是在历法推算方面，这种工作无须借助浑仪之类的仪器也能完成，所以，用这段材料证明落下闳创制或者使用了浑天仪，并不能够令人信服。但还是有学者据此认为：“中国古代天文学家都承认洛阳为大地上最适中的地方，叫它‘地中’。落下闳用他创造的浑天仪观测天象，可能是在洛阳工作的。”⑤ 对于这样的误解确实有纠正的必要。

4. 圆仪、浑仪与浑象

事实上，浑仪在历法修订中被使用，要到汉宣帝统治时期。

---

① 陈直：《汉书新证》，中华书局，2008，第156页。

② 《隋书》卷一九《天文上》，第516页。

③ 董诰等编《全唐文》，中华书局，1983，第7998页。

④ 《益部耆旧传》旧题为陈寿撰，十四卷，今已亡佚，从性质上来看这部书属于方志类文献，梁启超《中国近三百年学术史》将其归入方志人物传之属，并且认为它是后世方志人物传一门的发端，相关的介绍见黄苇主编《中国地方志词典》，黄山书社，1986，第14—15页。

⑤ 钱宝琮：《盖天说源流考》，《李俨　钱宝琮科学史全集》第9卷，第451页。

史料明确记载说，汉宣帝时代，耿寿昌制作出了圆仪。《晋书·天文志》说："暨汉太初，落下闳、鲜于妄人、耿寿昌等造员仪以考历度。"[①] 只是《晋书》将落下闳、鲜于妄人和耿寿昌并列，很多学者据此推断落下闳也使用了圆仪，实际并非如此。《续汉书·律历志》记载贾逵提到"案甘露二年大司农中丞耿寿昌奏，以图仪度日月行，考验天运状"，[②] 这里的"图仪"也就是圆仪，而且《续汉书》这条材料也可以说明《晋书·天文志》的记载中使用圆仪的是耿寿昌，而不是落下闳。

耿寿昌在汉宣帝时代任大司农中丞，《汉书》中关于他的记载多与常平仓的设置和杜陵的修建有关。《宣帝纪》说："大司农中丞耿寿昌奏设常平仓，以给北边，省转漕。赐爵关内侯。"[③]《食货志》说他"以善为算能商功利得幸于上"。[④] 清代《畴人传》说他"删补《九章算术》，其目与古或异"，[⑤] 此说来自刘徽为《九章算术》所作注释，其中提到"汉北平侯张苍、大司农中丞耿寿昌皆以善算命世。苍等因旧文之遗残，各称删补"。[⑥] 无论如何，耿寿昌在数学方面具有特长，这是他观测天文修订历法的基础。另外，《汉书·艺文志》"历谱十八家"有"《耿昌月行帛图》二百三十二卷"和"《耿昌月行度》二卷"，[⑦] 论者以为这两种图书均与耿寿昌有关。

---

① 《晋书》卷一一《天文上》，第 284 页。

② 《后汉书》志二《律历中》，第 3029 页。

③ 《汉书》卷八《宣帝纪》，第 268 页。

④ 《汉书》卷二四上《食货志上》，第 1141 页。

⑤ 阮元等撰，冯立昇等校注《畴人传合编校注》，中州古籍出版社，2012，第 37 页。

⑥ 严可均校辑《全上古三代秦汉三国六朝文》，第 2704 页。

⑦ 《汉书》卷三〇《艺文志》，第 1766 页。

《晋书·天文志》对从圆仪到浑仪的发展历程有简要的叙述，所谓：

> 暨汉太初，落下闳、鲜于妄人、耿寿昌等造员仪以考历度。后至和帝时，贾逵系作，又加黄道。至顺帝时，张衡又制浑象，具内外规、南北极、黄赤道，列二十四气、二十八宿中外星官及日月五纬，以漏水转之于殿上室内，星中出没与天相应。因其关戾，又转瑞轮蓂荚于阶下，随月虚盈，依历开落。①

《晋书·天文志》的这段记载对后世有深刻的影响，后来学者大都对其中的说法深信不疑。例如《宋书·律历》说："若圆仪辨方，以日为主，冬至所舍，当在玄枵。"② 从使用方式来看，这里的圆仪显然和《晋书》中说的是同样一种天文仪器。《新唐书·历志》提到"以圆仪度日月之径"，③ 侧重于圆仪的测量功能。《宋史·天文志》也认为落下闳制作了圆仪，所谓"落下闳制圆仪，贾逵又加黄道"，④ 而《宋史·律历》"皇祐浑仪"条说："至于后世，铸铜为圆仪，以法天体。自落下闳造《太初历》，用浑仪，及东汉孝和帝时，太史惟有赤道仪，岁时测候，颇有进退。"⑤《宋史》两处记载都提到落

① 《晋书》卷一一《天文上》，第 284—285 页。

② 《宋书》卷一三《律历下》，第 311 页。

③ 《新唐书》卷二七下《历三下》，第 627 页。

④ 《宋史》卷四八《天文一》，第 955 页。其中也提到唐代李淳风制作的圆仪，所谓"唐李淳风为圆仪三重：其外曰六合……次曰三辰……又次曰四游"（第 956 页）。

⑤ 《宋史》卷七六《律历九》，第 1743 页。

下闳，前者说的是制作圆仪，后者又说是浑仪，显然认为两者就是同一种天文仪器。

学者对图仪和圆仪之间的关系有不同的看法。现在能够见到的图仪相关的记载全部出自《续汉书》，例如前引《续汉书·律历志》“贾逵论历”条“甘露二年大司农中丞耿寿昌奏，以图仪度日月行”，“汉安论历”条也说：“孝章皇帝历度审正，图仪晷漏，与天相应，不可复尚。”亦有材料直接称之为“浑天图仪”，例如“熹平论历”条说：“以今浑天图仪检天文，亦不合于《考灵曜》。”[①] 有人认为这里的“图仪”就是圆仪，如《旧唐书·天文志》引耿寿昌条直接将“图仪”改成了“圆仪”。[②] 钱宝琮认为，《续汉书》中“圆仪”被误刻成了“图仪”，而圆仪也就是浑仪；[③] 也有学者认为，圆仪和浑仪并不能完全等同，所谓圆仪应当是观测经度差的仪器，或者赤道仪。[④] 有论者指出，将“图仪”直接改成“圆仪”是不合适的，“图仪”可能另有所指，例如章学诚《校雠通义》引《续汉书》“贾逵论历”条关于图仪的记载，认为“诸书之有图，盖指不可胜屈矣”，[⑤] 这其实是将“图”理解为图形了。后来研究天文史的学者认为图仪应当是在东汉时期出现的一种天文仪器，例如有人就提出图仪可能是东汉时期的

① 《后汉书》志二《律历中》，第 3029、3036、3039 页。

② 《旧唐书》卷三五《天文志》，第 1294 页。

③ 钱宝琮：《盖天说源流考》，《李俨　钱宝琮科学史全集》第 9 卷，第 451 页。

④ 张柏春：《明清测天仪器之欧化：十七、十八世纪传入中国的欧洲天文仪器技术及其历史地位》，辽宁教育出版社，2000，第 74 页。

⑤ 章学诚：《校雠通义》，叶瑛校注，靳斯点校，中华书局，1985，第 1079 页。

浑天图仪，即一种标绘有星官图像的天球仪。[①] 支持这种说法的学者并不在少数，有学者就认为图仪便是“在虚球面上制星图为仪”。[②]

本书认为，图仪应当就是圆仪，并不单独存在一种被称为“图仪”的天文仪器。需要注意的是，“图仪”的说法仅见于《续汉书·律历志》。司马彪《续汉书》大约在宋代就已经亡佚了，其中志的部分在南朝时期被刘昭补进范晔《后汉书》，并同范书一起流传至今。现在能够见到较早的《后汉书》版本是武英殿本，后来中华书局本《后汉书》采用了“图仪”的说法而没有修改，应当是尊重文献传承的意思。

耿寿昌制作浑仪的详细记载见于《续汉书·律历志》贾逵的报告：

> 甘露二年大司农中丞耿寿昌奏，以图仪度日月行，考验天运状，日月行至牵牛、东井，日过一度，月行十五度，至娄、角，日行一度，月行十三度，赤道使然，此前世所共知也。如言黄道有验，合天，日无前却，弦望不差一日，比用赤道密近，宜施用。[③]

---

① 胡维佳：《浑仪考源》，刘钝等编《科史薪传：庆祝杜石然先生从事科学史研究40周年学术论文集》，辽宁教育出版社，1997，第257页。胡维佳另外指出，图仪是在天球上绘制星图，与平面星图即盖图有较大的区别，而且他认为扬雄所谓的“耿中丞象之”也就是在浑天模型上模拟星图。

② 李志超：《中国水钟史》，第86页。李志超另外还推测图仪的使用方式是“图上每个星都可以与球心的仪对准指向对应天体，三点成直线。只要对准一个，全图皆对准”。

③ 《后汉书》志二《律历中》，第3029页。

由上可知，耿寿昌制作的这件图仪可以“度日月行”及“考验天运状”，即这件仪器具有实际的观测功能。只是根据贾逵的报告，耿寿昌的距度可能存在问题，他指出，如果以耿寿昌的图仪进行观测，可以发现在不同季节太阳和月亮每天运行的距度并不相同，有的时候是 13 度，有的时候是 15 度。贾逵认为这是由于太阳和月亮实际上是沿黄道运行的，而耿寿昌的观测仪器使用的是赤道式，所以产生了这样的误差。①

至于耿寿昌圆仪的基本形态，学者们也做过研究。图 3-10 是李志超复原的落下闳赤道圆。前文提到，落下闳修订历法的实践并没有使用类似仪器的必要，但其赤道圆的设定却对认识后来耿寿昌的浑仪有所帮助。李志超指出：“浑是球，仪是观测的标准体。坚持这两点理解，则知浑仪之为物，管它千般变化，总得与球形之天相关，且为观测之用。”所以他认为“若把圆盘直立，令其轴指正东西，则圆周成为子午圈，可测正南天体的赤道内外度（等于赤纬）。圆仪很简单也有资格称浑仪”。② 这样的见解显然是非常精到的。

联系前文，这件复原图的底本显然是汝阴侯墓出土的二十八宿圆盘，只不过根据贾逵的说法绘制成了立体的。《续汉书·律历志》引贾逵言“今史官一以赤道为度，不与日月行

① 相关的研究参李志超《仪象创始研究》,《天人古义——中国科学史论纲》；吴守贤、全和钧主编《中国古代天体测量学及天文仪器》，第 434 页。

② 李志超：《中国水钟史》，第 58 页。

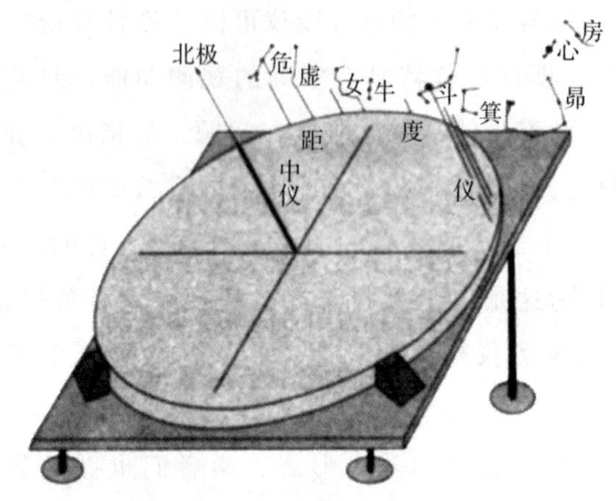

图 3-10　落下闳赤道圆复原图

图片来源：李志超：《中国水钟史》，第 57 页。

同”，[①] 也就是说，在贾逵之前，人们一直以为日月都在天球的赤道面，即垂直于北极的平面上运行。所以可见复原图为赤道式，其中指针指向北极，下盘模拟二十八宿所在的位置，上盘可以转动，以观测距度。但是复原图没有像汝阴侯二十八宿圆盘那样在上盘中绘制北斗七星。李志超另外指出：“仅有测赤道度功能的赤道仪不需要转动结构，也不需要望筒，只要有可供瞄准定位的小棒，这种小棒是‘仪’字的根源。”[②]

也有学者指出，既然耿寿昌的图仪能够确定赤经差，那么它至少应当有两重规环组成，一重来自璇玑，一重则相当于后来的六合仪。与现代的浑仪相比，缺少了地平环的部分。[③] 这种说法受现代浑仪影响过甚，耿寿昌的浑仪是否有两重规环，

① 《后汉书》志二《律历中》，第 3029 页。

② 李志超：《天人古义——中国科学史论纲》，第 266 页。

③ 李鉴澄：《中国古代浑仪结构的演变》，收入北京天文馆编《李鉴澄先生百岁华诞志庆集》。

是存疑的。

此后一直到西汉末年，都没有人对耿寿昌的图仪进行改进，但这件仪器，或者是与之相关的记载应该一直流传到了东汉以后，所以贾逵等人有机会知晓其基本形制及使用方法。前文提到长安城外有灵台，《三辅黄图》说台上有浑仪，是东汉安帝时期张衡所制。张衡受命成为太史令，改进浑仪，本应置于洛阳灵台，如果《三辅黄图》所记无误，那么张衡或许又另外制作了一件浑仪放置在长安灵台。当然也不能排除长安灵台上的浑仪本来就是耿寿昌所制，后人以讹传讹，说是张衡所制。《玉海》卷四“汉灵台铜仪仪度”条即怀疑：“衡生安顺之间，其殆邓平之圆仪乎？”[①] 自张衡之后，“圆仪”的名称很少再使用，人们都以“浑仪”或者“浑天仪”来称呼这种仪器。

另外，扬雄《法言·重黎》提到浑天说，称耿寿昌“象之”，即言耿寿昌使用仪器模拟和演示浑天说，所以有学者就认为耿寿昌制作的是一件“浑象”。朱熹《仪礼经传通解》在注释《尚书·舜典》“在璇玑玉衡，以齐七政”时，论述了浑天说和浑仪的发展，其中有言：“《扬子法言》或问浑天，曰：落下闳营之。宣帝时司农中丞耿寿昌始铸铜为之象，史官施用焉。”[②] 显然“铸铜为之象”的说法是在“耿中丞象之”基础上的演绎，其可信性存疑，但这种说法确实对后人的认识造成了不小的影响。如陈遵妫《中国天文学史》就认为“浑象可能是

---

① 《玉海》卷四《天道》，文渊阁四库全书本。

② 朱熹：《仪礼经传通解·仪礼集传集注》卷二五《历数》，文渊阁四库全书本。

西汉耿寿昌发明的”,[①] 但并未展开论述；陈美东指出“耿中丞象之可以理解为他最先制作过浑象，用以形象地演示浑天说的可靠性”;[②] 吴守贤和全和钧也认为耿寿昌“制造了一具兼观测、表演显示两用的浑象”;[③] 胡维佳推论耿寿昌其实是在天球仪上绘制星图,[④] 这其实就是浑象了；冯时也认同耿寿昌制作的是一件浑象，他写道：“大约在西汉宣帝时期，耿寿昌根据落下闳制造的浑仪创制了浑象，当时的人也把它叫着浑天仪，它是一个在大圆球的表面布列两极、赤道和星象，并且使大球的旋转与星象的移动同步，以此来表演天象的变化。”[⑤] 白寿彝主编《中国通史》秦汉时期部分，认为耿寿昌制作浑象模拟浑天的运动情况，并且认为“这种仪器大体上是一个大圆球，在球壳上刻着日月星辰，利用它的转动演示天象变换”。[⑥] 可以认为，耿寿昌制作浑象和制作圆仪两种说法之间并不存在矛盾和冲突，他另外制作浑象用以模拟和演示浑天说，也就是扬雄所谓的“象之”。[⑦]

还有一种说法认为在张衡浑象之前存在过“古旧浑象”,

---

① 陈遵妫:《中国天文学史》(下)，第 1266 页。其中也提到“浑象源流”，认为古代的浑象和现在的天球仪相似，属于演示性的仪器，不是观测仪器而是天文普及工具，是在大球上刻划或镶嵌着星宿以及赤道、黄道、恒隐圈等，最为著名的是张衡制作的水运浑象仪。

② 陈美东:《中国古代天文学思想》，第 125 页。

③ 吴守贤、全和钧主编《中国古代天体测量学及天文仪器》，第 434 页。

④ 胡维佳:《浑仪考源》，刘钝等编《科史薪传：庆祝杜石然先生从事科学史研究 40 周年学术论文集》，第 257 页。

⑤ 冯时:《中国古代物质文化史 · 天文历法》，第 335 页。

⑥ 白寿彝主编《中国通史》第 4 卷，上海人民出版社，2007，第 640 页。

⑦ 潘鼐也认为除了圆仪之外，耿寿昌另外制作了浑象，见氏主编《中国古天文仪器史（彩图本）》，第 198 页。吴守贤和全和钧认为，耿寿昌“以圆仪度日月行”可能就是以浑象来度量两者之间的关系（见《中国古代天体测量学及天文仪器》，第 463 页）。

而这件所谓的“古旧浑象”应当就是耿寿昌制作的。如《晋书·天文志》说：“古旧浑象以二分为一度，凡周七尺三寸半分，张衡更制，以四分为一度，凡周一丈四尺六寸一分。”① 后来三国时期王蕃认为以二分为一度的“古器”，也就是耿寿昌制作的这件浑象，体量太小，星辰过于稠密时不利于观测，而张衡制作的以四分为一度的浑象又太大，转动起来不方便，所以便制作了以三分为一度的浑象。应当认为，张衡和王蕃制作的确实是浑象，但文献记载中所谓“古旧浑象”是否就是耿寿昌制作的浑象，仍然有继续讨论的空间。

小　结

根据前文的讨论，可以确认“璇玑”既是星象名称，也是一种测天仪器的名称。人们根据星象制作了模拟璇玑玉衡的同名天文仪器，并尝试借助天文的神秘意象建构人间秩序，这或许就是“舜在璇玑玉衡，以齐七政”的真实含义。西汉中后期以后浑天说逐渐为人们所接受，浑仪的雏形也开始出现。随着古代天文学的发展，璇玑这种古老的仪器逐渐淡出历史舞台，但与这种仪器有关的信仰并未终结。人们模拟北斗七星和二十八宿的关系，创制了式盘这样的神秘器物，而式盘与璇玑玉衡以及后来的浑天仪都有非常密切的关系。事实上，如果在

① 《晋书》卷一一《天文上》，第288页。有学者指出，张衡改制之前的浑象，应当就是耿寿昌制作的（见吴守贤、全和钧主编《中国古代天体测量学及天文仪器》，第434页）。另参邓可卉《比较视野下的中国天文学史》，上海人民出版社，2011，第51页。相关的研究也参汪建平、闻人军《中国科学技术史纲（修订版）》，武汉大学出版社，2012，第184页。

式盘这种器物上加上距度数据，就可以模拟天体的运行，也可以用于历法修订，而这其实就是浑天仪的雏形了。

西汉时期，尤其是汉武帝太初改历到汉宣帝时期，是浑仪定型的关键时期，也是在这一时期，浑天说经过实践的检验，最终成为武帝一朝历法修订的主要依据。而后浑天说进一步发展完善，在此过程中，浑仪的形制逐渐确定。其实浑天说的理论原本以运算为主，落下闳等人的特长是通过运算确定历法，天文仪器只是起到辅助作用，是以直到汉宣帝年间耿寿昌才制作出一件浑仪。史料记载这件仪器可以“度日月行”“考验天运状”，具有实际的观测功能，其主要用途在于校验历法。当然，耿寿昌制作的浑仪相对较为原始，直到张衡完善之后，浑仪的基本形制才最终确定下来。本章也讨论了式盘与圆仪之间的关系，学者大多承认汝阴侯墓出土的二十八宿圆盘是浑仪的早期形式，而这件器物也与式盘有许多相似之处。

其实从最早的璇玑玉衡到后来的式盘和浑仪，其基本形式都是对天文星象的模拟。其中璇玑玉衡和式盘的基本功能除了观测和模拟天象，还体现在占卜和预测方面，神秘主义色彩浓厚；而浑仪后来经过发展，成为相对较为科学的观象仪器，主要被用于历法修订等。可以说，璇玑玉衡、式盘和浑仪的分野，体现了人们对于天文星象的不同认知，前两者主要的功能是占测时日吉凶，而后者则致力于通过对天文星象的观察和模拟，辅助历法修订，以满足政治和社会运行以及民众日常生活的基本需要。在此过程中，人们也在不断尝试进一步探索宇宙的运行方式。

第四章　漏刻与精确时间观念的形成

漏刻出现的时间很早。到汉代以后，国家制度运行和社会发展对时间计量的精度有了新的需要，这也就促进了漏刻技术的进步和漏刻制度的完善。伴随于此，人们对精确计量的认识也在逐渐提升。有了可靠的工具的辅助，人们不再仅仅对时间进行简单感性的判断，这显然有助于科学思维的形成。

关于漏刻，前人已经取得了丰富的研究成果。古人研究金石学问，著录有漏壶等相关器具，如宋代吕大临《考古图》和薛尚功《历代钟鼎彝器款识法帖》都收录了汉代丞相府铜漏，明代《三才图会》和清代《古今图书集成》也载有该器的手绘图。容庚《颂斋吉金图录》中著录有他本人收藏的汉代银错车马纹铜漏壶，这是现在能够看到最早的确切漏壶图像资料（图 4-1）。新中国成立以后陆续出土了多件漏壶实物，其中比较重要的有河北满城西汉中山靖王刘胜墓出土的满城铜漏、陕西兴平西汉墓出土的兴平铜漏、内蒙古伊克昭盟出土的干章铜漏、[1] 山东巨野西汉墓出土的巨野铜漏，以及新近出土的海昏侯墓铜漏等。以上漏壶均为铜质，另外汉景帝阳陵也出

---

① 有学者指出这件铜漏的名称应该是“干章铜漏”，本书采用这种说法（陈雍：《“干章铜漏”辨正》，《北方文物》1994 年第 3 期，第 126 页）。

土有陶制漏壶。[①] 这些漏壶的出土为研究汉代漏刻问题提供了宝贵的实物资料。同时，陈美东《试论西汉漏壶的若干问题》[②]等文，华同旭《中国漏刻》[③] 及吴守贤、全和钧主编《中国古代天体测量学及天文仪器》[④] 等书对传世文献著录和近来出土的铜漏都进行了较为详细的考介，可参看。

图 4-1　汉代银错车马纹铜漏壶

图片来源：容庚：《颂斋吉金图录》，《容庚学术著作全集》，中华书局，2012，第 56 页。

作为计时工具的漏刻首先受到科学史研究者的关注，例如早年李约瑟研究中国古代的天文学，将依据日影测算时间的工

① 胡芳《汉景帝阳陵探秘》对这件陶漏壶进行了细致的介绍，可参看（西北大学出版社，2006，第 158 页）。

② 陈美东：《试论西汉漏壶的若干问题》，中国社会科学院考古研究所编《中国古代天文文物论集》，第 137—144 页。另参陈美东《我国古代漏壶的理论与技术——沈括的〈浮漏议〉及其它》，《自然科学史研究》1982 年第 1 期。

③ 华同旭：《中国漏刻》，第 30—38 页。

④ 吴守贤、全和钧主编《中国古代天体测量学及天文仪器》，第 396—399 页。

具称为“日钟”，将依据水流测量时间的工具称为“水钟”，并详细介绍了中国古代的漏刻。[①] 近年来，国内致力于科学史研究的学者本着实践与科学相结合的原则，成功复原了古代的漏刻，并对其具体使用方式进行了系统研究，其中最具代表性且学术成就最高的当推华同旭《中国漏刻》一书。[②] 科学史的研究不仅使我们能够了解古代漏刻的运作方式，还呈现了丰富的细节，取得了非常重要的成果。[③] 其研究也以实证方法发现漏刻在使用过程中遇到的问题，例如流水快慢对其精确性的影响等。[④] 另外还有介绍漏刻复原的经验、[⑤] 特殊形制的漏刻等，[⑥] 为我们认识古代漏刻提供了重要的资料。关注天文历法问题的学者则更侧重于思考漏刻与历法制定方面的问题，其中天文测量仪器之间的配合使用也是学者重点关注的部分。[⑦]

---

① 〔英〕李约瑟：《李约瑟中国科学技术史》第3卷《数学、天学和地学》，第314—325页。

② 后来华同旭参与撰写《中国计时仪器通史（古代卷）》，对漏刻与时间的问题进行了理论上的阐述，并对《中国漏刻》一书中的某些说法进行了修正。

③ 如李强《论西汉千章铜漏的使用方法》（《自然科学史研究》1996年第1期）根据出土的铜漏分析其使用方法；全和钧、阎林山《关于西汉漏刻的特点和刻箭的分划》（《自然科学史研究》1985年第3期）和陈美东《中国古代的漏箭制度》［《广西民族大学学报》（自然科学版）2006年第4期］研究漏刻的特点和刻箭的分划等问题。

④ 李广申：《漏刻的迟疾与液体粘滞性》，《科学史集刊》第6期，科学出版社，1963，第29—34页。

⑤ 杨忙忙：《汉铜漏壶的保护修复及相关问题探讨》，《文物保护与考古科学》2016年第4期。

⑥ 郭盛炽：《马上漏刻辨》，《自然科学史研究》1995年第2期；薄树人：《关于马上漏刻的第四第五种推测》，《自然科学史研究》1995年第2期。

⑦ 李鉴澄：《论后汉四分历的晷景、太阳去极和昼夜漏刻三种记录》，《天文学报》1962年第1期；潘鼐主编《中国古天文仪器史（彩图本）》，第116—131页。

讨论时制问题也会涉及对漏刻的研究。例如陈梦家《汉简年历表叙》提到汉代的漏刻制度，指出两汉共施行了两种漏刻制度，一种是官漏，一种是夏历漏；[①] 宋镇豪讨论了漏刻与分段计时之间的关系；[②] 冯时的研究揭示漏刻与圭表等仪器配合使用的情况。[③] 另外马怡《汉代的计时器及相关问题》一文将漏刻与日晷联系起来，认为汉代的水钟和日钟配合使用，日钟主要用于校正水钟，形成汉代以水钟为主的计时体系。[④]

总的来说，科学史研究积累的丰富成果，使得后来的研究者对于漏刻的基本形制和使用方式有了全面的认识。然而任何一项技术的进步，背后都有思想观念所起的作用，与此同时技术的进步也会刺激人们的思想观念发生新的变化，二者的互动是研究古代历史不可忽视的内容。就漏刻而言，计量时间技术的进步，反映出人们对于时间精度要求的提高，而时间精度的提高，又促进了时人时间观念的转化。这正是本章将要讨论的内容。

第一节　漏刻的起源与演变

1. 挈壶掌漏

漏刻，史料中亦称“刻漏”，由于现在出土的漏壶多为铜制，所以也被统称为“铜漏”或者“铜壶滴漏”。漏刻是一种

① 参陈梦家《汉简年历表叙》，《汉简缀述》。

② 宋镇豪：《试论殷代的纪时制度——兼谈中国古代分段纪时制》，《考古学研究（五）》上册。

③ 冯时：《中国天文考古学》，第291—295页。

④ 马怡：《汉代的计时器及相关问题》，《中国史研究》2006年第3期。

历史悠久的计时器，然而它究竟起源于何时，学者有不同见解。《隋书·天文志》说："昔黄帝创观漏水，制器取则，以分昼夜。其后因以命官，《周礼》挈壶氏则其职也。"[①]《初学记》"漏刻"条引梁代《漏刻经》也说："漏刻之作，盖肇于轩辕之日，宣乎夏商之代。"[②] 所以有学者认为漏刻"起源于公元前三、四千年的父系氏族公社时期"。[③] 华同旭的研究提到，历史早期的人们通过观察漏水得到启发，进而发明了漏刻。[④] 王振铎认为漏壶是从卮这种器具演化而来的，具有非常久远的历史。[⑤] 冯时认为殷人已经掌握漏刻计时的方法，并有能力根据圭表与漏壶的配合计时，测出日中和夜半时刻。[⑥] 与此相关，有学者指出，商代甲骨文中出现了有关"壶"的记载，应该与漏刻有关；[⑦] 也有学者认为商代晚期就已经出现了昼夜百刻的制度，显然当时漏刻已经成熟完备。[⑧] 另有一种说法认为漏刻制度在周代才出现，例如《周礼·夏官·司马》中有"挈壶氏"，他的主要工作是"掌挈壶以令军井，挈辔以令舍，挈畚以令粮。凡军事，县壶以序聚柝；凡丧，县壶以代哭者。皆以水火守之，分以日夜。及冬，则以火爨鼎水而沸

---

① 《隋书》卷一九《天文上》，第 526 页。

② 徐坚等：《初学记》，中华书局，2004，第 595 页。

③ 中国天文学史整理研究小组编著《中国天文学史》，第 205 页。

④ 华同旭：《中国漏刻》第二章"漏刻发展简史及其有关问题"，第 19 页。

⑤ 王振铎：《西汉计时器"铜漏"的发现及其有关问题》，《中国历史博物馆馆刊》总第 2 期，第 118 页。

⑥ 冯时：《殷代纪时制度研究》，《考古学集刊》第 16 集，科学出版社，2006。

⑦ 饶宗颐：《论天水秦简中之"中鸣"、"后鸣"与古代以音律配合时刻制度》，《简牍学研究》第 2 辑，第 3 页。

⑧ 阎林山、全和钧：《论我国固有的百刻计时制》，《天文参考资料》1977 年第 4 期，第 15—19 页。

之，而沃之”，郑玄认为：“以水守壶者，为沃漏也。以火守壶者，夜则火视刻数也。分以日夜者，异昼夜漏也。漏之箭，昼夜共百刻，冬夏之间有长短焉。太史立成法，有四十八箭。”孔颖达也认为古典的漏刻制度是“盖壶以盛水为漏，下当有盘以承之，箭刻百刻，树之盘中，水下盘内淹箭，以定刻数”。[①] 郑玄和孔颖达的意见对后世学者影响很大，人们通常认为周代军中就已经开始使用漏刻了。然这条材料能否表示周代的实际状况应当存疑，而且郑玄描述的漏刻制度显然是汉代以后才出现的，所谓“太史立成法，有四十八箭”的制度当不会早于西汉时期。

史料中见到最早明确使用漏刻的例子出自《史记·司马穰苴列传》，其中提到春秋齐景公时代司马穰苴至军中“立表下漏”以待庄贾，司马贞《索隐》说：“立表谓立木为表以视日景，下漏谓下漏水以知刻数也。”根据《史记》记载，司马穰苴和庄贾两人约定“旦日日中会于军门”，至日中庄贾没有到达，司马穰苴“仆表决漏”，决定惩罚庄贾。《索隐》说：“仆者，卧其表也。决漏谓决去壶中漏水。以贾失期，过日中故也。”[②] 显然在这则材料中，表和漏一样都是用于测量“日中”这个时间点。马怡认为这里的表是为了校准漏刻，此说可从。[③] 司马穰苴这么做的用意在严肃军队纪律，而严格守时正是军纪的重要内容。最终司马穰苴援引“期而后者当斩”的军法，“斩庄贾以徇三军”。与之类似，汉代史料记载彭越也曾与“少年”约定日中见面，并且诛杀迟到者一人，借此在“少年”

① 孙诒让：《周礼正义》，第2909—2916页。

② 《史记》卷六四《司马穰苴列传》，第2157、2159页。

③ 马怡：《汉代的计时器及相关问题》，《中国史研究》2006年第3期。

中立威，达到了“徒属皆大惊，畏越，莫敢仰视”的效果。[①]另外，《六韬·犬韬·分合第五十一》曾言如果军队要“期会合战”该怎么做，“太公”回答说：“凡用兵之法，三军之众，必有分合之变。其大将先定战地战日，然后移檄书与诸将吏期，攻城围邑，各会其所。明告战日，漏刻有时。大将设营而陈，立表辕门，清道而待。诸将吏至者，校其先后；先期至者赏，后期至者斩。如此，则远近奔集，三军俱至，并力合战。”[②]所谓“漏刻有时”，正显示了漏刻在军队调度中的重要作用。

总的来说，在秦代以前就已经出现了漏刻，从目前的资料来看，其主要用于军事活动之中，这与军事活动对时间精确性的独特需求有关。然而直到现在还没有发现先秦漏刻的实物，这或许说明漏刻在先秦时期的使用并不普遍。前文提到，漏刻的使用和人们对精确时间的把握有关，如果政治制度和社会经济没有发展到一定程度，对精确时间的需要也就不会出现，那么漏刻也自然就不会被普遍使用。

2. 里耶秦简中所见的漏刻

秦时有“太子率更令”，被认为执掌漏刻。《汉书·百官公卿表》提到秦时有“詹士”，其属官有“太子率更、家令丞”，[③]《汉书·王莽传》也说“益安汉公宫及家吏，置率更令”。[④]从“率更”这个名称来看，其职事似乎与时间有关。颜师古注也明确提到率更的职责是“掌知漏刻”。不过这恐怕是唐代的制度，如《旧唐书·职官三》“东宫官属”云：“太子率更寺：令

① 《史记》卷九〇《魏豹彭越列传》，第2591页。

② 《六韬》卷三，文渊阁四库全书本。

③ 《汉书》卷一九上《百官公卿表上》，第734页。

④ 《汉书》卷九九上《王莽传上》，第4086页。

一人……率更令掌宗族次序、礼乐、刑罚及漏刻之政令。”率更令的属官中有“漏刻博士二人，掌漏六人，漏童六十人，典鼓二十四人”,[①] 可见唐代率更令的职掌范围确实包括漏刻事宜。然而问题是魏晋及以前的史书中都没有率更掌漏刻的记载，其中《晋书·职官志》说率更令“主宫殿门户及赏罚事，职如光禄勋、卫尉”,[②]《宋书·百官》所记率更令职事大体相同，也没有提到漏刻。不过从“率更”二字的本义来看，其基本职责大约是统率宿卫人员，而在宿卫职守、更替时或者需要使用到漏刻。例如南朝宋时何承天就曾经担任太子率更令，史料记载说他曾经“增损旧刻，参以晷影，删定为经，改用二十五箭”。[③]

对此，本书谨慎存疑，并不认为秦时宫廷一定使用漏刻，以及存在专门执掌漏刻的官员。但可以肯定的是，秦地方行政中确实曾使用漏刻计时，这一点有里耶秦简中的相关记载可以证明，例如里耶秦简有“九月己亥水下三刻”“六月庚辰水十一刻刻下六”“六月乙亥水十一刻刻下二”“三月丁丑水十一刻刻下二”“十月丁卯水十一刻下九”“二月丙戌水十一刻刻下八”“甲申水下七刻”“水下尽”等,[④] 可以发现秦的基层行政中对精确时间的需求已达到一定程度。李学勤认为其中所记时刻皆指白昼，即将一昼分为十一刻，刻于漏壶箭上，视箭下沉几刻，以判定时间，这可以说是漏刻的原始形态。[⑤] 张春龙、龙京沙则根据后来里耶秦简中发现的“夜水下四刻”简

① 《旧唐书》卷四四《职官三》，第 1911 页。

② 《晋书》卷二四《职官志》，第 743 页。

③ 《宋书》卷一三《律历下》，第 285 页。

④ 陈伟主编《里耶秦简牍校释》第 1 卷，武汉大学出版社，2012，第 13、43、43、48、52、54、55、57 页。

⑤ 李学勤：《初读里耶秦简》，《文物》2003 年第 1 期，第 75 页。

文证明漏壶有昼夜之别。① 胡平生认为秦时的漏刻制度是白天、夜晚各有十一刻，一昼夜二十二刻。② 考察相关记载可以发现，学者认为里耶秦简中将昼夜各分十一刻的说法是正确的，且当时的每刻合现在的一个小时有余，显然这种漏刻制度比后来汉代昼夜百刻、每刻合现在 14 分 24 秒要原始得多。究其原因，里耶秦简中的时间计量使用的是较为粗糙的仪器，例如普通的水器，只要器内的水能够漏完一天即可；也不一定要使用箭尺，只需在器壁刻画十一个刻度。在使用过程中，不同地点约定每日固定时刻如日出时加水，那么不同地点的人们就可以获得一个大致统一的时间，而统一时间对保证文书传递等政事的效率是有较大便利的。这也提示我们，之所以现在还没有出现先秦时期的漏刻实物，是因为类似的器具本身较为原始，正如王振铎指出的那样，普通的器具如果具有“漏”的功能，也可以作为漏刻使用。③ 所以现在考古发掘出的某些陶器可能就是漏壶，只是缺乏相关资料进行证明。

第二节　西汉漏壶考

汉代以后不仅史料中关于漏刻的记载逐渐增多，也出土了多件漏壶实物，这些都说明汉代漏刻制度已经基本完备，成为

---

① 张春龙、龙京沙：《湘西里耶秦代简牍选释》，《中国历史文物》2003 年第 1 期。

② 胡平生：《里耶简所见秦朝行政文书的制作与传送》，卜宪群、杨振红主编《简帛研究（2008）》，广西师范大学出版社，2010。

③ 王振铎：《西汉计时器“铜漏”的发现及其有关问题》，《中国历史博物馆馆刊》总第 2 期，第 125 页。

相对普遍使用的计时方式。目前汉代漏壶已经出土多件，其中包括兴平铜漏、满城铜漏、千章铜漏、巨野铜漏、凤栖原铜漏、海昏侯铜漏和阳陵陶漏等；另外传世文献中也可以见到对丞相府铜漏和银错车马纹漏壶的详尽记载。可以发现，西汉是漏刻制度发展的关键时期，具体表现是单壶泄水型沉箭漏已经基本成熟，不同地域使用的漏壶在形制上极为类似；而西汉中期浮箭漏开始出现，并越来越广泛地用于天文测量及国家重要礼仪活动之中。[①] 本节梳理文献记载及出土所见著名西汉漏壶，探讨其具体形制，并依此讨论这一时期漏壶的使用等问题。

1. 丞相府铜漏

前文已及，吕大临《考古图》和薛尚功《历代钟鼎彝器款识法帖》都著录有汉代丞相府铜漏，陈直指出这是传世的最早的漏壶。[②] 《考古图》载有该器手绘图（图 4-2），题为“丞相府漏壶　丹阳苏氏”，并附录漏刻铭文：“廿一斤十二两，六年三月己亥年史神工谭正丞相府。”考释：“右不知从所得，高九寸有半，深七寸有半，径五寸六分，容五升。盖铭廿有一字。”后另有按语：“按此器制度，其盖有长方孔，而

① 前人研究多有论及汉代的漏壶，如王振铎《西汉计时器“铜漏”的发现及其有关问题》（《中国历史博物馆馆刊》总第 2 期），陈美东《试论西汉漏壶的若干问题》（中国社会科学院考古研究所编《中国古代天文文物论集》），同氏著《我国古代漏壶的理论与技术——沈括的〈浮漏议〉及其它》（《自然科学史研究》1982 年第 1 期，相关内容也见于卢嘉锡总主编，陈美东著《中国科学技术史 · 天文学卷》），华同旭《中国漏刻》（第 30—38 页），以及薄树人主编、石云里等执笔《中国天文学史》（台北：文津出版社，1996），潘鼐主编《中国古天文仪器史（彩图本）》，吴守贤、全和钧主编《中国古代天体测量学及天文仪器》，等等，可参看。

② 陈直：《史记新证》，天津人民出版社，1979，第 121 页。

壶底之上有流筒，乃漏壶也。视其铭乃汉器也。”① 李约瑟认为这件漏壶制作于公元前201年到公元前75年之间，② 也就是西汉建立至汉昭帝统治年间。清代冯云鹏等著《金石索》也摹画有这件器物，并根据旧的拓片更正“年”当为“卒”。③ 后来陈美东指出，按照宋尺一尺合现在30.72厘米计算，丞相府铜漏通高29.2厘米，深23厘米，直径为17.8厘米，容量为

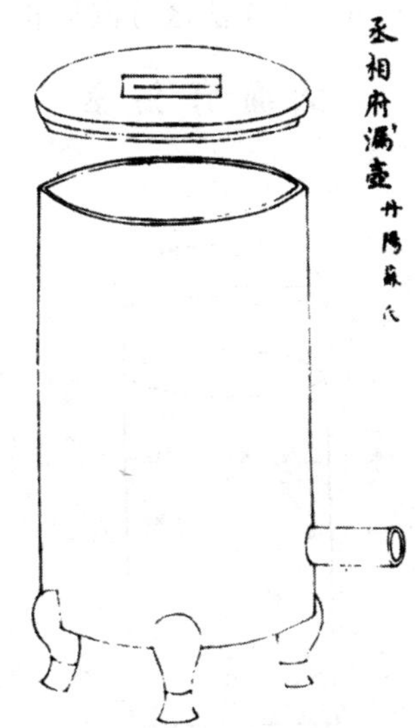

图4-2 《考古图》中的丞相府铜漏

图片来源：吕大临、赵九成：《考古图 续考古图 考古图释文》，第162页。

① 吕大临、赵九成：《考古图 续考古图 考古图释文》，中华书局，1987，第162页。

② 〔英〕李约瑟：《李约瑟中国科学技术史》第3卷《数学、天学和地学》，第314页。

③ 冯云鹏等：《金石索》卷二《量度之属》，双桐书屋藏板，道光十六年跋刊。

5736 立方厘米。[①] 吴守贤、全和钧根据这件漏壶有盖、盖上有孔、有滴水管等特征，判断这是一件单壶泄水型沉箭漏。[②]

明代《三才图会》和清代《古今图书集成》也载有该器的手绘图，然而王振铎认为这两部古书所载铜漏的图和文都有很多错误，不能够作为研究漏刻的凭据。[③] 陈美东则指出，《三才图会》的主要问题是将壶盖绘制成了半圆形，如果作者当真见过原器的话，不至于无法区分圆形和半圆形的盖，合理

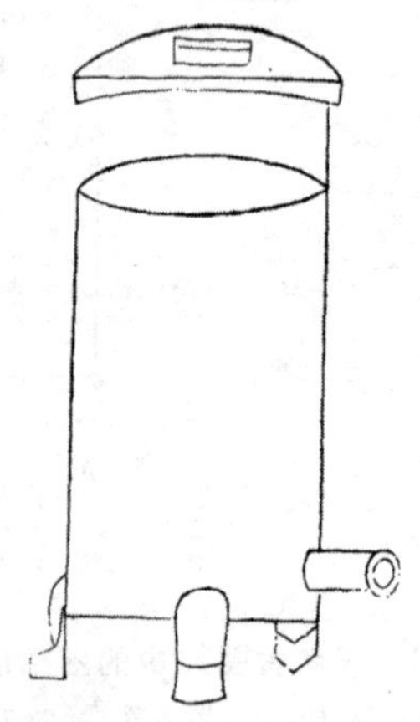

图 4-3　《三才图会》中的丞相府铜漏

图片来源：《三才图会》，明万历三十七年刻本。

---

① 陈美东：《试论西汉漏壶的若干问题》，中国社会科学院考古研究所编《中国古代天文文物论集》。陈美东另外指出，原刻所谓“容五升”和历代度量衡制度都不相符，可能有误。

② 吴守贤、全和钧主编《中国古代天文测量学及天文仪器》，第 397 页。

③ 王振铎：《西汉计时器“铜漏”的发现及其有关问题》，《中国历史博物馆馆刊》总第 2 期，第 118 页。

的解释是丞相府漏壶为复壶，《考古图》和《三才图会》的作者分别见到了其中的一件，所以才会有壶盖绘制上的差异。[①]也就是说，丞相府漏壶可能是一组漏刻，其中圆盖者为漏壶，另外一个半圆形盖者是受水壶。潘鼐也认为《三才图会》中漏壶壶盖上缺少一部分，应该是为了接收从漏壶里流出的水，并且指出如果丞相府铜漏和巨野铜漏合在一起，在形制上恰可形成一套完整的二级漏刻。[②]《中国天文学史》采纳了这一意见，[③] 但华同旭对这种说法则持保留态度。本书认为，虽然丞相府漏壶的实物已不可见，但在多种可能性之中，陈美东和潘鼐的意见是相对合理的。

2. 银错车马纹漏壶

容庚《颂斋吉金图录》中著录有他本人收藏的汉代银错车马纹漏壶，后附考释曰："壶银制，通盖高四寸九分，器高四寸二分，深三寸七分，口径一寸八分，唇广一分半；盖高八分，深六分，口径一寸五分，唇广一分半；流长八分，口径三分半，唇广一分。盖有长孔，三足作马蹄形。色灰黑……形制与《考古图》所载丞相府漏壶相同，而小其半，未审何用也。"[④] 陈美东测算这件漏壶通高 16.3 厘米，深 12.3 厘米，内径 5 厘米，容量 241 立方厘米，考虑到流管到壶底的距离，实际有效的容量可能只有 160 立方厘米。[⑤] 从其形制来看，这

① 陈美东：《试论西汉漏壶的若干问题》，中国社会科学院考古研究所编《中国古代天文文物论集》。

② 潘鼐主编《中国古天文仪器史（彩图本）》，第 119 页。

③ 薄树人主编，石云里等执笔《中国天文学史》，第 223 页。

④ 容庚：《颂斋吉金图录》，《容庚学术著作全集》，第 106 页。

⑤ 陈美东：《试论西汉漏壶的若干问题》，中国社会科学院考古研究所编《中国古代天文文物论集》。

也是一件单壶泄水型沉箭漏。

整体上看，这件漏壶造型精美，装饰有繁复的车马、人物纹饰，应为贵族所使用。王振铎仔细研究器物上的纹饰，指出壶身的纹饰由金银错绘，腹部绘辎軿车马，上下绘仙人，可能与西王母故事有关。① 另外也有学者指出，这件漏壶精致小巧，是一件袖珍式漏壶，能够满足便携的需要，与后来的马上漏刻类似。② 需要注意的是，现在所见的漏壶仅此一件为银质。

3. 兴平铜漏

1958 年陕西兴平西汉墓出土了一件铜漏，被命名为“兴平铜漏”（图 4-4）。这件铜漏现藏于陕西省茂陵博物馆，是第一件考古发掘出土的漏壶实物。根据发掘报告的说法，“这件铜漏壶，根据同出的铜带钩、五铢钱、陶器等物，证明是西汉中期的。它的外形比较完整，为圆筒形，素面，上有提梁盖，下有三足，壶底端突出一个出水嘴。通高 32.3 厘米；壶盖直径 11.1 厘米；盖沿高 1.7 厘米；提梁梁高 6 厘米。盖和梁的中央有正向对应的长方形插尺孔各一个，长 1.73 厘米，宽 0.5 厘米，用以穿插有时辰的标尺。壶身口径 10.6 厘米，高 23.8 厘米。壶嘴长 3.8、口径 0.25 厘米，其内径为圆筒形，外为圆柱形，壶壁连接，呈漏斗状，水即从此嘴水平流出”。③ 从形制上看，这也是一件单壶泄水型沉箭漏。考古工作者将这件铜漏的制作年代定为西汉中期是值得信赖的。另

---

① 王振铎：《西汉计时器“铜漏”的发现及其有关问题》，《中国历史博物馆馆刊》总第 2 期，第 118 页。

② 李强：《马上漏刻考》，《自然科学史研究》1990 年第 4 期。

③ 兴平县文化馆、茂陵文管所：《陕西兴平汉墓出土的铜漏壶》，《考古》1978 年第 1 期。

外陈美东将这件铜漏的制作年代定于满城铜漏和干章铜漏之间，[①] 这种观点也值得注意。

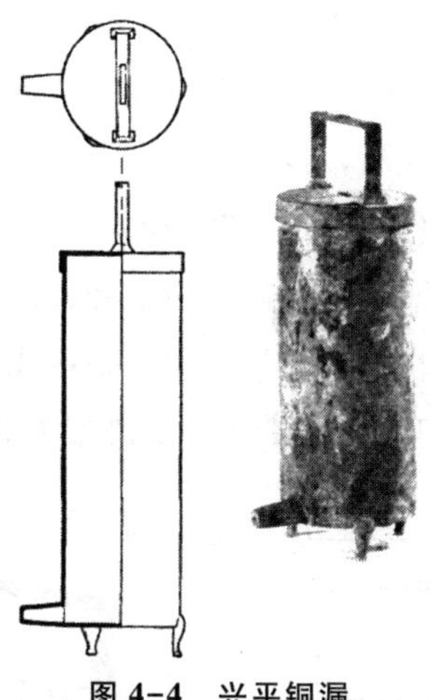

图 4-4　兴平铜漏

图片来源：兴平县文化馆、茂陵文管所：《陕西兴平汉墓出土的铜漏壶》，《考古》1978 年第 1 期。

1986 年 10 月，华同旭使用这件铜漏实物进行了实验，结果表明兴平铜漏只能够流 5 分钟左右，用这样一件漏壶去度量时间显然是不实用的，而且其制作相对粗糙，所以华同旭怀疑这件铜漏是特意为陪葬而制作的明器。另外华同旭提到也有学者怀疑这件漏壶是医生用来测量脉搏的，《黄帝内经》和《灵枢经》中都有相关的记载。[②] 总体来看，兴平铜漏的实用性存疑，但其形制与传世和出土的漏壶并无二致，显示类似形制的漏壶在汉代较为普遍。

---

① 陈美东：《试论西汉漏壶的若干问题》，中国社会科学院考古研究所编《中国古代天文文物论集》。

② 华同旭：《中国漏刻》，第 150 页。

4. 满城铜漏

满城铜漏 1968 年出土于河北满城西汉中山靖王刘胜墓（图 4-5），根据《满城汉墓发掘纪要》的记载，这件漏壶“作圆筒形，下有三足，通高 22.4 厘米，壶身接近壶底处有一小管外通，小管已残断，壶盖上有方形提梁，壶盖和提梁有正相对的长方形小孔各一，作为穿插刻有时辰的标尺之用。壶中的水从小管逐渐外漏，标尺便逐渐下降，从而可以看出时辰的变化。这件漏壶体积小，携带方便，是古代劳动人民精心创造出来的一种计时器”。[①] 后来《满城汉墓发掘报告》补充了这

图 4-5 满城铜漏

图片来源：中国社会科学院考古研究所、河北省文物管理处编《满城汉墓发掘报告》（上），文物出版社，1980，第 77 页。

① 中国科学院考古研究所满城发掘队：《满城汉墓发掘纪要》，《考古》1972 年第 1 期，第 13 页。

件铜漏的尺寸信息：通高 22.5 厘米，直径 8.6 厘米，深 15.6 厘米，内径 8.4 厘米，盖径 9 厘米，提梁高 4.3 厘米。发掘报告中还提到，铜漏应该有刻箭，但是现已不存。[①]

刘胜为汉景帝之子，卒于汉武帝元鼎四年（前 113），那么这件漏壶的铸造年代也就比较清楚了，所以发掘报告指出，这件铜漏是“迄今经科学发掘出土的、有确切年代可考的最早的漏壶”。从形制上看这也是一件单壶泄水型沉箭漏，[②] 只是这件铜漏相对于其他铜漏体积较小，发掘纪要已经怀疑它是专门为陪葬制作的明器，研究漏刻问题的前贤也大多同意这种说法。

5. 千章铜漏

1976 年内蒙古伊克昭盟发现了一件铜漏，根据铭文定名为“千章铜漏”（图 4-6），[③] 现藏于中国国家博物馆。这件铜漏通高 47.9 厘米，壶身为圆筒形，壶内深 24.2 厘米，径 18.7 厘米，容量 6384 立方厘米。靠近壶底处有下斜 23 度的一断面圆形流管，管上面斜长 8.2 厘米，下面斜长 7.2 厘米，根径 2.4 厘米，端径 1.8 厘米，近管端处有一凹槽，管端有径 0.31 厘米的小圆孔。壶身下有三个蹄形足，高 8.8 厘米。壶盖高 3 厘米，直径 20 厘米。盖上有双层梁，通高 14.3 厘米。壶盖上和两层梁中央有相对的三个长方形孔，应当是安插漏箭之用。从形制上看，这也是一件单壶泄水型沉箭漏。

① 中国社会科学院考古研究所、河北省文物管理处编《满城汉墓发掘报告》（上），第 76 页。

② 吴守贤、全和钧主编《中国古代天体测量学及天文仪器》，第 398 页。

③ 伊克昭盟文物工作站：《内蒙古伊克昭盟发现西汉铜漏》，《考古》1978 年第 5 期，第 317 页。

图 4-6　干章铜漏

图片来源：伊克昭盟文物工作站：《内蒙古伊克昭盟发现西汉铜漏》，《考古》1978 年第 5 期。

这件漏壶上有清晰的铭文，壶内底上铸有阳文“千章”二字，壶身正面阴刻铭文“千章铜漏一，重卅二斤，河平二年四月造”。“河平”是汉成帝的年号，河平二年也就是公元前 27 年，出土漏壶中仅此一件有明确的纪年。关于铭文中的“千章”二字，有学者认为应该释读为“干章”。[①] 孙机也认为虽然《汉书·地理志》下有“千章县”，但至少此处应作“干章铜漏”。另外，在这件漏刻第二层梁上加刻有“中阳铜漏”四个字，孙机认为这件铜漏原先在干章，后来归中阳县，这两个县在西汉的时候同为西河郡所属。[②]

发掘简报最后写道：“这件铜漏，保存完整，未经磨

① 陈雍：《“干章铜漏”辨正》，《北方文物》1994 年第 3 期。

② 孙机：《汉代物质文化资料图说（增订本）》，第 335 页。

损，比满城和兴平汉墓中出土的铜漏的体积都大，而且有明确的纪年，为研究西汉时期的泄水型沉箭式的漏壶再一次提供了重要资料。”[①] 总体而言，千章铜漏保存最为完整，结构也最为成熟，而且壶身上的铭文明白揭示了铜漏的地域、铸造年代等信息，这在目前出土的铜漏中是最为清晰明白的。

1986 年 10 月，华同旭使用这件铜漏实物进行了实验，证明一壶水流尽的时间是 12 分 15 秒 36，与 1 古刻（14 分 24 秒）差距不大，而差距产生的原因应当是流管磨蚀孔径增大，这说明千章铜漏确实属于“一刻之漏”。[②]

6. 巨野铜漏

1977 年山东巨野西汉墓出土了一件铜漏壶，后来命名为“巨野铜漏”（图 4-7），[③] 现收藏于山东省巨野县博物馆。巨野铜漏出土的时候被考古工作者称为“筒形器”，因为原器为圆筒形，素面，器高 79.3 厘米，口、底直径各 47 厘米，壁厚 0.7 厘米，重 74 公斤。腹中部装饰有两个对称的铜环，环直径 11.5 厘米。距器底 5 厘米处有一圆孔，孔周外壁稍厚，方形。另铸有一筒形杯状器，长 5.8 厘米，口径 4.8 厘米，底径 3.3 厘米，底壁厚 0.3 厘米，甚是光滑。筒形杯状器由筒形器内侧插入圆孔，横置，口在筒形器内，有衔接痕迹，底在器外。筒形杯状器与器孔外壁浑然一体，甚是牢固。筒形器一侧

---

① 伊克昭盟文物工作站：《内蒙古伊克昭盟发现西汉铜漏》，《考古》1978 年第 5 期。

② 华同旭：《中国漏刻》，第 152 页。

③ 山东省菏泽地区汉墓发掘小组：《巨野红土山西汉墓》，《考古学报》1983 年第 4 期，第 481—482 页。

近底部的外壁有修补痕迹两处，附有不规则的铜板两块，用铜汁浇灌连合；器身还散见多处修补的小方块痕迹。考古工作者推测，这一现象可能是由于铸造时质量不高，后来做了修补，或者是经使用而损坏，再行修补，显示这件器物曾长期使用。发掘报告另外还提到，出土时器物内部满是泥土，并有朽木痕迹，根据器物的形状和清理时发现的迹象，怀疑该器物是古代的一种计时器。

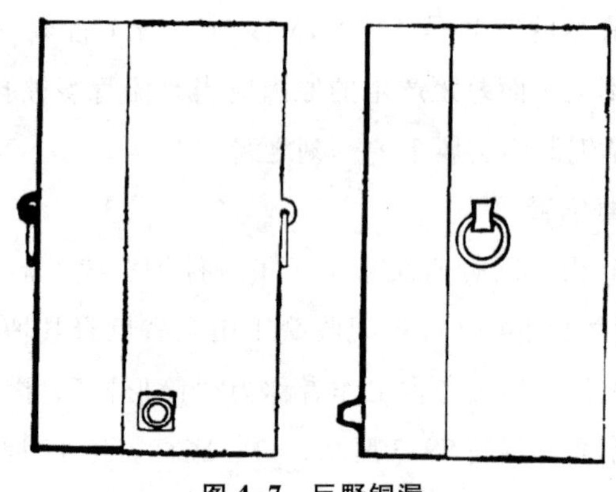

图 4-7　巨野铜漏

图片来源：山东省菏泽地区汉墓发掘小组：《巨野红土山西汉墓》，《考古学报》1983 年第 4 期。

巨野铜漏没有明确的制作年代，根据史料的记载，该墓葬的主人昌邑王刘髆死于公元前 87 年，那么这件铜漏显然是在此之前制作的。华同旭为写作《中国漏刻》一书，曾于 1984 年前往山东巨野观看这件漏壶，根据他当时的报告，巨野铜漏可以确定是浮箭漏的供水壶，具体理由有三：一是该壶没有盖和提梁，不是单壶泄水型沉箭漏；二是该壶平底无足，和后世浮箭漏的供水壶相同，平底是因为这件漏壶本身要被放在受水壶后方的高台上，不需要足；三是该壶体积较大，这也正是浮箭漏供水壶的特征。[①] 后来潘鼐在写作《中国古天文仪器史》时也对这件漏刻的实物进行了考察，确认这是一件浮箭漏，并且认为巨野漏刻为浮箭漏发明于汉武帝时期提供了实物证据。[②]

需要注意的是，巨野红土山西汉墓中并没有出土受水壶，而单独一件供水壶显然没有办法实现计时的功能。不过，《汉书·武五子传》中曾经提到昌邑王刘贺使用漏刻，“夜漏未尽一刻，以火发书，其日中贺发，晡时至定陶，行百三十五里”，显示昌邑王府中是有漏刻的，而且这种漏刻已经可以精确到一刻，可见是一种较为精密的仪器。[③] 由此可以推测西汉昌邑王家族曾经使用完整的漏刻。后来海昏侯墓出土的铜漏也可以证明这一观点。

7. 凤栖原铜漏

凤栖原铜漏（图 4-8）2009 年出土于西安凤栖原西汉墓园 M8 墓地，考古工作者判断该墓园为王侯级别，该家族在西汉中晚期曾拥有十分显赫的地位。[④] 也有学者推断大墓的主人就是西汉中期的富平侯卫将军张安世。[⑤] 根据文物整理和修复者的报告，凤栖原铜漏为圆筒形，方形单提梁盖，下有三只蹄形足。漏壶通高 52.6 厘米，壶内深度 34 厘米，壶身口径 21 厘米，壶盖及提梁总高 17.5 厘米，提梁高度 14.2 厘米，壶盖外径 22.5 厘米。流管位于壶身下部，长 7.5 厘米，端口直径 2.5 厘米，流孔直径 0.12 厘米。提梁和壶盖中央垂直对应位置

---

① 华同旭：《中国漏刻》，第 36 页。

② 潘鼐：《中国古天文仪器史（彩图本）》，第 118—119 页。

③ 参吴守贤、全和钧主编《中国古代天体测量学及天文仪器》，第 398 页。

④ 陕西省考古研究院：《西安凤栖原西汉墓地田野考古发掘收获》，《考古与文物》2009 年第 5 期。

⑤ 丁岩：《凤栖原西汉墓园大墓主人试探》，《西部考古》，2015 年。

各有一个长1.5厘米、宽0.6厘米的方形孔，用以插入箭尺并保持垂直。另外，铜漏整理者还在壶内发现了断为数节的有机质条状物，并怀疑这就是漏壶的刻箭。[①] 凤栖原铜漏也是一件单壶泄水型沉箭漏，而且从现有资料看，凤栖原铜漏是出土漏壶中体量最大的。

图 4-8 凤栖原铜漏

图片来源：杨忙忙：《汉铜漏壶的保护修复及相关问题探讨》，《文物保护与考古科学》2016年第4期。

8. 海昏侯铜漏

2015年南昌海昏侯刘贺墓出土一件青铜漏壶（图4-9），根据报告，这件铜漏壶出土于海昏侯墓园1号主墓的厨具库。[②] 漏壶有圆形的盖，平顶，中央有一长方形孔。盖顶上有

---

① 杨忙忙：《汉铜漏壶的保护修复及相关问题探讨》，《文物保护与考古科学》2016年第4期。

② 江西省文物考古研究院、中国人民大学历史学院考古文博系：《江西南昌西汉海昏侯刘贺墓出土铜器》，《文物》2018年第11期。

一长方形提梁，提梁上有一长方形孔，与盖顶中央长方形孔上下对应。器身长筒形，子口，上腹部有两个半环形耳衔环，近底部有一流管，底部为三个半圆形兽蹄足。半环形耳上有两道弦纹。口径 18.5 厘米，足高 5.1 厘米，通高 38.6 厘米，重 2410 克。这件铜漏的形状与内蒙古伊克昭盟出土的千章铜漏极为相似，可以确定是一件典型的单壶泄水型沉箭漏。而且海昏侯铜漏体积与千章铜漏相差不大，可以推测这两件漏壶都属于“一刻之漏”，即漏完一壶水需要的时间是昼夜百刻制度下的一刻钟，合现在的 14 分 24 秒。

图 4-9　海昏侯铜漏

图片来源：江西省文物考古研究院、中国人民大学历史学院考古文博系：《江西南昌西汉海昏侯刘贺墓出土铜器》，《文物》2018 年第 11 期。

9. 阳陵陶漏

汉景帝阳陵出土有陶制漏壶（图 4-10）。[①] 根据介绍，这件

① 王学理编著《汉代雄风：汉景帝与阳陵》，三秦出版社，2003，第 125 页。

漏壶出土于阳陵帝陵东侧的陪葬坑内，后来学者的报告中提到，这件陶漏为“泥制灰陶，素面，圆筒形，通高 32.1 厘米，口径 10.6 厘米，漏壶有盖，壶盖上有提梁，盖和梁之间有正负对应的方形插箭孔各一个，用以穿插计时用的标尺。壶的底端有一出水管，长 3.8 厘米，与筒壁垂直。其内为圆锥形，外为圆柱形，内外相接成漏斗状，滴水从管内水平流出。这只陶漏壶显然是西汉时期的计时器”。[①] 从形制上来看，阳陵陶漏是一件单壶泄水型沉箭漏。

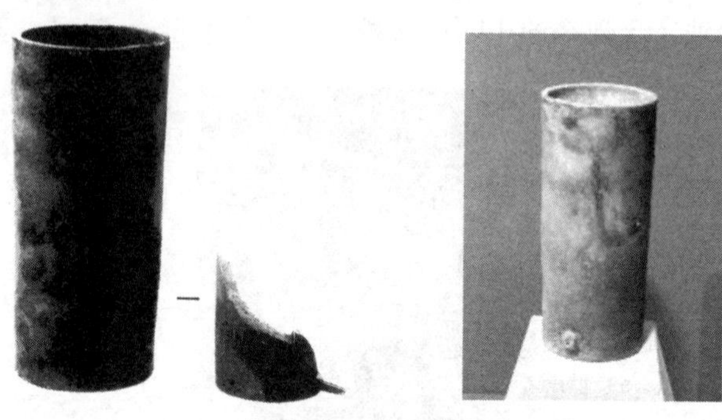

图 4-10　阳陵陶漏

图片来源：左图见胡芳《汉景帝阳陵探秘》，第 158 页；右图由笔者摄制于汉阳陵博物馆。

目前出土的汉代漏壶中仅见这一件陶漏，整体造型相对简单，且出土地点为陪葬坑内，应当是为陪葬特别制作的明器。事实上，漏壶是精确性较高的特殊器物，陶土显然并不是理想的材料，因为一旦发生渗漏等情况就会严重影响漏壶的精确性。古人说漏壶“才略有分毫侵损，便成废器”，[②] 所以这件陶漏很难满足日常测量时间的需要。漏壶的制作本身就是为了追求较

---

① 胡芳：《汉景帝阳陵探秘》，第 158 页。

② 张金吾著，冯惠民整理《爱日精庐藏书志》，中华书局，2012，第 313 页。

为精确的时间，否则在实际使用中也就发挥不了什么作用了。

第三节　西汉漏壶的几个问题

1. 汉代漏壶的形制特征

根据之前的讨论，目前所知的汉代漏壶中，丞相府铜漏和银错车马纹漏壶都是传世之器，然而现在都已经无法见到实物；阳陵陶漏可以确定为陪葬用的明器，不具备实用价值，兴平铜漏和满城铜漏也可以判定为明器；干章铜漏、巨野铜漏、凤栖原铜漏和海昏侯铜漏是实际使用的器物，其中巨野铜漏是浮箭漏的供水壶，其他都是单壶泄水型沉箭漏。

表 4-1　西汉漏壶一览

单位：厘米

	通高	壶身高	壶身内径	容量（立方厘米）	材质	形制
丞相府铜漏	29.2	23	17.8	5736	铜	浮箭漏受水壶
银错车马纹漏壶	16.3	12.3	5	241	银	单壶泄水型沉箭漏
兴平铜漏	32.3	23.8	10.6	2099	铜	单壶泄水型沉箭漏
满城铜漏	22.5	15.6	8.4	864	铜	单壶泄水型沉箭漏
干章铜漏	47.9	24.2	18.7	6384	铜	单壶泄水型沉箭漏
巨野铜漏	79.3	79.3	47	137511	铜	浮箭漏供水壶
凤栖原铜漏	52.6	34	21	11770	铜	单壶泄水型沉箭漏
海昏侯铜漏	38.6	约 25	18.5	6717	铜	单壶泄水型沉箭漏
阳陵漏壶	32.1	约 23	10.6	2029	陶	单壶泄水型沉箭漏

由表 4-1 可以发现，现在能够见到的漏壶大部分为青铜铸造，也有银制和陶制的漏壶，其中陶制的漏壶显然无法满足

精确计量时间的需要。然阳陵陶漏的造型与同时期的青铜漏壶几无二致，显系模仿后者制作而成。目前出土的漏壶中没有使用银制作的，其他历史文献的记载中也没有见到银制的漏壶，容庚藏的银质漏壶确实属于孤证，所以其真伪问题也是必须注意的。

从现在能够掌握的数据来看，铜漏的容量大小不一，其中巨野铜漏由于是浮箭漏的供水壶，所以容量较其他特大；而兴平铜漏、满城铜漏和阳陵铜漏应是为陪葬特意制作的，容量又较其他特小。实际使用的千章铜漏和海昏侯铜漏，容量差别不太大，这显示高 20 余厘米、直径约 20 厘米当是汉代青铜漏壶的标准尺寸。应当注意到，实际使用的三件漏壶一件发现于现在的内蒙古，一件出土于西安，一件出土于南昌，证明当时使用的漏壶可能是官方统一制作的，或者至少有统一的标准。

2. “一刻之漏”的使用方式

除了巨野铜漏之外，现在能够见到的西汉漏壶大多属于单壶泄水型沉箭漏，这种漏壶的形态较为原始，使用方式也比较简单，因为大多只能满足计量汉代“一刻”的需要，所以也被称为“一刻之漏”。例如陈美东在研究过丞相府漏壶和银错车马纹漏壶之后判断，丞相府漏壶的壶嘴口径较大，漏完一壶水需要的时间恐怕不会长于 12 分钟；而银错车马纹漏壶漏完一壶的时间可能更短，甚至很难超过 1 分钟。[①] 华同旭使用原物进行实验后得出结论，兴平铜漏只能流 5 分

① 陈美东：《试论西汉漏壶的若干问题》，中国社会科学院考古研究所编《中国古代天文文物论集》。

钟左右，而干章铜漏能够流 12 分 15 秒 36。[①] 海昏侯铜漏和干章铜漏形制差别不大，推测每流完一壶水的时间也是汉代一刻左右。

对“一刻之漏”如何满足一日之内时间计量的需要，学者一直有不同的意见。考古工作者在兴平铜漏内部发现了一块云母，认为它是漏壶的一部分，可能用于控制漏壶的流速。当时的报告写道：“在筒内出水嘴处，有一紧贴在筒壁上的云母片，直径约 4 厘米，呈不规则的圆形，这是否属控制漏水装置的残片，有待进一步研究。”[②] 对于考古工作者的推测，王振铎表示认可，他指出云母不吸收水也不溶于水，虽然质地坚硬，但又具有柔软的性能，应该是一种理想的用来作为控制流速的阀门装备的材料。他还注意到，干章铜漏的流管直径为 0.25 厘米，如果漏水口不加控制，任其自流，水很快就会流尽，所以这件漏壶想要使用一天，就势必需要控制流速的装置。[③] 孙机也认为这块云母的用途是调节流速，但他同时指出如何使漏壶的水位和水压保持均衡的问题在汉代尚未得到解决。[④] 也有学者提出了不同的意见，例如华同旭就认为云母控制流速恐怕没有现实性，而且他的研究也提示我们，并不是所有的漏壶都要满足一天的计时需要。类似单壶泄水型沉箭漏如果想要实现全天计时，体积就要尽可能大，而现在能够见到的

---

① 华同旭：《中国漏刻》，第 150、152 页。

② 兴平县文化馆、茂陵文管所：《陕西兴平汉墓出土的铜漏壶》，《考古》1978 年第 1 期。

③ 王振铎：《西汉计时器“铜漏”的发现及其有关问题》，《中国历史博物馆馆刊》总第 2 期。

④ 孙机：《汉代物质文化资料图说（增订本）》，第 335 页。

这几件漏壶显然都无法满足需要。[①]

本书认为“一刻之漏”的使用存在两种情况：一种是测量较短的时间，一种是通过换壶的方式测量较长的时间。换壶也就是使用两只单壶泄水型沉箭漏，轮流交替运行。华同旭推测，如果司漏人员素质较高，这种方式一昼夜的误差也就在1古刻左右。[②] 用“一刻之漏”测量较短的时间段类似于现在使用秒表计时，例如海昏侯墓铜漏壶出土于厨具库，或者因为它本身就用于饮食制作，有可能与同出的蒸馏器等配合使用。另外，海昏侯铜漏壶有双耳，显然是有便携的功能，结合墓中出土的医药方面的器具和文献，这件漏壶亦可能用于医药方面，例如用于计算制作药物的时间等。

3. 关于浮箭漏

巨野铜漏的出土证明，至迟在汉武帝时期就已经出现了浮箭漏，这是能够满足一日之内时间测量的漏刻。之前的学者判断浮箭漏出现的时间较早，例如李约瑟和中国学者高之栋等人都认为浮箭漏出现在公元前200年以前，[③] 而根据现在的资料可以证明此说有待商榷。

浮箭漏一般由两只漏壶组成，一只是供水壶，另一只是受水壶，受水壶内装有箭尺，随着水位上升，箭尺也会上升。山东巨野红土山西汉墓出土的浮箭漏的供水壶，其容量高达130

---

① 华同旭：《中国漏刻》，第60页。

② 华同旭：《中国漏刻》，第153页。

③ J. Needham, *Science and Civilisation in China*, vol. 4, Cambridge: The Cambridge University Press, 1965, p. 2, 479; D. R. Hill, *Islamic Fine Technology and Its Influence on the Development of European Hovology*, Al-Abhath, vol. 35, 1987, p. 10; 高之栋：《自然科学史讲话》，陕西科学技术出版社，1986，第16页。

公斤有余；受水壶并未见到，但显然其体积也不会太小。作为对比，现藏于国家博物馆的元代三级铜壶滴漏（图 4-11）由上而下的第一供水壶容量为 217 公斤，第二壶容量为 117 公斤，第三壶容量为 63 公斤，受水壶容量为 49 公斤。[①]

图 4-11　元代三级铜壶滴漏

图片来源：中国国家博物馆官方网站，http://www.chnmuseum.cn/zp/zpml/201812/t20181218_25264.shtml。

浮箭漏有昼漏和夜漏两种形式。汉武帝时期最早出现的浮箭漏应为单级受水型浮箭漏，其使用方式是由供水壶向受水壶供水，受水壶水位逐渐上升，箭尺随之上升。现在文献中看到的所谓昼漏“上”“上水”“未尽”和夜漏“上”“上水”“下”“未尽”“不尽”等，都是指浮箭漏。[②] 史料中比较著名

① 力成：《我国现存完整的铜壶滴漏》，《文物天地》1983 年第 6 期。

② 华同旭：《中国漏刻》，第 40—41 页。

的昼漏的例子有《汉书·外戚传》中说汉成帝“昼漏上十刻而崩”、《王尊传》“漏上十四刻行临到”，夜漏的例子有《昌邑王传》中所谓“夜漏未尽一刻”等。[①]

相比于沉箭漏，浮箭漏可以达到较高的准确性，所以多被用于天文测量、历法制定和重要礼仪活动等领域。例如汉武帝元封七年（前104）诏公孙卿等制定《汉历》：“乃定东西，立晷仪，下漏刻，以追二十八宿相距于四方，举终以定朔晦分至，躔离弦望。”[②]《隋书·天文志》追述这一历史事件时说：“及孝武考定星历，下漏以追天度，亦未能尽其理。”又说：“揆日晷，下漏刻，此二者，测天地，正仪象之本也。”[③] 可以确定这里使用的都是浮箭漏。再者，《续汉书·律历志》有“推诸上水漏刻”的说法，在描述天文观测活动的时候也说：“孔壶为漏，浮箭为刻，下漏数刻，以考中星，昏明生焉。”[④] 而且根据《续汉书》的相关记载，至少在后汉重要的礼仪活动中，一般使用的都是浮箭漏，例如《续汉书·礼仪志》有“昼漏上水初纳，执事告祠先农”“夜漏上水，朝臣会”“昼漏上水，大鸿胪设九宾，随立寝殿前”等。[⑤]

总的来说，到西汉中期，漏刻在技术上已经基本成熟，尤其是二级漏刻的出现，表明人们已经能够精确而稳定地计量时间。当然，随着对计量精确度要求的提高，人们也在不断改良漏刻，现藏于国家博物馆的元代三级铜壶滴漏就是其中的代

① 《汉书》卷九七下，第3990页，卷七六，第3232页，卷六三，第2764页。
② 《汉书》卷二一上《律历志上》，第975页。
③ 《隋书》卷一九《天文上》，第526、529页。
④ 《后汉书》志三《律历下》，第3056页。
⑤ 《后汉书》志四《礼仪上》，第3103、3106页。

表。与此同时，漏刻技术的进步也促进了时间制度的完善，将一昼夜分成一百刻的时间制度更广泛地为人们所接受。然而“漏刻以百二十为度”的出现，也说明对时间制度的争论其实一直存在。

第四节　昼夜“以百二十为度”

1. 昼夜百刻

根据前文的讨论，“刻”这种时间计量单位的出现来源于漏刻的使用。“刻”的本意是刻画，具体来说，就是在漏壶的器壁或者箭杆上刻画符号，以水流经过刻度表示时间。“刻”有时也作“节”或“度”，如《说文解字》说“漏，以铜受水，刻节，昼夜百节”，这里的“节”就是“刻”的意思；[①] 另外《史记·乐书》说“五色成文而不乱，八风从律而不奸，百度得数而有常”，《集解》引郑玄言认为“百度”就是“百刻”，[②] 此处的“度”当和“度量衡”的“度”意思相同，也是《孟子》所谓“度，然后知长短”[③] 的意思。究其本意，就是以人们熟悉的长度单位计量抽象的时间。

虽然有学者认为“昼夜百刻”的制度出现于商代晚期，[④] 然而正如前文所谈到的那样，现在还没有看到先秦漏刻的实物。

---

① 许慎撰，段玉裁注《说文解字注》，第 566 页。段玉裁认为“百节”他本皆作“百刻”，但此处当以“百节”为是，其意当是“昼夜以百节之，故为刻者百”。此说值得注意。

② 《史记》卷二四《乐书》，第 1211、1213 页。

③ 《孟子正义》，阮元校刻《十三经注疏》，第 87 页。

④ 阎林山、全和钧：《论我国固有的百刻计时制》，《天文参考资料》1977 年第 4 期。

而且秦以前的史料中很少看到有使用“刻”这种时间单位的记载，里耶秦简中有关“刻”的记录提示在某些地区曾经存在使用昼夜二十二刻制度的情形，这至少说明“昼夜百刻”的制度在汉代以前未广泛地应用。汉宣帝时期，“昼夜百刻”被定为法令，成为全国通行的制度，《续汉书·律历志》有所谓“案官所施漏法《令甲》第六《常符漏品》，孝宣皇帝三年十二月乙酉下，建武十年二月壬午诏书施行”，[①] 可见“昼夜百刻”在汉宣帝以前通行过相当长一段时间，然后才被定为法令。所以有学者认为可能在张苍在任时就已经确立了“昼夜百刻”的制度。[②]

可以认为，“昼夜百刻”的制度之所以受到青睐，是因为便于昼漏和夜漏刻度的分配。由于每天昼夜长短不同，所以昼漏和夜漏刻数也会不同。古人很早便意识到这个问题，根据《续汉书·律历志》的记载：“漏刻以日长短为数，率日南北二度四分而增减一刻。一气俱十五日，日去极各有多少。”[③] 这其实就是根据日期的变化更换漏箭。后来《隋书·天文志》出现了更为详尽的对更换漏箭制度的记载：

> 总以百刻，分于昼夜。冬至昼漏四十刻，夜漏六十刻；夏至昼漏六十刻，夜漏四十刻；春秋二分，昼夜各五

① 《后汉书》志二《律历中》，第 3032 页。

② 相关的研究参吴守贤、全和均主编《中国古代天文测量学及天文仪器》，第 395 页。另外，日本学者大庭脩《秦汉法制史研究》（林剑鸣译，上海人民出版社，1991，第 231 页）对陈梦家《汉简缀述》中《西汉施行诏书目录》进行评述，认为“常符漏品”虽然确定为宣帝时代的制度，但没有年号这一点难以理解，他认为“漏品”一度为张苍确定，后来宣帝时代进行了修订。此说可参。

③ 《后汉书》志二《律历中》，第 3032 页。

十刻。日未出前二刻半而明，既没后二刻半乃昏。减夜五刻，以益昼漏，谓之昏旦。漏刻皆随气增损。冬夏二至之间，昼夜长短凡差二十刻。每差一刻为一箭。冬至互起其首，凡有四十一箭。[①]

这段文字清楚地记载了漏刻在使用过程中随时日更换漏箭的做法，也就是所谓的“随气增损”。按照太阳去极度，每隔二度四分时，漏刻增减一度。虽然有学者认为这种制度起源于先秦，[②] 但本书倾向于它是在西汉中后期才被广泛使用。可以认为“昼夜百刻”和“随气增损”的制度差不多在同一时期定型。

2. 百二十刻的思想渊源

然而“昼夜百刻”的制度使用后不久，到成帝时期，就有人提出了“漏刻以百二十为度”的说法。汉哀帝时正式颁布诏书改革漏刻制度，哀帝在诏书中说，自即位以来连续发生灾异事件，且汉家有再受命之符，故要求改元，并与天下自新：“其大赦天下。以建平二年为太初元将元年，号曰陈圣刘太平皇帝。漏刻以百二十为度。”[③] 有学者指出，根据汉哀帝诏书的说法，漏刻制度的改变与改元、皇帝改称同样重要，[④] 当然这也证明漏刻制度代表的时间概念在政治文化中具有相当丰富的内涵。史料记载，这次漏刻制度的改变与夏贺良等人的改制有关，根据《汉书·李寻传》的记载：

---

① 《隋书》卷一九《天文上》，第 526 页。

② 华同旭：《中国漏刻》，第 27 页。

③ 《汉书》卷一一《哀帝纪》，第 340 页。

④ 王子今：《秦汉史——帝国的成立》，台北：三民书局，2009，第 170 页。

> （李）寻遂白贺良等皆待诏黄门，数召见，陈说“汉历中衰，当更受命。成帝不应天命，故绝嗣。今陛下久疾，变异屡数，天所以谴告人也。宜急改元易号，乃得延年益寿，皇子生，灾异息矣。得道不得行，咎殃且亡，不有洪水将出，灾火且起，涤荡民人”。[①]

夏贺良的这番言论可谓切中要害，“久疾”“皇子不生”“灾异频发”等正是汉哀帝最为头疼的问题，所以听了夏贺良的建议后，哀帝急急宣布进行改制。而夏贺良曾受教于齐人甘忠可，他关于改制的思想也主要来源于此。甘忠可活跃于汉成帝时代，据说他“诈造《天官历》、《包元太平经》十二卷，以言‘汉家逢天地之大终，当更受命于天，天帝使真人赤精子，下教我此道’”。[②] 西汉中后期以后，一系列社会危机引起人们对“汉历中衰”的警觉，是以所谓“更受命”“再受命”，以及“更始”“与天下自新”，乃至“禅让”等思想在当时的知识阶层中具有广泛号召力。[③] 哀帝的改制正是顺应了当时的潮流，希望借助名号、年号、漏刻制度的改变，开辟出全新的局面。[④]

这次改制虽然以失败告终，但《天官历》和《包元太平经》至王莽时代依然保存在兰台之中。王莽给太皇太后王政君的奏书中有所谓“前孝哀皇帝建平二年六月甲子下诏书，更为

---

① 《汉书》卷七五《李寻传》，第 3192 页。

② 《汉书》卷七五《李寻传》，第 3192 页。

③ 陈苏镇：《〈春秋〉与“汉道”——两汉政治与政治文化研究》，中华书局，2011，第 312 页。

④ 王健：《西汉后期的文化危机与“再受命”事件新论》，《中国史研究》2015 年第 1 期，第 19 页。

太初元将元年，案其本事，甘忠可、夏贺良谶书臧兰台”，他继续说：

> 臣莽以为元将元年者，大将居摄改元之文也，于今信矣……臣请共事神祇宗庙，奏言太皇太后、孝平皇后，皆称假皇帝。其号令天下，天下奏言事，毋言“摄”。以居摄三年为初始元年，漏刻以百二十为度，用应天命。①

王莽在这封奏书中也提到汉朝遇到“十二世三七之厄”，他肯定了汉哀帝改制的努力，只是认为自己才应当是居摄改元的“大将”。实际上王莽是借用了西汉中后期以来“更始”的思想，延续哀帝改制的基本内容，不再称“摄皇帝”，改元“初始”，改漏刻“以百二十为度”，并且通过称“假皇帝”以达到逐渐“即真”的目的。只是既然哀帝的失败已经证明改革漏刻制度并不会取得理想的效果，那王莽为何还要坚持呢？可以认为，王莽此举至少出于两个方面的考虑：一是通过改革漏刻制度统合中央与地方，达到笼络人心的目的；二是喜爱“时日小数”的性格使然。

这里需要注意的是，汉代漏刻制度——实际上历法制度也是如此——是由中央制定然后颁布给地方，在全国范围内统一使用的。例如汉和帝“永元论历”时改革漏刻制度，中央重新制作漏刻使用的箭尺，由计吏带回地方，所谓“今下晷景漏刻四十八箭，立成斧官府当用者，计吏到，班予四十八箭”。② 当

① 《汉书》卷九九上《王莽传上》，第 4094 页。

② 《后汉书》志二《律历中》，第 3033 页。

然在传统农业社会，统一国家内部的时间体系并没有太多实际的意义，这样做更多是基于理念：它一方面代表着中央对地方的管理与统治，即所谓“敬授民时”；另一方面地方时间与中央保持一致，也意味着对中央的效忠。显而易见，王莽在从“摄皇帝”到“即真”的关键阶段变更漏刻制度，目的是将中央的制度贯彻到地方行政中，也在借此检验从中央到地方的官僚体系对待他一步步从“假皇帝”到“即真”的基本态度。

在此之外，对“时日小数”的喜爱是王莽最为引人注目的特征之一，而“百二十”这个数字有着强烈的神秘特征，这显然也是王莽特意改革漏刻制度的重要原因。早在西汉初年，董仲舒就指出在政治文化领域内“百二十”就是“天数”，并且以“百二十”这个数字安排官僚体系。《春秋繁露·官制象天》说：“王者制官，三公、九卿、二十七大夫、八十一元士，凡百二十人，而列臣备矣。”然后董仲舒继续解释“百二十臣”合于天数的原因：

> 天有十端，十端而止已……十者天之数也，十二者岁之度也。用岁之度，条天之数，十二而天数毕。是故终十岁而用百二十月，条十端亦用百二十臣，以率被之，皆合于天。①

董仲舒认为，根据天的意志安排官僚制度，即所谓“仪天之大经”，而之所以采用“百二十”这个数字，是因为“天有十端”，即天、地、阴、阳、火、金、木、水、土、人。君王从

① 苏舆：《春秋繁露义证》，钟哲点校，中华书局，1992，第216—217页。

天那里承接这十端，而每端有十二个臣子，十端便是一百二十位臣子，而这个数目也正好“合于天”。另外“百二十官”的说法在当时的其他文献中也可以见到，例如《礼记·王制》说：“天子，三公，九卿，二十七大夫，八十一元士。”郑玄认为这显然不符合周制，更可能是夏朝的情况：“此夏制也。明堂位曰：夏后氏之官百。举成数也。”[①]《尚书大传》也说：“古者天子三公，每一公三卿佐之，每一卿三大夫佐之，每一大夫三元士佐之，故有三公、九卿、二十七大夫、八十一元士。所与为天下者，若此而已。舜摄时，三公、九卿、百执事。此尧之官也，故使百官事舜。”[②] 是说舜时就已经有百二十官了。虽然这只是一种附会，但经典文献的记载说明人们对官僚制度中“百二十”这个数字比较熟悉。

董仲舒的说法对汉代知识阶层影响很大，后来班固也认为国家官僚系统中有“百二十官”。例如《白虎通·封公侯》说：

> 一公置三卿，故九卿也……故一公三卿佐之，一卿三大夫佐之，一大夫三元士佐之。天有三光，然后而能遍照，各自有三法，物成于三，有始，有中，有终，明天道而终之也。三公、九卿、二十七大夫、八十一元士，凡百二十官。下应十二子。

可以发现，班固的这段话其实就是《春秋繁露》“百二十官”思想的延续。陈立认为此说可能来自谶纬，并引《春秋元命

① 《礼记正义》，阮元校刻《十三经注疏》，第2860页。

② 皮锡瑞撰，吴仰湘编《尚书大传疏证》，第120—121页。

苞》“立三台以为三公。北斗九星为九卿。二十七大夫，内宿部卫之列。八十一纪以为元士。凡百二十官焉，下应十二子”，认为“此言天子立百二十官者，非直上纪星数，亦下应十二辰”。[①] 这种说法承认“百二十”这个数字除了和地支有关，还和天上的星辰之数相对应。事实上，类似的说法在《春秋合诚图》中也可以见到：“天不独立，阴阳俱动，扶佐立绪，合于二六，以三为举。故三能六星，两两而比，以为三公。三三而九，阳精起，故北斗九星以为九卿。三九二十七，故有摄提、少微、司空、执法，五诸侯，其星二十七，以为大夫。九九八十一，故内列倍卫阁道郎位，扶匡天子之类八十一星，以为元士。凡有百二十官，下应十二月数之经纬，皆五精流气，以立宫廷。”[②] 同样，纬书《援神契》也说：“天子即政，置三公、九卿、二十七大夫、八十一元士。慎文命，下各十二子。”[③] 由此可见，谶纬神学对天文和十二地支的认识确实是“百二十”这个神秘数字的思想源头。事实上，人们就是通过模拟天文现象，在数字上进行新的建构，所以产生了“百二十”这一特殊数字，用以指导人间的政治秩序。

然而“百二十官”显然和通行的政治制度不相符合。对于这一问题，章太炎指出：

> 以为天子之官，三公、九卿、二十七大夫、八十一元士。此非孟子所说，而与《昏义》、《尚书大传》、《春秋繁露》、《白虎通义》相扶……是则百二十官各位正长，

① 班固撰集，陈立疏证《白虎通疏证》，第132—133页。

② 赵在翰辑《七纬》，第549—550页。

③ 赵在翰辑《七纬》，第685页。

> 九卿之寺徒有正卿一人，更无僚属为之赞助，其丛脞不亦甚乎……余以为《王制》、《昏义》、《书大传》、《春秋繁露》皆不达政体者为之；名曰博士而愚莫甚焉！[①]

章太炎认为《礼记》和《春秋繁露》等文献中关于“百二十官”的记载根本不符合实际，也不符合基本的逻辑，是那些对政治体制不了解的人所为。章太炎的批评当然是有道理的，“百二十官”的理念确实和现实中的行政体制存在很大的差异，并不是历史的真实，也不太可能真的付诸实施。

尽管如此，“百二十”这个数字却深为王莽所喜，不仅前面提到的漏刻设置和官员建制刻意凑成“百二十”，王莽甚至以“百二十”安排自己的后宫。例如史料记载地皇二年（21）正月，莽妻死，阳成修献符命，让王莽继立皇后，并且说：“黄帝以百二十女致神仙。”此说应是阳成修杜撰，王莽也听从其说，于是“遣中散大夫、谒者各四十五人分行天下，博采乡里所高有淑女者上名”。[②] 地皇四年三月，王莽的天下已岌岌可危，然出于政局稳定的考虑，他仍整齐了后宫制度。根据《汉书·王莽传》的记载，王莽“欲外视自安，乃染其须发，进所征天下淑女杜陵史氏女为皇后，聘黄金三万斤，车马奴婢杂帛珍宝以巨万计。莽亲迎于前殿两阶间，成同牢之礼于上西堂。备和嫔、美御、和人三，位视公；嫔人九，视卿；美人二十七，视大夫；御人八十一，视元士：凡百二十人，皆佩印

---

① 章太炎：《驳皮锡瑞三书》，《章太炎全集》（八）《太炎文录初编》，上海人民出版社，2022，第6页。

② 《汉书》卷九九下《王莽传下》，第4168—4169页。

韨，执弓韣”。[①] 王莽的“和嫔、美御、和人”三夫人，以及九嫔、二十七美人、八十一御人，在数字上构成“百二十”，刚好对应于外朝的三公、九卿、二十七大夫、八十一元士。而且这种后宫制度恰与《礼记·昏义》同，即所谓“古者天子后立六宫，三夫人，九嫔，二十七世妇，八十一御妻”，[②] 也符合《通典》所认为的周制：“天子后立六宫，三夫人，九嫔，二十七世妇，八十一御女，以听天下之内治。天子立六官，三公，九卿，二十七大夫，八十一元士，以听天下之外治。”[③]

显而易见，漏刻由“昼夜百刻”改为“百二十为度”，更多是出于理念方面的考虑，基本着眼点就是“百二十”这个数字所具有的神秘主义内涵。其实这个数字也就是地支十二的放大，在王莽所认知的宇宙体系中，“十二”这个数字可以表示古往今来的时间和天下四方的空间，所以王莽的官制改革中会有十一公，加上自己正好构成数字“十二”。[④] 可以说，王莽改革漏刻制度，并非出于技术的需要，而更多是出于理念上的需要，即期待通过数字的整齐划一，且与天象呼应，建构神秘的政治秩序。然而昼夜“以百二十为度”也给当时的人们带来不小的麻烦，所以很快被取消。至东汉建立之初，仍然沿用有宣帝以来的“昼夜百刻”制度。

通过前文的讨论，可以发现漏刻在技术上基本成熟以后，由“昼夜百刻”到“百二十刻”的改变更多是基于理念上的

---

① 《汉书》卷九九下《王莽传下》，第4180页。

② 《礼记正义》，阮元校刻《十三经注疏》，第3650页。

③ 杜佑：《通典》，第946页。

④ 阎步克：《诗国：王莽庸部、曹部探源》，《中国社会科学》2004年第6期。

需要，即通过凑成“百二十”这个数字实现人间秩序与天文现象的神秘对应。另外，在古代政治文化中，时间本身与政治统治权力密切相关，所谓“敬授民时”更多指的是政府通过向民众颁布历法这样的仪式化行为，强化自身统治的合法性。而漏刻具有高度的技术性和精确性，是普通民众无法掌握和使用的，所以这种新的时间计量方式也就更加适合政府实现“敬授民时”的目的。

第五节　漏刻与时间观念

除了政治文化方面的功能，漏刻在汉代的使用也深刻影响了人们的时间观念，这主要表现在漏刻的出现使人们获得了新的更为精确的时间计量方式，也促进人们对时间及相关科学技术的认知有所深化。

首先，“刻”是一种新的计量时间的单位，具有稳定的特征。在汉代以前，一日之内最常使用的时间单位是“时”，指的是一天中某一个具体的时间，如“平旦”“日出”“日中”“夜半”等，“时”的计量仪器如表等，更多依赖如太阳和星辰的运行等自然现象来确定时间。① 显然这种计量时间的方式有很多限制因素，如一旦遇上阴雨天气，时间的判断就会遇到巨大的困难。而使用漏刻是人们通过对流水的观察和模拟发明的新的时间计量方式，它帮助人们摆脱了气象变化等对计量时间的束缚，是一种非常稳定的方式，这就使得“刻”这种新的时间计量单位获得更多的信赖。例如前文提到汉代史料中有

① 马怡：《汉代的计时器及相关问题》，《中国史研究》2006 年第 3 期。

“百度得数而有常”的说法，《集解》引郑玄曰：“百度，百刻也。言日月昼夜不失正也。”① 正是因为漏刻具有稳定性，所以它计量出来的结果才会被认为是“有常”“不失正”。

“刻”也是一种更为简洁方便的计时单位。我们知道，“时”表示的都是具体的时间，如“日中”即太阳在中天的那个时间，“夜半”则是根据中星位置确定的一个具体时间，那如果要表示一段长度的时间，则需要采用从某时到某时这样的说法，如《汉书·五行志》说：“成帝永始二年二月癸未，夜过中，星陨如雨，长一二丈，绎绎未至地灭，至鸡鸣止。”② 这里表示时间长度用的是从“夜过中”到“鸡鸣”，即用两个时间点表示一个时间段。《汉书》以及汉代史籍中类似的例子很多，此不一一赘举。可以发现，这种计时方式较为繁复累赘，而且由于具体的时间点没有精确测定，所以它表示的时间长度也相对模糊。也就是说，如果不使用更精确的计时方式，人们很难知晓从“夜过中”到“鸡鸣”的时间长度到底是多少。

与“时”不同的是，“刻”这种新的时间单位除了可以表示时间点外，还可以准确表示一段时间长度。例如按照里耶秦简中昼夜二十二刻的制度，每刻合现在一个小时有余；而按照汉代通行的“昼夜百刻”的说法，每刻合现在 14 分 24 秒；另外如果按照哀帝和王莽曾经实行过的昼夜百二十刻的计时方式，每刻合现在 12 分钟。《汉书》中已有用“若干刻”表示时间长度的记载，如《宣帝纪》说：“郊上帝，祠后土，神光并见，或兴于谷，烛耀齐宫，十有余刻。”又说长乐宫东阙树上有

① 《史记》卷二四《乐书》，第 1213 页。

② 《汉书》卷二七下之下《五行志下之下》，第 1510 页。

鸾凤“飞下止地，文章五色，留十余刻，吏民并观”。[①] 再如《天文志》描述流星等天文现象出现的时长，也用“刻”表示：“哀帝建平元年正月丁未日出时，有著天白气，广如一匹布，长十余丈，西南行，欢如雷，西南行一刻而止，名曰天狗”，“绥和元年正月辛未，有流星从东南入北斗，长数十丈，二刻所息”。[②] 在这些记载中，“十有余刻”“一刻”“二刻”等对于时间长度的表述在汉代以前的文献中未曾出现。显然，在使用过程中“若干刻”要比“从某时到某时”这种计算时间的方式便捷得多，也更为精确。

“刻”出现以后也开始和“时”配合使用。前文引用《史记·司马穰苴列传》提到司马穰苴至军中“立表下漏”，学者认为表就是用来校准漏刻的。事实上，漏刻对技术的依赖较高，器物本身所处环境和操作者专业素质都会对漏刻的精度造成影响，所以经常需要进行校准。另外，“刻”的出现也使之前行用的“时”可以具体到某个时间点上，例如居延汉简邮书课中有类似“三月癸卯鸡鸣时当曲卒便受收降卒文甲辰下铺时临木卒得付卅井城□北卒参界中九十八里定行十时中程”（8469：E. P. W：1）的记载，[③] 还出现了“前鸣”、“中鸣”、“后鸣”和若干“分”的记载。虽然在居延汉简中并没有发现有使用漏刻的记录，[④] 该地区也没有发现漏刻的实物，但学者

① 《汉书》卷八《宣帝纪》，第266、267页。

② 《汉书》卷二六《天文志》，第1311页。

③ 甘肃省文物考古研究所、甘肃省博物馆、文化部古文献研究室、中国社会科学院历史研究所编《居延新简：甲渠候官与第四燧》，文物出版社，1990，第537页。

④ 初师宾：《汉边塞守御器备考略》，《汉简研究论文集》，甘肃人民出版社，1984，第171—172页。

们还是坚持认为汉代边燧除了使用表这样的工具，还应当有与表配合使用的水钟。[①] 这样的看法是本书认同的，居延汉简文献中关于“时”的计量能够如此精确，没有漏刻的配合显然是无法实现的。

其次，漏刻的出现也使人们可以对时间进行细分。前文讨论过昼夜二十二刻、百刻和百二十刻的问题，这其实就是对时间进行细分，而且这种分法一定会追求每一个时间段，也就是每“刻”的等长。铜壶滴漏通过水流模拟时间的流逝，人们寻求技术上的进步，使得漏壶中的水能够匀速流出，并且平均分布漏箭上的刻度。需要注意的是，“时”虽然是一日之内的时间单位，但在其产生之初，似乎没有和“天”换算的概念，即一“天”有多少“时”是不固定的，所以会出现十二时制、十六时制、十八时制等多种说法。[②] 这主要是受到“时”的计量工具的限制，例如虽然人们可以根据太阳和星辰测量出“时”，并模糊地将一天分成若干个时段，却无法做到等分。其中的限制性因素是很多具体的时间点无法测定，例如虽然白

---

① 也有学者认为不可能每一个烽燧都有较为贵重的漏壶，简单粗糙的漏壶只要使用得当，也可以满足精确时间计量的需要。见宋会群、李振宏《秦汉时制研究》，《历史研究》1993 年第 6 期，第 14 页；马怡《汉代的计时器及相关问题》，《中国史研究》2006 年第 3 期，第 34 页。

② 例如劳榦主张十二时说，见氏著《居延汉简考释 · 考证之部》卷二，《汉简研究文献四种》下册；于豪亮认为秦汉时期十二时制和十六时制并行，见氏著《秦简〈日书〉记时记月诸问题》，中华书局编辑部编《云梦秦简研究》；宋会群和李振宏主张十六时说，见《秦汉时制研究》，《历史研究》1993 年第 6 期；陈梦家主张十八时说，见《汉简缀述》，第 250 页；而李零认为时间系统有四分之说，见氏著《中国方术考（修订本）》，第 143 页。另外汉简《日书》中也可以见到二十八时制和三十二时制，见陈伟等《秦简牍整理与研究》第十二章“秦汉时分纪时制再探”，经济科学出版社，2017，第 212—243 页。

天的时间点可以通过太阳所处的位置使用表等工具测定，但夜晚的时间点，诸如“人定”“夜少半”“夜大半”等，由于缺乏必要的测量工具，只能是极为模糊的判断，更多靠人们自己去感知。一旦具体的时间点无法确定，对一天的等分也就无从谈起。

随着漏刻被广泛使用，“时”可以通过漏刻确定在某个具体的时间点上，那么等分也就可以实现了。宋会群和李振宏曾根据汉简中的记载，将秦汉通行的十六时制与现行的二十四时制进行对应，他们认为，如果要实现这样的精度测量，显然需要以取材方便、简单易用的计时仪器相辅助。[①] 与此同时，一时也可以等分成若干“分”。例如居延汉简中出现了将一“时”分成十“分”的记载，精确度甚至可以达到“半分”。如果采用十二时制，那么居延汉简中的“一分”相当于现在的 12 分钟，比昼夜百刻制下的一刻还要稍短。居延汉简中的“分”主要用于邮书传递，在文书行政的特殊体制下，对时间的精度有较高的要求，所以会出现“分”这种更为精确的时间计量单位。当然，“时”之下的“分”也不是汉代人使用的最小的时间计量单位，汉代史料中也出现了一“刻”被分为十“分”的记载，例如《续汉书·律历志》说：“推诸上水漏刻：以百乘其小余，满其法得一刻；不满法法什之，满法得一分。”[②] 按照“昼夜百刻”的制度，“刻”下的一“分”相当于现在的 1 分 26 秒 24。随着漏刻的改进，到隋代以后，一“刻”被分成一百“分”，即所谓“验知冬至夜漏五十九刻、一百分刻之八十

① 宋会群、李振宏：《秦汉时制研究》，《历史研究》1993 年第 6 期。

② 《后汉书》志三《律历下》，第 3066 页。

六，昼漏四十刻一十四分，夏至昼漏五十九刻八十六分，夜漏四十刻一十四分”，[①] 这样一“分”就相当于现在的8秒38余，显然已经非常精细了。综上所述，至少在汉代，人们对时间的认识已经精确到现在的分钟级别，而且这种精确度的提升伴随着漏刻制度的完善始终延续。

最后，时间精度的提高使人们认识到要更多依靠工具，而不是自身的感知计量时间。例如人们能切身感受到的短暂时间是一呼一吸之间，是以“呼吸”一词就常用于表示瞬间；再如人们认为移动脚步的时间很快，所以衍生出了“移步”“旋踵”等词。汉代以前，人们描述较短时间常用的词语还有“须臾”“立成”“顷步”“俯仰”等，这些词语或多或少都与身体对时间的感知有关。漏刻广泛使用以后，与“刻”有关的“漏刻”“顷刻”等词多被用来指代较短的时间，比如“命在漏刻”“命在顷刻”等，类似的例子在汉代以后的文献记载中极为常见。也就是说，在技术逐渐进步和成熟以后，人们不再单纯依靠身体的感觉来计量和描述时间，而是更多依赖工具，这当然是一种进步。正如苏轼在《徐州莲华漏铭》中所云：“人之所信者，手足耳目也，目识多寡，手知重轻。然人未有有手量而目计者，必付之于度量与权衡。岂不自信而信物？盖以为无意无我，然后得万物之情。故天地之寒暑，日月之晦明，昆仑旁薄于三十八万七千里之外，而不能逃于三尺之箭，五斗之瓶。”[②] 苏轼认为，人们能够相信自己的感知，但计量时却必须依靠工具。人们对外界万物的认知最初都是经由

① 《隋书》卷一九《天文上》，第529页。

② 苏轼著，李之亮笺注《苏轼文集编年笺注》，巴蜀书社，2011，第60页。

自身出发，只是随着技术的发展进步，有了更加可以信赖的工具，是以人也在逐步摆脱自身的局限。尤其是对于抽象的时间，人们不断尝试寻找规律的方式模拟时间的流逝，经历了从观测周期性运转的天体以确定时间的回归，到以更为稳定的流水计算时间的不同阶段，一步步深化对时间的感知与把握。

可以认为，技术的进步影响了人们的观念，而其中的根本趋势是追求稳定和精确。随着计时工具的进步人们也逐渐认识到，如果要获得精确的时间，不能仅仅依靠自身的感知，而应当更多地求诸工具，这也就是漏刻计时对人们思想观念的最大的影响。

小　结

秦代以前就已经出现了漏刻。从现有资料来看，早期漏刻主要用于军事活动，这与军事活动对时间精确性的独特需求有关。到了汉代以后，不仅史料中关于漏刻的记载逐渐增多，也出土了多件漏壶实物，这些都说明汉代漏刻制度已经基本完备，成为较为普遍的计时方式。目前汉代漏壶已经出土多件，典型者如兴平铜漏、满城铜漏、千章铜漏、巨野铜漏、凤栖原铜漏、海昏侯铜漏和阳陵陶漏等；传世文献中也可以见到对丞相府铜漏等的详尽记载。可以发现，西汉是漏刻制度发展的关键时期，具体表现是单壶泄水型沉箭漏已经基本成熟，不同地域使用的漏壶在形制上极为相似；西汉中期浮箭漏开始出现，并越来越广泛地应用于天文测量及国家重要礼仪活动之中。

技术的进步，其背后往往体现着思想观念所起的作用，同时技术的进步也会刺激人们的思想观念发生新的变化。就漏刻而言，其诞生与完善的背后显然是人们对于时间精度要求的提高，而时间精度的提高，又促进了人们时间观念的转化。随着漏刻在技术上的基本成熟，人们尝试对昼夜刻度进行划分，文献记载中“昼夜百刻”到“百二十刻”的改变，更多是基于理念或政治上的需要，即刻意凑成“百二十”这个数字，以实现人间秩序与天文现象的神秘对应。另外，在古代政治文化中，时间本身即与政治统治权力密切相关，所谓“敬授民时”的本质是历法由政府掌握，并以之强化政府对民众进行统治的合法性。而具有高度技术性和精确性的漏刻显然是普通民众无法掌握和使用的，所以这种新的时间计量方式也就更利于政府从技术层面实现“敬授民时”。

漏刻的出现使人们获得了新的更为精确的时间计量方式，深化了人们对时间的认知。有了这样的工具，人们不再如历史早期经由自身感知或仅依靠对规律的天文现象的观测确定时间，而能以更为恒定的流水模拟时间的流逝。事实上，由模糊逐渐走向精确，由依赖身体感知走向依靠逐渐进步的工具，正是科学演进的一般规律。

第五章　鸡鸣与数术化的时间计量

雄鸡固定于清晨啼鸣，是一种人们熟知的相对稳定的自然现象。《诗经》中说“鸡既鸣矣，朝既盈矣”，便是女子劝告丈夫要早早起床，开始一天的工作，所以鸡鸣也自然地被用于计时，并逐渐成为时称，作为一天开始的标志。然单纯依靠自然中的鸡鸣显然无法满足人们对精确时间的需求，有赖于漏刻等计时工具的发展，“鸡鸣”逐渐成为固定的时间点。此后鸡鸣又与干支结合，逐渐具有“数术化”的特征。这是本章重点关注的内容。

东汉时期的文献记载中出现了“鸡人呼旦”的内容，使得鸡鸣作为一天开始的时间具有了更多仪式性。文献记载东汉宫廷中有人员负责报告时间，即史料中所谓的“传唱”。一般由卫士承担，宣告一天的开始，这种仪式被认为是恢复了“鸡人呼旦”的传统。本章即以此为切入点讨论执掌时间的官员的相关问题。还有一个问题也值得深入思考，那就是一天是从什么时候开始的。根据传统文献的记载，在汉代有以夜半作为一日之始，也有以鸡鸣作为一天的起点。王莽时期主张“以鸡鸣为时”，鸡鸣的时间由官方确定为一天开始的时间。后世因之不改，鸡鸣作为一日之始也就被确定了下来。

第一节　鸡鸣计时

1. “风雨如晦，鸡鸣不已”

以鸡鸣计时有着十分悠久的历史，人们很容易就会注意到“鸡鸣”和“天亮”这两种自然现象之间存在着几乎必然的联系，所以会以鸡鸣为时间标志安排工作和生活。《诗经》有“风雨如晦，鸡鸣不已”，郑玄说“鸡不为如晦而止不鸣”，[①] 是说鸡鸣作为一种在固定时间发生的自然现象已为时人掌握。《孟子》有“鸡鸣而起，孳孳为善”之句，[②] 强调鸡鸣和人们日常生活之间的联系。以鸡鸣计时在甲骨卜辞中也可以见到记载。饶宗颐认为：“正常时刻，当以雄鸡司晨，卜辞所记殷时每日时刻，分旦、食日、中日、暮、昏等，必以鸡鸣来定时刻。”[③] 由此可见以鸡鸣定时在历史早期已较为常见。

到了秦和西汉时期，鸡鸣仍然是非常重要的时间点，尤其在基层社会中更是如此。居延汉简有邴吉奏“改火”之文，其中有关于“进鸣鸡”的记载：“御史大夫吉昧死言，丞相相上大常昌书言，大史丞定言，元康五年五月二日壬子夏至宜寝

---

① 《毛诗正义》，阮元校刻《十三经注疏》，第 729 页。

② 《孟子注疏》，阮元校刻《十三经注疏》，第 6025 页。

③ 饶宗颐：《论天水秦简中之“中鸣”、“后鸣”与古代以音律配合时刻制度》，《简牍学研究》第 2 辑。相关的研究也可参见史常力《中国早期史书叙事模式的形成及流变》第一章第一节“纪时体系的初步形成——商周甲骨文与钟鼎铭文”，中山大学出版社，2019。另外村上幸造有《关于甲骨文中若干记时名词的考察》一文，讨论甲骨文中的纪时名词问题（王宇信、宋镇豪主编《纪念殷墟甲骨文发现一百周年国际学术研讨会论文集》，社会科学文献出版社，2003）。

兵，大官抒井，更水火，进鸣鸡，谒以闻，布当用者。臣谨案比原泉御者水衡抒大官御井，中二千石、二千石、令官各抒。别火（10.27）官先夏至一日，以除燧取火，授中二千石、二千石官在长安云阳者，其民皆受，以日至易故火。庚戌寝兵不听事，尽甲寅五日，臣请布，臣昧死以闻（5.10）。”[①] 这则奏疏中记载了夏至日“寝兵”和“改火”之事，引起学者们的注意，[②] 然而对夏至日“进鸣鸡”却很少有人讨论。本书认为，“进鸣鸡”也是用于官僚体系的日常运作之中，与“寝兵”“改火”具有同等重要的作用。根据“进鸣鸡”的材料可以看出，汉代的基层行政将鸡鸣作为一个重要的时间节点，这也可以让我们对当时基层社会的计时方式有新的认识。

古人已经注意到所谓“鸡三鸣”或者“三号”的现象，例如《史记·历书》有“时鸡三号，卒明”的说法，《索隐》说：“三号，三鸣也。言夜至鸡三鸣则天晓，乃始为正月一日，言异岁也。”[③] 而《大戴礼记·四代》也有“于时鸡三号，以兴庶虞”的说法。[④] 饶宗颐指出“三鸣”分别是“元鸣”、“中鸣”和“后鸣”，其中“中鸣”和“后鸣”在出土的天水秦简和铜器铭文中都可以见到记载。[⑤]

---

① 谢桂华、李均明、朱国炤：《居延汉简释文合校》，文物出版社，1987，第16、8页。

② 参于豪亮《居延汉简丛释》，《于豪亮学术论集》，上海古籍出版社，2015，第125页；另参裘锡圭《寒食与改火——介子推焚死传说研究》，《中国文化》1990年第1期，后收入氏著《文史丛稿：上古思想、民俗与古文字学史》，上海远东出版社，2012。

③ 《史记》卷二六《历书》，第1255—1256页。

④ 方向东：《大戴礼记汇校集解》，中华书局，2008，第925页。

⑤ 饶宗颐：《论天水秦简中之“中鸣”、“后鸣”与古代以音律配合时刻制度》，《简牍学研究》第2辑。

秦汉时代基层社会生活中以鸡鸣作为特殊时间点的证据还有很多。例如《史记·孟尝君列传》记载："关法鸡鸣而出客，孟尝君恐追至，客之居下坐者有能为鸡鸣，而鸡齐鸣，遂发传出。"① 这里提到的"关法"中有"鸡鸣出客"的内容，是以鸡鸣作为一天工作开始的时间。南朝时期鲍照有"鸡鸣关吏起，伐鼓早通晨"的诗句，可见守关的关吏以鸡鸣作为一日之始在南朝时期仍然存在。前文在讨论漏刻问题的时候提到，秦的基层官吏已经开始使用漏刻等更为精确的计时仪器，至汉代漏刻制度也已经基本完善。然出土文献中关于"进鸣鸡"的记载与鲍照的诗句也提示我们，秦汉魏晋南北朝时期的计时方式仍具有多样化的特征。

司马迁在记载张良故事的时候，也提到了鸡鸣计时的方式，据《史记·留侯世家》：

> 父去里所，复还，曰："孺子可教矣。后五日平明，与我会此。"良因怪之，跪曰："诺。"五日平明，良往。父已先在，怒曰："与老人期，后，何也？"去，曰："后五日早会。"五日鸡鸣，良往。父又先在，复怒曰："后，

---

① 《史记》卷七五《孟尝君列传》，第 2355 页。有人根据这段记载认为："函谷关……日入则闭，鸡鸣则开，秦法也。"（王应麟：《通鉴地理通释》，傅林祥点校，中华书局，2013，第 211 页）但这条所谓的"秦法"是否存在需要更多史料的支撑。也有人认为这段记载的真实性可存疑，王叔岷《史记斠证》引施之勉提到《博物志》记载燕太子丹故事之中也有类似鸡鸣狗盗的情节："秦王不得已而遣之。为机发之桥，欲陷丹，丹驱驰过之，而桥不发。遁到关，关门不开，丹为鸡鸣，于是众鸡悉鸣，遂归。"（中华书局，2007，第 2614 页）应该认为，故事情节虽然存在讹误的可能性，然结合其他相关考证，其中的细节如鸡鸣开关的"关法"则大概率是真实的。

何也?”去，曰：“后五日复早来。”五日，良夜未半往。有顷，父亦来，喜曰：“当如是。”[①]

在这段故事之中，出现了“平明”“鸡鸣”“夜未半”三个时间点，但显然无论是张良还是老父，在判断这三个时间点的时候并未使用计时工具，而是根据对自然现象的直观感受。其中“平明”就是天亮，“鸡鸣”根据的是雄鸡打鸣的时间，而“夜未半”的确定需要观测星象或者借助于观测其他物候。这三个时间点都是相对模糊的，但对于当时两人相约而言，这样模糊的时间点其实已经能够满足需要。

汉魏以后，鸡鸣在人们的生活中依然是一个重要的时间节点，西晋时期习嘏有《长鸣鸡赋》，其中提到：“嘉鸣鸡之令美，智穷神而八冥；审璇玑之回遽，定昏明之至精；应青阳于将曙，忽鹤立而凤停。”[②] 另外，六朝乐府有《读曲歌》，其中有“打杀长鸣鸡，弹去乌臼鸟，愿得连冥不复曙，一年都一晓”。[③] 这都说明鸡鸣是深入人们社会生活的内容。

除了雄鸡在平明之前啼鸣外，人们注意到鹤也会在半夜啼鸣，并借之判断夜半的时间点。《周易》“中孚”卦说“鸣鹤在阴”，学者注释：“震为鸣，讼离为鹤，坎为阴夜，鹤知夜半，故鸣鹤在阴。”[④]《墨子》佚文有“鹤鸡时夜而鸣，天下振动”的说法，[⑤]《淮南子·说山训》云：“鸡知将旦，鹤知夜半。”[⑥]

① 《史记》卷五五《留侯世家》，第 2035 页。

② 严可均校辑《全上古三代秦汉三国六朝文》，第 4345 页。

③ 丁福保编《全汉三国晋南北朝诗》，第 741 页。

④ 王引之：《经义述闻》，第 51 页。

⑤ 孙诒让：《墨子间诂》，第 660 页。

⑥ 何宁：《淮南子集释》，第 1119 页。

《论衡·变动》也说："夜及半而鹤唳，晨将旦而鸡鸣。"[①] 是说当时人们会根据鹤的鸣叫来确定夜半这个时间点。鹤鸣与鸡鸣一样是与时间有关的自然现象，《三国志·魏书·管辂传》裴松之注引《辂别传》说："家鸡野鹄，犹尚知时，况于人乎?"[②] 有学者认为这里的"鹄"即"鹤"之假借。[③]《抱朴子》也说："鹤知夜半，燕知戊己。"并认为这些都是"偶有所偏解"，注释说："鹤，水鸟也。夜半水位感其生气，则益喜而鸣。"[④]《春秋左传正义》引陆机《毛诗义疏》提到当时人们蓄养鹤的情形：

> 鹤，形状大如鹅，长三尺，脚青黑，高三尺余。赤顶赤目，喙长四寸余。多纯白，亦有苍色。苍色者，人谓之赤颊。常夜半鸣……其鸣高亮，闻八九里。雌者声差下。今吴人园囿中及士大夫家皆养之，鸡鸣时亦鸣。[⑤]

鸡鸣和鹤鸣虽然是常用的计时方式，但显然这种方式并不十分可靠，即便是"风雨如晦，鸡鸣不已"，但鸡鸣的时间并不是完全固定的，文献记载中还有"失旦之鸡，复得一鸣"的说法。[⑥] 另外，《西京杂记》卷四"长鸣鸡"条说："成帝时，交趾、越嶲献长鸣鸡，伺鸡晨，即下漏验之，晷刻无差。"[⑦] 意

---

① 黄晖：《论衡校释（附刘盼遂集解）》，第651页。

② 《三国志》卷二九《魏书·方技传》，第811页。

③ 王引之：《经义述闻》，第51页。

④ 葛洪著，王明校释《抱朴子内篇校释》，中华书局，1985，第110、116页。

⑤ 《春秋左传正义》，阮元校刻《十三经注疏》，第3880页。

⑥ 《三国志》卷五四《吴书·周瑜传》，第1266页。

⑦ 葛洪撰，周天游校注《西京杂记校注》，三秦出版社，2006，第203页。

思是说交趾和越嶲地区进献的“长鸣鸡”打鸣的时间与漏刻测量出来的时间可以做到没有误差，这也从一个侧面说明鸡鸣的时间经常会出现偏差，而这已经是人们熟知的现象。

每天鸡鸣的时间虽存有偏差，但对于古人日常生活来说，大致在鸡鸣的时间开始新一天的工作，本身并没有太大问题。如果需要精确的时间计量的话，单纯依靠自然界中的鸡鸣显然是不能够满足需要的，于是包括漏刻在内的新的时间计量方式开始出现。然依靠鸡鸣计时仍然广泛存在，而且鸡鸣也成为一个时间点被固定下来，逐渐成为一个时称，与现实中的雄鸡打鸣渐渐脱离关系。

2. 作为时称的鸡鸣

随着社会的发展，依靠自然界中存在的鸡鸣、鹤鸣等物候来判断时间显然已经不能够满足需要，人们追求相对精确的时间计量。所以进入秦汉时期以后，文献中对一日之内时间点的记载越来越多，也更为细致。

前文提到卜辞中计时使用的时间点有旦、食日、中日、暮、昏等，其中旦、暮、昏等几个时间点也常见于秦汉时期的文献，例如《史记·天官书》中记录太白星出现的时间：

> 出西方，昏而出阴，阴兵强；暮食出，小弱；夜半出，中弱；鸡鸣出，大弱：是谓阴陷于阳。其在东方，乘明而出阳，阳兵之强；鸡鸣出，小弱；夜半出，中弱；昏出，大弱：是谓阳陷于阴。[①]

① 《史记》卷二七《天官书》，第1326页。

其中提到的几个时间点，如昏、暮食、夜半、乘明等都可以通过观察自然现象确定，而鸡鸣的时间位于夜半和乘明之间，指的是天亮之前的一段时间。《史记·天官书》中的这段内容是根据太白星出现的时间判断军事行动是否顺利，应属于“兵阴阳”方面的内容。然军事活动显然需要更为精确的时间。如文献记载，周代在重要的军事活动中会有太史等职官携带能够占测时间的工具，即所谓“大出师，则太史抱天时，与大师同车”。①

与之相似，在秦汉社会生活中，数术对于时间的精确性也有很高的要求，近年来出土的放马滩秦简、周家台秦简和睡虎地秦简的日书文献都出现了与时称相关的内容。例如放马滩秦简《日书》甲种《生男女》篇记载：

> 平旦生女，日出生男。夙食女，莫（暮）食男。日中女，日过中男。旦［日］则（侧）女，日下则（侧）男。日未入女，日入男。昏女，夜莫（暮）男。夜未中女，夜中男。夜过中女，鸡鸣男。②

① 《周礼注疏》，阮元校刻《十三经注疏》，第1766页。郑司农认为“大出师，则大史主抱式，以知天时，处吉凶。史官主知天道”。

② 甘肃省文物考古研究所编《天水放马滩秦简》，第84页。本书释文参考了孙占宇《天水放马滩秦简集释》，第73页。本篇涉及的十六时制问题曾引起学者们的讨论，刘乐贤将该篇题为“十六时生子”，学者们认为在当时十二时制和十六时制同时使用，而十六时制更多在民间使用。相关的论述见何双全《天水放马滩秦简甲种〈日书〉考述》，甘肃省文物考古研究所编《秦汉简牍论文集》，甘肃人民出版社，1989；于豪亮《秦简〈日书〉记时记月诸问题》，中华书局编辑部编《云梦秦简研究》。工藤元男认为十六时制仅仅是数术家使用的时制，这样的看法是有一定道

相同的内容也见于放马滩秦简《日书》乙种。需要注意的是，简文之中出现了“平旦”“日出”“夙食”“暮食”“日中”“日过中”“旦日”“日下”“日未入”“日入”“昏”“夜暮”“夜未中”“夜中”“夜过中”“鸡鸣”等十六个时称，其中“鸡鸣”位于最后，显然不是随意而为。另外可以发现，《生男女》篇中出现的时称大部分都可以依靠自然现象来确定，而且白天的时称要多于夜晚的时称，这显然是因为白天有较多的参照标志，例如太阳的运动，以及一日两餐的时间等；夜晚的时称只有“夜未中”“夜中”“夜过中”，大致相当于现在常说的前半夜、半夜和后半夜。

此外，简牍中还出现了二十八时制和三十二时制等内容。例如周家台秦简中的二十八时制：“夜半”“夜过半”“鸡未鸣”“前鸣”“鸡后鸣”“毚旦”“平旦”“日出”“日出时”“蚤食”“食时”“晏食”“廷食”“日未中”“日中”“日过中”“日失（昳）”“铺时”“下铺”“夕时”“日毚［入］”“日入”“黄昏”“定昏”“夕食”“人鄭（定）”“夜三分之一”“夜未半”。[①]这里的二十八个时称显然并不是实际使用的，与

理的（见氏著《睡虎地秦简所见秦代国家与社会》，第 224 页），正如有学者讨论的那样：“古人对生育的时段十分重视，认为一日之内某个时段分娩，吉利，就能够得到男孩；某个时段生育，倒霉，只能生女孩，所以占卜生育的卜辞，往往附记‘时段’。”（黄天树：《殷代的日界》，《华学》第 4 辑，紫禁城出版社，2000）正是由于有着特别的作用，所以包括十六时制、二十八时制在内的繁复的时制才为数术家所用。孔庆典也注意到汉简的十六时制和《论衡》中记载的十二时制关系极为密切，显示二者有共同的渊源（见氏著《10 世纪前中国纪历文化源流——以简帛为中心》，上海人民出版社，2011，第 211 页）。

① 湖北省荆州市周梁玉桥遗址博物馆编《关沮秦汉墓简牍》，第 107 页。

居延汉简中出现的三十二时制类似。[①] 应当可以认为，二十八时制是为了配合二十八宿，满足占卜的需要，况且在必要的计时工具还未出现之前，这二十八个时称根本无法固定在具体的时间点上，更无从做到均匀分布。由上可见，与放马滩秦简《日书》中的时称类似，周家台秦简中也是白天的时称较多，且多以太阳的运动和一日两餐的时间作为参照物，只是划分得更为细致；而夜晚的时称仅多出了“人定”和“夜三分之一”两种。

秦简中还有将一天分为五个时段的记载。例如睡虎地秦简《日书》甲种《吏》篇中，将一日划分为“朝”“晏”“昼”“日虒”“夕”等五个时段，列举在不同时段见长官可能遇到的情况。仅举其中一条为例：

> 子，朝见，有告，听（一五七正壹）
> 晏见，有告，不听（一五七正贰）
> 昼见，有美言（一五七正叁）
> 日虒见，令复见之（一五七正肆）
> 夕见，有美言（一五七正伍）[②]

---

① 例如宋镇豪就认为周家台二十八时段“只是少数历法家出于对照之便利而制，并非当时真将一日分为二十八时”［见氏著《试论殷代的纪时制度——兼谈中国古代分段纪时制》，《考古学研究（五）》上册，第398—423页］。有关二十八时制的问题另可参见李天虹《秦汉时分纪时制综论》，《考古学报》2012年第3期；陈伟等《秦简牍整理与研究》第十二章“秦汉时分纪时制再探”，第212—243页。

② 睡虎地秦墓竹简整理小组编《睡虎地秦墓竹简》，文物出版社，1990，第207页。刘乐贤认为该篇是供官吏查阅的，采用十二支纪日法，逐一叙述每一日哪一时段求见长官，提出请求会有什么样的结果（见氏著《睡

简文之中“子”是地支，表示的是逢“子”的日子会遇到的情况；《吏》篇的其他内容便是逢其他地支的日子的情况。与之类似，周家台秦简《日书》中也分有“朝”“莫（暮）食”“日中”“日失（昳）时”“日夕时”五个时间段，并以这五个时间段作为纵坐标，以十二地支作为横坐标，叙述见长官可能发生的吉凶及各种状况，如“有后言”“不言”“令复见之”等。[①]放马滩秦简中同样有类似的内容，例如《日书》甲种简四三原有篇题为《禹须臾所以见人日》，其言：

子旦时吉安时吉日中凶日失吉夕日凶[②]

放马滩秦简《日书》乙种的内容大致相同。有学者整理为：“子，旦时吉，安（晏）时吉，日中凶，日失（昳）吉，夕日凶。”[③]这是将一天分为“旦时”“晏时”“日中”“日昳”“夕日”五个时段。这种将白天分成五个时段的方式显然不是

虎地秦简日书研究》，台北：文津出版社，1994，第201页）。整理小组注释“庣”是“斜”的意思，饶宗颐认为是“日施”，整理者认为“日庣”就是贾谊《鹏鸟赋》中的“日睆”。而关于“晏”，刘乐贤认为“晏”是“晏食”的省略，也有整理者指出，“晏食”作为时段的名称，与《日书》十二辰简中的“暮食”同指一个时辰，即“巳时”［陈伟主编，彭浩、刘乐贤等撰《秦简牍合集·释文注释修订本》（贰），武汉大学出版社，2016，第402页］。

① 湖北省荆州市周梁玉桥遗址博物馆编《关沮秦汉墓简牍》，第118页。整理者将此篇称为《五时段占》，后来也有整理者认为此篇还是应当定名《吏》［见陈伟主编，李天虹、刘国胜等撰《秦简牍合集·释文注释修订本》（叁），第211页］。

② 甘肃省文物考古研究所编《天水放马滩秦简》，第85页。

③ 孙占宇：《放马滩秦简集释》，第85页。《集释》认为，“安（晏）食”在“旦”与“日中”之间，或即《生男女》篇中言“莫食”。

在日常生活中使用的，只是数术家基于占卜的需要设定的。

放马滩秦简、周家台秦简和睡虎地秦简中关于时称的记载显示，当时同时存在着多种划分一日之内时间的方式，且这些时称显然有共同的渊源，例如夜晚的时称基本相同，白天的时称基本和太阳运动或一日两餐相关。在漏刻等较为先进的计时工具还未成熟和完善的前提下，当时人们无法将时称固定在确切的时间点上，也无从做到平均各时段，所以这些时称只能用于模糊的时间记录。

在史料的记载中，基于时称的计时方式相对粗糙，也很难实现较为精确的时段描述。例如放马滩秦简《日书》甲种将一天的时间分成平旦至日中、日中至日入、日入至晨三个时间段，《日书》乙种简二〇七也说："黄钟：平旦至日中投中黄钟，鼠殴。兑（锐）颜，兑（锐）颐，赤黑，免（俛）偻。善病心、肠。"[①] 其中"平旦至日中"明显说的就是一个时间段。[②] 再如《日书》乙种简二九七说："旦以至日中，以其雄（占），日中以至晦，以其雌。"[③] 其中"旦以至日中"和"日中以至晦"都是时间段。可以发现，放马滩秦简《日书》中

---

① 甘肃省文物考古研究所编《天水放马滩秦简》，第 97 页。孙占宇将该简所在的篇命名为《黄钟》，该简整理见氏著《放马滩秦简集释》，第 233 页。

② 有论者指出，本简是《三十六禽占》中的一支，而《三十六禽占》其实就是将一天分成平旦至日中、日中至日入、日入至晨三个时段，用这三个时段配以十二律，得到三十六种搭配，见程少轩《胎濡小考》，《中国文字研究》第 19 辑，上海书店出版社，2014。孙占宇也认为该篇是将一昼夜分成三个时段，每个时段"投中"的十二律芝对应三十六种禽兽和三十六个不同部位的病症。他认为三十六禽可能是三十六种鬼神，这些鬼神作祟会导致人们身体生病（见氏著《放马滩秦简集释》，第 235 页）。

③ 甘肃省文物考古研究所编《天水放马滩秦简》，第 102 页。孙占宇将该简所在的篇命名为《数占》，并认为"占"疑系衍字（见《放马滩秦简集释》，第 267 页）。

时间段的划分以太阳的运动为依据，通过使用两个时间点来描述大致的时间段。

这种以两个时间点确定时间段的方式在传世文献中也可以见到，例如《尚书大传》郑玄注说：

> 平旦至食时为日之朝，隅中至日跌为日之中，晡时至黄昏为日之夕。[①]

《史记·天官书》也有：

> 八风各与其冲对，课多者为胜。多胜少，久胜亟，疾胜徐。旦至食，为麦；食至日昳，为稷；昳至铺，为黍；铺至下铺，为菽；下铺至日入，为麻。[②]

所谓“旦至食”就是平旦到食时的一段时间，“食至日昳”就是食时到日昳的时间段，其他“昳至铺”“铺至下铺”“下铺至日入”可以此类推。上述引文的记载虽然并不是计时所用，但可见这种以两个时间点来表示一段时间的计时方式，在汉朝一直有使用。顾炎武《日知录》有“古无一日分为十二时”之说，引用了《史记》和《汉书》中关于计时方式的内容：

> 《史记·项羽纪》“项王乃西从萧晨击汉军，而东至彭城，日中大破汉军”，《吕后纪》“八月庚申旦，平阳侯窋

① 皮锡瑞撰，吴仰湘编《尚书大传疏证》，第 188 页。

② 《史记》卷二七《天官书》，第 1340 页。

见相国产计事。日馎时，遂击产”，《彭越传》“旦日日出，十余人后，后者至日中”，《淮南王安传》“旦受诏，日食时上”，《汉书·五行志》“日中时食，从东北，过半晡时复。晡时食从西北，日下晡时复”，《武五子昌邑王传》“夜漏未尽一刻，以火发书。其日中贺发，晡时至定陶”，《东方朔传》“微行，以夜漏下十刻乃出，旦明入山下”是也。[①]

顾炎武从《史记》和《汉书》中找出的这些计时方式都是以时称来表示时间点，以两个时间点来表示一个时间段，另外也有一些材料顾炎武并未举出，如前文引《汉书·五行志》“成帝永始二年二月癸未，夜过中，星陨如雨，长一二丈，绎绎未至地灭，至鸡鸣止”。[②]

相关的记载在《后汉书》中更为常见。例如《窦武传》说：“自旦至食时，兵降略尽。”《皇甫嵩传》说：“乃潜夜勒兵，鸡鸣驰赴其阵，战至晡时，大破之，斩梁，获首三万级。”《任文公传》说：“日将中，天北云起，须臾大雨，至晡时，湔水涌起十余丈。”《栾巴传》李贤注引《神仙传》说：“正旦大失火，食时有雨从东北来，火乃息，雨皆酒臭。”《公孙述传》说：“自旦及日中，军士不得食，并疲。”[③] 这些也都是以时称来框定时间段，显示东汉时期人们对于使用时称来表示时间段已经较为熟悉。

---

① 顾炎武撰，黄汝成集释《日知录集释》，栾保群点校，中华书局，2020，第1018页。

② 《汉书》卷二七下之下《五行志下之下》，第1510页。

③ 《后汉书》卷六九，第2244页；卷七一，第2301—2302页；卷八二上，第2707页；卷五七，第1812页；卷一三，第543页。

敦煌悬泉置出土了一件阐述三十二时制的木牍，学者认为这件木牍书写的时间大概在西汉中期至东汉中期。木牍除了第一行以大字标明“十月十二月”外，另外三行以每两个时称为一组，完整书写三十二个时称：

	平旦日出	餔时到餔坐	几少半至夜少半
	二干至蚤食	下餔至夕时	夜过少半至夜几半
十月十二月	食时至食坐	日未入至日入	夜半至过半
	日未中至日中	昏时至定昏	夜大半至大晨
	日失至蚤餔	夜食至人定	鸡前鸣至中鸣
			后鸣至几旦[1]

可以注意到，这件木牍也是使用两个时间点来表示一个时间段，三十二个时称可以表示十六个时间段。有学者就认为这件木牍显示的十六时制也曾在日常生活中使用。[2] 需要注意的是，这件木牍中夜间的时称要远多于前文引用的睡虎地秦简、周家台秦简、放马滩秦简，这是因为木牍所记的时称很可能是将一日一夜平分的。由于西汉中后期以来漏刻制度逐渐完善，时称可以被确定到具体的时间点上，这也就为“平分日夜”提供了可能。例如《续汉书·律历志》提到“孔壶为漏，浮箭为

① 甘肃省文物考古研究所：《甘肃敦煌汉代悬泉置遗址发掘简报》，《文物》2000 年第 5 期；张德芳：《悬泉汉简中若干“时称”问题的考察》，《出土文献研究》第 6 辑。

② 任杰：《秦汉时制探析》，《自然科学史研究》2009 年第 4 期。另参张德芳《简论汉唐时期河西及敦煌地区的十二时制和十六时制》，《考古与文物》2005 年第 2 期。

刻，下漏刻数，以考中星，昏明生焉”，[①] 东汉时期四分历也将旦时和日出时间之差、昏时和日落时间之差定为两刻半。另外，《新漏刻铭》注引《五经要义》说：“日入后漏三刻为昏，日出前漏三刻为明。”[②] 就是使用漏刻将时称确定在具体的时间点上。

显而易见，以两个模糊时称来标记一个时间段，是一种较为简朴的计时方式，很难做到精确。另外，人们也很快发现，每日日出和日落的时间并不相同，类似鸡鸣的现象也不是可靠的计时方式，如果要实现精确的时间计量，则必须将时称固定在具体的时间点上。也正基于此，时称与地支这两种不同体系的计量方式开始结合。

3. “鸡鸣丑”——时称与十二支

前文讨论提到，包括鸡鸣在内的众多时称是人们在日常生活中总结出来的一日之内不同时间点的确认方式，人们也采用两个时间点来计量时间段，但这种计时方式无论时间点还是时间段都是模糊的。而十二地支很早就被用来标记年月日，但具体是何时开始被用于计量一日之内的时间，文献中没有清晰记载。顾炎武认为历史早期不以十二地支计量十二时辰，这种现象是汉代以后才开始出现的，所谓“自汉以下，历法渐密，于是以一日分为十二时”。[③] 赵翼认为“一日十二时始于汉”，并指出“盖历家记载已用十二支，而民俗犹以夜半、鸡鸣等为候也”。[④] 陈梦家说这两种说法皆有可商之处，他认为文献记载中提到的“日加某”、“日加某时”、“日加某之时”、“时日加某”

① 《后汉书》志三《律历下》，第3056页。

② 孙诒让：《周礼正义》，第1821页。

③ 顾炎武著，黄汝成集释《日知录集释》，第708—709页。

④ 赵翼：《陔余丛考》，中华书局，1963，第726页。

以及“某（支）”就是所谓的“加时”，而且根据文献记载，十二支加时是汉代历家、天文家和五行家所用，而他们都属于“占家”。[①] 李学勤认为杜预对于《左传》昭公五年的注释是没有问题的，“可能在春秋时已有十二时分，但未与地支结合”。[②] 李天虹对比杜预的注释和出土秦汉日书文献，认为沿用至明清的十二辰起码在秦代就已经定型了。[③] 近些年来出土文献之中十二时称的出现，使相关问题更为复杂，有对其重新进行理解的必要。

时称与地支原本属于两种体系，最先在出土的日书类文献中出现了这两种体系搭配的情形。例如周家台秦简和睡虎地秦简中都出现了时称与地支对应的情况，而睡虎地秦简《日书》十二支恰好对应十二时。应该注意的是，十二支从历史早期就被用于计时，所以它和时称搭配也有一定的思想认识基础。

前文提及周家台秦简“二十八宿占图”（见图3-7）由分成二十八个部分的圆环和一个钩绳图组成，圆环内的文字分为两层，靠内一层为二十八个时称，靠外一层为二十八宿，与之对应。从图上来看，时称“夜半”对应的星宿是“虚”，对应的地支是“子”，对应的方位是正北方，对应的五行是“水”；“日出”、“日中”和“日入”三个时称分别位于东、南、西三个不同的方位，与不同的星宿和五行对应。这幅图的绘制者显然是对“夜半”这个时称特别对待，所以周家台秦简的整理者将“夜半”作为二十八时称的首位进行抄写整理。另外，从“二十八宿占图”来看，除“夜半”“日出”“日中”“日

① 陈梦家：《汉简缀述》，第243页。

② 李学勤：《时分与〈吴越春秋〉》，《历史教学问题》1991年第4期。

③ 李天虹：《秦汉时分纪时制综论》，《考古学报》2012年第3期。

入”外，其他时称与地支并没有明确的对应关系。这其实是将一日整齐划分为夜半至日出、日出至日中、日中至日入、日入至夜半四段。

睡虎地秦简《日书》乙种《见人》篇有与十二时辰有关的记载，可以见到鸡鸣等时称已经与十二地支结合使用：

> [鸡鸣丑，平旦] 寅，日出卯，食时辰，莫（暮）食巳，日中午，㬲未，下市申，舂日酉，牛羊入戌，黄昏亥，人定 [子]（一五六）①

原简已经残断，“鸡鸣丑”等内容是整理者根据文意推断出来的。该简揭示“鸡鸣丑”恰是一天的开始，这是需要注意的。另外，该简的十二时辰也是将一日之内的时间分成十二份，但并不是平均分配，显然白天的时称要远远多于夜晚的时称。而且睡虎地秦简《日书》关于时称的内容，和周家台秦简《日书》并不是出自同一个体系，和后世差异也较大，说明这套体系的影响范围有限。

孔家坡汉简《日书》有《死》篇，其主要内容是以十二

① 睡虎地秦墓竹简整理小组编《睡虎地秦墓竹简》，第 244 页。整理小组注释说：“这是迄今为止关于十二时最早的记载，又是以十二辰表示十二时最早的记载。简文㬲未应当是‘日失未’之误，马王堆帛书‘隶书阴阳五行’日昳亦作日失。由于日失二字抄写在一起，与㬲字相似，遂误为㬲字。”整理小组“迄今为止关于十二辰最早的记载”的判断是正确的，但仍忽视了时称的重要性。在该简出现的时称之中，“牛羊入”较为少见，尚民杰认为睡虎地秦简《日书》之中“莫市”“莫夕”“夕”都是同一个时称，与“牛羊入”表示的时间相同，在后世的十二时名称之中相当于“昏时”或者“黄昏”（见氏著《居延汉简时制问题探讨》，《文物》1999 年第 11 期）。

支为依据，占断某日某一时段有疾病、哪种颜色的人会死亡，其中出现了地支与时称对应的记载：

> 子有疾……甲子鸡鸣有疾，青色死（三五二壹）
> 丑有疾……乙丑平旦有疾，青色死（三五三壹）
> 寅有疾……丙寅日出有疾，赤色死（三五四壹）
> 卯有疾……丁卯蚤食有疾，赤色死（三五五壹）
> 辰有疾……戊辰莫（暮）食有疾，黄色死（三五六壹）
> 巳有疾……己巳有疾，黄色死（三五七壹）
> 午有疾……庚午日失（昳）有疾，白色死（三五八壹）
> ［未有疾］……☐市有疾，白色死（三五九壹）
> ［申有疾］……壬申莫（暮）市有疾，黑色死（三六〇）
> ［酉有疾］……（三六一）
> ［戌有疾］……戊戌黄昏有疾死（三六二）
> ［亥有疾］……癸亥人鄭（定）有疾死（三六三）[①]

简三五八壹以后残缺较为严重，根据整理小组和学者的研究，可以推测从地支子到亥对应的时称分别为鸡鸣、平旦、日出、蚤食、暮食、日中、日昳、☐市、暮市、牛羊入、黄昏、人定。[②] 这种对应关系又与睡虎地秦简《日书》有较大的差异。由此也显示历史早期十二支与十二时称的对应并不固定，不同

① 湖北省文物考古研究所、随州市考古队编《随州孔家坡汉墓简牍》，第172页。

② 李天虹：《秦汉时分纪时制综论》，《考古学报》2012年第3期。

地域或有不同的对应方式。

另外，李天虹研究秦汉时期的纪时制度，注意到水泉子汉简之中也有相关记载。《文物》2009 年第 10 期公布了这批简牍中《日书》的内容，其中与时称有关的部分，整理者释读为：

> 夜半、鸡鸣、平旦、日出、食时、隅中、日中、日昳、暮餔☒
>
> 日中、日昳、暮餔、日入、昏时、人定、夜半、鸡鸣、平旦☒[1]

李天虹认为这两栏的记载属于同一个系统，两相参照可以补足缺失的三个时称，并认为这些时称属于十二时制。补足之后的水泉子汉简十二时称如下：

> 鸡鸣、平旦、日出、食时、隅中、日中、日昳、暮餔、日入、昏时、人定、夜半[2]

虽然水泉子汉简《日书》中的时称没有相对应的地支，但通过周家台秦简、睡虎地秦简和孔家坡汉简中的相关记载，可以知道鸡鸣到夜半分别对应地支丑到地支子，其他时称便也可以与地支一一对应。

---

① 甘肃省文物考古研究所：《甘肃永昌水泉子汉墓发掘简报》，《文物》2009 年第 10 期；张存良、吴荭：《水泉子汉简初识》，《文物》2009 年第 10 期。

② 李天虹：《秦汉时分纪时制综论》，《考古学报》2012 年第 3 期。

传世文献中关于时称与干支的记载更为复杂。前引顾炎武有“古无一日分为十二时”的说法，学者们历来在这个问题上争论不休。杜预注《左传》“日之数十，故有十时，亦当十位，自王以下，其二为公，其三为卿”，认为“日中当王，食时当公，平旦为卿，鸡鸣为士，夜半为皂，人定为舆，黄昏为隶，日入为僚，晡时为仆，日昳为台，隅中日出”。[①] 他虽然没有以十二时称搭配十二地支，但显然是清楚这种对应的。所以顾炎武指出当时存在着十二时称和十二地支搭配的情况，所谓“‘夜半’者即今之所谓子也，‘鸡鸣’者丑也，‘平旦’者寅也，‘日出’者卯也，‘食时’者辰也，‘隅中’者巳也，‘日中’者午也，‘日昳’者未也，‘晡时’者申也，‘日入’者酉也，‘黄昏’者戌也，‘人定’者亥也”。[②] 将十二地支分别搭配十二时称，应当是符合杜预时代的基本情况的，但这种搭配是什么时候完善的则并不清楚。

《史记·历书》说：“抚十二〔月〕节，卒于丑。日月成，故明也。明者孟也，幽者幼也，幽明者雌雄也。雌雄代兴，而顺至正之统也。”《索隐》解释说：“自平明寅至鸡鸣丑，凡十二辰，辰尽丑又至明朝寅，使一日一夜，故曰幽明。”[③] 根据《索隐》的说法，“鸡鸣”这个时间点和十二地支中的丑相对应，此处“鸡鸣丑”被排在最后。《索隐》的作者显然也知晓

---

① 《春秋左传正义》，阮元校刻《十三经注疏》，第 4431 页。

② 顾炎武撰，黄汝成集释《日知录集释》，第 1021—1022 页。

③ 《史记》卷二六《历书》，第 1255—1256 页。《诗·汎历枢》说：“候及东，次气发，鸡泄三号，水始泮，卒于丑，以成岁。”注释云：“及东，及于寅也。承丑之年，故谓之次气也。鸡为畜，阳也。丑之年向晨鸣，鸡得其气，感之而喜，故鸣也。”赵在翰认为此节可以与《历书》中的相关内容互证（见赵在翰辑《七纬》，第 247 页）。

其他地支和时称搭配的情况。需要注意的是，“平明寅”和“鸡鸣丑”是《索隐》的理解，《史记》中并没有将鸡鸣与地支丑对应的说法。

事实上，《汉书》中也没有直接将鸡鸣与地支丑对应，只是在《汉书·王莽传》中出现了“以鸡鸣为时”的说法，认为殷以十二月为正，以鸡鸣为朔，而“殷正建丑”，所以鸡鸣的时称就和地支丑对应。“殷以十二月为正”的说法出自西汉初年伏生所传《尚书》，即所谓“夏以十三月为正，色尚黑，以平旦为朔。殷以十二月为正，色尚白，以鸡鸣为朔。周以十一月为正，色尚赤，以夜半为朔”。[①] 这里以夜半对应地支子，以鸡鸣对应地支丑，以平旦对应地支寅，并未出现其他地支与时称对应的情况。可以认为，伏生知晓时称和地支搭配的情况，并借以说明夏商周的正朔问题。

至东汉时期，地支和时称的对应制度已经基本成熟，《论衡·調时》说：“一日之中，分为十二时，平旦寅，日出卯也。”[②] 王充虽然没有明确说，但可以确定“平旦寅”之前应该有“鸡鸣丑”以及其他的时称。王充以平旦寅和日出卯来举例，显然也知晓时称和地支的固定搭配。但相关内容并未获

---

① 皮锡瑞撰，吴仰湘编《尚书大传疏证》，第 330 页。皮锡瑞疏证引《公羊》隐元年解诂曰：“夏以斗建寅之月为正，平旦为朔，法物见，色尚黑。殷以斗建丑之月为正，鸡鸣为朔，法物牙，色尚白。周以斗建子之月为正，夜半为朔，法物萌，色尚赤。”

② 黄晖：《论衡校释（附刘盼遂集解）》，第 984—985 页。刘盼遂集解据此认为一日分为十二时的制度不始于汉代以后，所以顾炎武的说法有误。其引《尚书大传》曰：“夏以十三月为正，平旦为朔；殷以十二月为正，鸡鸣为朔；周以十一月为正，夜半为朔。”并指出“三代子、丑、寅迭建，以初昏为斗柄所指为验。今曰周之正，夜半为朔；殷之正，鸡鸣为朔；夏之正，平旦为朔，则是夜半为子，鸡鸣为丑，平旦为寅。”

得广泛的接受，所以在较为正式的文献记载中并没有出现地支和时称对应的内容。

陈梦家考察汉简中的时制问题，曾经制作图表说明不同文献记载中时称和地支的对应情况（图 5-1），① 但图表关于西汉简牍的部分推测成分较大，且很难严密对应。这也可以说明地支和时称的搭配在西汉时期并未成熟完善。

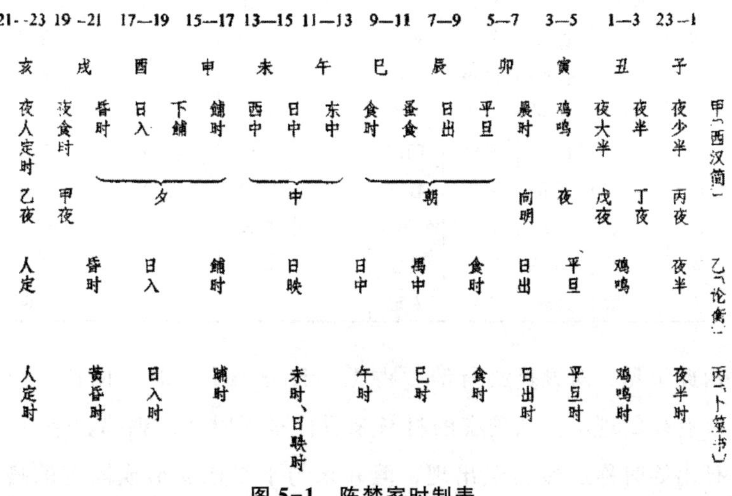

图 5-1　陈梦家时制表

资料来源：陈梦家：《汉简缀述》，第 253 页。

我们模仿陈梦家的表格，根据睡虎地秦简和《论衡》、《尚书大传》、《日知录》等的记载，将不同文献中十二时称与十二地支对应的情况制成表格，以方便对比研究：

① 陈梦家表格中的《论衡》实际上是根据杜预注《左传》补充的。

表 5-1 十二时称与十二地支对应情况

十二地支	放马滩秦简《日书》	睡虎地秦简《日书》	水泉子汉简《日书》	孔家坡汉简《日书》	《论衡·讕时》	《左传》杜预注	《尚书大传》	《史记索隐》	《日知录》
子	夜半	人定	夜半	鸡鸣		夜半	夜半		夜半
丑		鸡鸣	鸡鸣	平旦		鸡鸣	鸡鸣	鸡鸣	鸡鸣
寅		平旦	平旦	日出	平旦	平旦	平旦	平明	平旦
卯	日出	日出	日出	蚤食	日出	日出			日出
辰		食时	食时	暮食		食时			食时
巳		暮食	隅中	日中		禺中			隅中
午	日中	日中	日中	日昳		正中			日中
未		日失	日昳	□市		日昳			日昳
申		下市	暮餔	暮市		晡时			晡时
酉	日入	舂日	日入	牛羊入		日入			日入
戌		牛羊入	昏时	黄昏		昏时			黄昏
亥		黄昏	人定	人定		人定			人定

由此可见，对顾炎武所谓“古无一日分为十二时”的说法可以有新的理解。从现有的材料来看，秦汉时代，鸡鸣、平旦、日出等时称虽然已经出现，但并未与十二地支形成固定的搭配，况且除此之外还存在若干其他时称，其数量不止十二，证明不同时期不同地域的人们会根据不同的情况使用时称。虽然睡虎地秦简《日书》中明确出现了十二地支和十二时称搭配的情况，但从《史记》《汉书》及其他相关材料的记载来看，时称和地支的搭配并没有出现在相对官方的传世文献之中。这些内容由数术家使用，对伏生以及后来的王充等知识阶层产生了影响，但范围毕竟有限。十二时辰制度真正开始形成广泛影响应该是在魏晋南北朝到隋唐时期。同时需要注意的是，多数情况下某些时称和地支的对应关系是一以贯之的，例如子对应

夜半、午对应日中、丑对应鸡鸣等。

其实在后世文献的记载中，“子时”既可以表示时间点，也可以表示从“子时”到“丑时”的时间段，这样表示时间段的方式在秦汉时代还没有出现。联系前文提到“刻”也具有表示时间点和时间段的功能，也就可以理解为什么“时”与“刻”至今仍然是最为常用的计时单位。

4. “以鸡鸣为时”与一天开始的时间

鸡鸣被认为是一天开始的时间，这与人们的生活经验有关。前文提到人们很早就认识到雄鸡“司晨”，《孔雀东南飞》中也有“鸡鸣外欲曙，新妇起严妆”，到了南北朝时期人们不愿意起床，甚至要“打杀长鸣鸡”① ……这些都说明在历史时期人们确实以鸡鸣这种自然现象标志新的一天生活和劳作的开始。然而现在的常识告诉我们，一天开始的时间不是清晨鸡鸣的时候，而是半夜十二点，也就是零点。那么，古人对一日之始的认识是从何而来的，又是怎样演变的呢？

对于一日之始，陈梦家指出古代历法中存在四种说法：一种是始于夜半，一种是始于鸡鸣，一种是始于晨初，还有一种是始于寅时。② 近年来多有学者讨论商代日界的问题，大致有两种看法：一种是认为殷代的日界在夜半，③ 另外一种认为殷

① 丁福保编《全汉三国晋南北朝诗》，第741页。

② 陈梦家：《汉简年历表叙》，《汉简缀述》，第257页。

③ 相关的说法见德效骞《商代的记日法》，《通报》第40期，1951年；周法高《论商代月蚀的记日法》，《亚洲学报》第25期，1964—1965年；劳榦《从甲午月食讨论殷周年代的关键问题》，《中研院历史语言研究所集刊》第64本第3分，1993年；李学勤《〈英藏〉月食卜骨及干支日分界》，《夏商周年代学札记》，辽宁大学出版社，1999；黄天树《殷代的日界》，《华学》第4辑。

代的日界在天明。[①] 还有很多学者接受了伏生关于夏代、商代和周代分别以夜半、鸡鸣和平旦开始一天的说法，例如陈遵妫《中国天文学史》认为："一昼夜为一日。一日的开始，最早当以日出算起，即夏以平旦为日始，殷以鸡鸣为日始，到了周代，以夜半为日始。"[②] 而其主要依据便是《尚书大传》中的记载。除此之外，也有学者根据月食的记录，认为古人不以夜半为日界，古人的日界未知。[③]

正如前文所提到的，鸡鸣通常被当成一天开始的时间，后来王莽改制曾经"以鸡鸣为时"，这是在官方文件之中明确地以"鸡鸣"作为一天开始的时间，据《汉书·王莽传》：

> 以戊辰直定，御王冠，即真天子位，定有天下之号曰新。其改正朔，易服色，变牺牲，殊徽帜，异器制。以十二月朔癸酉为建国元年正月之朔，以鸡鸣为时。服色配德上黄，牺牲应正用白，使节之旄幡皆纯黄，其署曰"新使五威节"，以承皇天上帝威命也。[④]

所谓"以鸡鸣为时"，《资治通鉴》胡三省注曰："以十二月为

---

① 相关的说法见董作宾《殷代的记日法》，《台湾大学文史哲学报》1953年第5期；宋镇豪《试论殷代的纪时制度——兼谈中国古代分段纪时制》，《考古学研究（五）》上册；常玉芝《殷商历法研究》，吉林文史出版社，1998；彭裕商《殷代日界小议》，《殷都学刊》2000年第2期。

② 陈遵妫：《中国天文学史》（下），第1343页。

③ 李勇：《月龄历谱与夏商周年代》，世界图书出版公司，2004，第146页。

④ 《汉书》卷九九上《王莽传上》，第4095—4096页。

正，以丑时为十二时之始也。”[①] 陈梦家认为，王莽“建丑”，以鸡鸣丑时为一日之始。也有学者指出：“汉代原以子时为一天开始，王莽改以鸡鸣（丑时）为一天开始。”[②] 王莽“以鸡鸣为时”的制度变更，是史书中可见的首次由官方确定一日开始的时间，而王莽“以鸡鸣为时”的思想应当来自伏生传《尚书》中的相关说法，即所谓的“夏以十三月为正，色尚黑，以平旦为朔。殷以十二月为正，色尚白，以鸡鸣为朔。周以十一月为正，色尚赤，以夜半为朔”。[③] 前文提到这里其实是以夜半对应地支子，以鸡鸣对应地支丑，以平旦对应地支寅。

《后汉书·陈宠传》载陈宠的上书中也提到“三微成著，以通三统”的说法，注引《三礼义宗》曰：

> 三微，三正也。言十一月阳气始施，万物动于黄泉之下，微而未著，其色皆赤，赤者阳气。故周以天正为岁，色尚赤，夜半为朔。十二月万物始牙，色白，白者阴气。故殷以地正为岁，色尚白，鸡鸣为朔。十三月万物始达，其色皆黑，人得加功以展其业。夏以人正为岁，色尚黑，平旦为朔。故曰三微。王者奉而成之，各法其一以改正朔也。[④]

谶纬文献中也有类似的说法，例如《春秋元命苞》说：

---

① 司马光编著《资治通鉴》，胡三省音注，“标点资治通鉴小组”校点，中华书局，1956，第1168页。

② 王继如主编《汉书今注》，凤凰出版社，2013，第2409页。

③ 皮锡瑞撰，吴仰湘编《尚书大传疏证》，第330页。

④ 《后汉书》卷四六《陈宠传》，第1551、1552页。

“夏以十三月为正，息卦受泰物之始，其色尚黑，以寅为朔；殷以十二月为正，息卦受临物之芽，其色尚白，以鸡鸣为朔；周以十一月为正，息卦受复物之萌，其色尚赤，以夜半为朔。”① 需要注意的是，这种三统说显然更多是汉代人的观念，夏商周三代的历法是否当真如此，可存疑。② 其中以某月“为正”，是以某月为正月的意思，也就是《日知录》所谓的“周以十一月为正，即名正月，不名十一月矣”。③ “为朔”的意思是以夜半、鸡鸣、平旦等时间点作为朔日当天开始的时间，这正好与“夏正建寅”“殷正建丑”“周正建子”的说法一一对应。正如有学者指出的那样：“月的首日为朔日，但朔日的起始点又各不相同。夏代朔日始于平旦（寅时），殷代朔日始于鸡鸣（丑时），周代朔日始于夜半（子时）。”④ 这三个时间点都可以通过观测自然现象获得，并不是十分确切的时间点。其实所谓三微、三正和三统的问题，并不是严格意义上的历法问题，更多是政治文化方面的问题，所以对计时的精确性并没有太高的要求。而这种制度又显然和实际使用中的时间不合，即夜半实际上是子时，但鸡鸣未必在丑时，平旦也并不在寅时。所以基于此，《尚书大传》中的相关说法很可能只是出于政治理念上的需要，在现实中并没有可行性。

然夜半和鸡鸣确实是可以作为一日之始的两个重要时间点。从西汉时期历法修订的角度来看，《史记·历书》载有司

① 赵在翰辑《七纬》，第392—393页。

② 学者们的研究已经注意到，根据甲骨卜辞提供的资料，古书上所谓的“以鸡鸣为朔”是不符合商代的实际情况的（常玉芝：《殷商历法研究》，第193页）。

③ 顾炎武撰，黄汝成集释《日知录集释》，第182页。

④ 卢央：《中国古代星占学》，第10页。

马迁《历术甲子篇》，其中提到："太初元年，岁名'焉逢摄提格'，月名'毕聚'，日得甲子，夜半朔旦冬至。"《索隐》说："以建子为正，故以夜半为朔。其至与朔同日，故云夜半朔旦冬至。若建寅为正者，则以平旦为朔也。"《索隐》以"建子为正"解释《历术甲子篇》"夜半朔"，未必符合司马迁的本意。另外《索隐》引虞喜曰："天元之始，于十一月甲子夜半朔旦冬至，日月若连珠，俱起牵牛之初。"①《汉书·律历志》颜师古注引孟康说："谓太初上元甲子夜半朔旦冬至时，七曜皆会聚，斗、牵牛分度，夜尽如合璧连珠也。"② 此说指出十一月甲子夜半时刻的天象，这是《历术甲子篇》以此夜半之时作为《太初历》开端最为主要的原因。当然，历法中所谓的"夜半朔"在日常恐怕并没有实际使用。

显然与夜半相比，鸡鸣更多被作为一日开始的时间。前面提到睡虎地秦简《日书》乙种《见人》篇有十二时与十二支搭配的记载，其中"鸡鸣丑"位于首位，《日书》的作者显然是以鸡鸣这一时称作为一天的开始。而在其他出土的日书文献中，鸡鸣所处的位置也十分重要。又《史记·历书》之前有一段小序，讨论历法根本精神，其中有物候与历法之间的关系，特别提到"时鸡三号，卒明"：

> 昔自在古，历建正作于孟春。于时冰泮发蛰，百草奋兴，秭鳺先滜。物乃岁具，生于东，次顺四时，卒于冬分。时鸡三号，卒明。扶十二〔月〕节，卒于丑。日月

① 《史记》卷二六《历书》，第1262页。

② 《汉书》卷二一上《律历志上》，第977页。

> 成，故明也。明者孟也，幽者幼也，幽明者雌雄也。雌雄代兴，而顺至正之统也。日归于西，起明于东；月归于东，起明于西。正不率天，又不由人，则凡事易坏而难成矣。

关于“时鸡三号，卒明”，《索隐》解释说：“三号，三鸣也。言夜至鸡三鸣则天晓，乃始为正月一日，言异岁也。”是以鸡鸣之后天亮的时间作为新的一天的开始。《索隐》另外也说：“自平明寅至鸡鸣丑，凡十二辰，辰尽丑又至明朝寅，使一日一夜，故曰幽明。”①《索隐》的说法，其实就是将“鸡鸣丑”作为十二辰开始的时间。

《续汉书·百官志》注引蔡质《汉仪》提到一段重要史料，对于了解汉代宫廷中的计时方式有非常重要的意义：

> 凡中宫漏夜尽，鼓鸣则起，钟鸣则息。卫士甲乙徼相传，甲夜毕，传乙夜，相传尽五更。卫士传言五更，未明，三刻后鸡鸣，卫士踵丞郎趋严上台，不畜宫中鸡，汝南出鸡鸣，卫士候朱爵门外，专传《鸡鸣》于宫中。②

这里将一夜分为甲、乙、丙、丁、戊五个部分，也就是所谓的“五夜”。③《周礼正义》引卫宏《汉旧仪》说：“昼漏尽，夜漏起，省中用火，中黄门持五夜：甲夜、乙夜、丙夜、丁夜、

---

① 《史记》卷二六《历书》，第1255—1256页。

② 《后汉书》志二六《百官三》，第3598页。此处的标点有更改。

③ 参陈梦家《汉简年历表叙》，《汉简缀述》，第257页。

戊夜也。"[①] 另外《隋书·天文志》记载"上古"的漏刻制度，说上古时期有一日十时，所谓："昼：有朝，有禺，有中，有晡，有夕。夜：有甲、乙、丙、丁、戊。"[②] 已经有学者指出，这种一日十时的说法，尤其是夜间五个时辰的名称，是汉魏以来才有的。[③]

卫士在宫廷之中轮流报更，即所谓"甲乙徼相传，甲夜毕，传乙夜，相传尽五更"，五更结束之后就是鸡鸣，这个时候来自汝南地区的卫士开始传唱《鸡鸣歌》，提醒宫廷里面的人们新的一天开始了。只是在东汉时期，由于漏刻等较为先进的计时工具普遍使用，将一夜分为甲、乙、丙、丁、戊五个部分有实现的可行性。同样由于漏刻的应用，鸡鸣也被确定在"五更"开始以后三刻，成为一个非常具体的时间点。

总的来说，以鸡鸣作为一天的开始与自然现象相合，也符合人们的作息规律，所以被广泛接受，后来鸡鸣也逐渐成为常用的时称。王莽时期规定"以鸡鸣为时"，其实是官方规定将鸡鸣作为一天开始的时间，虽然王莽考虑的是所谓的"三统说"，更多是其政治文化上的效用和意义。进入东汉以后，鸡鸣为一天开始的时间因之不改，加之漏刻制度的完善，一夜的时间被分为五份，这也就有了后来"五更"的说法。需要注意的是，东汉以鸡鸣作为一日之始的做法已与"三统说"无涉。

---

① 孙诒让：《周礼正义》，第3502页。《汉旧仪补遗》卷下引《北堂书钞·仪饰部》作："五夜：甲、乙、丙、丁、戊夜。及相传救守火帅内户外，数五止。"（孙星衍等辑《汉官六种》，周天游点校，中华书局，1990，第96页）

② 《隋书》卷一九《天文上》，第526页。

③ 张衍田：《中国古代纪时考》，上海古籍出版社，2019，第38页。

第二节　鸡人呼旦

前文提到，鸡鸣这个时称来自雄鸡打鸣的自然现象，起初只能标示相对模糊的时间点，对于人们的日常生活已然足够。然而国家政治的运行需要相对精确的计时方式，尤其到了东汉以后，重要的礼仪活动和天文测量都需要精确到“刻”，也需要专业人员来管理计时工具，其中鸡人以及负责传漏的官员应当引起充分关注。

1. 鸡人之官

《周礼》中有“鸡人”之官，据记载，“鸡人，下士一人，史一人，徒四人”，其主要职事也与鸡有关：

> 掌共鸡牲，辨其物。大祭祀，夜呼旦以叫百官。凡国之大宾客、会同、军旅、丧纪，亦如之。凡国事为期，则告之时。凡祭祀，面禳，衅，共其鸡牲。①

从《周礼》的记载来看，鸡人的主要工作是在祭祀中准备鸡作为牺牲，另外就是报告时间，即所谓“夜呼旦以叫百官”，以及“凡国事为期，则告之时”。郑玄注认为：“夜漏未尽，鸡鸣时也，呼旦以警起百官，使夙兴。”孔颖达也说：“漏未尽者，谓漏未尽三刻以前，仍为夜，则呼旦也。”② 同样，《诗经·庭燎》郑玄笺说：“王有鸡人之官，凡国事为期则告之以

① 《周礼注疏》，阮元校刻《十三经注疏》，第1668页。

② 《周礼注疏》，阮元校刻《十三经注疏》，第1668页。

时。”孔颖达疏引正义曰：“王有鸡人之官，凡国事为期，则鸡人告有司以其朝之时节，有司当以告王，不须问。今王问之，由王不正其官，而问夜早晚，非度之宜，所以箴之也。”[①]也就是说，在郑玄和后世的经典注释者看来，宫廷之中有负责报时的鸡人，他们应当主动向王报告时间。

另外，《周礼》记载中有挈壶氏：“挈壶氏下士六人，史二人，徒十有二人。”其职责为：“掌挈壶以令军井，挈辔以令舍，挈畚以令粮。凡军事，县壶以序聚柝；凡丧，县壶以代哭者。皆以水火守之，分以日夜。及冬，则以火爨鼎水而沸之，而沃之。”郑玄认为：“以水守壶者，为沃漏也。以火守壶者，夜则火视刻数也。分以日夜者，异昼夜漏也。漏之箭，昼夜共百刻，冬夏之间有长短焉。太史立成法，有四十八箭。”孔颖达也认为古典的漏刻制度是“盖壶以盛水为漏，下当有盘以承之，箭刻百刻，树之盘中，水下盘内淹箭，以定刻数”。“挈壶氏云凡军事悬壶，无告期之事。则天子备官，挈壶直掌漏刻之节，鸡人告期也。彼齐诗是诸侯兼官，故挈壶氏兼告期。”[②]前文在讨论漏刻问题的时候已经注意到，郑玄等人对《周礼》中关于挈壶氏掌漏刻的理解可能存在偏差，在周代漏刻制度显然并没有成熟，“县壶”是否为漏刻之事有继续讨论的空间。那么，对挈壶氏的真正职责，以及“壶”的作用究竟是什么，就应该继续思考了。

在《周礼》记载中执掌时间的官员还有大史，其中提到大史的职责包括颁布历法，如“正岁年以序事颁之于官府及都鄙，

① 《毛诗注疏》，阮元校刻《十三经注疏》，第924页。

② 孙诒让：《周礼正义》，第2909—2916页。

颁告朔于邦国，闰月诏王居门终月”等，另外还要负责选择重要的祭祀仪式时日，即所谓“大祭祀与执事卜日”。值得注意的是，《周礼》中还有“大史抱天时与大师同车”的说法，郑司农说：“大出师，则大史主抱式，以知天时，处吉凶。史官主知天道，故《国语》曰：吾非瞽史，焉知天道。《春秋》传曰：楚有云，如众赤鸟夹日以飞，楚子使问诸周大史，大史主天道。”① 郑司农将“抱天时”直接理解成了“抱式”，“式”也就是式盘，在战争中的作用应当是占测时间和空间。可见大史是更为重要的掌管时间的官员，当然这也符合人们对于史官的基本认识。

学者注意到，在先秦时期的文献记载中有所谓的“日官”和“日御”，他们的主要工作也和时间有关。《左传》桓公十七年说：“冬，十月朔，日有食之，不书，日官失之也，天子有日官，诸侯有日御，日官居卿以底日，礼也，日御不失日，以授百官于朝。”也就是说在中央和诸侯国内负责时日的是日官和日御，杜预注云：“日官、日御，典历数者”，“日官，天子掌历者”。② 而郑玄注释《周礼·春官·大史》认为“大史，日官也”。③ 也就是说，春秋战国时代的日官和日御其实都是史官，他们的职事是负责记录天象，以及制作与之相关的

① 《周礼注疏》，阮元校刻《十三经注疏》，第 1764—1766 页。

② 《春秋左传正义》，阮元校刻《十三经注疏》，第 1759 页。

③ 刘瑛提出春秋时期掌管历法的日官、日御有以下几个特点：一是属下大夫，但因执掌重要而“居卿”；二是天子有日官，与之对应诸侯有日御；三是日官负责观察日月五行（五星）的行度，测定启闭的先后、晦朔弦望的日期，制作成历法，颁布于各诸侯国，日御授历于百官，使百官不失天时（见《〈左传〉、〈国语〉方术研究》，人民文学出版社，2006，第 207 页）。

历法。

从《周礼》的相关记载来看，鸡人这种职官负责报告时间，又以“鸡”为名，显然与鸡鸣这种现象有必然的联系，即所谓“象鸡知时”。但先秦时期的资料较为缺乏，对于鸡人之官的认识还有赖于更多材料的发现。

后来秦和西汉不见有关鸡人的记载，但根据前文的讨论也可以知道，以鸡鸣等方式计时在秦和西汉时期也一直存在。此一时期，与时间有关的官员中最为主要的是史官，与《周礼》记载相似的是秦汉时期的史官也负责观测天文、修订历法等。事实上，史官本就负责时间方面的工作，所以司马迁说史官的职责在“天人之际”和“古今之变”，这个说法揭示的是史官职事的两部分内容：其一在“天官”，主要负责观测和记录天文现象；其二是掌管图书档案资料。然自西汉中后期起，史官的职能就开始分化，到了东汉时期，其职责仅局限于原本天官的内容，例如《续汉书·百官志》说：“太史令一人，六百石。本注曰：掌天时、星历。凡岁将终，奏新年历。凡国祭祀、丧、娶之事，掌奏良日及时节禁忌。凡国有瑞应、灾异，掌记之。”① 就是说史官也要负责择日方面的活动。《后汉书·明帝纪》李贤注释“史官”时直接说“掌天文之官”。② 而东汉史料中出现的史官的具体活动，也都和修订历法、陈说天文灾异、占卜时日吉凶以及预测望气等有关，比较著名的史官如张衡、单飏、霍融等人，都是以“术学”显名于世，其中霍融更是与汉和帝时期漏刻制度的修订直接相关。

① 《后汉书》志二五《百官二》，第3571页。

② 《后汉书》卷二《显宗明帝纪》，第105页。

除了史官之外，秦和西汉时期负责时日的官员还有前文提到的“视日”之官，例如周文曾经在项燕的军队中担任“视日”。“视日”虽不见于其他记载，但应当属于楚国军队职官体系，《史记集解》引如淳曰：“视日时吉凶举动之占也。司马季主为日者。”[①] 如淳特意提到《史记·日者列传》中的司马季主，认为周文“视日”与司马季主的职事相同，然秦汉时期的日者更多在民间活动，并没有进入职官序列。

王莽时期有所谓“天文郎”。《汉书》提到王莽末年叛军攻入长安，王莽在宣室前殿使用式盘占卜，“天文郎桉栻于前”，颜师古注：“栻，所以占时日。天文郎，今之用栻者也。”[②] 有关“天文郎”的记载仅此一见，应当是王莽新朝特别设置的职官，其主要工作大概就是使用式盘占测时日。

前文也提到桓谭《新论》中有制作浑仪的“黄门老工”。如果桓谭的记载可信，则在汉代宫廷中已有专门制作浑仪的技术人员。

总的来说，《周礼》记载中虽然有鸡人之官，但由于史料的缺乏，并未见鸡人之官活动的具体记载。秦和西汉时期都没有设置鸡人这样的官职，宫廷之中是否有类似鸡人的职官也未可知。能够明确的是，秦和西汉时期史官是与时间关系最为密

---

① 《史记》卷四八《陈涉世家》，第1954页。《汉书》颜师古注引服虔说：“视日旁气也”，其实是将“视日”理解成动宾结构，后来邓文宽考察敦煌历法，也将“视日”理解成动宾结构（见氏著《出土秦汉简牍“历日”正名》，《文物》2003年第4期）。刘乐贤认为“视日”是看日子和选日子的意思，既指从事这项工作的人，同时也可以指这项工作本身；工藤元男也同意这样的观点（见氏著《具注历的渊源——“日书”·“视日”·“质日”》，《简帛》第9辑，上海古籍出版社，2014）。

② 《汉书》卷九九下《王莽传下》，第4190—4191页。

切的职官，他们的主要职事包括观测天文、制作历法等，在史官体系之中也有与时间计量工作有关的技术人员。东汉时期，史料中出现了关于《鸡鸣歌》的记载，这为了解宫廷中设置的与时间有关的职官，以及当时社会的计时方式提供了更多细节。

2. 《鸡鸣歌》

到了东汉时期，漏刻体系逐渐完备，天文观测仪器也逐渐成熟，人们获得了更多计量时间的技术性手段，而时间计量方式的变化也对人们的社会生活与思想观念产生了较大的影响。史料中关于基层社会的记载较为缺乏，但保留了宫廷中计量和播报时间的具体细节，如卫士们传唱《鸡鸣歌》被认为是古时“鸡人呼旦”的遗存。这些都为认识新技术手段下人们时间观念的变化提供了依据。

《汉官仪》记载：“高祖既登帝位，鲖阳、固始、细阳岁遣鸡鸣歌士，常讴于阙下。”① 如果此说可信，则唱《鸡鸣歌》这一汉代宫廷活动可追溯到西汉高祖的时代，但西汉时的材料仅此一例。《鸡鸣歌》由卫士歌的记载也见于晋太康《地道记》：“后汉固始、鲖阳、公安、细阳四县卫士，习此曲于阙下歌之，今《鸡鸣》是也。”② 这里明确说是“后汉”，并没有提到汉高祖时代的情况。至于《鸡鸣歌》真正出现的时间，联系前文提到的王莽时期“以鸡鸣为时”，以及新莽君臣对于《周礼》等文献的重视，或可以将“鸡人呼旦”传统的恢复与王莽政制联系起来。但史料中缺乏相关的记载，这样的说法也只能姑且存疑。

---

① 孙星衍等辑《汉官六种》，第 190 页。

② 《后汉书》志二六《百官三》，第 3596 页。

前引《续汉书·百官志》注引蔡质《汉仪》曰：

> 凡中宫漏夜尽，鼓鸣则起，钟鸣则息。卫士甲乙徼相传，甲夜毕，传乙夜，相传尽五更。卫士传言五更，未明，三刻后鸡鸣，卫士踵丞郎趋严上台，不畜宫中鸡，汝南出鸡鸣，卫士候朱爵门外，专传《鸡鸣》于宫中。[①]

其中提到在汉代宫廷之中漏刻是非常重要的计时工具，“漏夜尽”应当是“夜漏尽”，也就是即将天亮，宫中以鼓声作为新的一天开始的标志。[②]“钟鸣则息”之前应当有“昼漏尽”，也就是以钟声作为白天的结束。

这段记载恐有阙文，所以文意不是特别通顺。蔡邕《独断》也提供了相关信息，其中写道：“冬至阳气起，君道长，故贺。夏至阴气起，君道衰，故不贺。鼓以动众，钟以止众，故夜漏尽，鼓鸣则起；昼漏尽，钟鸣则息。”[③] 可见在汉代宫廷之中以漏刻作为计时工具，以鼓声和钟声分别作为报告早晨和夜晚到来的工具。

也有人认为《鸡鸣歌》是楚歌。项羽被困垓下有“四面楚歌”，后世读史者对“楚歌”有不同的理解，例如《汉书》颜师古注引应劭曰：“楚歌者，谓《鸡鸣歌》也。汉已略得其

---

① 《后汉书》志二六《百官三》，第 3598 页。

② 王鸣盛《十七史商榷》有“鸡鸣歌”条，其中提到“泰始二年正月庚寅，‘罢鸡鸣歌’。案：‘歌’元板作‘鼓’”（中华书局，2010，第 499 页）。则“鸡鸣歌”在某些版本中可能作“鸡鸣鼓”。另外，前文引南朝时期鲍照“鸡鸣关吏起，伐鼓早通晨”的诗句，鼓声的重要性也有所体现。

③ 《后汉书》志五《礼仪中》，第 3126 页。

地，故楚歌者多鸡鸣时歌也。”颜师古对此有不同的意见，他说：“楚人之歌，犹言‘吴歈’‘越吟’耳。若以鸡鸣为歌曲之名，于理则可，不得云‘鸡鸣时’也。高祖令戚夫人楚舞，自为楚歌，岂亦鸡鸣时乎？”[①] 然前文提到后汉时期固始、鲖阳、公安、细阳四县的卫士在阙下练习《鸡鸣歌》，四县传统上都属于楚地，所以《鸡鸣歌》可能确实是楚歌。是以也有学者认为：“汉旧仪云‘汝南出长鸣鸡’，余窃以为皆谬也，按：汉时于汝南取能《鸡鸣歌》之人耳。《乐府广题》云：‘汉有鸡鸣卫士，主鸡唱。’”[②] 总体而言，东汉时期于汝南征能唱《鸡鸣歌》之人，负责宫廷的计时，确乎是符合历史真实的。

后来苏轼在黄州（今湖北黄冈市）见到当地人讴歌的方式，对这个问题有了新的看法，他在《书〈鸡鸣歌〉》一文中说：

> 余来黄州，闻黄人二三月皆群聚讴歌，其词固不可分，而其音亦不中律吕，但宛转其声，往反高下，如鸡唱尔。与庙堂中所闻鸡人传漏，微有相似，但极鄙野耳。

苏轼另外引《汉旧仪》以及晋太康《地道记》中的说法，并

① 《汉书》卷一《高帝纪》，第 51 页。陈直先生认为颜师古此处驳斥应劭关于《鸡鸣歌》的说法，应当本是颜游秦之说，颜师古窃取其说而没有著明。陈直引颜游秦之言：“楚歌犹吴讴也，按高祖令戚夫人楚舞，自为楚歌，是楚人之歌声。”认为颜游秦的说法与此处颜师古的注释基本相同。颜游秦是颜之推之子，是颜师古的叔父，著作有《汉书决疑》三十卷（见陈直《汉书新证》，第 9 页）。

② 曹胜高、岳洋峰辑注《汉乐府全集（汇校汇注汇评）》，崇文书局，2018，第 196 页。

批评颜师古说："颜师古不考本末，妄破此说，余今所闻岂亦《鸡鸣》之遗声乎？土人谓之山歌云。"① 郝懿行《晋宋书故》认为："宋之黄州不出汝南境界，东坡所闻即《鸡鸣》遗声。读《太康记》，岂《鸡鸣歌》经泰始罢后，汝南传唱遗韵犹存。颜师古不知而妄破其说，故东坡为之置辩。"②

另外，苏轼提到的"庙堂中所闻鸡人传漏"的情形见于《宋史·律历志》中的记载：

> 国朝复挈壶之职，专司辰刻，署置于文德殿门内之东偏，设鼓楼、钟楼于殿庭之左右。其制有铜壶、水称、渴乌、漏箭、时牌、契之属：壶以贮水，乌以引注，称以平其漏，箭以识其刻，牌以告时于昼，契以发鼓于夜，常以卯正后一刻为禁门开钥之节，盈八刻后以为辰时，每时皆然，以至于酉。每一时，直官进牌奏时正，鸡人引唱，击鼓一十五声，至昏夜鸡唱，放鼓契出，发鼓、击钟一百声，然后下漏。每夜分为五更，更分为五点，更以击鼓为节，点以击钟为节。每更初皆鸡唱，转点即移水称，以至五更二点，止鼓契出，五点击钟一百声。鸡唱、击鼓，是谓攒点，至八刻后为卯时正，四时皆用此法。③

这里详细记载了漏刻以及"鸡唱""击鼓"的具体情形，提供了宝贵的历史信息，但和汉代相比显然已经有了明显的不同。例如"每一时……鸡人引唱"及"每更初皆鸡唱"的记载，

① 曾枣庄主编《宋代序跋全编》，齐鲁书社，2015，第2961页。

② 郝懿行：《晋宋书故》，张述铮、张越点校，中华书局，1991，第4041页。

③ 《宋史》卷七〇《律历三》，第1588页。

就和东汉时期的鸡唱明显不同。然而其中“鸡唱”与“漏刻”的密切配合，确实是应当引起注意的。

《晋宋书故》“鸡鸣歌”条提到：“今京师夜漏二十余刻后，逻卒一人先唱，众人属和，其声抑扬宛转，有音无字，须臾之间，遍传远近，以警群官，盖即鸡人呼旦之意。”① 郝懿行说的已经是清代的情况了，虽然当时“鸡人呼旦”“有音无字”，但从文献记载来看，汉代的《鸡鸣歌》是有歌词的。《汉书·艺文志》有“《吴楚汝南歌诗》十五篇”，② 后来学者认为就是《鸡鸣歌》的歌词，例如王先谦《汉书补注》提到：“郭茂倩《乐府》有《鸡鸣歌》，《鸡鸣歌》即汝南歌诗也。”③ 黄节《汉魏乐府风笺》也说：“吴、楚、汝南歌诗，则所存鸡鸣歌也。”④

《乐府诗集》卷八三有一段歌词，被认为是“吴楚汝南歌诗”十五篇之一：

> 东方欲明星烂烂，汝南晨鸡登坛唤。曲终漏尽严具陈，月没星稀天下旦。千门万户递鱼钥，宫中城上飞乌鹊。

郭茂倩编《乐府诗集》在这段歌词之前有一段小序，其中引用《乐府广题》曰：“汉有鸡鸣卫士，主鸡唱。宫外旧仪，宫

① 郝懿行《晋宋书故》，第 4041 页。郝懿行还说：“今京师闻此声，通谓之哈号，盖亦不知即《鸡鸣歌》矣。余以其音源流来远，合于《周官》呼旦之义，因述而志之，以存古云。”

② 《汉书》卷三〇《艺文志》，第 1754 页。

③ 王先谦补注《汉书补注》，第 3020 页。《汉书艺文志注释汇编》引姚明煇《汉志注解》说：“吴国，西汉吴县，今江苏吴县治。楚国，今江苏铜山县治。汝南，今河南汝阳县东南六十里。”（陈国庆编《汉书艺文志注释汇编》，中华书局，1983，第 179 页）

④ 黄节：《汉魏乐府风笺》，中华书局，2008，第 1 页。

中与台并不得畜鸡。昼漏尽，夜漏起，中黄门持五夜，甲夜毕传乙，乙夜毕传丙，丙夜毕传丁，丁夜毕传戊，戊夜，是为五更。未明三刻鸡鸣，卫士起唱。”[①] 郭茂倩的说法与前述《续汉书·百官志》注引蔡质《汉仪》基本相同。

另外，文献中也有人们模仿鸡鸣的记载，可以帮助我们了解汉时宫廷内卫士唱《鸡鸣歌》的具体情形。例如《隋书·五行志》“鸡祸”条说：“频岁以来，鸡鸣不鼓翅，类腋下有物而妨之，翮不得举，肘腋之臣，当为变矣。”另引京房《易飞候》说：“鸡鸣不鼓翅，国有大害。”[②] 也就是说，人们观察到鸡在鸣叫之时要扑打翅膀，所以后世模仿鸡鸣的仪式活动中也有类似的动作。雄鸡鸣叫之前鼓翅的动作也被称为拊翼，《汉书·叙传》说：“张、陈之交游如父子，携手逐秦，拊翼俱起。”颜师古注云：“拊翼，以鸡为喻，言知将旦，则鼓击其翼而鸣也。”[③]《后汉书·班固传》引班固《典引篇》，其中也有“拊翼而未举，则威灵纷纭”之句。[④] 人们模仿“拊翼”的动作则被称为“拊髀”。《三国志·蜀书·郤正传》录郤正《释讥》，其中有“齐隶拊髀以济文”之句，裴松之注释说：“此谓孟尝君田文下坐客，能作鸡鸣以济其厄者也。凡作鸡

---

① 郭茂倩编《乐府诗集》，中华书局，1979，第 1173—1174 页。也有学者指出这种说法只能聊备一说，并引《宋书·乐志一》曰：“凡乐章古词，今之存者，并汉世街陌谣讴，《江南可采莲》《乌生十五子》《白头吟》之属是也。吴歌杂曲，并出江东，晋宋以来稍有增广。”如果要指定今日哪一首是“吴楚汝南歌诗”十五篇之一，则几无可能（见王继如主编《汉书今注》，第 1062 页）。

② 《隋书》卷二二《五行上》，第 630 页。

③ 《汉书》卷一〇〇下《叙传下》，第 4245 页。

④ 《后汉书》卷四〇下《班固传》，第 1377 页。

鸣，必先拊髀，以效鸡之拊翼也。”[①]《晋书·五行志》载当时童谣，亦有“鸡鸣不拊翼，吴复不用力”一句，[②] 说明除了模拟鸡的叫声之外，也会模仿鸡的动作。

西晋时，宫廷中《鸡鸣歌》的表演活动曾经被取缔，《晋书·武帝纪》载：“庚寅，罢《鸡鸣歌》。”[③]《晋书》特意记载此事，也显示《鸡鸣歌》的表演活动有一定的影响力。晋武帝取缔鸡人表演的原因不详，但魏晋南北朝时期鸡人之官似仍存在，例如《陈书·世祖本纪》记载：“每鸡人伺漏，传更签于殿中，乃敕送者必投签于阶石上，令枪然有声，云‘吾虽眠，亦令惊觉也’。”[④] 然“鸡人伺漏”与“鸡人传唱”的制度已经有明显的不同。

3. 鸡人传漏

与鸡人一样，“传漏”也是负责掌管时间的重要技术职官，其职责主要是管理漏刻，并报告时间。但显然传漏的地位较低，也很少引起人们的注意。

史料记载董贤曾经传漏，《汉书·董贤传》载：“哀帝立，贤随太子官为郎。二岁余，贤传漏在殿下，为人美丽自喜，哀帝望见，说其仪貌，识而问之，曰，‘是舍人董贤邪?’因引上与语，拜为黄门郎，繇是始幸。”关于传漏，颜师古注说：“传漏，奏时刻。”[⑤] 董贤原本是刘欣的舍人，到了长安以后成为郎官，但地位较低，没有机会接近皇帝，后因向皇帝报告时

---

① 《三国志》卷四二《蜀书·郤正传》，第 1039 页。

② 《晋书》卷二八《五行中》，第 844 页。

③ 《晋书》卷三《武帝纪》，第 53 页。

④ 《陈书》卷三《世祖本纪》，中华书局，1972，第 61 页。

⑤ 《汉书》卷九三《佞幸传》，第 373 页。

间，被汉哀帝注意到。

与传漏相关的还有典漏和伺漏，是管理漏刻的具体技术人员。桓谭曾经典漏，那时候他的身份也是郎官：“余为郎，典漏刻。”[①] 与董贤传漏的工作不同，桓谭本身管理的就是漏刻，所以被称为“典漏”。这同时也说明两汉宫廷之中应是以郎官管理漏刻，奏报时间。另外桓谭还提到了典漏的具体情形，所谓：“燥湿寒温辄异度，故有昏明昼夜。昼日参以晷影，夜分参以星宿，则得其正。”[②] 可见汉代宫廷中对于漏刻的管理有一套较为完备的制度。

汉以后宫廷中仍有传漏人员存在。例如《晋书·天文志》说：“柱史北一星曰女史，妇人之微者，主传漏。故汉有侍史。”[③] 是说负责传漏的是地位较低的妇人。相同的记载也见于《隋书·天文志》等文献，《通志》还引用张衡的说法解释“女史”，所谓“妇官也，主记宫内之事”。[④] 可知除了郎官之外，宫廷内的妇人也会负责“传漏”。再例如《梁书·豫章王综传》载萧综《听钟鸣》中有“谁怜传漏子，辛苦建章台”，[⑤] 意思是说负责传漏的人员需要日夜守护漏壶，工作十分辛苦。需要注意的是，虽然负责传漏、典漏的是郎官或者“妇人之微者”，但他们终究只是负责执行层面的工作，包括日夜守护漏刻

① 桓谭撰，朱谦之校辑《新辑本桓谭新论》卷一一《离事篇》，第46页。

② 桓谭撰，朱谦之校辑《新辑本桓谭新论》卷一一《离事篇》，第46页。

③ 《晋书》卷一一《天文上》，第281页。

④ 郑樵：《通志二十略》，王树民点校，中华书局，1995，第488页。

⑤ 《梁书》卷五五《豫章王综传》，中华书局，1973，第824页。《洛阳伽蓝记》卷二“龙华寺”条记载：“有钟一口，撞之，闻五十里……萧衍子豫章王综来降，闻此钟声，以为奇异，遂造《听钟歌》三首，行传于世。”（杨衒之撰，周祖谟校释《洛阳伽蓝记校释》，中华书局，2010，第56—57页）

避免偏差和传报时间，而真正对漏刻制度负责的是史官。所以“永元论历”中对漏刻制度提出改革的霍融的身份是“待诏太史”，史料记载说：“诏书下太常，令史官与融以仪校天，课度远近。”后来提出实际改革意见的是“太史令舒、承、梵等”。[①]这些都说明在当时的漏刻管理体系中，史官主要负责的是制度的完善，而具体到漏刻器物的操作管理以及奏报时刻等，则由郎官和宫廷内部的女史来负责。

在东汉宫廷中，漏刻似与钟和鼓配合，以起到报时的作用。《续汉书·礼仪志》引蔡邕《独断》说：“鼓以动众，钟以止众，故夜漏尽，鼓鸣则起。昼漏尽，钟鸣则息。”[②] 与之类似，《百官志》注引蔡质《汉仪》说：“右丞与仆射对掌授廪假钱谷，与左丞无所不统。凡中宫漏夜尽，鼓鸣则起，钟鸣则息。”[③]《祭祀志》还提到“庙日上饭，太官送用物，园令、食监典省，其亲陵所宫人随鼓漏理被枕，具盥水，陈严具”，[④]这里的记载与前引“夜漏尽，鼓鸣则起”的说法相同，说明东汉宫廷从皇族到侍卫都是根据漏刻安排生活节奏，以钟声和鼓声报时。也就是说，根据蔡邕和蔡质的记载，漏刻是用来计量时间的，而鼓和钟则是用来报时的，只是和人们熟知的“暮鼓晨钟”的说法不符，东汉宫廷中是晨起鸣鼓，夜晚休息时鸣钟。此外，《汉旧仪》也说：“丞相府官奴婢传漏以起居，不击鼓。”[⑤] 这从反面提示我们宫廷之中传漏应当确实伴随有

① 《后汉书》志二《律历中》，第 3032 页。

② 《后汉书》志五《礼仪中》，第 3126 页。

③ 《后汉书》志二六《百官三》，第 3596 页。

④ 《后汉书》志九《祭祀下》，第 3200 页。

⑤ 孙星衍等辑《汉官六种》，第 39 页。

击鼓，以鼓声报告时间。

前引《陈书·世祖本纪》之中已有："每鸡人伺漏，传更签于殿中，乃敕送者必投签于阶石上，令枪然有声。"[①] 所谓"传更签"应当就是夜深人静时的报时方式。陆倕《新刻漏铭》也说："每旦晨兴，属传漏之音，听鸡鸣之唱。"[②] 由此亦可见漏刻与鸡鸣之配合。

总的来看，进入东汉以后，卫士唱《鸡鸣歌》昭示一日之始，被认为是恢复了"鸡人呼旦"的传统制度。然而与《周礼》等文献记载不同的是，东汉时期的"鸡人呼旦"和漏刻制度配合使用，由于漏刻制度的完备，宫廷中的作息时间以及重要礼仪活动的举行时间，都有了更为具体的规定。自西汉中后期，宫廷之中已有郎官或者宫女负责管理漏刻并奏报时间，但当时真正对漏刻制度负责的还是史官。

4. "大鸡官"及"长鸣鸡"

南越王宫殿遗址出土木简中有"大鸡官"的记载，具体内容为："大鸡官奴坚当笞一百。"（简 004）黄展岳注释："大鸡官，史籍未见。南方少数民族流行鸡骨占卜，南越土著越人亦有此俗。"并认为"赵佗和集百越以后，设大鸡官专司鸡卜事务"。[③] 黄展岳另引《史记·封禅书》所记武帝灭南越和闽越后"乃令越巫立越祝祠，安台无坛，亦祠天神上帝百鬼，而以鸡卜"作为证明。也有学者指出，"简文中的'大鸡官'，为文献所不载，可能与《汉书》等汉代文献中越人习用鸡卜的

① 《陈书》卷三《世祖本纪》，第 61 页。

② 严可均校辑《全上古三代秦汉三国六朝文》，第 6515 页。

③ 黄展岳：《南越木简选释》，《南越国考古学研究》，中国社会科学出版社，2015，第 234 页。

记载有关”。[①] 另外有学者整理了简 072 “野雄鸡六……”、简 073 “野雄鸡七，其六雌一雄，以四月辛丑属中官租纵” 等内容，认为 “秦汉时代的南越国特别信仰鸡卜，并且设有专门的官员主管此事”。[②] 鸡骨卜确实是南方地区比较流行的占卜方式，但 “大鸡官” 是否就是专司鸡卜事务的官员，还有可以进一步讨论的空间。

根据前文关于鸡人问题的讨论，本书认为南越国的 “大鸡官” 也有可能是职掌时间之官。事实上，南越木简中也有关于 “时” 的记载，例如 “□□德食官脯侍以夜 食时往德脯其时名已无”（简 079），“弗得至日夕时望见典宪驱其所牧□”（简 097），[③] 这里的记载有 “食时” 和 “日夕时”，都是在当时其他地区出现过的时称，这也说明当时南越地区的时间也精确到了 “时”。不仅如此，南越木简中还提到了 “可等四人留二月廿六日少半”（简 023），从文意上看是将一天之内的时间再进行细分。黄展岳注释认为 “少半” 的意思是 “不到一半”，其注释也引《史记 · 项羽本纪》集解引韦昭注 “凡数三分有二为太半，一为少半”，也就是说 “少半” 的意思其实是三分之一。木简中说 “可等四人” 停留的日子是 “二月廿六日少半”，也就是两个月零二十六又三分之一天的意思。

上述均可说明在南越国对于时间的认识也已经较为先进，或者正是因为与秦和西汉都有着比较密切的交流，南越国的计时方式与当时其他地区并无太大的区别。而秦汉时期的史料中

---

① 吴凌云：《赵佗和南越国》，岭南美术出版社，2018，第 68 页。

② 何正廷编《壮族日鸟崇拜习俗研究》，云南民族出版社，2014，第 21 页。

③ 黄展岳：《南越木简选释》，《南越国考古学研究》，第 236、237 页。

也有许多南方地区盛产“长鸣鸡”的记载，这让我们在思考“大鸡官”问题的时候倾向于认为这是职掌时间的官员。

前引《西京杂记》卷四有“长鸣鸡”条，其中提到的交趾和越嶲并不在同一个地区，至于“长鸣鸡”到底是来自交趾还是越嶲则很难确定，或者《西京杂记》的作者对这个问题也不清楚，只约略地知道“长鸣鸡”来自南方地区。

然而在汉代，“长鸣鸡”也不是南方地区才有，刘贺在前往长安的路上曾购买“长鸣鸡”，这也成为他众多的“不端”行为之一：“贺到济阳，求长鸣鸡，道买积竹杖。”颜师古认为所谓“长鸣鸡”就是“鸣声长者也”。[①] 西汉时期济阳属陈留郡，刘贺在这里买的“长鸣鸡”显然和《西京杂记》中的“长鸣鸡”不同，其具体用途不详。前引《续汉书·百官志》注引蔡质《汉仪》提到“不畜宫中鸡，汝南出鸡鸣，卫士候朱爵门外，专传《鸡鸣》于宫中”，则汉代宫廷之中不蓄养鸡似乎是固有的传统。刘贺于进京路上买“长鸣鸡”带进宫中，自然也就会引起当时人们的特别注意。

而在时人的认识中，“长鸣鸡”更多是南方地区出产。如《三国志·吴志·吴主传》裴松之注引《江表传》提到魏文帝曹丕派遣使者向东吴求“长鸣鸡”等物，东吴朝臣认为“荆、扬二州，贡有常典，魏所求珍玩之物非礼也，宜勿与”。[②]“长鸣鸡”被认为是“珍玩之物”，由此也可以对刘贺之举有另一番理解。另《齐民要术·养鸡》提到《广志》曰：“吴中送长

---

① 《汉书》卷六三《武五子传》，第2764页。南朝时期萧绎《金楼子》作“到济阳，求长鸣鸡卵五百枚，道买积竹杖”（萧绎撰，许逸民校笺《金楼子校笺》，中华书局，2011，第271页）。

② 《三国志》卷四七《吴书·吴主传》，第1124页。

鸣鸡，鸡鸣长，倍于常鸡。”这里所谓的“吴中”指的是南方吴地。《齐民要术》还提到汉代杨孚《异物志》说：“九真长鸣鸡，最长；声甚好，清朗。鸣未必在曙时，潮水夜至，因之并鸣，或名曰‘伺潮鸡’。”[①] 九真、交趾相去不远，与秦汉时期的南越国也有着很深的联系，这是需要特别注意的内容。

秦汉以后文献记载中“长鸣鸡”也基本上出自南方。例如《资治通鉴》胡三省注引范成大曰：“长鸣鸡自南诏诸蛮来，形矮而大，鸣声圆长，一鸣半刻，终日啼号不绝。蛮甚贵之，一鸡直银一两。”[②] 此言也见于《桂海虞衡志·志禽》：“长鸣鸡，高大过常鸡，鸣声甚长，终日啼号不绝。”[③] 与胡三省所引略有不同。范成大所谓的“南诏诸蛮”位于西南地区，这又与《西京杂记》中的“越嶲”为同一地域。周去非《岭外代答》有“长鸣鸡”条，其中记载：“长鸣鸡，自南诏诸蛮来，一鸡直银一两。形矮而大，羽毛甚泽，音声圆长，一鸣半刻。”[④]“自南诏诸蛮”的说法与范成大相同。另外杨武泉校注还引《古今图书集成·禽虫典鸡部》引《广志》云“吴中送长鸣鸡，长倍于常鸡”，认为吴中亦产“长鸣鸡”。[⑤]

《世说新语补》也提到“长鸣鸡”：“宋处宗甚有思理。尝买得一长鸣鸡，笼盛，遂作人语，与处宗谈论。宗因此玄功大进。”[⑥] 鸡能作人语，自然是极为神异之事，这和人们对“长鸣鸡”的神秘信仰密切相关。鸡能说话的记载也见于徐坚《初学

① 贾思勰著，石声汉校释《齐民要术今释》，中华书局，2009，第585页。

② 司马光编著《资治通鉴》，第779页。

③ 范成大：《桂海虞衡志》，大象出版社，2019，第67页。

④ 周去非：《岭外代答》，查清华整理，大象出版社，2019，第258页。

⑤ 周去非著，杨武泉校注《岭外代答校注》，中华书局，1999，第380页。

⑥ 周兴陆辑著《世说新语汇校汇注汇评》，凤凰出版社，2017，第1626页。

记》注引王子年《拾遗记》:“含涂国去王都七万里，人善服鸟兽，鸡犬皆使能言。”①

总的来说，古代人们对“长鸣鸡”的印象与南方地区有关，而“长鸣鸡”的基本特征除了叫声比较绵长之外，在报时方面还具有相当程度的精确性。另外南越国设置的“大鸡官”通常被认为是与鸡卜有关的官员，但这种说法缺乏必要的证据支持。本书推测，“大鸡官”也有可能是鸡人之类执掌时间的官员，负责观测时日等工作。

第三节　以鸡鸣为占

前文提到，鸡鸣在人们的日常生活中有非常明确的象征意义，然而一旦鸡鸣发生在黎明之外的时间，以及其他特殊的场合，都会被认为是非同寻常的现象，从而引起人们的忧虑。汉代人称之为“鸡祸”。对于这一现象与信仰行为之间的关系，还可以继续讨论。

1. 鸡的神秘特征

在汉代人的认识中，鸡本身就具有辟邪的神秘功能。《风俗通义·祀典》有“雄鸡”条，其中提到当时的“俗说”:“鸡鸣将旦，为人起居；门亦昏闭晨开，扞难守固；礼贵报功，故门户用鸡也。”这说的是用鸡祭祀门户的传统。另引用太史丞邓平的话说:“戌者，温气也，用其气日杀鸡以谢刑德，雄著门，雌著户，以和阴阳，调寒配水，节风雨也。”认为鸡有

① 徐坚等:《初学记》，第729页。

“御死辟恶”之功用。[①] 此外，谶纬文献中也有关于鸡鸣与阴阳关系的认识，例如《春秋纬·说题辞》曰：“鸡为积阳，南方之象，火阳精，物炎上，故阳出鸡鸣，以类感也。鸡之为言佳也，佳而起，为人期莫宝也。”[②] 或许正是由于鸡鸣与天亮之间的联系，人们认为鸡具有“积阳”的特性，进而认为鸡具有辟邪的功能。

与鸡有关的神秘现象也引起了人们的特别注意，尤其是鸡鸣，人们将之与祸福吉凶联系起来。史料记载，汉宣帝和汉元帝时期出现过一系列与鸡鸣有关的神秘现象，对此京房和刘向有不同的解释。据《汉书·五行志》：“宣帝黄龙元年，未央殿辂軨中雌鸡化为雄，毛衣变化而不鸣，不将，无距。元帝初元中，丞相府史家雌鸡伏子，渐化为雄，冠距鸣将。永光中，有献雄鸡生角者。”京房怀疑这些妖异事件和自己有关：

> 京房《易传》曰：“鸡知时，知时者当死。”房以为己知时，恐当之。刘向以为房失鸡占。鸡者小畜，主司时，起居人，小臣执事为政之象也。言小臣将秉君威，以害正事，犹石显也。竟宁元年，石显伏辜，此其效也。[③]

---

① 应劭撰，王利器校注《风俗通义校注》，中华书局，1981，第374—375页。

② 赵在翰辑《七纬》，第639—640页。校勘记指出，“为人期莫宝”一句之中，“期”乃“朝”字之形误，“莫”即古“暮”字，言鸡司晨为人朝暮之宝。故注云：“善为人制晏早之期。”

③ 《汉书》卷二七中之上《五行志中之上》，第1370页。

也就是说，对于当时出现的神秘鸡鸣现象，刘向得出了和京房不同的结论。马端临《文献通考》有“物异考”，其中有《鸡祸》篇，针对刘向和京房的看法展开讨论，他认为“黄龙、初元、永光鸡变，乃国家之占，妃后象也”。马端临认为京房的担心不是没有道理，引京房《易传》曰：“贤者居明夷之世，知时而伤，或众在位，厥妖鸡生角。鸡生角，时主独。”所以京房认为自己也在占中。[①] 另外，京房《易飞候》中也多有关于鸡鸣的妖异，其中“鸡鸣不鼓翅，国有大害”的说法前文已经提到，其实是将鸡鸣时的状态作为判断吉凶的标志。

如果鸡鸣发生在非正常的时间，也会被认为是妖异现象。例如雄鸡半夜鸣叫，《淮南子·泰族训》说：“故人主有伐国之志，邑犬群嗥，雄鸡夜鸣，库兵动而戎马惊。”[②] 这里说的“夜鸣”与正常情况下雄鸡天亮之前打鸣不同，可以理解为雄鸡深夜而鸣。另外，《隋书·五行志》“鸡祸”条说：“大业初，天下鸡多夜鸣。”引京房《易飞候》曰：“鸡夜鸣，急令。”又云：“昏而鸣，百姓有事；人定鸣，多战；夜半鸣，流血漫漫。”[③] 这里说的是昏、人定、夜半等不同时刻鸡鸣对应可能发生的现象。联系《淮南子》中的说法，非正常时刻的鸡鸣

① 马端临：《文献通考》，中华书局，2011，第8468页。

② 何宁：《淮南子集释》，第1400页。《晋书·列女传》“苻坚妾张氏”提到当时的谚语说：“鸡夜鸣者不利行师，犬群嗥者宫室必空，兵动马惊，军败不归。”这则谚语与《淮南子》中的说法极为相似，两者恐怕有共同的来源（见《晋书》卷九六《列女传》，第2523页）。

③ 《隋书》卷二二《五行志》，第630页。本条除了“鸡夜鸣”的占辞之外，还提到了与占辞对应的结果，所谓“及中年已后，军国多务，用度不足，于是急令暴赋，责成守宰，百姓不聊生矣，各起为盗，战争不息，尸骸被野”。

都与战乱及由此给百姓带来的灾祸有关。敦煌《白泽精怪图》中则有“雄鸡夜鸣者，涂内天女宅，宜子孙”的说法，[①] 但从文意来看这里的雄鸡夜鸣并非灾异现象，可能至唐代相关信仰已经发生变化。

综上，人们很早就认识到雄鸡鸣叫和天亮之间的联系，因而以为雄鸡是一种具有“阳性”特征的动物，进而也就认为雄鸡能够辟邪。秦汉时期，非正常时间的鸡鸣往往会引起人们的警惕，相应地人们会根据鸡鸣的时间占卜凶吉。

2. 野鸡夜鸣

刘向曾经将“野鸡夜鸣”作为《春秋》记载中的重要灾异现象，他在给汉成帝的上书中说：“二百四十二年之间，日蚀三十六，地震五，山陵崩阤二，彗星见三，野鸡夜鸣，常星不见，夜中星陨如雨者一，火灾十四。”[②]

野鸡的鸣叫声与家鸡没有太大的区别，古人称野鸡为“雉”，称野鸡的鸣叫为“雊”，所以野鸡鸣叫也有“雉雊”的说法。与野鸡夜鸣有关，最著名的是陈仓宝鸡的故事。据《史记·封禅书》：“作鄜畤后九年，文公获若石云，于陈仓北阪城祠之。其神或岁不至，或岁数来。来也常以夜，光辉若流星，从东南来集于祠城，则若雄鸡，其声殷云，野鸡夜雊。以一牢祠，名曰陈宝。”[③]《汉书·郊祀志》的记载与之大同小异，只是“夜雊”作“夜鸣”，颜师古解释说：“野鸡，亦雉也，避吕后讳，故曰野鸡。言陈宝若来而有声，则野鸡皆鸣以

---

① 关长龙辑校《敦煌本数术文献辑校》，中华书局，2019，第 1051 页。
② 荀悦：《汉纪》，《两汉纪》，张烈点校，中华书局，2002，第 384 页。
③ 《史记》卷二八《封禅书》，第 1359 页。

应之也。上言雄雉，下言野鸡，史驳文也。”[1] 颜师古另外引臣瓒注补充了部分信息，其中提到：“陈仓县有宝夫人祠，或一岁二岁与叶君合。叶君神来时，天为之殷殷雷鸣，雉为之雊也。”[2] 野鸡的鸣叫伴随着神灵的降临，这也反映了人们意识之中野鸡啼鸣的神秘意义。而《史记正义》引《三秦记》也补充了另外一些信息：“太白山西有陈仓山，山有石鸡，与山鸡不别。赵高烧山，山鸡飞去，而石鸡不去，晨鸣山头，声闻三里。或言是玉鸡。”其中“赵高烧山”显然是民间传说，但也可以说明当地野鸡的传说较为丰富且流传久远。另外《史记索隐》引《列异传》解释“宝夫人”与“叶君”之间的关系甚为详尽，给这个故事增添了神秘的气息，其中提到：“陈仓人得异物以献，道遇二童子，云：‘此名为媦，在地下食死人脑。’媦乃言云：‘彼二童子名陈宝，得雄者王，得雌者伯。’乃逐童子，化为雉。秦穆公大猎，果获其雌，为立祠。祭，有光，雷电之声。雄止南阳，有赤光长十余丈，来入陈仓祠中。”《索隐》接着说：“所以代俗谓之宝夫人祠，抑有由也。叶，县名，在南阳。叶君即雄雉之神，故时与宝夫人神合也。”[3]《汉书·地理志》“南阳郡”条有雉县，颜师古认为：“《太康地志》云即陈仓人所逐二童子名宝鸡者，雄止陈仓为石，雌止此县，故名雉县，疑不可据也。”[4] 显而易见，《史记正义》所

① 颜师古认为“野鸡，亦雉也，避吕后讳，故曰野鸡”的说法，后代学者多有不同意见，详参梁玉绳《史记志疑》，贺次君点校，中华书局，1981，第97页。

② 《汉书》卷二五上《郊祀志上》，第1195页。

③ 《史记》卷二八《封禅书》，第1359—1360页。

④ 《汉书》卷二八上《地理志上》，第1565页。

引《三秦记》和《史记索隐》所引《列异传》都不是十分可靠的资料，但都可以说明在宝鸡地区有关神秘的野鸡鸣叫的故事流传较广。

此外，《史记》和《汉书》也都提到一件有关鸡鸣的神秘事件。据说武丁在祭祀成汤的时候，有野鸡飞到鼎上鸣叫，所谓“高宗祭成汤，有蜚雉登鼎耳而雊”。对于这件事情有诸多不同的理解，司马迁叙述此事为：“后十四世，帝武丁得傅说为相，殷复兴焉，称高宗。有雉登鼎耳雊，武丁惧。祖己曰：‘修德。’武丁从之，位以永宁。”① 是说商王武丁面对野鸡登鼎而鸣这样的妖异事件，通过“修德”来平息。《汉书·五行志》中有刘向、刘歆父子的看法，其中刘向指出：“雉雊鸣者雄也，以赤色为主。于《易》，离为雉，雉，南方，近赤祥也。”刘歆也以《易经》解释这次事件，他认为“《易》有鼎卦，鼎，宗庙之器，主器奉宗庙者长子也。野鸟自外来，入为宗庙器主，是继嗣将易也”。② 在当时人们看来，野鸡登鼎而鸣确乎是神秘事件，主要的原因恐怕是鸡鸣的时间和场合都不合常理，所以被认为是妖异。

前面提到，雄鸡夜鸣被认为和战争行为有关，类似的野鸡的非正常鸣叫也被认为和兵凶等灾祸有关。《春秋文耀钩》说：“流星有光夜见墙垣而有声者，野鸡尽响，名天保，所止之野，大兵起。”③ 是说野鸡在夜晚的鸣叫预示着重大的军事行动。《春秋考异邮》也解释了为什么鸡鸣和军事行动有关，所谓：“鸡火畜，鸣近寅，寅阳有生火，喜故鸣，武事必有号令，故在

---

① 《史记》卷二八《封禅书》，第 1356 页。

② 《汉书》卷二七中之下《五行志中之下》，第 1411 页。

③ 赵在翰辑《七纬》，第 475 页。

西方。巽为鸡，亦为号令。”① 将鸡的鸣叫和军事行动中的号令联系起来。但原因可能不止于此。前文提到鸡的夜鸣会扰乱人们的日常生活，而战乱也可以说是对人们生活秩序的破坏，鸡夜鸣和战乱之间的联系或也有这样的认识背景。

《汉书·五行志》“鸡祸”条记载：“于《易》，巽为鸡，鸡有冠距文武之貌。不为威仪，貌气毁，故有鸡祸。”这里主要就鸡的形象而言，即所谓“貌不恭”。虽然并未提到鸡鸣，但也可见人们对于鸡的异常情况与吉凶之间的联系。《五行志》还记载：“成帝鸿嘉三年五月乙亥，天水冀南山大石鸣……野鸡皆鸣。”这次野鸡鸣叫伴随着大石之鸣，也被当成灾异的一部分，而且与这种现象相伴，民间发生了武装斗争事件，所以《五行志》以为：“石鸣，与晋石言同应，师旷所谓‘民力凋尽’，传云‘轻百姓’者也。”②

事实上，雉雊是重要的时令节候。古人很早就注意到“雉雊鸡乳”的现象，并将之作为季冬之月，即冬季最后一个月的物候。例如《礼记·月令》有“季冬之月……雁北乡，鹊始巢，雉雊鸡乳”的说法，郑玄即以之为“时候”。③ 同样，《易纬·通卦验》也说：“立春雨水降，条风至，雉雊鸡乳，冰解，杨柳樟。”④ 至于以雉雊作为时令节候的原因，《汉书·五行志》载：“鸿嘉二年三月，博士行大射礼，有飞雉集于庭。”群臣的上书中说：“天地之气，以类相应，谴告人君，甚微而

① 赵在翰辑《七纬》，第577页。

② 《汉书》卷二七中之上《五行上》，第1353页，卷二七上《五行志上》，第1341页。

③ 《礼记正义》，阮元校刻《十三经注疏》，第2996页。

④ 赵在翰辑《七纬》，第147页。

著。雉者听察，先闻雷声，故《月令》以纪气。”[①] 此外《礼记集解》引高诱注说：“是月雷应阳气，始发声于地中，雉闻之而雊。”[②]《后汉书·陈宠传》载陈宠上书：“十二月阳气上通，雉雊鸡乳，地以为正，殷以为春。”李贤注释说：“十二月二阳爻生，雁北乡，阳气上通，诸生皆动，始萌牙，地以为正，殷以为岁首也。《月令》‘季冬，雉雊鸡乳’。”[③] 人们认为野鸡能够率先听到雷声，闻雷声而鸣，这也预示着春季的到来，所以以雉雊纪物候。

《晋书·张华传》记载当时武库之中有雉雊之声：“武库封闭甚密，其中忽有雉雊。华曰：‘此必蛇化为雉也。’开视，雉侧果有蛇蜕焉。”[④] 西晋时期发生的这起“武库雉雊”显然也是一个妖异事件，但当时人们对待它的态度已经发生了明显的变化，与汉代观念中雉雊预示着兵灾已经有明显的不同了。

应当注意到，鸡鸣和人们的日常生活有极为密切的关系，也是人们观测到的最明显的物候之一，因此，古时有根据鸡鸣判断吉凶的行为，不同时期都有关于“鸡祸”的记载。这也反映出在人们的认识中，鸡应当在固定的时间鸣叫，如果鸡鸣非正常地发生，则常常会引起人们的关注。文献中记载了宝鸡地区野鸡在夜晚鸣叫和神灵降临之间的关系，类似的信仰在当地民间有着较深的影响。汉代人将鸡的非正常鸣叫与战乱带来的灾难结合起来，“鸡祸”的思想大概就是因此而起的。

---

① 《汉书》卷二七中之下《五行志中之下》，第 1417 页。

② 孙希旦：《礼记集解》，沈啸寰、王星贤点校，中华书局，1989，第 500 页。

③ 《后汉书》卷四六《陈宠传》，第 1552 页。

④ 《晋书》卷三六《张华传》，第 1075 页。

小 结

鸡鸣原本是一种自然现象，人们注意到鸡鸣与天亮之间的联系，所以很早便开始用鸡鸣计时。历史早期人们的生活原本就与自然结合较为紧密，所以即便每天鸡鸣的时间有偏差，但对于古人来说，大致以鸡鸣开启新的一天，本身并没有太大问题。但如果需要精确的时间计量的话，单纯依靠自然界中的鸡鸣显然是不能够满足需要的。随着包括漏刻在内的新的时间计量方式开始普及和完善，鸡鸣也作为一个时间点被固定下来，并逐渐成为时称，与雄鸡打鸣的自然现象渐渐脱离关系。基于时间点的固定，时称与地支这两种不同体系的时间计量方式也慢慢开始结合。

关于时称和地支搭配的问题，虽然睡虎地秦简《日书》中明确出现了十二地支和十二时称搭配的情况，但从《史记》、《汉书》及其他相关材料的记载来看，时称和地支的搭配并没有出现在相对官方的文献之中，这些内容由数术家使用，对知识阶层有所影响，但范围毕竟有限。十二时辰制度真正开始产生广泛影响应该是魏晋南北朝到隋唐时期的事情了。但同时需要注意的是，通常情况下，某些时称和地支的对应关系是一以贯之的，如“夜半”对应“子”、“日中”对应“午”以及“鸡鸣”对应“丑”等。

本章也讨论了职掌时间的官员的问题。《周礼》中有鸡人之官，然秦和西汉时期虽然有鸡鸣计时的方式，但并没有设置鸡人之官。进入东汉以后，出现了卫士们唱《鸡鸣歌》的记载，这被认为是恢复了“鸡人呼旦”的传统制度。然而与

《周礼》等文献记载不同的是，东汉时期的“鸡人呼旦”开始和漏刻制度配合使用，由于漏刻制度的逐步完备，对宫中的作息时间及重要礼仪活动的举行时间都有了更为具体的规定。从西汉中后期开始，宫中有郎官或者女官管理漏刻、奏报时间，史官则负责规定和改进漏刻制度。

最后本章讨论了秦汉时期鸡鸣现象的神秘化。可以认为，鸡鸣在人们的日常生活之中有非常明确的象征意义，然而一旦鸡鸣发生在黎明之外的非常规时间或特殊的场合，往往会被认为是异象，从而引起人们的忧虑，所以出现了根据鸡鸣或者雉雊来预测凶吉的情形。

第六章　威斗与时空模拟

史料记载王莽“性好时日小数”，从文献可以看出，他对时间和空间选择之术有着特殊的兴趣。例如他选择特殊时日结婚；再如他曾经铸造威斗，并认为这件器物具有神秘的力量。王莽作为极具代表性的个案，与其相关的历史资料，可以极大丰富我们对秦汉时代时空观念的认识，尤其是王莽铸造威斗一事。威斗以“斗”为名，其基本形制当来自北斗七星，或是出于对“舜在璇玑玉衡，以齐七政”的模拟。事实上王莽一直以太一所在自居，并围绕太一建构新的政治体系，期待他的天下能够像日月星辰那样有序运行，从而达成“天下大治”的局面。这种对星辰的模拟是王莽天文信仰的主要方面，也是本章探讨王莽时空观念的重要内容。

此外，在历史早期人们的意识中，西和北这两个方位常和黑暗联系起来；在阴阳观念的背景下，属阴的鬼物自然就与这两个方向对应起来。另外，西、北地区常有强势的少数民族部落崛起，对中央政权构成威胁，也给中原地区的人民带来极大的恐慌和沉重的负担，导致人们对这些地区多抱持恐惧和厌恶的态度。而随着中央政权不断向外探索，人们对周边地区也有了新的认识，尤其是西汉时期，中原地区的汉人与居住在西北地区的匈奴人长期交往，对这一地区也有了直观的了解。同时，中央政权希望能够将自己的影响力拓展到边地，改变其文化上的“落后”局面。而到了王莽时期，这种努力变成了强力的压制，王莽期待这一地区能够接受中原王朝的直接统治。时空观念的变化对政治文化的影响由此也可见一斑。

第一节　威斗考

铸造威斗可以说是王莽“性好时日小数”的最佳例证。威斗的基本形制来自北斗七星，并参考了作为量具的斗的形状。可以发现，王莽铸造威斗是为了以厌胜之术应对当时愈演愈烈的叛乱以及来自边境的军事威胁，而他之所以会期待这种行为能够达到实际的效果，是和北斗七星在宇宙中的运动特性有关的。在当时的人们看来，北斗七星具有神秘的辟邪功能，将与北斗有关的厌胜之术运用于军事也见于文献的记载。事实上，作为夜空中最容易辨认的一组图形，北斗七星在时人的思想观念中具有重要的地位。早在秦汉以前人们就已经掌握了北斗七星的运转规律，并借以判定时间和方位，所以对威斗以及北斗的研究，可以使我们对当时的时空观念有更为具体的了解。

1. 威斗与五威将帅

铸造威斗是王莽统治中后期比较重要的政治事件，也表现出他在面对政治危局时采取的努力。事实上，王莽即位之初就任命“五威将”巡行四方，并设置“五威司命”，期待通过“威”来慑服人心，同时压制民众及周边少数民族的反叛行为。但显而易见这些努力都是无效的，正如后人所言：“威斗赭鞭，不禳赤伏之运。”[①] 意思是说，王莽期待威斗能起到神秘效果，但后来的历史事实却是刘秀集团宣扬的“赤伏之运”更占上风，王莽的事业最终失败。其实，无论是王莽的“威斗”，还是刘秀的“赤伏之运”，都可以归属于理念上的努力，目的都在于建构自身权力合法性。王莽通过铸造威斗对应天文，以期获得天命的支持，但后来改制失败，新莽政权失势，理念上的努力也就很难取得实际的效果。

王莽铸造威斗的详情见于《汉书·王莽传》：

> 是岁八月，莽亲之南郊，铸作威斗。威斗者，以五石铜为之，若北斗，长二尺五寸，欲以厌胜众兵。既成，令司命负之，莽出在前，入在御旁。铸斗日，大寒，百官人马有冻死者。[②]

这一年是天凤四年（17），王莽的政权已经开始全面下滑，之前的改制非但没有达到理想的效果，反倒给民众带来深重的灾难，各地均有百姓起兵反叛的情况；而且王莽用兵边境，给国家财政带来极大困难。史书记载，当时已经出现了“天下愈愁，盗贼起”的局面，各处都有反对王莽的势力，如“临淮瓜田仪等为盗贼，依阻会稽长州，琅邪女子吕母亦起”。几乎同时，绿林军和赤眉军也相继起事。在稍早的天凤二年，王莽

① 《旧唐书》卷九四《卢藏用传》，第3003页。
② 《汉书》卷九九下《王莽传下》，第4151页。

开始用兵西北，《汉书·王莽传》说："募天下囚徒、丁男、甲卒三十万人，转众郡委输五大夫衣裘、兵器、粮食，长吏送自负海江淮至北边，使者驰传督趣，以军兴法从事，天下骚动。"[①] 这些士兵到达北方之后并未立即出击匈奴，而是就地驻扎，但由于缺乏有效的约束，给北边并州、平州地区的民众带来极大的痛苦。次年，也就是天凤三年的十月，王莽又在西南地区展开军事行动，《汉书》载："平蛮将军冯茂击句町，士卒疾疫，死者什六七，赋敛民财什取五，益州虚耗而不克。"[②] 尽管在王莽看来这些战争都有不得不发动的理由，但也因此而形成内外交困的局面，给整个新朝政权带来极大的影响。王莽自己也承认："予遭阳九之厄，百六之会，国用不足，民人骚动。"[③] 所以他考虑采取一切可行的办法渡过危局，制造威斗也就被提上日程。

根据前引《汉书·王莽传》的记载，王莽铸造威斗主要目的是"厌胜众兵"，针对的是当时农民起义以及边境叛乱。他期待借由威斗的神秘功能，解决各方叛乱给新朝政权带来的威胁。王莽本人亲自参与了这件威斗的铸造，说明铸造威斗本身也是一个被赋予重要内涵的仪式。

史料记载说铸造威斗这一天"大寒，百官人马有冻死者"，而此时正值八月，天气如此反常的确匪夷所思。有学者注意到，王莽统治时期几乎每年都会有气象异常的情况，常常引发低温、旱、涝等灾害。而王莽专政的十年中，有七年都发

① 《汉书》卷九九中《王莽传中》，第4121页。

② 《汉书》卷九九中《王莽传中》，第4145页。

③ 《汉书》卷九九中《王莽传中》，第4142页。

生了严寒导致的灾害。[①] 也有学者指出极端天气在当时被认为是阴阳失序。[②] 这提示我们，史料中之所以会留存极端天气的记载，显示的是史家对王莽天命的否定，其内在逻辑是王莽虽然铸造了威斗，但仍未获天命认可，是以铸斗之日出现严寒天气。我们可以将这种异常天气的记录理解为历史书写的一部分。

威斗铸造完成后，王莽一直携带，直至身死国亡。《王莽传》记载："（威斗）既成，令司命负之，莽出在前，入在御旁。"同传又载：

> 三日庚戌，晨旦明，群臣扶掖莽，自前殿南下椒除，西出白虎门，和新公王揖奉车待门外。莽就车，之渐台，欲阻池水，犹抱持符命、威斗，公卿、大夫、侍中、黄门郎从官尚千余人随之。[③]

这是地皇四年（23）的事情。王莽在生命的最后一刻"犹抱持符命、威斗"，可见二者在他眼中同样重要。有论者指出："在他人看来，或许信奉符命乃是王莽的愚蠢可笑之处，但符命对于王莽本人来讲，显然为其信仰所在，又不仅仅是一种工具性

① 张德二主编《中国三千年气象记录总集》第1册，凤凰出版社、江苏教育出版社，2004，第258—259页，另参王子今《〈南都赋〉自然生态史料研究》，《中国历史地理论丛》2004年第3期。学者指出，两汉之际北方出现了比较严重和集中的降温事件，气候经历了由暖转寒的历史转变（参王子今《秦汉时期气候变迁的历史学考察》，《历史研究》1995年第2期）。

② 姜守诚：《〈太平经〉研究——以生命为中心的综合考察》，社会科学文献出版社，2007，第51页。

③ 《汉书》卷九九下《王莽传下》，第4191页。

的东西。”[1] 这里虽然只说了符命，但威斗明显也是王莽的“信仰所在”。另有人指出这并不是王莽愚昧和“好怪”的表现，而是秦汉社会普遍笃信的观念和群体性认识。[2] 相关的问题确实值得深思。

《汉书·王莽传》中记载，孔仁曾经作为司命背负威斗。他因为“敢击大臣”而深受王莽青睐，后来又作为捕盗将军率兵平定五原和代郡的盗贼。王莽对孔仁在军事方面的能力极为信任，所以将象征能够平定各方叛乱力量的威斗交由孔仁携带。据说孔仁“右杖威节，左负威斗，号曰赤星”，[3] 可见其地位之尊崇。此外，史料也提到司命孔仁的出行礼仪十分隆重，乘坐装饰有特殊纹饰的车马，所谓“乘《乾》车，驾《巛》马，左苍龙，右白虎，前朱雀，后玄武”。[4]《王莽传》还记载：“五威将乘乾文车，驾坤六马，背负鷩鸟之毛，服饰甚伟。”颜师古注引郑氏曰：“画天文象于车也”，“坤为牝马。六，地数”。[5]

孔仁大约是在天凤二年以后担任新莽王朝的司命，也就是“五威司命”。按照王莽的设计，司命是具有监察功能的特殊职位，地位十分重要，《汉书·王莽传》说：“置五威司命，

---

① 林存光：《儒教中国的形成》，学习出版社，2018，第 397 页。

② 甄尽忠：《汉代北斗信仰的文化意涵》，《石家庄学院学报》2016 年第 4 期。另外陈槃早年间研究符命问题，认为“临命犹抱持之云，盖丑辞耳”（见氏著《秦汉间之所谓“符应”论略》，《中研院历史语言研究所集刊》第 16 本，1947 年），这样的看法是有道理的。班固记载王莽时事多嘲讽与批评，说他死之前仍然抱持符命和威斗，可能确乎出于丑化的目的。然即便如此，特言符命和威斗，也可见它们对于王莽的重要意义。

③ 《汉书》卷九九下《王莽传下》，第 4153 页。

④ 《汉书》卷九九下《王莽传下》，第 4153 页。

⑤ 《汉书》卷九九中《王莽传中》，第 4115 页。

中城四关将军。司命司上公以下，中城主十二城门。”最早担任司命的是统睦侯陈崇，王莽在给他的策命中说：“夫不用命者，乱之原也；大奸滑者，贼之本也；铸伪金钱者，妨宝货之道也；骄奢逾制者，凶害之端也；漏泄省中及尚书事者，‘机事不密则害成’也；拜爵王庭，谢恩私门者，禄去公室，政从亡矣；凡此六条，国之纲纪。”① 王莽还认为司命携带威斗以隆重的礼仪出行是为了“尊新室之威命”，其实就是通过这样的仪式强化威斗的震慑力与神秘性，使观看仪式的人们在心理上对威斗产生畏惧并信服其厌胜功能，所以班固评价“其好怪如此”。②

孔仁“号曰赤星”。赤星也被称为“灵星”“天田”，即角宿一，在汉武帝时期是与天神泰一共同被祭祀的神灵，例如《史记·孝武本纪》说：“薄忌泰一及三一、冥羊、马行、赤星，五，宽舒之祠官。”《索隐》解释说：“赤星即上灵星祠也。灵星，龙左角，其色赤，故曰赤星。”③ 汉高祖时期就令郡国设立灵星祠，至汉武帝时期灵星的地位得到进一步提升。《孝武本纪》记载汉武帝的诏书说：“天旱，意乾封乎？其令天下尊祠灵星焉。”《正义》认为灵星即龙星，并引张晏云：

---

① 《汉书》卷九九中《王莽传中》，第 4116 页。1983 年 4 月，雍山血池遗址附近的凤翔县柳林镇屯头村曾出土一枚“五威司命领军”银印，论者认为之所以在这附近发现“五威司命领军”的印章，是因为血池附近是古代的屯军之地，并认为“秦汉时代战争之前要举行盛大的祭祀活动，作为雍山附近的驻军，血池一带山地便是最便捷、最理想的祭祀之地”（见杨曙明《雍山血池遗址与汉高祖刘邦北畤考》，《秦汉研究》第 11 辑，陕西人民出版社，2017）。

② 颜师古注解释说：“言莽性好为鬼神怪异之事。”《汉书》卷九九下《王莽传下》，第 4153 页。

③ 《史记》卷一二《孝武本纪》，第 485 页。

"龙星左角曰天田，则农祥也，见而祭之。"[1] 另《史记·封禅书》有"其令郡国县立灵星祠"，《正义》引《汉旧仪》云："五年，修复周家旧祠，祀后稷于东南，为民祈农报厥功。夏则龙星见而始雩。龙星左角为天田，右角为天庭。天田为司马，教人种百谷为稷。灵者，神也。辰之神为灵星，故以壬辰日祠灵星于东南，金胜为土相也。"[2] 另外，《续汉书·祭祀志》有"灵星"条，其中提到："言祠后稷而谓之灵星者，以后稷又配食星也。旧说，星谓天田星也。一曰，龙左角为天田官，主谷。祀用壬辰位祠之。壬为水，辰为龙，就其类也。牲用太牢，县邑令长侍祠。舞者用童男十六人。舞者象教田，初为芟除，次耕种、芸耨、驱爵及获刈、舂簸之形，象其功也。"李贤注引《汉旧仪》曰："古时岁再祠灵星，灵星，春秋用少牢礼也。"[3] 也就是说赤星在东方苍龙七宿之一的角宿之中，与农业活动关系极为密切。祭祀灵星是汉代官方设置、由郡县基层政府主导的礼仪活动，而在祭祀的过程中"县邑令长侍祠"，又有童男十六人舞蹈，灵星在民众中的重要地位也就可想而知了。王莽时期孔仁作为司命，号曰"赤星"，应当同样是为了尊崇其地位，并提升其在民众中的影响力，由此也可见王莽对"威"的重视。

根据王莽自己的说法，他制作威斗是为了模仿"皇初祖考"黄帝。地皇二年二月王莽下诏书说："予之皇初祖考黄帝定天下，将兵为上将军，建华盖，立斗献。"王莽在诏书之中

---

① 《史记》卷一二《孝武本纪》，第 479—480 页。

② 《史记》卷二八《封禅书》，第 1380 页。

③ 《后汉书》志九《祭祀下》，第 3204 页。

另外引《易经》“弧矢之利，以威天下”的说法，通过设置大将、大司马等武将官职，实现“威天下”的目的。所谓“立斗献”，颜师古解释说：“献音牺。谓斗魁及杓末，如勺之形也。”[①] 那么“立斗献”的意思就是制作威斗。事实上也有学者注意到，在汉代的纬书中，黄帝与北斗的形象被联系在了一起。[②] 例如《河图始开图》中提到“黄帝名轩辕，北斗神也”，“黄帝名轩，北斗黄神之精”，等等。另外，《礼纬》之中有《斗威仪》，《春秋纬》之中也有《运斗枢》，从名称上来看，《斗威仪》和《运斗枢》都和威斗有一定的关联。再者，《尚书帝命验》说：“帝者承天，立五府以尊天重象。五府，五帝之庙，苍曰灵府，赤曰文祖，黄曰神斗，白曰显纪，黑曰玄矩。”赵在翰注释说：“黄帝含枢纽之府而名神斗。斗，主也。土精澄静，四行之主，故谓之神斗。”[③] 这里黄帝之府的名称是“神斗”应当引起注意。结合“斗为帝车”的相关记载，也可见黄帝或者天帝和北斗之间的密切关系。

王莽虽然没有明说，但他铸造威斗应当也与帝舜“在璇玑玉衡，以齐七政”有关。前文提到，今本《尚书·舜典》有“正月上日受终于文祖，在璇玑玉衡，以齐七政”，[④]《史记·五帝本纪》引作“于是帝尧老，命舜摄行天子之政，以观天命。舜乃在璇玑玉衡，以齐七政”。[⑤] 根据本书第三章的讨论，古人

---

① 《汉书》卷九九下《王莽传下》，第 4158—4159 页。有学者解释“斗献”就是“北斗形的饰物”（见王继如主编《汉书今注》，第 2454 页）。

② 顾颖：《汉代谶纬与汉代墓葬中的北斗图像》，《艺术学界》第 17 辑，江苏凤凰美术出版社，2017。

③ 赵在翰辑《七纬》，第 221 页。

④ 《尚书正义》，阮元校刻《十三经注疏》，第 126 页。

⑤ 《史记》卷一《五帝本纪》，第 24 页。

根据北斗七星以及相关的天文星象创制了璇玑玉衡等观测仪器，到了王莽的时代，很可能就是模仿经典文献记载中的璇玑玉衡而制作了威斗。

另外，魏晋南北朝时期的史料中也出现了关于威斗的记载，例如《南史·何承天传》说："张永尝开玄武湖遇古冢，冢上得一铜斗，有柄。文帝以访朝士。"何承天判断这就是新莽的威斗："此亡新威斗。王莽三公亡，皆赐之。一在冢外，一在冢内。时三台居江左者，唯甄邯为大司徒，必邯之墓。"何承天的判断很快得到证实，因为墓葬中又发现了一件铜斗："俄而永又启冢内更得一斗，复有一石铭'大司徒甄邯之墓'。"[①]萧绎《金楼子》载此事与《南史·何承天传》略异："元嘉中，张永开玄武湖，值古冢，上有一铜斗，有柄，若酒杓。太祖访之朝士，莫有识者。"[②]提供了更为详细的历史信息。此外，曾任梁代少府卿的谢绰所著《宋拾遗》也记载有此事。[③]萧绎和谢绰距离何承天时期都不算远，很多学者据此认为玄武湖古冢事是真实的。[④]

本书认为，南朝时期玄武湖可能确实发现有古墓，但何承天的判断未必就无可置疑，王莽赐三公威斗并不见于史料记载，而且王莽视威斗极重，赐予三公陪葬有些难以理解。[⑤]后

---

① 《南史》卷三三《何承天传》，第870页。

② 萧绎撰，许逸民校释《金楼子校笺》，第1333页。

③ 相关的研究参李剑锋《唐前小说史料研究》，山东教育出版社，2016，第243页。

④ 见王志高《秦汉秣陵县治新考》，《学海》2014年第5期。

⑤ 《汉书》记载说甄邯死于始建国四年（12），并没有提到葬地，甄邯与江左似并无直接关联，不知何承天所谓"时三台居江左者，唯甄邯为大司徒"有何根据。

来有学者也对这条材料提出质疑，例如王鸣盛《十七史商榷》“威斗”条引何焯说：“《汉书》邯终大司马，铭不得为大司徒，死在王莽始建国四年壬申，天凤四年丁丑八月乃铸威斗，不应追纳诸墓。又威斗，莽欲以厌胜众兵，令司命负之，莽出在前，入在御旁，司命孔仁左杖威节、右负威斗，即其职也。当莽之渐台，犹抱持符命威斗，似亦非赐臣下送终之器。此说恐全属附会。”[①] 王鸣盛的考辨是令人信服的。

种种迹象表明，王莽对“威”有着特殊的喜爱。班固曾经推测王莽当时的心态，所谓“莽以诈立，心疑大臣怨谤，欲震威以惧下”。[②] 班固的这种推测显然是有道理的。在取得政权之初，王莽希望尽快确立权威以使天下民众倾心悦服，所以在代汉立新以后，王莽就命五威将巡察四方，颁布符命。《汉书·诸侯王表》说王莽“诈谋既成，遂据南面之尊，分遣五威之吏，驰传天下，班行符命”，[③]《王莽传》也说：“（始建国元年）秋，遣五威将王奇等十二人班符命四十二篇于天下。”[④] 扬雄《剧秦美新赋》说王莽得符命，“其异物殊怪，存乎五威将帅，班乎天下者，四十有八章”。[⑤] 扬雄说当时五威将帅颁布天下的符命有四十八章，与《王莽传》“四十二”的说法有异。学者也注意到，这部分符命是王莽受命的主要内容，王莽意识到符

---

① 王鸣盛：《十七史商榷》，第 771 页。

② 《汉书》卷九九中《王莽传中》，第 4123 页。

③ 《汉书》卷一四《诸侯王表》，第 396 页。

④ 《汉书》卷九九中《王莽传中》，第 4112 页。

⑤ 扬雄：《剧秦美新赋》，严可均校辑《全上古三代秦汉三国六朝文》，第 831 页。相关研究可参方铭《期待与坠落——秦汉文人心态史》第五章第二部分“《剧秦美新》与扬雄的圣人革命心态”，河北教育出版社，2001，第 197 页。

命泛滥，特意对其进行整理，规定“非五威将率所班，皆下狱”，即以五威将帅颁布的四十二篇符命为准。[①]

可以注意到，五威将有十二人，而“每一将各置左右前后中帅，凡五帅”，故五威将帅一共有七十二人。推测王莽其实是将天下分为十二个方位，对应十二地支，五威将帅就沿着这十二个方位出行。这也符合王莽重视“时日小数”的心理特征。将下置帅，很容易让人联想到汉武帝时人们认为“天神贵者太一，太一佐曰五帝”，所以在祭祀太一时“坛三垓。五帝坛环居其下，各如其方，黄帝西南，除八通鬼道”。[②] 顾颉刚认为王莽五威将帅的制度也就是汉武帝时祭祀太一的制度。[③] 另外，《后汉书·光武帝纪》李贤注说：“王莽置五威将军，其衣服依五方之色，以威天下。”[④] 所谓“以威天下”，即是说五威将具有威慑天下的使命。

不仅如此，五威将帅在车马和服饰上也有非常鲜明的特征，这和前文提到的“五威司命”有相似之处，可见王莽在部分官员的服饰问题上做足了文章。根据《汉书·王莽传》的记载：

> 五威将乘乾文车，驾坤六马，背负鷩鸟之毛，服饰甚伟。每一将各置左右前后中帅，凡五帅。衣冠车服驾马，

① 相关的研究参陈苏镇《〈春秋〉与“汉道”——两汉政治与政治文化研究》第五章“汉室复兴的政治文化意义——谶纬和《公羊》学对东汉政治的影响”。

② 《史记》卷二八《封禅书》，第1386、1394页。

③ 顾颉刚：《三皇考》，《古史辨自序》，商务印书馆，2011，第259页。顾颉刚还认为：“西汉一代，太一的权威何等强大，王莽纵费力立出新系统来，终究摆脱不了旧习惯。”

④ 《后汉书》卷一上《光武帝纪上》，第6页。

> 各如其方面色数。将持节，称太一之使；帅持幢，称五帝之使。①

应当注意到，王莽命五威“将持节，称太一之使；帅持幢，称五帝之使”有非常明显的象征意义。王莽以太一自居（这也与汉武帝以来太一信仰的影响有关），期待通过这样的方式使得新朝能够得到天下臣民的认可，建构起新朝的合法性。

五威将帅的另一个重要任务是更换汉朝诸侯王和少数民族政权首领的玺绶。《汉书·王莽传》载王莽在诏书中说：“天无二日，土无二王，百王不易之道也。汉氏诸侯或称王，至于四夷亦如之，违于古典，缪于一统。其定诸侯王之号皆称公，及四夷僭号称王者皆更为侯。”所以王莽命令五威将“奉符命，赍印绶，王侯以下及吏官名更者，外及匈奴、西域，徼外蛮夷，皆即授新室印绶，因收故汉印绶”。② 除了希望将新莽王朝的符命颁布于天下，还希望原来汉朝统治下的子民，以及匈奴等在内的“徼外蛮夷”，都接受新朝的统治。这一任务大体上成功完成，《汉书·王莽传》记载说：“五威将帅七十二人还奏事，汉诸侯王为公者，悉上玺绶为民，无违命者。封将为子，帅为男。”③ 前引《汉书·诸侯王表》也说：“诈谋既成，遂据南面之尊，分遣五威之吏，驰传天下，班行符命。汉诸侯王厥角稽首，奉上玺韨，惟恐在后。”④

---

① 《汉书》卷九九中《王莽传中》，第 4115 页。

② 《汉书》卷九九中《王莽传中》，第 4105、4114 页。

③ 《汉书》卷九九中《王莽传中》，第 4118 页。

④ 《汉书》卷一四《诸侯王表》，第 396 页。颜师古注引应劭曰：“言王莽渐渍威服日久，亦值汉之单弱，王侯见莽篡弑，莫敢怨望，皆顿角稽首至地而上其玺绶也。”

然而，五威将帅贬低少数民族封号的举动引发了匈奴的不满，并由此导致王朝北边的危局加剧。《汉书·王莽传》说五威将分行四方，“其东出者，至玄菟、乐浪、高句骊、夫余；南出者，隃徼外，历益州，贬句町王为侯；西出者，至西域，尽改其王为侯；北出者，至匈奴庭，授单于印，改汉印文，去‘玺’曰‘章’”，[①]《匈奴传》说：“王莽之篡位也，建国元年，遣五威将王骏率甄阜、王飒、陈饶、帛敞、丁业六人，多赍金帛，重遗单于，谕晓以受命代汉状，因易单于故印。”[②] 王莽的这些举动引起了匈奴的愤怒，《王莽传》载：“单于大怒，而句町、西域后卒以此皆畔”，“五威将帅出，改句町王以为侯，王邯怨怒不附”。[③] 王莽的目的应当是通过降低封爵来贬低周边民族政权首领的地位，最终还是为了解决边境地区的军事威胁。这其实也可以说是一种理念上的努力，并没有什么实际功效可言。有学者认为，王莽的这种努力其实体现的是其内心的好大喜功，这些行动确实将西汉以来的开边事业推向了顶峰，真正做到了“夷狄进至于爵”“天下远近大小若一”，然而也破坏了来之不易的边境安宁，将汉武帝以来百余年开边的成果葬送殆尽。[④]

---

① 《汉书》卷九九中《王莽传中》，第 4115 页。

② 《汉书》卷九四下《匈奴传下》，第 3820 页。

③ 《汉书》卷九九中《王莽传中》，第 4115、4130 页。

④ 陈苏镇：《〈春秋〉与“汉道”——两汉政治与政治文化研究》，第 374 页。另外王夫之《读通鉴论》认为王莽的灭亡就是从与匈奴关系的交恶开始的：“严尤之谏伐匈奴，为王莽谋之则得尔，而后世亟称之为定论，非也。莽之召乱，自伐匈奴始，欺天罔人，而疲敝中国，祸必于此而发。尤不敢言莽不可伐匈奴，而言匈奴不可伐，避莽之忌而讳之，岂果如蚊虻之幸不至前，无事求诸水草之薮以扑之哉。”（王夫之：《读通鉴论》，舒士彦点校，中华书局，1975，第 120 页）相关的研究参木芹《两汉民族关系史》，四川民族出版社，1988，第 151 页；陈忠锋《王莽理想政治研究》，上海三联书店，2017，第 306 页。

从当时的记载来看，五威将也像是一支宣传队，他们所到之处除了颁布新莽王朝的符命之外，还“行天下风俗”，其中包括礼敬贤人等。其实这也是模仿传统典籍中的记载。如史料记龚胜年老之后回到乡里，五威将帅“亲奉羊酒存问”。①

总体而言，王莽五威将帅的一系列行动，表明王莽对于树威的需要是一以贯之的，但其举措也很难达到实际的效果。

前文也讨论了太一信仰的问题。可以发现，王莽对于太一的信仰是其思想体系中非常重要的内容，这与他对“威”的认识是息息相关的。顾颉刚认为：“太一在西汉是正式的上帝。但到了王莽时改称皇天上帝太一，后来又单称皇天上帝或简称上帝，便把‘太一’忘掉了。”② 根据《汉书》的记载，始建国元年，王莽策命群司，并对他们的职能进行了划分，其中提到“岁星司肃，东岳太师典致时雨”，另外南岳太傅、西岳国师、北岳国将分别对应荧惑、太白、辰星，司徒、司马和司空三公分别对应太阳、月亮和北斗。日月五星和北斗都围绕

① 《汉书》卷七二《龚舍传》，第3084页。相关的研究见夏增民《儒学传播与汉晋南朝文化变迁》，华中科技大学出版社，2009，第60页。

② 顾颉刚：《三皇考》，《古史辨自序》，第344页。相关的研究也可参孙作云《黄帝与尧之传说及其地望》，《中央亚细亚研究》第2卷第1期，1943年；钱穆《神农与黄帝》，《说文月刊》第4卷合订本，1944年；吕思勉《三皇五帝考》，《古史辨》第7册中编，上海古籍出版社，1982，第367页；王青《黄帝神话的发展与演变》，《汉朝的本土宗教与神话》，台北：洪叶文化事业有限公司，1998，第75页；李凭《黄帝历史形象的塑造》，《中国社会科学》2012年第3期。而关于太一崇拜可参见津田左右吉《太一について》，《白鸟博士还历纪念东洋史论丛》，东京：岩波书店，1925年，第632页；钱宝琮《太一考》，《李俨　钱宝琮科学史全集》第9卷；葛兆光《众妙之门——北极与太一、道、太极》，《中国文化》1990年第2期；胡其德《太一与三一》，《东方宗教研究》1993年第3期；李零《“太一”崇拜的考古研究》《“三一”考》，《中国方术续考》，第208—238、239—255页。

着一个共同的中心运转，那就是北极，也就是太一常居之处。可以注意到，王莽其实是根据天文星象划分职官，北斗与日月星辰皆围绕北辰运行，而王莽居于正中，这正符合他对天下秩序的想象。王莽期待这个秩序建构完成之后，他的天下就能够像宇宙星辰那样井然有序地运行。

《汉书》提到天凤六年（19）春，王莽见天下盗贼难以抑制，就下诏曰："《紫阁图》曰：'太一、黄帝皆仙上天，张乐昆仑虔山之上。后世圣主得瑞者，当张乐秦终南山之上。'"[①] 后来王莽再次提到《紫阁图》中关于太一和黄帝的记载："伏念《紫阁图》文，太一、黄帝皆得瑞以仙，后世褒主当登终南山。"史料记载当时大风吹毁王路堂，也就是未央宫前殿，王莽一度十分沮丧，他在诏书中说："予甚弁焉，予甚栗焉，予甚恐焉。"因之开始思考后事。可以看出王莽一方面坚持认为灾异是来自上天的告诫，表明自己仍然是得天命的；另一方面也流露出弃世升仙的想法，这是以前王莽思想中很少被关注的内容。其实通过对史料的梳理，可以清晰观察到王莽在神仙信仰方面的心路历程，即从始建国初年以五威将为太一之使，到后来官职设计时以太一位自居，再到天凤年间事业下滑，向往黄帝和太一升仙，开始流露出弃世的想法。

总体而言，从取得政权之初即派遣五威将巡行天下威慑四方，到后来铸造威斗以期"厌胜众兵"，王莽对立威的需求贯穿其间。正如前人所言，王莽取得政权的合法性存疑，在帝国内部其反对者始终存在，是以他通过各种方式来增强自身政权

① 有学者认为，这里的"太一"其实是上古得道帝王，也就是"兴神鼎"的泰帝（见钱宝琮《太一考》，《李俨　钱宝琮科学史全集》第9卷，第221页）。

之“威”，以求得民众的接受和认可。从历史资料的记载来看，王莽早期曾尝试通过一些具体的务实性策略来提升自身的威望，但到后来情势急转直下，便转而开始借助威斗等神秘力量了。

2. 威斗与斗

北斗七星的形状与作为量器的斗大致相同，前者可能因后者而得名。《说文解字·斗部》说：“斗，十升也，象形，有柄。”段玉裁解释：“斗有柄者，盖象北斗。”①

前文曾举何承天判断玄武湖古冢之铜斗就是王莽时期的威斗，《金楼子》亦载此事。《金楼子校笺》说“铜斗”也作“铜枓”，并引用《史记·赵世家》中的相关记载：“襄子姊前为代王夫人。简子既葬，未除服，北登夏屋，请代王。使厨人操铜枓以食代王及从者，行斟，阴令宰人各以枓击杀代王及从官，遂兴兵平代地。”《正义》曰：“音斗。其形方，有柄，取斟水器。”② 很明显《史记》记载中的“铜枓”是一种厨具，与勺有相似之处，但形状为方形。端方旧藏之中有一件器物名为“成山宫渠斗”（图 6-1），这件器物从形制上来看是一把勺子，应该是一种饮食器具，与《史记》记载的“铜枓”相似。

到宋代，也有人提到当时的收藏品之中有一件是新莽时期铸造的威斗。叶梦得《避暑录话》载韩玉汝家有王莽铜斗：

> 韩丞相玉汝家藏王莽时铜枓一，状如勺。以今尺度

---

① 许慎撰，段玉裁注《说文解字注》，第 717 页。饶宗颐研究马王堆汉墓帛书，注意到帛画之中有“青龙奉熨”，认为熨斗为威严之象征，所以王莽模仿熨斗制作了威斗，此可备一说（见饶宗颐《图诗与词赋——马王堆新出“大一出行图”私见》，收入湖南省博物馆主编《湖南省博物馆四十周年纪念论文集》，湖南教育出版社，1996，第 82 页）。

② 萧绎撰，许逸民校释《金楼子校笺》，第 1333 页。

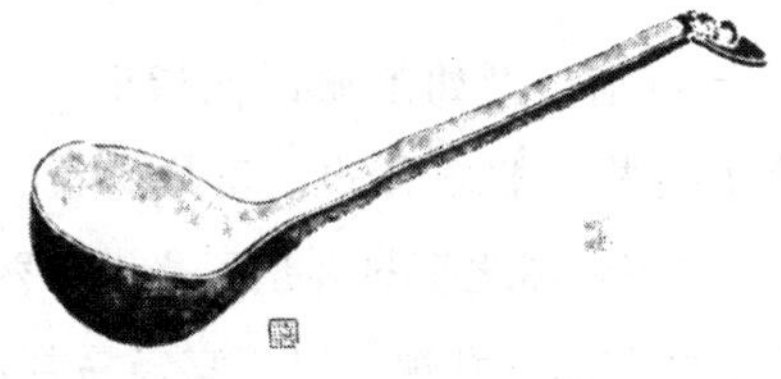

图 6-1　成山宫渠枓

说明：西汉神爵四年（前 58）。篆书，王宫造。陈宝琛旧藏。拓片器高 9 厘米，宽 37 厘米；铭高 26 厘米，宽 6 厘米。周希丁手拓。

图片来源：北京图书馆编《北京图书馆藏青铜器全形拓片集》第 4 册，北京图书馆出版社，1997，第 162 页。

之，长一尺三寸。其柄有铭，云"大官乘舆十湅铜枓，重三觔九两。新始建国天凤上戊六年十二月，工遵造。史臣闳、掾臣岑、掌旁丞臣弘、令臣栩，第二十六枓食器。"正今之杓也。《史记·赵世家》，赵襄子请代王，使厨人操铜枓食代王及从者，行斟，阴令以枓击杀之，是已。湅，《周官》音鍊。据《汉书》莽改始建国六年为天凤六年，而不言其因，今天凤上犹冒始建国，盖通为一称，未尝去旧号。上戊，莽所作历名，莽自以为土德王，故云。宣和间公卿家所藏汉器杂出，余多见之，唯此器独见于韩氏。①

① 叶梦得：《避暑录话》，徐时仪整理，大象出版社，2019，第 82 页。

王楙《野客丛书》有“新莽威斗”条，也提到了这件器物：

> 《避暑录》载韩玉汝家有王莽铜料，状如勺，以今尺度之，长一尺三寸……玉汝家所藏铜料正此物也，观制度亦相似，第尺寸差殊耳。前后所制固自不同。[①]

然王楙的说法并不可信，例如王振铎就指出：“韩玉汝所得铜料，审其铭为食器之料，非威斗也。王楙臆说，不足征信。”[②]王振铎此说当从。古有食器之铜料及量器之铜斗两种，这两种斗在考古和传世器物之中都有发现，但不宜轻易判定其就是威斗。事实上，威斗制作材料的选用极为考究，铸造威斗的仪式也有很强的象征意义，王莽铸造若干件威斗赐予大臣或者流传于世的可能性很小，认为家藏之所谓“威斗”与文献记载中尺寸不同是由于“前后所制固自不同”，这样的说法确实有太大的推测成分。

王莽时期铸造的作为量器的斗也确实有流传至今者。中国国家博物馆现藏有一件王莽始建国元年铜方斗（图 6-2），呈正方形，有短柄，通长 21.5 厘米，斗身每边长 13.81 厘米，高 10.8 厘米，斗内深 10.4 厘米。斗口横刻铭文“律量斗，方六寸，深四寸五分，积百六十二寸，容十升”。[③] 有学者认为威斗的形状大体如此，只是威斗长二尺五寸，比这件普通铜方

---

① 王楙：《野客丛书》，王廷洽整理，大象出版社，2019，第 176 页。

② 王振铎：《司南指南针与罗经盘——中国古代有关静磁学知识之发现及发明》，《科技考古论丛》，第 103 页。王振铎还指出，传世如成山宫渠斗，名为斗，实为勺也。新莽之铜斗，宋人以其状如勺，想似成山宫渠斗之类，而威斗之体形或当有如勺矣。

③ 罗福颐、唐兰：《新莽始建国元年铜方斗》，《故宫博物院院刊》，1958 年。

斗长两倍左右。[①] 笔者同意这样的看法。

图 6-2　铜方斗

图片来源：中国国家博物馆官方网站，http://www.chnmuseum.cn/enlarge.html? path=/tilegenerator/aggregate/004/042/042.xml。

铜方斗的形状与北斗七星的形状也确有相似之处。北斗七星之得名显然和当时人们常见的斗状器物有关，其中斗魁的部分像斗首，斗杓的部分像斗柄。而汉代人所绘制的北斗七星的形状，和现在人们看到的铜斗基本相同（图 6-3）。如前文所言，汉时有“斗为帝车”的观念，《续汉书·舆服志》也说：“后世圣人观于天，视斗周旋，魁方杓曲，以携龙、角为帝车，于是乃曲其辀。”刘昭注引《孝经援神契》说：“斗曲杓桡，象成车。”[②] 北斗七星绕北极星旋转，被赋予“帝车”“帝令”的意象。而且人们很早就认识到，北斗七星的移动和四季变化有密切关系，根据星空中二十八宿的排列创设二十八时制后，北斗又具有了指示一日之内时间的功能。或者正因如此，北斗才有了

① 李家浩认为威斗与圆腹、平底、宽口沿、长直柄的熨斗相同，并借以论证《太一避兵图》“青龙奉熨”题字（见氏著《论〈太一避兵图〉》，《国学研究》第 1 卷，北京大学出版社，1993，第 277 页）。

② 《后汉书》志二九《舆服上》，第 3641 页。

“分阴阳，建四时，均五行，移节度，定诸纪”的神秘特征。

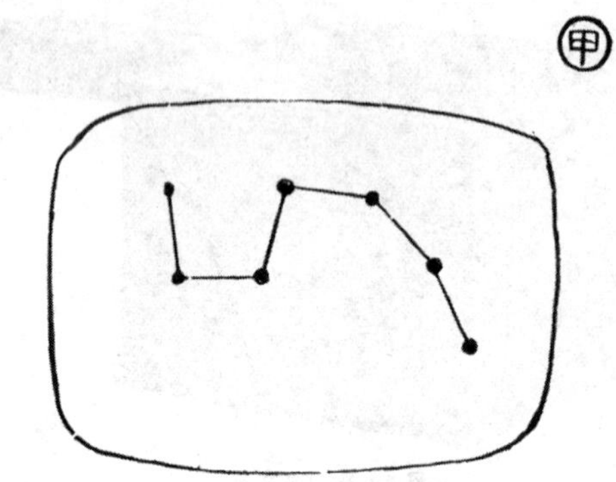

图 6-3　新莽大布黄千铜范

图片来源：王振铎：《司南指南针与罗经盘——中国古代有关静磁学知识之发现及发明》，《科技考古论丛》，第 103 页。

王莽信赖时间的神秘含义，史书中也常见其择日的记载。甚至在穷途末路之时，“莽绀袀服，带玺韨，持虞帝匕首。天文郎桉栻于前，日时加某，莽旋席随斗柄而坐，曰：‘天生德于予，汉兵其如予何’”。[①] 应当注意，引文所提式盘的天盘部分其实就是北斗七星。根据二十八宿纪日法，天文郎据时间旋转斗柄，王莽则依斗柄的指向更换自己座位所在的方位。显然王莽是要通过这样的方式证明自己是天命所在，其对北斗的信仰由此也可见一斑。

在汉代人观念中，北斗也与军事活动关系密切，这可能是王莽使用威斗“厌胜众兵”的另一个主要原因。马王堆三号汉墓出土有一件《太一避兵图》（图 6-4），饶宗颐指出图中青龙持熨，黄龙持炉，青龙代表太岁，所以图中有“北斗为正”

---

① 《汉书》卷九九下《王莽传下》，第 4190 页。

图 6-4　马王堆汉墓《太一辟兵图》

图片来源：周世荣：《马王堆汉墓的“神祇图”帛画》，《考古》1990 年第 10 期。

题记；而青龙为苍龙，黄龙为地龙，合中间太一，是为“三一”。[①] 李零认为，太一代表的是北斗，二者可以互代，位于北方，五行属水，与南方之龙相对。李家浩认为太一是斗极所在，是天神最尊者。[②] 所谓“避兵”，指的是避免在军事行动

① 饶宗颐：《图诗与词赋——马王堆新出“大一出行图”私见》，湖南省博物馆主编《湖南省博物馆四十周年纪念论文集》，第 82 页。

② 李零：《马王堆汉墓“神祇图”应属辟兵图》，《考古》1991 年第 10 期。相关研究参见周世荣《马王堆汉墓的“神祇图”帛画》，《考古》1990 年第 10 期；李家浩《论〈太一避兵图〉》，《国学研究》第 1 卷，第 277 页；连劭名《马王堆帛画〈太一避兵图〉与南方楚墓中的镇墓神》，《南方文物》1997 年第 2 期。

中受到伤害，《避兵图》中太一北斗占据主要位置，可知人们对于北斗“避兵”功能的信仰。另外，《抱朴子·杂应》记载说：“吾闻吴大皇帝曾从介先生受要道云，但知书北斗字及日月字，便不畏白刃。帝以试左右数十人，常为先登锋陷阵，皆终身不伤也。”[①] 这种说法固然有夸大的成分，但书“北斗字”以免被兵刃伤害，也可见北斗信仰之流传。

史料记载，汉代的“灵旗”也绘制有北斗形象。《史记·封禅书》言：“其秋，为伐南越，告祷太一。以牡荆画幡日月北斗登龙，以象太一三星，为太一锋，命曰‘灵旗’。为兵祷，则太史奉以指所伐国。”[②] 太史奉灵旗指所伐之国，其意应当也在厌胜，即通过意识层面的努力来实现战胜敌人的意图。《汉书·郊祀志》此处内容与《史记·封禅书》基本相同，[③]《汉书·礼乐志》也说：“招摇灵旗，九夷宾将。”颜师古注云：“画招摇于旗以征伐，故称灵旗。”[④] “招摇”指北斗

① 葛洪著，王明校释《抱朴子内篇校释》，第269—270页。

② 《史记》卷二八《封禅书》，第1395页。《孝武本纪》的《正义》引李奇曰：“画旗树泰一坛上，名灵旗，画日月北斗登龙等。”另外还引韦昭的说法：“牡，刚也。荆，强也。”认为：“用牡荆指伐国，取其刚为称，故画此旗指之。”（第471页）所谓“取其刚为称”，其实也就是以刚强厌胜弱小的含义。

③ 《汉书》卷二五上《郊祀志上》，第1231页。颜师古注引李奇曰：“牡荆作幡柄也。”如淳曰：“牡荆，荆之无子者，皆挈齐之道。”晋灼曰：“牡，节间不相当也，月晕刻之为券以畏病者。《天文志》曰：‘天极星，其一明者，太一也；旁三星，三公也。’画一星在后，三星在前，为泰一锋（旗）也。”颜师古认为：“以牡荆为幡竿，而画幡为日月龙及星。”关于“泰一锋”的问题，王念孙《读书杂志》认为：“画日月北斗登龙于幡上，又画三星于泰一之前，为泰一锋，命之曰‘灵旗’，不得谓之‘泰一锋旗’也。”（见《读书杂志》第2册，上海古籍出版社，2017，第586页）

④ 《汉书》卷二二《礼乐志》，第1057页。

七星，“招摇灵旗”的说法显示灵旗的核心内容是北斗七星。也就是说，灵旗上虽绘制有日、月、北斗、龙等诸多形象，但与避兵图类似，北斗所占的位置十分重要。

《史记·天官书》说：“兵征大宛，星茀招摇。”《正义》云：“招摇一星，次北斗杓端，主胡兵也。占：角变，则兵革大行。”[①] 这里“招摇星主胡兵”的说法应当引起注意。另外《汉书·天文志》祭祀天神太一的乐歌中也说：“太初中，星孛于招摇。《〔星〕传》曰：‘客星守招摇，蛮夷有乱，民死君。’其后汉兵击大宛，斩其王。招摇，远夷之分也。”[②] 是说招摇与“远夷”的军事活动相关，前引《汉书·礼乐志》“招摇灵旗，九夷宾将”，有学者指出，这其实是在祭祀的仪式之中将“天下”（中国十四夷）这一空间场域尽皆纳入天子的支配之下。[③] 联系前文所述，王莽厌胜的主要对象是匈奴、西域以及西南少数民族，因而由此也可以对王莽铸造威斗的动机有另一层理解。

从制作威斗使用的材料来看，王莽以及当时的一些人之所以会认为威斗具有“厌胜众兵”的功能，是与当时盛行的五行观念有关。首先，王莽制作威斗的材料是“五石铜”，颜师古注引李奇曰：“以五色药石及铜为之。”并说王莽的威斗“若今作鍮石之为”。[④] 颜师古说的鍮石也就是黄铜，是铜和锌的合金，唐代多用于制作佛像、车马具以及其他装饰品。[⑤] 李约瑟

① 《史记》卷五《天官书》，第 1349 页。

② 《汉书》卷二六《天文志》，第 1306 页。

③ 王志强：《汉代天下秩序的建构与文学书写》，群言出版社，2019，第 101 页。

④ 《汉书》卷九九下《王莽传下》，第 4151 页。

⑤ 相关研究参见林梅村《鍮石入华考》，《考古与文物》1999 年第 2 期；王银田、饶晨《论“鍮石”》，《敦煌研究》2009 年第 4 期。

认为，威斗很可能是“用外壳包玻璃的青铜制成”，他还认为出现在《周易参同契》和《抱朴子》中的“五色石”也可能是玻璃，不排除工匠们在熔化了的金属中加入一些磁铁矿的可能性。[①] 综合颜师古和李约瑟等人的看法，可以认为威斗的主要材料是青铜，在铸造过程中加入了其他合金成分“五石”。“五石”也可作“五色石”，可能来源于“女娲炼五色石以补苍天”[②] 的观念，与当时方士炼制丹药使用的五种颜色不同的材料或许也有关联。[③]

根据后世资料的记载，当时除了威斗，王莽还另外铸造了一把神剑，也使用了“五色石”：“王莽伪在位十七年，以建国五年岁次庚午造威斗及神剑，皆炼五色石为之，铭曰：神胜万里伏。小篆书，长三尺六寸。”[④] 这则材料不见于秦汉时期其他文献，真实性存疑，然而“神胜万里伏”这则铭文有浓厚的厌胜色彩，采用“五色石”铸造也显示出五行观念对时人的影响。金木水火土五行在古人看来是组成世界的五种基本物质，女娲补天的“五色石”代表的是古人观念中构成世界的基础材料，这一点也有助于理解王莽威斗中“五石”合金的象征意义。

---

① 〔英〕李约瑟：《李约瑟中国科学技术史》第 4 卷《物理学及相关技术》第 1 分册《物理学》，第 255 页。

② 何宁：《淮南子集释》，第 479 页。

③ 《论衡》卷二《率性篇》说：“道人消烁五石，作五色之玉……消炼五石，铸以为器。”黄晖校释引《抱朴子》说：“五石者，雄黄、丹砂、雌黄、矾石、曾青也。”另引《金丹篇》说：“五石者，丹砂、雄黄、白矾、曾青、磁石也。一石辄五转，而各成五色。”是以知五石确可铸造器皿，且五石、五色石等名异实同。胡新生认为五石是五色药石，见氏著《中国古代巫术》，人民出版社，2010，第 441 页。

④ 陶宗仪：《说郛》，中国书店，1986，第 353 页。署名为陶弘景的《古今刀剑录》也载有此条，内容相同（马俊良编《汉魏小说采珍》，上海中央书店，1937，第 168 页）。《太平御览》引陶弘景《刀剑录》与本书内容有出入（李昉等：《太平御览》，第 1578b 页）。

总的来看，王莽期望通过铸造威斗实现压制敌人的目的，从威斗的铸造仪式到使用的材料，都带有非常明显的神秘主义内涵。其实，威斗神秘性最主要的来源是对天文星象的模拟，例如在文献记载中招摇（即北斗）被赋予“主胡兵”的特殊意义，并被绘制在灵旗上。汉代人相信由太史以灵旗指向所讨伐的国家，可以起到厌胜的效果，由此可一窥汉人对厌胜巫术之信仰，也可对有汉一代国家政治文化有更为全面的认识。

3. 厌胜巫术与王莽再婚

前面提到，王莽对“威”有着独特的兴趣，是以在即位不久就派遣五威将帅巡行四方，同时铸造威斗，期待通过模拟天文星象以其神秘力量实现厌胜的目的，巩固统治。所谓“厌胜”是一种特殊的巫术形式，学者们大体上认同厌胜的目的是趋吉避凶，但对具体的概念有不同意见。例如李翰认为：“所谓‘厌胜’者，谓厌服其人，咒诅求胜之意也。”[①] 李零认为：“厌劾妖祥，也叫厌胜，是驱鬼除邪的巫术。”[②] 林富士指出：“厌胜的目的和其他法术一样，基本上都是为了祈福避祸。但是，由于厌胜主要是用一种强制、逼迫的手段，所以，通常都用来攘除灾祸、镇压妖邪或消灭敌人。当然，灾祸消除，平安和福祥自然而来。因而这种类型的法术，通常是以‘祸人’作为‘福己’的手段。”[③] 林富士的观点对于认识厌

① 李翰：《关于厌胜钱的初步探讨》，《中国钱币》1984 年第 2 期。

② 李零：《中国方术考（修订本）》，第 71 页。

③ 嵇童（林富士）：《压抑与安顺——厌胜的传统》，《历史月刊》第 132 期，1999 年。相关的研究也参见张剑葳《厌胜在中国传统建筑中的运用发展及意义》，《古建园林技术》2006 年第 2 期；刘汉杰《厌胜习俗》，《百科知识》2010 年第 18 期；史杰鹏《“厌胜”之词义考辨及相关问题研究》，《励耘学刊·语言卷》2013 年第 2 期。

胜的本质有着非常重要的意义。另外也有学者指出，厌胜巫术一般会利用某种具有神秘力量的物品。[①]

秦汉时期，厌胜巫术一度十分流行，并对当时的社会生活造成深远的影响。文献中关于厌胜的例子并不鲜见，例如秦始皇东游以厌胜天子气；[②] 汉武帝起建章宫以厌胜火灾；[③] 汉哀帝时改号为“太初元年”，称“陈圣刘太平皇帝”，对外宣称“再受命”，以厌胜巫术复兴中衰的汉家历运。[④] 尤其汉哀帝身体和精神都很虚弱，所以对于厌胜巫术有更多的信赖，文献中提到他认为“匈奴从上游来厌人”，后匈奴来朝，“上以太岁厌胜所在，舍之上林苑蒲陶宫”。[⑤] 在外交领域行厌胜巫术，这也可以说是中国传统政治文化里的独特现象。

王莽则更善于也更倾向于使用厌胜之术，他应当是史料记载中使用厌胜之数最多的帝王之一。班固有一段评价，十分准确地概括了王莽的这一性格特点：

> 性好时日小数，及事迫急，亶为厌胜。遣使坏渭陵、延陵园门罘罳，曰：“毋使民复思也。”又以墨洿色其周垣，号将至曰“岁宿”，申水为“助将军”，右庚“刻木校尉”，前丙“耀金都尉”，又曰：“执大斧，伐枯木。流

① 陈旭霞编《中国民间信仰》，河北人民出版社，2013，第104—105页。

② 《史记》卷八《高祖本纪》，第348页。

③ 《汉书》卷六《武帝纪》“二月，起建章宫”条下颜师古注引文颖曰：“越巫名勇，谓帝曰越国有火灾，即复大起宫室以厌胜之，故帝作建章宫。”第199页。此事又见《三国志》卷二五《魏书·高堂隆传》，第710、716页。

④ 改元说始见《汉书》卷一一《哀帝纪》，第340页；“厌胜”说见《后汉书》卷一下《光武帝纪下》，第86页。

⑤ 《汉书》卷九四下《匈奴传下》，第3812、3817页。

> 大水，灭发火。”如此属不可胜记。[①]

《汉书》中留下了许多有关王莽厌胜的史料，尤其是地皇年间，几乎每年都有使用厌胜巫术的记载。例如《王莽传》记载，地皇元年（20）二月，“莽见四方盗贼多，复欲厌之……于是置前后左右中大司马之位，赐诸州牧号为大将军，郡卒正、连帅、大尹为偏将军，属令长裨将军，县宰为校尉”，[②]王莽说这样做是“协于《易》‘弧矢之利，以威天下’”，但他的本意或许就是通过设置百官称号，在建制上增加军事官员的数量，以厌胜盗贼。

厌胜巫术与阴阳观念有着极为密切的关系。阴阳观念反映到个人婚姻生活中就是男性为阳、女性为阴，男女结合意味着阴阳相得，是一种和谐自然的状态。汉代知识阶层也经常以阴阳观念来解释灾异问题。地皇二年王莽妻王皇后死，在时人看来，这种状况势必会对阴阳平衡造成影响，因而在王皇后死后不久，阳成修就建议王莽再婚。《汉书·王莽传》载：

> 郎阳成修献符命，言继立民母，又曰：“黄帝以百二十女致神仙。”莽于是遣中散大夫、谒者各四十五人分行天下，博采乡里所高有淑女者上名。[③]

史籍中并没有阳成修所献符命的详细记载，推想应当有与阴阳

① 《汉书》卷九九下《王莽传下》，第4186页。
② 《汉书》卷九九下《王莽传下》，第4158页。
③ 《汉书》卷九九下《王莽传下》，第4168—4169页。

相关的内容；“黄帝以百二十女致神仙”则可能与《抱朴子》中所谓“黄帝以千二百女升天”的说法有关。①

地皇四年（23）三月，在选拔民间女子之后，王莽迎娶杜陵史氏女，正式成婚：

> 莽……欲外视自安，乃染其须发，进所征天下淑女杜陵史氏女为皇后，聘黄金三万斤，车马奴婢杂帛珍宝以巨万计。莽亲迎于前殿两阶间，成同牢之礼于上西堂。备和嫔、美御、和人三，位视公；嫔人九，视卿；美人二十七，视大夫；御人八十一，视元士：凡百二十人，皆佩印韨，执弓韣。②

班固将王莽的行为解读为“欲外视自安”，是极有道理的，“染其须发”也是为了展示最高统治者健康状况良好。从政治层面考量，王莽再婚这一行为是基于维护政治稳定与阴阳和谐而做的决定，历来人们批评王莽荒淫，其实并未真正切中要点。历史后期民间流行结婚冲喜以压制灾害疾病等的风俗，现有的材料虽无法判断汉代社会是否存在类似俗习，但当时国内局势动荡不安，王莽寝不安席，他心中或许也有通过结婚来克制灾难的打算。

随后史书中出现了王莽“考验方术”的记载：“（王莽）日与方士涿郡昭君等于后宫考验方术，纵淫乐焉。”③ 有不少

① 《抱朴子·微旨》说：“而俗人闻黄帝以千二百女升天，便谓黄帝单以此事致长生，而不知黄帝于荆山之下，鼎湖之上，飞九丹成，乃乘龙登天也。黄帝自可有千二百女耳，而非单行之所由也。”（葛洪著，王明校释《抱朴子内篇校释》，第129页）

② 《汉书》卷九九下《王莽传下》，第4180页。

③ 《汉书》卷九九下《王莽传下》，第4180页。

学者认为王莽和方士涿郡昭君“考验”的方术就是房中术，如前文所提“黄帝以百二十女致神仙”，其中既有神仙家的说法，又有房中家的说法，吕思勉就认为到新莽时代神仙和房中已经合为一家了。[①]《汉书·艺文志》收有房中家的著述，马王堆汉墓竹简中也有房中书《十问》，其内容多倾向于性技巧方面。[②] 但是仅从“考验方术”四个字，实在无法看出任何与性技巧有关的内容。所以王莽所“考验”的方术未必是一般意义上的房中术，或可认为是一种基于性行为的厌胜巫术。

高罗佩曾提到春宫画也可被用作护身符，具有厌胜功能；[③] 王子今也指出“裸女厌敌”的形式可能与原始社会对女性的生殖崇拜以及鬼类常为裸体的传说有关；[④] 李建民和蒋竹山的研究指出古人认为女体“污秽”有厌胜能力；[⑤] 王晖则将周厉王时期的“裸妇驱龙精”事件解读为厌胜式巫术。[⑥] 学者们还注意到在汉代画像石中也有关于“秘戏”的内容，这一

---

① 吕思勉：《先秦学术概论》，中国书籍出版社，2020，第 155 页。

② 相关的研究参李零《马王堆房中书研究》，《文史》第 35 辑，中华书局，1992。另参李零《高罗佩与马王堆房中书》，湖南省博物馆编《马王堆汉墓研究文集——1992 年马王堆汉墓国际学术研讨会论文选》，湖南出版社，1994；朱越利《马王堆帛简书房中术产生的背景》，《中华医史杂志》1998 年第 1 期。

③ 参〔荷〕高罗佩《中国古代房内考》，李零等译，上海人民出版社，1990，第 452 页；〔荷〕高罗佩《秘戏图考》，杨权译，广东人民出版社，1992，第 161 页。此外，山东大学王春亮的硕士学位论文对这一问题进行了十分细致的描述和研究（王春亮《春宫画厌胜的社会心态探析》，硕士学位论文，山东大学，2011 年）。

④ 王子今：《中国女子从军史》，军事谊文出版社，1998，第 223 页。

⑤ 参李建民《“阴门阵”考——古代礼俗笔记之二》，《大陆杂志》第 85 卷第 3 期，1992 年；蒋竹山《女体与战争——明清厌炮之术“阴门阵”再探》，《新史学》1999 年第 3 期。

⑥ 王晖：《古史传说时代新探》，科学出版社，2009，第 268 页。

题材应当也与厌胜巫术有关。[①] 以上研究的侧重点各有不同，但无疑证实了在秦汉时人的观念中，性及其意象——裸露的女体，都具有厌胜功能。

汉代性行为具有厌胜功能的说法同样见于董仲舒求雨和止雨仪式的设计。《春秋繁露·求雨》说："四时皆以庚子之日，令吏民夫妇皆偶处。凡求雨之大体，丈夫欲藏匿，女子欲和而乐。"《止雨》也说："止雨之礼，废阴起阳。书十七县，八十离乡，及都官吏千石以下夫妇在官者，咸遣妇归。"[②] 董仲舒的理论是，在天旱的时候，停止一切有可能增加阳的势力的行为，尽可能地助长阴的势力；止雨则反之。这其实也可以视为其"天人感应"学说的一部分。所以在董仲舒关于求雨和止雨的设计中，"吏民夫妇皆偶处"是为了助阴，遣送在官的妻

---

① 如冯汉骥指出，神话题材的汉画像石具有厌胜功能，"秘戏"主题的画像石及崖墓石门上刻男女生殖器"为同样的意义"（冯汉骥：《四川的画像砖墓及画像砖》，《文物》1961 年第 11 期）。冯汉骥并未对这一问题展开讨论，但这样的判断无疑是精准的。首先，从阴阳的角度来看，地下世界与地上世界被认为是阴阳两极，如果认为性行为可以增加阴的势力，那么在墓葬中布置"秘戏图"就可以理解为营造阴的氛围，厌胜阳的势力对死后世界的冲击；其次，性行为与人类的始祖崇拜有关，从这一角度来看，埋藏在地下的"秘戏图"也可视为人们心灵深处信仰厌胜、镇劾邪魅，保佑生人与死人皆平安的心灵寄托。相关的研究参武利华《徐州汉画像石通论》第八章第三部分"秘戏图考"，文化艺术出版社，2017；唐长寿《荥经画像石棺"秘戏图"及其它——〈跋汉画赵苟哺父图〉读后》，《四川文物》1991 年第 1 期；陈云洪《四川汉代高禖图画像砖初探》，《四川文物》1995 年第 1 期；高文《野合图考》，《四川文物》1995 年第 1 期；刘玉生《"秘戏"汉画像石管窥》，《中原文物》1996 年增刊。

② 苏舆：《春秋繁露义证》，第 437、439 页。相关的研究参江新《〈春秋繁露《求雨》、《止雨》〉作者考》，《中国哲学史》2012 年第 1 期；陈侃理《〈春秋繁露·止雨〉二十一年八月朔日考》，《史原》2013 年第 4 期（复刊）。

子回去则是为了助阳。在董仲舒看来，阴阳的消长是与吏民夫妇之间的性行为有所关联的。[①]

另有学者注意到“吏民夫妇皆偶处”的求雨方式与《周礼》记载中仲春之月的男女之会也有关联，并认为这种男女狂欢具有巫术的性质。性爱活动在古代常被用于向上天祈求风调雨顺、五谷丰登。[②] 如《周礼·地官·媒氏》：

> 中春之月，令会男女。于是时也，奔者不禁。若无故而不用令者罚之。司男女之无夫家者而会之。[③]

郑玄注说：“中春阴阳交，以成昏礼，顺天时也。”并认为“奔者不禁”的原因是“重天时权许之也”。其既包含阴阳和时令的观念，也有着较为深远的民俗背景。[④] 这一点在古代神

---

① 相关研究参丁山《古代神话与民族》，商务印书馆，2017，第 239 页；叶舒宪《高唐女神与维纳斯：中西文化中的爱与美》第八章第三部分“云雨原型的跨文化发生机制”，陕西人民出版社，2020，第 315 页；胡新生《中国古代巫术》，第 264 页；王晖《商周文化比较研究》第三章“商周思想文化比较研究”，人民出版社，2000，第 122—124 页。

② 江晓原：《脉望夜谭》，复旦大学出版社，2012，第 17 页。江晓原还指出，《金枝》中也谈到世界上许多地方都有着同样的风俗和信仰。另参傅道彬《中国生殖崇拜文化论》，湖北人民出版社，1990，第 104 页。

③ 《周礼注疏》，阮元校刻《十三经注疏》，第 1580 页。

④ 类似的求雨仪式在魏晋南北朝以后也见载于史籍，如《晋书·礼志》说：“其雨多则禜祭，赤帻朱衣，闭诸阴，朱索萦社，伐朱鼓焉。”（《晋书》卷一九，第 597 页）《隋书·礼仪志》记载：“梁制不为恒祀。四月后旱，则祈雨，行七事……六命会男女，恤怨旷”，“京师孟夏后旱，则祈雨……命有司会男女，恤怨旷”（《隋书》卷七，第 125、128 页）。但显然魏晋以后的“会男女”更强调男女之间的婚姻关系，已经没有了“奔者不禁”的内容。

话中也有体现。[①]

通过以上探讨可以发现，汉代人认为男女的性行为可以对阴阳消长进行干预，并由此产生阴阳厌胜的理念，是以婚姻关系也会对天地阴阳之气的平衡产生影响。王莽的再婚实有政治与阴阳观念层叠的考量，其与涿郡方士昭君“考验”的方术也很可能是此类厌胜巫术。后世读史者往往批评王莽“荒淫”，但其反映出的思想背景或许是更应当关注的部分。

4. 厌胜巫术中的鬼神观念[②]

汉代社会鬼神文化盛行，例如吕思勉在分析汉代社会文化时曾说：“若两汉，固仍一鬼神数术之世界。”[③] 鲁迅也说过：“中国本信巫，秦汉以来，神仙之说盛行，汉末又大畅巫风，而鬼道愈炽。”[④] 对于这一问题，学者已经做了卓有成效的研究。[⑤]事实上，鬼神也是厌胜巫术的重要内容，在人们的思想观念之中就是通过鬼神来实现厌胜的效果的，而这在王莽时代的一系

① 参闻一多《古典新义》，商务印书馆，2017，第164页；袁珂《中国神话通论》，四川人民出版社，2019，第87页；丁山《古代神话与民族》，第387页。

② 此处使用的“鬼神”这一概念指的是汉人信仰中的鬼怪、各种大小神明以及祖先神，参见蒲慕州《追寻一己之福——中国古代的信仰世界》，上海古籍出版社，2007，第77—86页。

③ 吕思勉：《秦汉史》，上海古籍出版社，1983，第810页。

④ 鲁迅：《中国小说史略》，东方出版社，1996，第28页。

⑤ 参蒲慕州《追寻一己之福——中国古代的信仰世界》第三、六、七章；蒲慕州《睡虎地秦简〈日书〉的世界》，收入氏主编《生活与文化》，中国大百科全书出版社，2005；王子今《史记的文化发掘：中国早期史学的人类学探索》第六、七章，湖北人民出版社，1997；刘乐贤《睡虎地秦简日书研究》；刘乐贤《睡虎地秦简日书〈诘咎篇〉研究》，《考古学报》1993年第4期；晁福林等《中国民俗史·先秦卷》第四章第四节“战国时期的鬼神信仰与巫术表现”，人民出版社，2008，第366页。

列带有神秘意义的事件中都有体现。

汉代人对鬼神存在两种基本态度，即防范与进攻：防范的基本方式是隔绝和躲避，而进攻的基本方式主要是驱赶、污染和压制。[①] 汉代人心目中的鬼神基本上可以分为两类。一类是各种各样的“外鬼”以及“恶鬼”，例如睡虎地秦墓竹简《日书·诘》篇中的“刺鬼”“丘鬼”“诱鬼”“哀鬼”等，[②] 对付这样的鬼神，以进攻手段居多。[③] 另一类是祖先神，以及亲人亡故之后成为的鬼神，这些鬼神虽然与生人关系密切，但同样能给生人的生活带来滋扰，例如睡虎地秦简《日书·病》篇有“父母为祟”“王父为祟”“王母为祟”，是说死去的父母会给生人带来疾病。汉代人对待这类与自己关系密切的鬼神，更多地采取隔绝和躲避等防范方式。

王莽深信鬼神之事，已是时人所共知。《汉书·王莽传》载吴章语：“莽不可谏，而好鬼神，可为变怪以惊惧之。”于是“（王）宇即使宽夜持血洒莽第”。[④] 可知吴章和王宇是利用王莽好鬼神的心理，打算借助鬼神之事恐吓他，以达到政治目的。另外，《汉书·定陶丁姬传》曾记载王莽对付已死的政敌丁、傅，“掘平共王母、丁姬故冢……又周棘其处以为世戒云”，颜师古注释说是“以棘周绕也”。[⑤] 应当注意到，所谓“周棘其

① 英国学者玛丽·道格拉斯《洁净与危险》（黄剑波等译，民族出版社，2008）一书提出“污秽及危险”等理论，对于探讨汉代的污染厌胜具有十分重要的参考价值。

② 睡虎地秦墓竹简整理小组编《睡虎地秦墓竹简》，第212—216页。

③ 参刘乐贤《睡虎地秦简日书研究》；王子今《睡虎地秦简〈日书〉甲种疏证》，湖北教育出版社，2003。

④ 《汉书》卷九九上《王莽传上》，第4065页。

⑤ 《汉书》卷九七下《定陶丁姬传》，第4004页。

处”的真实用意大概并非“以为世戒”，而是厌胜鬼神。可以认为，王莽内心深处畏惧丁氏鬼神侵扰，所以做此布置。

另外，王莽夺取汉家政权，一直着意于厌胜汉室，并对来自汉室先王鬼魂的报复十分在意。例如《汉书·王莽传》记载，地皇元年（20）四月“杜陵便殿乘舆虎文衣废臧在室匣中者出，自树立外堂上，良久乃委地。吏卒见者以闻，莽恶之，下书曰：‘宝黄厮赤，其令郎从官皆衣绛’”。所谓“宝黄厮赤”，颜师古注引服虔曰：“以黄为宝，自用其行气也。厮赤，厮役贱者皆衣赤，贱汉行也。”[①] 也就是让贵人穿象征新朝土德的黄色，而象征汉朝火德的红色则给地位低下的从官穿。[②] 王莽对汉高祖的魂灵更是十分畏惧。地皇二年闰月，王莽“感汉高庙神灵，遣虎贲武士入高庙，拔剑四面提击，斧坏户牖，桃汤赭鞭鞭洒屋壁，令轻车校尉居其中，又令中军北垒居高寝”。[③] “桃汤赭鞭”都是厌胜之物，其用意在于污染或压制，而以轻车校尉和中军北垒驻扎在高庙和高寝之中，则明显是以军队制胜高祖的魂灵。王莽期望通过这样的方式获得心理上的宁静。

隔绝与疏远亦是防止鬼神为患的有效方式，所谓“敬鬼神而远之”。隔绝有两种情况，一种是隔绝生人与鬼神的往来，另一种是隔绝鬼神之间的往来。隔绝生人与鬼神的往来比较常见，例如《论衡·死伪》说：“生死异路，人鬼殊处。”[④] 汉代镇墓文中也有“生属长安，死属大山，死生异处，不得相

---

① 《汉书》卷九九下《王莽传下》，第 4161 页。

② 顾颉刚认为这是“易服色”的一个变例，见顾颉刚《五德终始说下的政治和历史》，《古史辨自序》，第 659 页。

③ 《汉书》卷九九下《王莽传下》，第 4169 页。

④ 黄晖：《论衡校释（附刘盼遂集解）》，第 887 页。

防”“生人得九，死人得五，生死异路，相去万里”等说法，[①]甚至秦始皇也相信“恶鬼辟，真人至”。[②]王子今曾讨论秦汉时期的屈肢葬问题，联系睡虎地秦简《日书·诘》篇内容，认为这种葬式是为了防止鬼物侵扰。[③]这也可以认为是一种隔绝鬼神之间往来的方式。

史料记载中王莽曾多次使用隔绝的手段，其中最重要的一次是处置刘崇谋反事。《汉书·王莽传》记载：“莽又封南阳吏民有功者百余人，污池刘崇室宅。后谋反者，皆污池云。”这样的处置方式来源于当时张竦的建议：“臣闻古者畔逆之国，既以诛讨，则猪其宫室以为污池，纳垢浊焉，名曰凶虚，虽生菜茹，而人不食。四墙其社，覆上栈下，示不得通。辨社诸侯，出门见之，著以为戒。”关于“猪其宫室”，颜师古注引李奇曰：“掘其宫以为池，用贮水也。”尤其应当注意的是“四墙其社，覆上栈下，示不得通”，颜师古注释说：“栈谓以篑蔽之也。下则栈之，上则覆之，所以隔塞不通阴阳之气。”[④]其实就是隔绝人与鬼神的沟通。另外王政君死后，王莽试图隔绝汉元帝与王政君的陵墓，《汉书·王莽传》记载说：“文母皇太后崩，葬渭陵，与元帝合而沟绝之。立庙于长安，新室世世献祭。元帝配食，坐于床下。”颜师古注引如淳曰：

① 参祁振西《陕西户县的两座汉墓》，《考古与文物》1980年创刊号；王育成《东汉道符释例》，《考古学报》1991年第1期。

② 《史记》卷六《秦始皇本纪》，第257页。

③ 王子今：《秦人屈肢葬仿象“窋卧”说》，《考古》1987年第12期。

④ 《汉书》卷九九上《王莽传上》，第4086、4084—4085页。相关的研究参王震中《商代王都的“社”与“左祖右社”之管见》，河南省文物考古研究所编《安金槐先生纪念文集》，大象出版社，2005。

“葬于司马门内，作沟绝之”。[①] 杨树达《汉书窥管》注意到：“《左传》定公元年记季孙将沟公氏，以恶昭公故，欲沟绝其兆域，不使与先君同也，以荣驾鹅之谏而止。今莽沟绝元后于元帝，师季孙之意也。”[②] 这是说王莽隔绝王政君和汉元帝的陵墓也是有所依据的。而王莽的这种做法显然有着现实的政治考量。正如有学者指出的那样，王政君是汉元帝的妻子，夫妻合葬在当时是理所应当的；然而王政君去世之时的身份是新朝的“文母皇太后”，已经脱离汉朝了，势必要在丧葬礼制上有所表示，所以“沟绝”的意思就是要将“文母”与汉朝隔绝开来。[③]

史料中还记载，地皇二年正月，“莽以王况谶言荆楚当兴，李氏为辅，欲厌之，乃拜侍中掌牧大夫李棽为大将军、扬州牧，赐名圣，使将兵奋击”。[④]“李氏为辅”这个谶言在两汉之际有很重要的影响力，王莽派遣李棽为大将军同样是一种厌胜行为，只不过其中还有谶纬方面的内容，也算是新莽时期厌胜巫术发展的独特风貌。

此外，《汉书·王莽传》记载，地皇三年夏，“莽以天下谷贵，欲厌之，为大仓，置卫交戟，名曰‘政始掖门’”，[⑤] 通过修建一座巨大的粮仓，来解决谷价过贵的问题。类似

① 《汉书》卷九九中《王莽传中》，第4132页。

② 杨树达：《汉书窥管》，湖南教育出版社，2007，第665页。

③ 陈戍国：《中国礼制史（秦汉卷）》，湖南教育出版社，2002，第298页。另外陈伟讨论陵墓壕沟的问题，认为这种沟实际上也是墓地的界标（见陈伟《凤翔、临潼秦陵壕沟作用试探》，《燕说集》，商务印书馆，2011，第27页）。

④ 《汉书》卷九九下《王莽传下》，第4168页。

⑤ 《汉书》卷九九下《王莽传下》，第4177页。

以巨大建筑实现厌胜的观念在当时确实也是存在的。例如《史记·高祖本纪》记载萧何向刘邦解释为什么要修建宏大的宫殿，所谓“天下方未定，故可因遂就宫室。且夫天子以四海为家，非壮丽无以重威，且无令后世有以加也”，[①] 也是希望以此厌胜项羽等反对势力。汉武帝时，也有人向武帝建言以高大的建筑厌胜火灾。《汉书·武帝纪》记载，太初元年（前 104）“起建章宫”，颜师古注引文颖曰：“越巫名勇，谓帝曰越国有火灾，即复大起宫室以厌胜之，故帝作建章宫。”[②]

地皇四年秋，新莽政局已是无力回天，无可奈何之下王莽率领群臣到南郊痛哭，希望用这样的方式消除灾难。史料记载说：“莽愈忧，不知所出。崔发言：‘《周礼》及《春秋左氏》，国有大灾，则哭以厌之。’……乃率群臣至南郊，陈其符命本末……因搏心大哭，气尽，伏而叩头。”不仅如此，王莽还让百姓们一起哭：“诸生小民会旦夕哭，为设飧粥，甚悲哀及能诵策文者除以为郎，至五千余人。”[③] 南郊有重要的礼制性建筑，包括新莽的九庙，以及明堂、辟雍、灵台等，王莽在南郊“陈其符命本末”的对象应当是天神，而通过哭以达到厌胜的目的，也是一种比较特殊的厌胜巫术。

后人往往会对王莽的荒唐举动提出批评，但如果考察秦及西汉以来社会整体的神秘主义氛围，可以认为王莽的做法并非全然是虚妄无稽的。面对危机，在许多常规手段都无法奏效的

① 《史记》卷八《高祖本纪》，第 385—386 页。

② 《汉书》卷六《武帝纪》，第 199 页。

③ 《汉书》卷九九下《王莽传下》，第 4187—4188 页。

情况下，王莽转而求助于神秘力量，以尽可能稳定人心。其中，班固对王莽的批评并非针对“时日小数”本身，而是认为，作为帝国的最高统治者，解决国内重大政治问题不应当依靠这种非常规的措施，王莽的这些努力毕竟只是“小数”而非“大道”，对于治国理政来说，类似的举动即便能够有所助益，也是不应该提倡的。然而在鬼神观念盛行的背景下，喜好并迷信各种“时日小数”的人并不在少数，王莽的这些措施在某种程度上是被时人接受的，这也是其使用厌胜巫术的社会文化基础。另外一重原因是，厌胜之术可以在短时间内使支持者相信己方因为神秘主义力量的加持而变得强大，相应的，反对的力量也是可以通过厌胜战胜的。

总的来看，汉代社会针对鬼神的厌胜行为分为几个不同的层次，从弱到强依次是隔绝、驱赶、污染和压制，其中隔绝为防御性，其他几种进攻性较强。在汉代，大多数人对于鬼神的态度是将信将疑的，基于此的厌胜更多是满足心理上的需求。厌胜过程中往往会使用人们最为熟知的观念，例如人们普遍认可鬼为阴物，那么厌胜鬼神就需要与阳有关的物体，像红色的赭鞭与桃汤等；再如厌胜的力量一定要大于被厌胜的力量，所以王莽直接动用军队驻扎在高庙之中，他相信唯有此才可厌胜高祖的“神灵”，才能带来心理上的安全感。厌胜巫术一直流行到古代历史后期，影响中国人的心灵近两千年之久。

5. 黄帝信仰与王莽的升仙体验

到了王莽统治的后期，开始对黄帝和升仙产生了浓厚的兴趣，而王莽追求升仙的种种举动，也与新朝后期的政治局势息息相关。文献记载中提到，秦始皇和汉武帝都有过追求不死和升仙的努力，例如秦始皇对于“不死之药”有着非常强烈的兴趣，希望以此实现政治局势的永恒稳定；而汉武帝中年以后就完成了历史赋予他的政治使命，他的求仙更看重的是个人体验，期待能够像黄帝那样乘龙飞升，彻底脱离人间世界。后来汉宣帝、成帝、哀帝也有求仙的行为，成帝和哀帝主要是为了自己的身体健康，以及能够繁衍子嗣，与秦始皇和汉武帝的求仙目的有明显不同。总的来说，秦和西汉时期多位帝王都有求仙的举动，而到王莽时，其求仙与前朝帝王明显不同。

根据《汉书·王莽传》记载，王莽统治后期，对黄帝越发推崇。王莽认为黄帝是自己的始祖，所以有所谓“皇初祖考”的说法，如他在诏书中说：“予以不德，托于皇初祖考黄帝之后，皇始祖考虞帝之苗裔，而太皇太后之末属。”[①] 王莽在始建国初年就确定了黄帝的地位，后来也设置宗庙祭祀黄帝，史料记载：“其立祖庙五，亲庙四，后夫人皆配食。郊祀黄帝以配天，黄后以配地。以新都侯东弟为大禖，岁时以祀。”[②] 不仅如此，王莽还刻意将自己的行为与黄帝相联系，如他在制作威斗后说“予之皇初祖考黄帝定天下，将兵为上将军，建华盖，立斗献”云云。[③] 另外，哀章在王莽居摄以后制作的两个铜匮，其中一个就题为“赤帝行玺某传予黄帝金策书”，[④] 据说这个“某”就是高祖刘邦的名讳，这句话的意思是，黄帝通过刘邦将天下传给王莽，那么王莽皇位的合法性也就清楚

① 《汉书》卷九九上《王莽传上》，第 4095 页。
② 《汉书》卷九九中《王莽传中》，第 4106 页。
③ 《汉书》卷九九下《王莽传下》，第 4158 页。
④ 《汉书》卷九九上《王莽传上》，第 4095 页。

了。后来王莽设置九庙，其中第一个就是“黄帝太初祖庙”，他还曾经命人修复黄帝的陵墓，刻意在天下人心中强化自己与黄帝的联系。事实上，至少在司马迁的时代，黄帝就已经具备了“人文始祖”的地位。所以说王莽宣扬黄帝除了证明自己的合法性之外，也有建构对天下始祖的共同认识的作用，其中的积极性还是应当被肯定的。但到王莽统治后期，受到谶纬文献的影响，在新朝的信仰体系中又出现了另外一个黄帝形象，也就是神仙化了的黄帝形象。

对神仙化的黄帝的信仰有着较为悠久的历史。《山海经》中存在与黄帝有关的记载，但其形象总体上较为模糊。秦代和西汉初年曾经按照方位对天帝进行祭祀，其中并没有黄帝。一直到秦始皇时期，对于黄帝的信仰还不十分普遍，在方士们给秦始皇建构的神仙世界中，比较重要的内容都和“不死之药”及躲避恶鬼之类有关，黄帝升仙的传说在当时或者已经存在，但并不为秦始皇君臣所看重。而到了汉武帝时期，方士们对黄帝的形象做了一番新的建构，其中最重要的人物就是公孙通，在他的描述中，黄帝铸造九鼎之后升仙，而黄帝的臣下也都随其一同飞升，所谓“黄帝采首山铜，铸鼎于荆山下。鼎既成，有龙垂胡髯下迎黄帝。黄帝上骑，群臣后宫从上者七十余人，龙乃上去”。汉武帝感叹道：“嗟乎！吾诚得如黄帝，吾视去妻子如脱躧耳。”[①] 直到此时，黄帝信仰才逐渐成熟。

黄帝在历史神话之中具有特别重要的地位，西汉中后期以来，谶纬文献的创作者添加了许多有关黄帝的内容。也有

① 《史记》卷二八《封禅书》，第1394页。

学者注意到，在汉代的纬书中，黄帝与北斗被联系到一起，[①]例如《河图始开图》中提到“黄帝名轩辕，北斗神也”“黄帝名轩，北斗黄神之精”等。谶纬文献中有关黄帝的内容，为后来道教神话中黄帝的出现创造了条件，例如《河图握矩记》记载黄帝谈及人类的寿命：“凡人生一日，天帝赐算三万六千，又赐纪二千。圣人得三万六千七百二十，凡人得三万六千。一纪主一岁，圣人加七百二十。”《尚书中候·握向纪》记载了黄帝原由天上星宿降生，最终仍返归天上去。这些都为黄老道神化黄帝“开启了方便之门”。[②]

总体上来看，西汉中后期谶纬文献的作者对神仙化的黄帝进行了新的建构，使得黄帝的形象更加饱满和丰富，并将黄帝故事的发生地从遥远的昆仑迁移到长安城附近。在先秦时期文献的记载中，与黄帝有关的神话主要出现在昆仑山附近，例如《穆天子传》说：“吉日辛酉，天子升于昆仑之丘，以观黄帝之宫。”[③]明确说黄帝在昆仑山上有一座宫殿。《山海经》也说：“海内昆仑之墟，在西北，帝之下都。”袁珂认为这里的“帝”说的就是黄帝。[④] 王莽引用《紫阁图》说：“太一、黄帝皆仙上天，张乐昆仑虔山之上。”然而《紫阁图》接着还说：“后世圣主得瑞者，当张乐秦终南山之上。”颜师古注释引服虔说：“长安南山，《诗》

---

① 顾颖：《汉代谶纬与汉代墓葬中的北斗图像》，《艺术学界》第 17 辑。

② 梁宗华：《汉代经学流变与儒学理论发展》第十一章第三部分“谶纬神学对道家宗教化的影响”，山东人民出版社，2018。

③ 郭璞注，王贻樑、陈建敏校释《穆天子传汇校集释》，中华书局，2019，第 87 页。郭璞注云：“黄帝巡游四海，登昆仑山，起宫室于其上，见《新语》。”

④ 袁珂：《古神话选释》，北京联合出版公司，2017，第 64 页。

所谓终南，故秦地，故言秦也。”[1] 可见黄帝神话发生地已经从遥远的昆仑山来到了长安附近。与之类似的是在公孙通讲述的黄帝故事中，黄帝铸九鼎的地区在湖县附近，距离长安城并不遥远。

正是受到这样的影响，王莽对黄帝尤为推崇。根据《汉书·王莽传》记载：

> 六年春，莽见盗贼多，乃令太史推三万六千岁历纪，六岁一改元，布天下。下书曰：“《紫阁图》曰：‘太一、黄帝皆仙上天，张乐昆仑虔山之上。后世圣主得瑞者，当张乐秦终南山之上。’予之不敏，奉行未明，乃今谕矣。复以宁始将军为更始将军，以顺符命。《易》不云乎：‘日新之谓盛德，生生之谓易。’予其飨哉！”欲以诳耀百姓，销解盗贼。众皆笑之。[2]

班固认为王莽的这些举动是“诳耀百姓”，这是符合历史真实的判断，从中也可看出王莽模仿黄帝升仙确实有“厌胜”方面的考量。王莽所引用的纬书《紫阁图》没有流传于世。所谓“紫阁”，应当就是文献记载中提到的“紫宫”“紫微”，也就是传说中太一、黄帝在天上的宫阙。从其名称可以判断，这部书的主要内容当与黄帝有所关联。到了地皇元年七月，王莽又一次在诏书中引用了《紫阁图》中的文字：

> 伏念《紫阁图》文，太一、黄帝皆得瑞以仙，后世

① 《汉书》卷九九下《王莽传下》，第4154页。
② 《汉书》卷九九下《王莽传下》，第4154页。

> 褒主当登终南山。所谓新迁王者，乃太一新迁之后也。统义阳王乃用五统以礼义登阳上迁之后也。[①]

新迁王王安是王莽的第三子，也是当时王莽在世的儿子中年龄最长的。颜师古注引服虔解释“太一新迁之后”说：“太一、黄帝欲令安追继其后也。”需要注意的是，前文提到《紫阁图》中有所谓“张乐秦终南山之上”“后世褒主当登终南山”，这两种说法都有着特殊的含义。经过汉武帝以来谶纬文献的建构，黄帝作为仙人的形象更加鲜明，与人世间的联系也更加紧密。也就是说，黄帝信仰本来具有悠久的传统，但经过谶纬的重新演绎，此时的黄帝形象更符合人们对于神仙的想象。这也是中国古代历史中黄帝形象变化最为重要的一个阶段。

王莽在成仙方式上也极力模仿黄帝。《汉书·王莽传》记载：“郎阳成修献符命，言继立民母，又曰：‘黄帝以百二十女致神仙。’”王莽听信了这种说法，于是“遣中散大夫、谒者各四十五人分行天下，博采乡里所高有淑女者上名”。[②] 地皇四年三月，王莽的天下已岌岌可危，然出于政局稳定的考虑，王莽仍备齐了后宫制度。

王莽还着意对自己模仿黄帝升仙的举动进行宣传。据说他曾经制作了一辆九重华盖的马车，招摇出行。《汉书·王莽传》记载：

> 或言黄帝时建华盖以登仙，莽乃造华盖九重，高八丈一尺，金瑵羽葆，载以秘机四轮车，驾六马，力士三百人

---

① 《汉书》卷九九下《王莽传下》，第4160页。

② 《汉书》卷九九下《王莽传下》，第4168—4169页。

> 黄衣帻，车上人击鼓，挽者皆呼“登仙”。莽出，令在前。百官窃言“此似輀车，非仙物也。”[1]

前文提到，王莽说黄帝曾“建华盖，立斗献”，这大概是他制造九重华盖车的前情。王莽出行之时以此车辆在前，显然是为了起到宣传的效果，让民众以为自己已经升仙或者将要升仙了。班固记载当时百官的言论，说这是“輀车，非仙物也”，颜师古注释说“輀车”即丧车，这也说明时人对于王莽模仿黄帝升仙的举动不以为然。王莽的宣传不仅没有起到正面的效果，反而使他逐渐失去了支持。

秦始皇时期曾经有唱《仙真人诗》的表演，《史记·秦始皇本纪》说：“始皇不乐，使博士为《仙真人诗》，及行所游天下，传令乐人歌弦之。”[2] 秦始皇这样做主要是为了向世人宣告自己的升仙之举，期待能够以此招抚民心。王莽九重华盖车的出行表演与之有相似之处，且与秦始皇命人演唱《仙真人诗》的效果相同，也没有太多实际意义，他自己是否升仙，与新朝的政治局势发展并没有直接的关联，所以班固在记叙这些事件时也并未掩饰嘲讽与批评。事实上，当初人们对王莽的主要期待是他能够进行改制，而王莽不仅没有完成这个任务，反而给社会秩序造成巨大混乱，给民众生活带来极大不便和痛苦。[3] 况且秦始皇和汉武帝的求仙尝试都是失败的，后来的汉成帝和汉哀帝也没

---

① 《汉书》卷九九下《王莽传下》，第4169页。

② 《史记》卷六《秦始皇本纪》，第259页。

③ 相关的研究参陈苏镇《〈春秋〉与“汉道”——两汉政治与政治文化研究》第四章“‘纯任德教，用周政’——西汉后期和王莽时期的改制运动”。

有什么效果，秦汉以来几乎所有方士的努力都被证明是没有任何效验的，这已经是西汉中后期知识阶层的共识。所以汉成帝之后，知识阶层已经开始有人大胆地批评皇帝求仙的行为，自然，他们也不会支持王莽。是以，王莽升仙的表演虽然渊源有自，但于现实政治并无助益，加之知识阶层对追求升仙行为的批判，王莽个人恐怕也很难在方术以及追求升仙的活动中获得美好的体验。

从前文的讨论来看，王莽对黄帝有着非常浓厚的兴趣，在具体的实践中也刻意模仿，让人们相信他和黄帝之间有着某种神秘的联系。在整个西汉时代，黄帝的形象发生了重要的变化。在儒家经典文献的记载中，黄帝是作为天下始祖出现的，王莽为了坐实新朝的合法性问题，也曾经尝试强化黄帝的这一身份。然而黄帝也是神话传说中的人物，谶纬文献在建构上古帝王的过程中，也特别在意塑造黄帝的神仙形象，所以在谶纬文献中出现了黄帝为仙人的记载。黄帝本来就在新朝的信仰体系中占有极高的地位，王莽统治后期，着意对黄帝的神仙形象进行进一步论证，并模仿黄帝升仙的举动，有针对性地对臣民进行宣传。然而知识阶层以及越来越多的民众已不再相信求仙的可能性，这种宣传的民意基础早已不存在了。所以，王莽此举非常不合时宜，能够起到的作用是微乎其微的，后来的人们批评王莽“不识大体”，也是有原因的。[①]

① 桓谭评价信仰行为与新莽政治眼光独到，他说：“王翁好卜筮，信时日，而笃于事鬼神，多作庙兆，洁斋祀祭，牺牲肴膳之费，吏卒辨治之苦，不可称道，为政不善，见叛天下。及难作兵起，无权策以自救解，乃驰之南郊告祷，抟心言冤，号兴流涕，叩头请命，幸天哀助之也。当兵入宫日，矢射交集，燔火大起，逃渐台下，尚抱其符命书，及所作威斗，可谓蔽惑至甚矣。”（桓谭撰，朱谦之校辑《新辑本桓谭新论》卷五《见征篇》，第 15—16 页）

总而言之，王莽铸造威斗是在国势转危的情况下采取的理念上的努力之一，应当认为，王莽并非没有尝试过以实际的手段解决问题，但这些手段由于各种原因都没有取得相应的效果，反而导致王莽统治后期政治局势加速恶化。整体上来看，越是到统治后期，王莽进行的理念上的努力就越多，在缺乏实际效果的情况下，民众对王莽此类行为的态度逐渐由怀疑转为嘲讽和批判。但是我们也必须认识到，所谓民众的嘲讽和批评有相当一部分来自历史的书写，王莽的这些行为在当时也有一定的信仰基础。例如就铸造及使用威斗而言，王莽实际上是想要借助来自天象的神秘力量，以厌胜巫术解决境内的叛乱和周边少数民族的军事威胁。不仅如此，从当时的记载来看，王莽对天象的信仰还包括模拟星系建构官僚制度体系，以自身居于北极星所在的位置，期待国家能够像宇宙天体那样有序运转，并最终实现长治久安的局面。在当时的历史背景下，这种想法也并非完全是无稽之谈。

可以发现，王莽终其一生，都没有放弃过在信仰领域的努力。本书认为，王莽并非仅仅是以这样的方式取得民众的信赖，他自己也具有较为浓厚的信仰，这是现在考察王莽思想必须留意的问题。总体而言，王莽铸造威斗，派遣五威将帅出巡，以及进行随斗柄而坐等厌胜活动，其实是想要借助天文星象以及“天地群神社祭宗庙”等神秘力量，在理念上达到战胜敌人的目的。他试图将自己统治下的国家整合得像日廷图那样标准规范，像宇宙运转那样有秩序井然，以天文影响人事。

第二节　史官的择日传统

——以岁星纪年为中心的考察

择日术起源于避忌凶恶和尊天顺时的心理，人们在举行某些重要的仪式或者在其他需要进行时间选择的时候，会首先避开被认为不利的时间。时间本身没有善恶特质，人们只是遵从自然的规律或根据历史经验等赋予时间以吉凶的内涵。古人对天象也不是简单模拟，而是根据自己的需要重新设计和建构。归根到底，择日术体现的是人们对时间的认识和理解：人们据此赋予时间新的意义，同时要求自身遵循时间运行的规律，并由此而形成了一整套影响深远的制度和习俗。事实上，经由择日术可以清晰地看到时间秩序是如何深刻影响时人的心理和生活习俗。

《左传》和《国语》中保存有许多占卜和星象相关的资料，其中就包括岁星纪年择日等。刘瑛曾经系统梳理过《左传》《国语》中与方术有关的内容，对龟卜、筮占、占梦以及各类方技等进行了讨论，很多观点具有重要的学术价值。[①] 有关岁星纪年的研究，很早就引起了学者们的兴趣：日本学者新城新藏在《由岁星之纪事论〈左传〉之著作年代及干支纪年法之发达》《再论〈左传〉之著作年代》两篇文章里，由《左传》记载中岁星超辰的规律推断《左传》成书的年代应该在战国中晚期；陈久金、何幼琦等曾围绕马王堆帛书《五星占》对岁星纪年的起源、发展和基本法则等内容展开讨论；另外，科技史工作者对岁星纪年的意见也非常重要，例如江晓原等对《左传》《国语》中出现

① 刘瑛：《〈左传〉、〈国语〉方术研究》。

的岁星纪年进行系统检索，使用“国际天文学界最权威的星历表软件 DE404 进行回推计算”，得出的很多结论颠覆了前人的观点。[①] 另外也有学者指出《左传》中关于岁星纪年的记载与木星的天文位置其实没有关系，只是一种“占星学”。[②]

本书认为，岁星纪年确实是在人们对木星运行进行规律性总结的基础上发展而来的，但在长期实践中，人们也使用岁星纪年的方式进行占卜，可以说这是一种特殊的择日术，其中包含的时间观念应该引起特别关注。鉴于岁星纪年择日术和史官有着非常密切的关系，所以本节先从先秦史官世系切入讨论相关问题。

1. 先秦董氏史官世系

据《国语·晋语》的记载，公元前 637 年九月，晋惠公卒，晋怀公继位。同年十一月，公子重耳在秦襄公的帮助下返回晋国，在黄河边遇到了前来迎接的史官董因，二人之间有了这样的一番对话：

---

① 可参〔日〕新城新藏《东洋天文学史研究》，沈璿译，中华学艺社，1933；陈久金、陈美东《从元光历谱及马王堆帛书〈五星占〉的出土再探颛顼历问题》，《中国天文学史文集》编辑组编《中国天文学史文集》；陈久金《从马王堆帛书〈五星占〉的出土试探我国古代的岁星纪年问题》，《中国天文学史文集》编辑组编《中国天文学史文集》；陈久金《关于岁星纪年的若干问题》，《学术研究》1980 年第 6 期；何幼琦《试论五星占的时代内容》，《学术研究》1979 年第 1 期；江晓原、钮卫星《回天——武王伐纣与天文历史年代学》，上海人民出版社，2000，第 98 页。其他相关研究还包括：刘坦《论星岁纪年》，科学出版社，1955；张闻玉《古代天文历法讲座》；张培瑜等《中国古代历法》，中国科学技术出版社，2007；陶磊《〈淮南子·天文〉研究——从数术史的角度》；王胜利《岁星纪年管见》，《中国天文学史文集》编辑组编《中国天文学史文集》第 5 集，科学出版社，1989。

② 陆星原：《卜辞月相与商代王年》，上海社会科学院出版社，2014。

> 董因逆公于河，问焉，曰："吾其济乎？"对曰："岁在大梁，将集天行。元年始受，实沈之星也。实沈之虚，晋人是居，所以兴也。今君当之，无不济矣。君之行也，岁在大火。大火，阏伯之星也，是谓大辰。辰以成善，后稷是相，唐叔以封。《瞽史记》曰：'嗣续其祖，如谷之滋。'必有晋国。臣筮之，得泰之八。曰：'是谓天地配亨，小往大来。'今及之矣，何不济之有？且以辰出，而以参入，皆晋祥也，而天之大纪也。济且秉成，必伯诸侯。子孙赖之，君无惧矣。"[①]

董因的这段话包含星象之学，也有《易》占、筮占方面的内容，还引用了《瞽史记》，这些都显示出董因作为史官的专业素养。[②] 这段记载不见于《左传》和《史记》，后来班固作《汉书·律历志》采刘歆《世经》，其中提到："是岁，岁在大火……重耳奔狄。董因曰：'君之行，岁在大火。'后十二年，厘之十六岁，岁在寿星。故《传》曰重耳处狄十二年而行，过卫五鹿，乞食于野人，野人举土而与之。子犯曰：'天赐也，后十二年，必获此土。岁复于寿星，必获诸侯。'后八岁，厘之二十四年也，岁在实沈，秦伯纳之。故《传》曰董因云'君以辰出，而以参入，必获诸侯'。"[③] 从《国语》和《世经》的记载可见，董因回答了重耳"吾其济乎"的提问，预

---

① 徐元诰：《国语集解（修订本）》，王树民、沈长云点校，中华书局，2002，第343—345页。

② 许兆昌：《春秋时期晋国史官群体考论》，吉林大学古籍研究所编《金景芳教授百年诞辰纪念文集》，吉林大学出版社，2002，第278—279页。

③ 《汉书》卷二一下《律历志下》，第1019页。

言重耳前途一切顺利，并且将来会有极好的前景。董因的预言后来应验，重耳平安返回晋国，顺利继位成为晋国国君，是为晋文公。随着晋文公勤王周室，平王子带之乱，伐曹、伐卫，并在城濮之战中败楚，主持践土之盟，董因“必伯诸侯”的预言也最终应验。[①]

从相关记载来看，董因是晋国史官家族的成员，其祖先是周的太史辛有。《国语》韦昭注：“因，晋大夫，周太史辛有之后。”[②]《汉书·律历志》颜师古注也说：“董因，晋史也。本周太史辛有之后，以董主史官，故为董氏，因其名也。”[③]《左传》昭公十五年提到“辛有之二子董之晋，于是乎有董史”，杜预注云：“辛有周人也，其二子适晋为大史，籍黡与之共董督晋典，因为董氏，董狐其后。”孔颖达疏说辛有是周平王时人，并引《左传》僖公二十二年说：“初，平王之东迁也，辛有适伊川，见被发而祭于野者，曰，不及百年，此其戎乎，其礼先亡矣。”[④] 此预言后来应验，辛有因此被认为是有先见之明的贤者。有学者认为参与和主持祭祀是史官的重要责任之一，辛有对祭祀问题提出自己的见解和预言，和他本人的职事有关，所以他的身份应当是史官。[⑤]

---

① 清华简之中有《晋文公入于晋》篇，其中提到晋文公修政，说晋文公“一战而霸”：“元年克原，五年起东道，克曹、五鹿，败楚师于城濮，建卫，成宋，围许，反郑之陴，九年大得河东之诸侯。”［清华大学出土文献研究与保护中心编，李学勤主编《清华大学藏战国竹简》（柒），中西书局，2017，第100页。另参马楠《〈晋文公入于晋〉述略》，《文物》2017年第3期］

② 徐元诰：《国语集解（修订本）》，第343页。

③ 《汉书》卷二一下《律历志下》，第1020页。

④ 《春秋左传正义》，阮元校刻《十三经注疏》，第4512、1813页。

⑤ 胡新生：《异姓史官与周代文化》，《历史研究》1994年第3期。

辛有被认为是周武王时代的太史辛甲之后，是辛氏家族的成员。[①] 有关辛甲的记载见于《左传》襄公四年魏绛语："昔周辛甲之为大史也，命百官，官箴王阙。于《虞人之箴》曰：'芒芒禹迹，画为九州，经启九道……'" 杜预注说："辛甲，周武王大史。" 孔颖达疏引贾逵的说法，认为辛甲是文王之臣，下及武王。[②]《韩非·说林上》中有辛公甲与周公旦的对话，王先慎说辛公甲即辛甲。[③] 其事发生在武王克商以后，则贾逵"下及武王"的说法是成立的。胡新生提出辛甲是武王的"舅氏"，再加上这个家族世代掌管典籍，所以被任命为周太史是顺理成章的事情。他据《左传》襄公四年记载认为辛甲任周太史之后扩大了箴谏补阙的职权，并且指出《虞人之箴》可能就是辛甲或者辛氏家族成员的作品。[④]

《汉书·艺文志》有"辛甲二十九篇"，被列为"道家"，后文说："道家者流，盖出于史官，历记成败存亡祸福古今之道，然后知秉要执本……此君人南面之术也。"[⑤] 这里所言的道家与史官的关系值得重视。学者们普遍注意到老子本人曾经担任史官之职，有学者进一步指出道家与史官在思维方式上是一致的，即以"天道"来明"人事"；[⑥] 也有学者认为，道家学说是建立在对人事成败、祸福总结的基础上，而这些

① 朱右曾：《逸周书集训校释》，商务印书馆，1937，第 12 页。
② 《春秋左传正义》，阮元校刻《十三经注疏》，第 1933 页。
③ 王先慎：《韩非子集解》，钟哲点校，中华书局，1998，第 180 页。
④ 胡新生：《异姓史官与周代文化》，《历史研究》1994 年第 3 期。
⑤ 《汉书》卷三〇《艺文志》，第 1731、1732 页。
⑥ 王博：《老子思维方式的史官特色》，《道家文化研究》第 4 辑，上海古籍出版社，1994。

正是史官的专职。[①] 其实关于诸子与王官的关系，学者早有深厚研究和高明见解，[②]《艺文志》将具有史官身份的辛甲的著作列入道家，本身就表明了自刘向、刘歆一直到班固对待相关问题的态度。

梁玉绳认为辛甲原本是商纣王的史官，所谓“辛甲故事纣，七十五谏而不听，去至周”。[③] 验诸文献，《竹书纪年》帝辛三十九年载：“大夫辛甲出奔周。”[④]《汉书·艺文志》颜师古注也说辛甲是纣臣，“七十五谏而去，周封之”；[⑤]《史记·周本纪》载文王礼下贤者，“太颠、闳夭、散宜生、鬻子、辛甲大夫之徒皆往归之”，即是此事。《集解》引刘向《别录》曰：“辛甲，故殷之臣，事纣。盖七十五谏而不听，去至周，召公与语，贤之，告文王，文王亲自迎之，以为公卿，封长子。”[⑥] 另外，前引刘向《别录》已经提到，辛甲奔周以后被封于长子，《汉书·地理志》上党郡有长子县，颜师古注云：

---

① 黄丽丽：《试论〈汉书·艺文志〉“诸子出于王官”说（上）》，《中国历史博物馆馆刊》1999 年第 1 期。相关的研究也可参见庄大钧《简论〈老子〉与史官文化之关系》，《山东师范大学学报》1994 年第 5 期；王萍《老子与中国早期史官》，《文史哲》2000 年第 2 期。

② 关于这个问题早年有胡适和章太炎等人的讨论，还可参黄丽丽《试论〈汉书·艺文志〉“诸子出于王官”说（上）》，《中国历史博物馆馆刊》1999 年第 1 期；梁振杰《“诸子出于王官”说质疑》，《中国史研究》2010 年第 2 期；刘松来、李会康《“诸子出于王官”学术源流考辨——亦谈“诸子出于王官”说与汉家学术话语》，《中国人民大学学报》2019 年第 1 期。

③ 梁玉绳等编《史记汉书诸表订补十种》，吴树平等点校，中华书局，1982，第 578 页。

④ 郝懿行：《竹书纪年校正》，李念孔点校，齐鲁书社，2010，第 3873 页。

⑤ 《汉书》卷三〇《艺文志》，第 1729 页。

⑥ 《史记》卷四《周本纪》，第 116 页。

“周史辛甲所封。”[①]《新唐书·宰相世系表》也说：“周太史辛甲为文王臣，封于长子。”[②] 辛氏家族的封地与晋国接近，或与后来辛有二子奔晋有关。也就是说，辛甲在商朝就是史官，后来到了周继续做史官，而且从辛甲开始，这个家族可能一直是周代最高级别的史官，即所谓“太史”。[③]

再者，古书记载提到辛氏家族有一位辛余靡，梁玉绳怀疑他是辛甲之后。[④]“辛余靡”也写作“辛由靡”或者“辛繇靡”。《吕氏春秋·季夏纪·音初》说他曾经随同周昭王南征，“振王北济，又反振蔡公。周公乃侯之于西翟，实为长公。殷整甲徙宅西河，犹思故处，实始作为西音”。[⑤]《宋书·乐志》也记载：“周昭王南征，殒于汉中，王右辛余靡长且多力，振王北济，周公乃封之西翟，徙宅西河，追思故处作歌，始为西音。”[⑥] 也就是说，辛余靡后来致力于整理音乐之事，而音乐也和史官的职事有关。阎步克就指出，以乐人传承历史是一种古老的习俗，“乐人瞽蒙之所以承担着箴导规谏之责，与他们是古史古事的传承者息息相关”。[⑦] 而辛余靡被封于西翟，迁居西河，和辛有二子迁居晋国情形类似。

也有人推测辛氏可能是夏人后裔。《新唐书·宰相世系表》说：“辛氏出自姒姓。夏后启封支子于莘，莘、辛声相近，遂为

① 《汉书》卷二八上《地理志上》，第1553页。

② 《新唐书》卷七三上《宰相世系三上》，第2879页。

③ 胡新生：《异姓史官与周代文化》，《历史研究》1994年第3期。

④ 梁玉绳等编《史记汉书诸表订补十种》，第869页。

⑤ 吕不韦编，许维遹集释《吕氏春秋集释》，第140—141页。

⑥ 《宋书》卷一九《乐一》，第548页。

⑦ 参见阎步克《乐师与史官：传统政治文化与政治制度论集》，生活·读书·新知三联书店，2001。

辛氏。周太史辛甲为文王臣，封于长子。”[①] 辛氏家族迁往晋国一支的后代董伯，曾经在郊祀夏时作为代神接受祭祀的“尸”，此被作为辛氏为夏姒氏后裔的佐证。也就是说，辛氏家族或许是夏姒氏后裔，后来成为商的史官，再后来入周，并且在周一直为史官。辛氏家族除了前文提到的迁往西河的一支和迁往晋的一支，还有一支留在周王朝，在史籍中留下名字的有辛伯和辛廖。辛伯曾经和庄王一起粉碎了周公黑肩改立王子克的计划，其“伯”字应有特殊的含义，有学者推测他是辛有之后继任的太史，是辛氏家族的族长，此说可从。[②] 辛廖曾经为毕万筮占在晋国的前程，《左传》闵公四年记载：“初，毕万筮仕于晋，遇屯之比，辛廖占之曰吉。”[③] 这说明辛氏家族掌握《易》占之术。

辛有二子适晋，时间应当在平王东迁后不久。[④] 至于辛氏家族成员至晋为何改称董氏，《左传》昭公十五年载周景王之言：“且昔而高祖孙伯黶司晋之典籍，以为大政，故曰籍氏。及辛有之二子董之晋，于是乎有董史。”周景王认为辛有二子到晋以后掌管史籍，所以晋才有董史，是以杜预认为：“籍黶与之共董督晋典，因为董氏。”[⑤]《汉书》颜师古注也说：“以董主史官，故为董氏，因其名也。”[⑥] 也就是说，“董”有“董督”之意，辛有二子因在晋国“董督”典籍，

① 《新唐书》卷七三上《宰相世系三上》，第 2879 页。

② 胡新生：《异姓史官与周代文化》，《历史研究》1994 年第 3 期。

③ 《春秋左传正义》，阮元校刻《十三经注疏》，第 3877 页。

④ 至于“二子”含义，有人理解为次子，有人理解为两子。如果认为留在周的一支是“伯”，那么去晋国的一支是次子的可能也是很大的。

⑤ 《春秋左传正义》，阮元校刻《十三经注疏》，第 2078 页。

⑥ 《汉书》卷二一下《律历志下》，第 1020 页。

所以以之为氏。

然董氏相传为豢龙氏。例如《左传》昭公二十九年说："昔有飂叔安有裔子，曰董父实，甚好龙，能求其耆欲以饮食之，龙多归之，乃扰畜龙以服事帝舜，帝赐之姓，曰董氏，曰豢龙。"① 前文已经提到辛氏和莘氏同源，出自姒姓。有人试图弥合两种说法，认为辛氏和董氏都属豢龙氏，至辛有的后代开始分处各国，有称辛氏，有称董氏。② 或可备一说。另外，晋国境内闻喜附近有所谓"董泽"，《左传》提到这里盛产制作箭杆的"董泽之蒲"。《国语》载，己姓之国有"昆吾、苏、顾、温、董"，韦昭注说："董，今山西闻喜县东有董池陂，董泽之陂也。"③ 是说这里是董国故地。秦嘉谟等人辑补《世本》，怀疑"公族有食采以为氏者，非董因之董"。④ 也就是说晋国另有董氏，与董因史官家族有别。但此说仍需更多史料支撑。

无论如何，根据现有材料可以判断董因是辛有后人，是晋国董氏史官家族成员，其学术来源于家学。高木智见认为，董氏家族历代担任史官的职务，他们虽然服务于朝廷，但发挥着预言、占筮、祭祀等作用，明显残存其祖先所具有的巫师天官的成分。⑤

董氏家族后来一直在晋国为史官。董因之后晋国有良史董

---

① 《春秋左传正义》，阮元校刻《十三经注疏》，第 2123 页。

② 刘禹锡：《故荆南节度推官董府君墓志》，《刘梦得文集》，四部丛刊景宋本。

③ 徐元诰：《国语集解（修订本）》，第 467 页。

④ 宋衷注，秦嘉谟等辑《世本八种》，第 220 页。

⑤ 〔日〕高木智见：《先秦社会与思想——试论中国文化的核心》，何晓毅译，上海古籍出版社，2011，第 302 页。

狐，《左传》昭公十五年杜预注："……因为董氏，董狐其后。"[①]《左传》襄公十八年载有董叔，此人曾为范氏婿，他曾预测楚国伐郑不利："天道多在西北，南师无时，必无功。"郑玄注释说："岁在豕韦，月又建亥，故曰多在西北。"[②] 可见其预测方式与董因一致，二者学术同源。又有董伯，《国语》记其在郊祀夏时作为代神接受祭祀的"尸"，韦昭注："董伯，晋大夫，神不歆非类，则董伯其姒姓乎？"徐元诰注引汪远孙曰："董伯当是董因之后，其为姒姓无疑。"[③]

晋国董氏后有董安于，《国语·晋语》提到董安于说自己年少时"进秉笔，赞为名命，称于前世，义于诸侯"，可见他也是史官，年少时为赵氏管理典籍文书，后来成为赵氏家臣。[④]

除董氏家族外，晋国的史官还有史苏、史赵、史墨和史龟等，这些人为晋国国君提供咨询，帮助国君占卜、筮策，其中史苏曾经为晋献公得骊姬占卜，史赵、史墨和史龟同是晋平公至晋顷公时代人。他们和董氏史官家族的关系不明。

2. 董因的预言

晋国公子重耳逃亡离开故国，后来在秦人的帮助下返回晋国，董因前往迎接，因而有了前述《国语·晋语》中的一段对话。重耳询问自己是否能够顺利返回晋国，自然是出于对前途的担忧；而董因根据重耳离开和返回晋国的时间预测吉凶，其原理类似于后代择日术中的归行宜忌。

---

① 《春秋左传正义》，阮元校刻《十三经注疏》，第 4512 页。

② 《春秋左传正义》，阮元校刻《十三经注疏》，第 1966 页。

③ 徐元诰：《国语集解（修订本）》，第 437—438 页。

④ 畅海桦：《试探晋国史官地位嬗变之因》，《山西师大学报》2010 年第 5 期。

事实上，董因这番话的主旨是为了说明重耳得天时，也就是所谓得“天之大纪”，他因此预测重耳将来一定会“霸诸侯”“子孙赖之”。在董因看来，重耳之所以得天时，是因为他离开、返回晋国的时间与祖先昌盛的时间恰好吻合，而标识这些时间的方式是当时人们使用的岁星纪年。关于岁星纪年的问题，多年来没有定论。对于本节关注的岁星纪年与择日术有关的内容，有学者认为岁星纪年创造的宗旨就是为了星占。[①] 事实上，早期人们观测星象的重要目的之一就是择日，而观测天文又是史官职事的重要内容，所以史官擅长择日术也就在情理之中了。

对于董因的预测，唐代人已不赞同，例如柳宗元《非国语》就说：“晋侯之入，取于人事备矣。因之云可略也，大火实沈之说赘矣。”[②] 柳宗元认为董因的说法并没有必要，从人事的角度就可以分析晋文公归国的前途是否顺利，不必再牵扯大火和实沈之说。柳宗元是从理性层面做出解释，但先秦两汉时期的人们对于择日术仍有较深的信赖。

董因那段话开头就说“岁在大梁，将集天行”，这是因为他见到重耳的时间是鲁僖公二十三年（前 637），根据刘歆《三统历》推算，这一年岁星运行至“大梁之次”，所以说“岁在大梁”。而所谓“岁在大梁，将集天行”，韦昭解释为：“集，成也。行，道也。言公将成天道也。”[③] 也就是“将集天行”是对岁星运行至“大梁之次”这一年总体吉凶的概括，即重耳回到晋国的时间是吉利的。

---

① 王胜利：《岁星纪年管见》，《中国天文学史文集》编辑组编《中国天文学史文集》第 5 集，第 101 页。

② 柳宗元：《非国语》，《柳宗元集》，中华书局，1979，第 1307 页。

③ 徐元诰：《国语集解（修订本）》，第 344 页。

接着，董因说“元年始受，实沈之星”，指次年重耳继任国君，这一年岁在实沈。韦昭注说：“鲁僖公二十四年，岁星去大梁，在实沈之次。”① 董因认为晋人祖先居于“实沈之虚”并且实现后来的兴旺，而重耳于岁星在实沈这一年即位，则“无不济”。根据分野说，实沈的分野是晋，这也是分野说在时日选择方面运用的例证。② 在文献的记载中，实沈是星次之名，也是人名，这段故事见于《左传》昭公元年，晋平公有疾，占卜后得知是实沈、台骀为祟，于是子产曰：

> 昔高辛氏有二子，伯曰阏伯，季曰实沈，居于旷林，不相能也，日寻干戈，以相征讨。后帝不臧，迁阏伯于商丘，主辰，商人是因，故辰为商星。迁实沈于大夏，主参，唐人是因，以服事夏商。其季世曰唐叔虞，当武王邑姜，方震大叔，梦帝谓己，余命而子曰虞，将与之唐，属诸参而蕃育其子孙，及生有文在其手，曰虞，遂以命之，及成王灭唐而封大叔焉，故参为晋星，由是观之，则实

---

① 徐元诰引《三统历》推算鲁僖公二十三年、二十四年岁星所在的星次，认为“统计两年，岁星在大梁不满半年，在实沈则一年有余。盖大梁皆顺行度，故历日少；入实沈有留逆，故历日多也”［徐元诰：《国语集解（修订本）》，第344页］。

② 有学者注意到，这种利用岁星运行所在对应分野地域占卜人事的方式，与单纯观察征兆的星兆解释有所不同，主要是根据占卜者的意愿进行的占卜活动，具有某种咨询的含义（见肖巍《中国占星术初探》，《上海科学院学术季刊》1991年第4期）。日本学者白川静认为以木星运行情况为依据的占星术大概是从西方传入秦、晋的，他同时也指出占星术与分野说相结合，对于战国时期的学术产生了重要的影响（见氏著《中国古代文学：从神话到楚辞》，〔日〕国久见太、崔倩倩译，四川人民出版社，2018，第178页）。

沈，参神也。[①]

在子产提到的这则故事中，帝喾高辛氏之长子阏伯居于商丘（后来这里成为商人之地），主持对辰星也就是大火星的祭祀；而次子实沈居于大夏，主持对参星的祭祀。后来成王灭唐，封叔虞于唐，所以晋国就和参宿联系在一起，而实沈就是参神。在董因看来，实沈这个星次和晋人祖先的兴旺有密切的关系，所以对重耳来说是吉利的。天上的参星、传说中的神灵实沈，以及晋国始祖唐叔虞之间这种神秘的关联，是必须引起研究者注意的。

接着，董因回顾了重耳离开晋国的时间，即“岁在大火”。前文曾提到，高辛氏之子阏伯掌管对大火星的祭祀，所以大火星又被称为“阏伯之星”。另外大火星也被称为大辰，董因说“辰以成善，后稷是相”，这一句与《国语·周语》“月之所在，辰马，农祥也，我太祖后稷之所经纬也”类似。《周语》这句话是伶州鸠在和周景王讨论武王伐纣成功的原因时说的，前面还有“岁在鹑火，月在天驷，日在析木之津，辰在斗柄，星在天鼋”，韦昭认为“月在天驷”之所以有利于周人的原因是：“辰马，谓房、心星也。心星，所在大辰之次为天驷。驷，马也，故曰辰马。言月在房，合于农祥。祥，犹象也。房星晨正，而农事起焉，故谓之农祥。”[②] 也就是说，辰星象征着农业文明，周的始祖后稷也正是掌管农业的始祖，所以对重耳来

① 《春秋左传正义》，阮元校刻《十三经注疏》，第2023页。

② 徐元诰：《国语集解（修订本）》，第125页。徐元诰注引汪远孙认为辰象征着天时，而农业最重天时，所以辰星与农业文明关系密切，或可备一说。

说，在这样的一年离开晋国也是吉利的。

此外，董因还提到唐叔虞始封晋国的时间是“岁在大火”。《国语·晋语》也有：

> 吾闻晋之始封也，岁在大火，阏伯之星也，实纪商人。商之飨国三十一王。《瞽史之纪》曰：“唐叔之世，将如商数。”今未半也。乱不长世，公子唯子，子必有晋。①

说这句话的是重耳在齐国所娶之妻姜氏。齐桓公死后，齐国出现乱象，她劝诫重耳离开齐国，并谈到大火星为商人所主，唐叔始封于大火，那么商与晋就产生了某种神秘的联系，而这种联系正如《瞽史之纪》所云：“唐叔之世，将如商数。”《国语集解》引汪远孙曰：“《史记·殷本纪》自汤至纣唯三十世，《竹书纪年》同。盖所据异也。皇甫谧曰：‘商之飨国三十一王，自见居位者实三十王。而言三十一者，盖兼大子丁也。’”“元诰按：殷世继嗣共六百二十九岁。”也就是说，晋的世系可能会和商一样是三十一世，至重耳时尚未过半，所以晋国的动乱不会长久，且重耳一定能够回到晋国继位为国君。同样，董因也引《瞽史记》说：“嗣续其祖，如谷之滋。”并且预测重耳“必有晋国”。韦昭解释说：“言晋子孙将继续其先祖，如谷之蕃滋，故必有晋国。”可知重耳妻姜氏这段话之用意与董因完全相同，都预言重耳未来必定能够成为晋国国君，给予身处困境且前途不明的重耳以鼓励。

最后董因总结说：“且以辰出，而以参入，皆晋祥也，而

---

① 徐元诰：《国语集解（修订本）》，第325页。

天之大纪也。”正如前文所言，辰就是“岁在大火”，而参在“实沈之次”，重耳离开和返回晋国的时间都是吉利的，二者对于重耳的未来也是吉利的。后世的择日术讲究归行宜忌，其主旨大体如此。尊重已经发生的历史事件，并以此作为时日吉凶的判定依据，这可以说是董因这段话的一个重要逻辑。这样的逻辑虽然并不复杂，但恰好能够契合人们内心的需要，所以长久以来为人所接受，事实上这也正是后世择日术的基本遵循。而作为史官，掌握历史典籍，熟悉历史事件，以及观测星象的变化，判定其与人事的关联，正是董因的基本职事。这段对话有理有据，令重耳及其跟随者信服。

既然是择日行为，就必然会涉及吉凶判定。实际上，前引董因的这段话只是判定了吉利的情况，而岁星纪年用于择日时也会出现不吉的情况。根据前述逻辑，判定不吉通常是因为在某一星次曾经发生过于先人不吉利的事件，所以后人遇到同一星次的时候也有可能会出现不好的事情。例如《左传》昭公八年提到晋国史官史赵和晋侯讨论陈国的兴衰问题，史赵说：“陈，颛顼之族也。岁在鹑火，是以卒灭，陈将如之。今在析木之津，犹将复由。”杜预注云：“颛顼氏以岁在鹑火而灭。”孔颖达正义云：“颛顼崩年，岁星在鹑火之次。于时犹有书传言之，故史赵得而知也。”① 因为颛顼是陈的始祖，而且颛顼死时“岁在鹑火”，所以史赵认为陈国也有可能在“岁在鹑火”的年份发生灾难。果然陈在当年为楚国所灭。同样，《左传》昭公十一年周苌弘对景王问诸侯何吉何凶时说：“蔡凶。此蔡侯般弑其君之岁也，岁在豕韦，弗过此也。楚将有之，然壅也。岁

① 《春秋左传正义》，阮元校刻《十三经注疏》，第 2053 页。

及大梁，蔡复，楚凶，天之道也。”① 蔡景侯被太子般所杀在鲁襄公三十年，其年“岁在豕韦”，根据这一逻辑，岁星再次到达豕韦的时候，蔡国也会遇到灾难。后来的历史也印证了这一说法：鲁昭公十一年“岁在豕韦”，蔡为楚所灭；两年之后“岁在大梁”，楚灵王自缢，周平王封陈、蔡，蔡国复国。苌弘认为这是“天之道”。

当然，在今天的人们看来，这样的逻辑显然是不能够成立的。至于董因和史赵、苌弘等人预测未来如此精准，应当是历史书写的问题。但即便如此，以上这些事例表明，在某些特定的历史时期，人们就是以这样的思维方式来解读历史事件，并以之作为参考来预测吉凶的，而史官在此事中无疑具有举足轻重的地位。

我们在《左传》《国语》等文献中看到的多是对已经发生事件的时间进行解释，然后基于此预测未来吉凶，例如前文中重耳并不是刻意选择在“岁在大梁”的时候回到晋国，董因的解释是基于已经发生的事实。然而后世择日术主要是根据需要主动选择对未来有利的时间，这或者是战国秦汉之际择日术发展的一个关键。另外，与后世择日术以日为基本单位不同，此前人们利用星次进行时间选择的基本单位是年，每十二年完成一个循环，类似的择日方式在秦汉时代并不常见。但也有特殊的例子，即王莽几次出行的择日都考虑了岁星纪年，这对认识基于岁星纪年的择日术有重要的参考价值。

3. 王莽时期的岁星纪年择日

前文提到，王莽笃信“时日小数”，所谓“时日”指的应

① 《春秋左传正义》，阮元校刻《十三经注疏》，第 2059 页。

当就是与择日术相关的内容。文献记载也显示，王莽对择日术有特别的兴趣，例如他在选择即“真天子位”的时间时使用了建除术，也就是所谓的“戊辰直定”。[①] 王莽结婚的时日显然也经过认真选择，《汉书·王莽传》记群臣的上寿文字中提到：“乃庚子雨水洒道，辛丑清靓无尘，其夕谷风迅疾，从东北来。辛丑，巽之宫日也。”[②]“庚子”和“辛丑”这两个日子显然是经过认真选择的婚礼吉日。而前文提到王莽时期“又以墨洿色其周垣，号将至曰‘岁宿’，申水为‘助将军’，右庚‘刻木校尉’，前丙‘耀金都尉’”，学者多已不解其意,[③] 但从“右庚”“前丙”这样的说法来看，应当是与时日选择有关的内容。

此外，王莽对于使用星次择日也有特别的兴趣。例如始建国四年（12）年底，王莽最初打算巡狩时选择的时间是“岁在寿星”，其诏书说：

> 予之受命即真，到于建国五年，已五载矣。阳九之厄既度，百六之会已过。岁在寿星，填在明堂，仓龙癸酉，德在中宫。观晋掌岁，龟策告从，其以此年二月建寅之节

① 颜师古注释说：“于建除之次，其日当定。”《史记》记载之中有“建除家”，出土日书类文献中也多有建除方面的内容，相关的研究参〔日〕工藤元男《睡虎地秦简所见秦代国家与社会》第九章“《日书》所反映的秦、楚的目光”，第 293 页；孙占宇、鲁家亮《放马滩秦简及岳麓秦简〈梦书〉研究》第三章“放马滩秦简与秦汉数术研究”，第 148 页。

② 《汉书》卷九九下《王莽传下》，第 4180 页。

③ 孙慰祖根据新莽时期的“岁宿申水为助中士五”铜印，以及王先谦《汉书补注》“将至”当作“将军”的说法，认为这里的断句有错误，当作“号将军曰‘岁宿申水为助’”，此说可从（见孙慰祖编《历代玺印断代标准品图鉴》，吉林美术出版社，2010，第 40 页）。

东巡狩，具礼仪调度。[①]

颜师古注引晋灼用《国语》中晋文公过五鹿乞食的故事来解释王莽为什么选择“岁在寿星”时出巡：“晋文公以卯出酉入，过五鹿得土，岁在寿星，其日戊申。莽欲法之，以为吉祥，正以二月建寅之节东巡狩者，取万物生之始也。视晋识太岁所在，宿度所合，卜筮皆吉，故法之。”[②]“岁在寿星”这一年曾经给晋文公带来吉利，所以在王莽看来是吉祥的。而所谓晋文公“卯出酉入”，就是前文提到董因所谓“且以辰出，而以参入”，这是因为大火星于十二辰在卯，大梁在酉。

晋文公过五鹿乞食的故事见于《国语·晋语》：“（晋文公）过五鹿，乞食于野人。野人举块以与之，公子怒，将鞭之。子犯曰：‘天赐也！民以土服，又何求焉。天事必象，十有二年，必获此土。二三子志之。岁在寿星及鹑尾，其有此土乎！天以命矣，复于寿星，必获诸侯。天之道也，由是始之。有此，其以戊申乎！所以申土也。’”[③] 子犯的预测逻辑与董因相似，因为在“岁在寿星”这一年发生了较为吉利的事件——“有民献土”，所以下一次“岁在寿星”也一定会有吉利的事情发生——“必获此土”。重耳过五鹿这一年是鲁僖公十六年，“岁在寿星”，十二年之后是鲁僖公二十八年，晋

---

① 《汉书》卷九九中《王莽传中》，第4131页。

② 《汉书》卷九九中《王莽传中》，第4131—4132页。然晋灼误会了“观晋掌岁”的含义，《汉书补注》引钱大昕指出“观”和“晋”是两个卦名，即观卦和晋卦，“掌岁”指的是八卦主岁（王先谦补注《汉书补注》，第6141页）。

③ 徐元诰：《国语集解（修订本）》，第322—323页。

文公伐卫，取五鹿，正应了子犯“必获此土”的预言。王莽选择这一年作为自己的巡狩之年，显然是注意到历史上“岁在寿星”时曾经发生过吉利的事件。另外在王莽的考虑中，“填在明堂，仓龙癸酉，德在中宫”也都有重要的意义。[①]

王莽迁都的打算在长安民众间引起了较大的骚动，当时长安百姓听说王莽要迁都洛阳，便不肯再修缮室宅，还有人故意毁坏房屋。[②] 于是王莽决定将迁都的时间推迟到四年以后，也就是始建国八年，即“岁缠星纪”这一年。据《汉书·王莽传》：

> 玄龙石文曰“定帝德，国雒阳”。符命著明，敢不钦奉！以始建国八年，岁缠星纪，在雒阳之都。其谨缮修常安之都，勿令坏败。敢有犯者，辄以名闻，请其罪。[③]

颜师古注引孟康曰：“缠，居也。星纪在斗、牵牛间。”王莽选择在此时迁都的原因不明，但显然这个时间点只是临时确定的，并没有经过特意选择。事实上，始建国八年并不存在，因

① 颜师古注引服虔曰：“仓龙，太岁也。”张晏曰：“太岁起于甲寅为龙，东方仓。癸德在中宫也。”晋灼曰：“寿星，角亢也。东宫仓龙，房心也。心为明堂，填星所在，其国昌。莽自谓土也，土行主填星。癸德在中宫，宫又土也。”（《汉书》卷九九中《王莽传中》，第 4131—4132 页）相关的研究参何幼琦《干支纪年史的探讨》，《殷都学刊》1992 年第 4 期。

② 王子今认为，由此可见“长安民”对于行政中心是否转移颇为关注，他们可能是政府机构即所谓“中都官”的从业人员或者附属人口，也可能是服务于这些人的社会构成（见氏著《西汉长安的公共空间》，《中国历史地理论丛》2012 年第 1 期）。

③ 《汉书》卷九九中《王莽传中》，第 4132 页。

为王莽后来改元为天凤。就在天凤元年（14），王莽发布诏书打算再次巡狩，然后迁都洛阳。据《汉书·王莽传》：

> 更以天凤七年，岁在大梁，仓龙庚辰，行巡狩之礼。厥明年，岁在实沈，仓龙辛巳，即土之中雒阳之都。[①]

也就是说，王莽选择天凤七年即“岁在大梁”之年巡狩，次年即“岁在实沈”之年定都洛阳，而“岁在大梁”和“岁在实沈”恰恰就是前引《国语》提到的重耳结束流亡回到晋国并继位的时间，这显然不是巧合。

王莽选择“岁在大梁”之年的另外一个原因是这一星次和陈国的兴旺有关。《左传》昭公九年记载陈国发生火灾，郑国史官裨灶曾对陈国的兴亡进行预测，其中也使用了岁星纪年：“五年陈将复封，封五十二年而遂亡。”裨灶解释其原因为：“陈，水属也。火，水妃也，而楚所相也。今火出而火陈，逐楚而建陈也。妃以五成，故曰五年，岁五及鹑火，而后陈卒亡，楚克有之，天之道也。故曰五十二年。”[②]《汉书·五行志》亦认为：“颛顼以水王，陈其族也。今兹岁在星纪，后五年在大梁，大梁，昴也。金为水宗，得其宗而昌，故曰‘五年陈将复封’。”[③] 颛顼被王莽认作是先祖，而陈是同族，[④] 所以王莽选择曾经给同族先祖带来吉祥的星次，

---

① 《汉书》卷九九中《王莽传中》，第 4134 页。

② 《春秋左传正义》，阮元校刻《十三经注疏》，第 4467—4468 页。

③ 《汉书》卷二七上《五行志上》，第 1327 页。

④ 《汉书》卷九九中《王莽传中》，第 4106 页。例如王莽在诏书中就说：“姚、妫、陈、田、王氏凡五姓者，皆黄、虞苗裔，予之同族也。”

其逻辑与前文提到的董因、史赵等人基本相同。

王莽对大梁和实沈的钟爱还体现在度量衡器具上。《隋书·律历志》记载后魏时期并州人王显达曾经献古铜权一枚，上面有铭文八十一个字：

> 黄帝初祖，德帀于虞。虞帝始祖，德帀于新。岁在大梁，龙集戊辰，戊辰直定，天命有人。据土德受，正号即真。改正建丑，长寿隆崇。同律、度、量、衡，稽当前人。龙在己巳，岁次实沈，初班天下，万国永遵。子子孙孙，享传亿年。[①]

新莽嘉量上也有几乎完全相同的铭文。马衡《新嘉量考释》注引《高僧传》提到释道安曾见过一件类似的铜斛，亦有类似铭文，道安解释道："此王莽自言出自舜皇，龙戊辰，改正即真，以同律量，布之四方，欲小大器钧，令天下取平焉。"[②] 另外，甘肃定西称钩驿出土有王莽时期的权衡，铜丈铭文七十一字，衡铭文八十一字，是新莽始建国元年的诏书，文字完好无缺。[③]

---

① 《隋书》卷一六《律历上》，第 411 页。相关的研究参王国维《新莽嘉量跋》，《观堂集林（外二种）》，河北教育出版社，2003，第 470—471 页。另参顾颉刚《五德终始说下的政治和历史》，《古史辨自序》，第 660 页；马衡《〈隋书·律历志〉十五等尺》，清华大学国学研究院编《马衡文存》，江苏人民出版社，2020，第 251—253 页。顾颉刚认为这件器物是始建国元年颁行天下的，同时指出："这一篇冠冕堂皇的文章，可以看作王莽的《自赞》。"

② 马衡：《新嘉量考释》，清华大学国学研究院编《马衡文存》，第 263—264 页。

③ 傅振伦：《甘肃定西出土的新莽权衡》，《中国历史博物馆馆刊》，1979 年。

上海博物馆藏新莽时期的衡杆和诏版上也有相同的文字。[①] 这说明王莽即位以后颁行全国的度量衡器物上都刻有类似的铭文，[②] 大梁和实沈这两个星次对于王莽的重要性由此也可见一斑。

铭文提到“岁在大梁，龙集戊辰，戊辰直定，天命有人”，这里的“龙”就是岁星，而“戊辰直定”前文已经提到，来源于建除术。铭文又说：“龙在己巳，岁次实沈，初班天下，万国永遵。”戊辰和己巳分别是公元 8 年和 9 年，王莽行夏正，以十二月为岁首，公元 8 年十二月开始是始建国元年，直至公元 9 年，所以始建国元年实际上跨越戊辰和己巳两个年份。戊和己五行属中央土，王莽自认为得土德，所以对这两个年份十分重视。大梁和实沈两个星次也正显示王莽继位的时间是经过精心选择的。

秦汉时期人们已经注意到，岁星纪年在实际的使用中会有“超辰”的现象，文献记载也提到“岁在星纪，而淫玄枵”。事实上，到了王莽时代，天文历算之学已经有较大的进步，实际使用时未必真的需要岁星纪年。而王莽之所以刻意采用岁星纪年，可能只是单纯出于择日的需求。

4. 史官的择日传统

很显然王莽对星次的认识大多来自《左传》和《国语》，事实上前文所引用的相关材料也基本来自这两部书，而这两部书都曾经刘歆之手。刘歆在王莽朝的地位不言而喻，他是王莽的国师公，班固说他的主要工作是“典文章”。王莽托古改制，刘歆则是这些制度的主要设计者。就本章提到的继位、巡

① 唐友波：《上海博物馆藏新莽衡杆及诏版与诏书解读》，上海博物馆编《学人文集：上海博物馆 60 周年论文精选（金石卷）》，上海书画出版社，2012，第 260 页。

② 相关的研究参周桂钿《秦汉思想史》，福建教育出版社，2015，第 264 页。

狩与迁都等重要事务的择日而言，刘歆显然有重要的发言权，因为他对星次与相关的历史事件极为熟悉。甚至可以说，如果以董因和重耳的关系类比刘歆与王莽的关系，也是可以的。

在讨论岁星纪年的时候，不容回避的问题是《左传》《国语》中岁星纪年的真伪问题。陈瑑在《国语翼解》卷四中提到："以四分以后诸术上溯推鲁僖公五年丙寅岁在娵訾，十六年丁丑岁在元（玄）枵，而此经下文董因曰君之行岁在大火，后十二年岁复在寿星，必获诸侯。经有明文，据以为解者三统超辰之法也。"[①] 也就是说陈瑑实际推算的结果是《国语》中提到的重耳离开晋国的星次符合刘歆三统历。《汉书补注》引钱大昕使用《三统历》进行推算的过程，亦可参看。梁履绳《左通补释》引盛百二《左传岁星超辰辨》说："岁星自有超辰，而春秋传所言岁星，未尝超辰也。"[②] 刘坦也提到了"超辰"的问题，他认为《左传》《国语》中的岁星纪年与刘歆《三统历》"一息相通"，刘歆伪托篡改经典的嫌疑很大。[③] 崔适《史记探源》"十二分野"亦对分野说之中刘歆窜入提出了质疑。[④] 另外，江晓原等对《左传》《国语》中出现的岁星纪年进行系统检索，使用"目前国际天文学界最权威的星历表软件 DE404 进行回推计算，结果发现竟无一吻合"。[⑤]

---

① 陈瑑：《国语翼解》卷四，清光绪广雅书局刻本。

② 梁履绳：《左通补释》，清道光九年刻光绪补修本。

③ 刘坦：《论星岁纪年》，第 7 页。

④ 崔适：《史记探源》，吉林出版集团股份有限公司，2017，第 7—8 页。

⑤ 江晓原、钮卫星：《回天——武王伐纣与天文历史年代学》，第 98 页。另外也有学者指出，《国语》和《左传》中有关岁星纪年的资料是当时天象观测的结果（见王长丰《河南新出陇夫人孎鼎铭文纪年考》，《文物研究》2009 年第 3 期）。

本节不拟讨论刘歆是否造伪的问题，即便《左传》《国语》中相关的内容确实为刘歆伪造，其目的或者真如学者所言是为王莽继位造势，也依然不妨碍讨论其中的史官与择日问题。再退一步讲，即便这部分内容不符合董因、重耳或者左丘明时代人们的思想观念，但至少符合刘歆、王莽以及相当一部分汉代人的想法。而岁星纪年在现实中使用的情况应当并不很多，当时的人们采用这一纪年方式更多是出于信仰、理念方面的因素，这也确实可以说明择日术本身就是真实的时间在人们思想观念中并不真实的映射。

前文除了晋国史官董因之外，还引用了裨灶、史赵、苌弘等人的言论，本书把他们都视为史官。根据记载，史官的基本职责是记言和记事，另外也负责推演天时和星历，例如司马迁自序说："余先周室之太史也。自上世尝显功名于虞夏，典天官事。"《史记》又言："太史公既掌天官，不治民。"[①] 所谓"天官"，其职事基本上都与天文星象有关，正如《天官书》中《正义》引张衡所云："众星列布，体生于地，精成于天，列居错峙，各有所属，在野象物，在朝象官，在人象事。"[②]

《左传》之中有"日官"和"日御"，应当也属于天官系统。例如《左传》桓公十七年说："冬，十月朔，日有食之，不书，日官失之也。天子有日官，诸侯有日御，日官居卿以底日，礼也，日御不失日，以授百官于朝。"也就是说在中央和诸侯国内负责掌管时日的是日官和日御。杜预注云"日官、日御，典历数者"，"日官，天子掌历者"。[③] 郑玄注释《周

---

① 《史记》卷一三〇《太史公自序》，第3295、3293页。

② 《史记》卷二七《天官书》，第1289页。

③ 《春秋左传正义》，阮元校刻《十三经注疏》，第1759页。

礼·春官·大史》认为“大史，日官也”。也就是说，春秋战国时代的日官和日御其实都是史官，他们的职事是负责记录天象，以及与之相关的历法工作。

到了汉代以后，在史官职事之中择日仍然是非常重要的内容。司马迁《报任安书》说：“仆之先人，非有剖符丹书之功，文史星历，近乎卜祝之间，固主上所戏弄，倡优蓄之，流俗之所轻也。”① 司马迁的说法固然有自谦甚至自卑的成分，但学者们也注意到，汉代史官的地位要比《周礼》记载之中低，而且不掌记事，主要掌天时星历，也就是择日方面的内容。② 这在东汉以后的史书记载之中也可以得到证实。例如《续汉书·百官志》有“太史令”，本注曰：“掌天时、星历。凡岁将终，奏新年历。凡国祭祀、丧、娶之事，掌奏良日及时节禁忌。”刘昭注引《汉官仪》说：“太史待诏三十七人，其六人治历，三人龟卜，三人庐宅，四人时日，三人《易》筮，二人典禳，九人籍氏、许氏、典昌氏各三人，嘉法、请雨、解事各二人，医一人。”③《史通》也注意到史官职事之中“时日”是非常重要的内容，《史官建置篇》说：“寻自古太史之职，

① 《汉书》卷六二《司马迁传》，第2732页。学者们已经注意到，古代的史官，有司天事者，有司人事者，星历属于天事，文史属于人事，这些都由记事之史掌管（刘师培：《国学出于史官论》，邬国义、吴修艺编校《刘师培史学论著选集》，上海古籍出版社，2006，第9页）。也有学者指出，司马迁以掌天官为太史，而自认为具有修史的责任，足以证明古代史官和历官合而不分（见金毓黻《中国史学史》，商务印书馆，2017，第24页）。相关的研究也可参许结《中国文化史论纲》，广西师范大学出版社，2003，第136页。

② 张邃青：《史官建制沿革考》，王应宪编校《中国古代史学评论》，上海古籍出版社，2018，第315页。相关的研究参刘节《中国史学史稿》，中州书画社，1982，第44页。

③ 《后汉书》志二五《百官二》，第3572页。

虽以著述为宗，而兼掌历象、日月、阴阳、管数。司马迁既殁，后之续《史记》者，若褚先生，刘向、冯商、扬雄之徒，并以别职来知史务。"[①] 事实上，史官的这一职事可以总结为对时间的管理，而判断时日吉凶可视为从史官职事中衍生而来的内容。后来择日术逐渐下移，民间也有越来越多的人长于此技，现在人们看到的出土文献中的日书等文献，其本源应当就是史官的择日术。

从这个角度再来回顾董因的言论，可以发现董因所言基本上是从自己的本职出发，即结合天象，以先前已有事件的吉凶来预测和判断未来事件的福祸。苌弘、裨灶、史赵等人的基本思路也大致相同，而刘歆或是同样依照类似逻辑帮助王莽选择继位和出巡的时间的。这种以时间为纽带构建起来的历史事件同现实及未来之间的联系，虽然并不符合逻辑，但确实曾经对人们的思想造成深远影响。

最后应该注意的是，董因在论证重耳前途顺遂时还用了《易》占的方式，所谓"臣筮之，得泰之八。曰：'是谓天地配亨，小往大来'"。《周易》"泰卦"的卦辞即"小往大来，吉，亨"，韦昭注说泰卦是"乾下坤上"，"遇泰无动爻，无为侯也。泰三至五震为侯。阴爻不动，其数皆八，故得泰之八，与'贞屯悔豫皆八'义同"，他还解释说："阳下阴升，故曰配亨。小，喻子圉。大，喻文公。阴在外为小往，阳在内为大来。"[②]

《国语·晋语》还记载司空季子为重耳解卦一事。当时重耳亲自占卜以后得"贞屯悔豫，皆八"，筮史皆曰不吉，认为

① 程千帆：《史通笺记》，中华书局，1980，第196页。

② 徐元诰：《国语集解（修订本）》，第345页。有关这段筮占的研究参尚秉和《周易古筮考 周易尚氏学》，光明日报出版社，2006，第8页。

“闭而不通，爻无为也”，但司空季子却认为这一卦很吉利：

> 是在《周易》，皆利建侯。不有晋国，以辅王室，安能建侯？我命筮曰“尚有晋国”，筮告我曰“利建侯”，得国之务也，吉孰大焉！震，车也。坎，水也。坤，土也。屯，厚也。豫，乐也。车班外内，顺以训之，泉原以资之，土厚而乐其实。不有晋国，何以当之？震，雷也，车也。坎，劳也，水也，众也。主雷与车，而尚水与众。车有震，武也。众而顺，文也。文武具，厚之至也，故曰屯。其繇曰：“元，亨，利贞，勿用，有攸往，利建侯。”主震雷，长也，故曰元。众而顺，嘉也，故曰亨。内有震雷，故曰利贞。车上水下，必伯。小事不济，壅也。故曰“勿用，有攸往”。一夫之行也，众顺而有武威，故曰“利建侯”。坤，母也。震，长男也。母老子强，故曰豫。其繇曰：“利建侯行师。”居乐出威之谓也。是二者，得国之卦也。①

司空季子对于《周易》的解释更为具体。也有学者指出，其解释《周易》全用象数解法，且与现行《周易》用象基本相同，“司空季子口若悬河，极力证明重耳归晋可以享国，显示了占卜解卦的随意性和制造词意的本领”。② 司空季子解卦发生在董因遇到重耳之前，重耳内心对于前景之惴惴不安可想而知。正是因为有重耳亲筮以及司空季子的解说在前，董因的筮占及解释并

① 徐元诰：《国语集解（修订本）》，第340—342页。

② 李尔重：《试循闻一多之路探索〈周易〉——〈左传〉〈国语〉引〈易〉情况掇拾》，陆耀东、李少云、陈国恩主编《闻一多殉难六十周年纪念暨国际学术研讨会论文集》，武汉大学出版社，2007，第414页。

没有引起太多的注意，但董因作为史官对筮占之事极为熟悉则是显而易见的。同样可以注意的是，在董因的预言中，岁星纪年与历史记录结合是最为重要的内容，而筮占只是起了补充的作用。

总的来说，在以岁星纪年为依据的择日术中，吉凶判断往往和历史经验有着极为紧密的关联。而在当时，史官负责对历史事件和言论的整理、保存及解释工作，所以在时间的选择以及未来的预测方面都有发言权。人们相信史官具有预知凶吉的能力，是以对其言论格外重视。历史和史官的神秘功用是不容忽视的。

第三节　天下四方的观念

前文已经讨论过，王莽“性好时日小数”，对择日术有着特殊的兴趣。其因女儿成年开凿子午道，并且一度打算将都城迁往洛阳，后来又铸造被认为具有神秘力量的威斗，皆为其证。这也为我们认识秦汉时期的时空观念提供了极佳的案例。

1. 子午道与神秘空间思维

王莽开通子午道是汉代交通史上的一次重要事件，此事发生在汉平帝元始五年（5）。其时王莽刚接受“九锡”之赐，事业正趋于全盛。据《汉书·王莽传》记载：

> 其秋，莽以皇后有子孙瑞，通子午道。子午道从杜陵直绝南山，径汉中。①

颜师古将位于长安以北的子午岭与以南的子午谷并提，并

① 《汉书》卷九九上《王莽传上》，第4076页。

说北山之道为“子”，南山为“午”，合称“子午道”。[①] 其实早在秦代就有子午道通汉中巴蜀，是从秦都咸阳南行的重要通道，刘邦北定三秦很可能就经由子午道。[②] 而王莽此时复通之，或许因此道在西汉时期曾经断绝。虽然子午道有着很强的交通实用价值，但王莽通此道的目的并非纯粹是便利交通，其中的神秘主义因素是本节重点考察的内容。

据前引史料记载，王莽复通子午道的缘起是他的女儿也就是汉平帝的皇后有“子孙瑞”。颜师古注引张晏曰：“时年十四，始有妇人之道也。子，水；午，火也。水以天一为牡，火以地二位牝，故火为水妃，今通子午以协之。”所谓“火为水妃”，说的是五行中水和火的关系，这种观念产生得很早。《左传》昭公九年就有“火，水妃也”的说法，当时郑国史官裨灶对陈国的兴亡进行预测：“陈，水属也。火，水妃也，而楚所相也。”杜预注云：“火畏水，故为之妃。”[③]《资治通鉴》卷三六胡三省注说：“男八月生齿，八岁毁齿，二八十六阳道通，八八六十四阳道绝。女七月生齿，七岁毁齿，二七十四阴道通，七七四十九阴道绝。”[④] 是说男性从十六岁到六十四岁、

① 王先谦引刘奉世与何焯的说法，对颜师古的观点提出质疑，刘奉世说：“史文以从杜陵径汉中为子午道耳，颜之所见，非史意也。”何焯说：“通梁、汉道者，即莽所为，颜前说是也。第不当并举在宜、庆二州界者耳，刘奉世尽非之，又误。”（见王先谦补注《汉书补注》，第6079页）

② 相关问题可参见李之勤《历史上的子午道》，《西北大学学报》1981年第2期；王子今、周苏平《子午道秦岭北段栈道遗迹调查简报》，《文博》1987年第4期；王子今《秦直道的历史文化观照》，《人文杂志》2005年第5期；王子今、刘林《咸阳—长安文化重心地位的形成与上古蜀道主线路的移换》，《长安大学学报》2012年第1期。

③ 《春秋左传正义》，阮元校刻《十三经注疏》，第2057页。

④ 司马光编著《资治通鉴》，第1155页。

女性从十四岁到四十九岁都是可以结婚、生育的年龄，所以“十四岁”被认为是有“子孙瑞”的时间。胡三省的说法与张守节《史记正义》基本相同，后者在讨论孔子为野合所生的时候认为，超越这一年龄范围的婚配行为都属于“野合”。[①]

另外一种说法认为，“子孙瑞”可能是女性月经初潮的委婉说法。例如《黄帝内经》称之为“天癸”，这是因天干癸位于北方，于五行属水，于阴阳属阴；而地支午位于南方，属火，属阳。《大戴礼记》说：“女七月生齿，七岁而毁，二七十四，然后其化成。”孔广森引《素问》岐伯之言曰：“女子七岁，肾气盛，齿更发长，二七而天癸至，任脉通，伏冲脉盛，月事以时下，故有子。”[②] 是以在阴阳观念的影响下，开通南端道路的意图或在于以阳影响阴，阴阳结合，以利子嗣。[③] 也就是说，王莽通子午道的实质是打算以地理因素的改变影响人事，这一信仰在秦汉时期很是常见。[④] “子午道”这一名称使用了子和午两个地支，以表示北和南两个方位，这引

① 《史记》卷四七《孔子世家》，1905 页。

② 方向东：《大戴礼记汇校集解》，第 1287、1289 页。

③ 王子今考察《太平寰宇记》《太平御览》《长安志》《陕西通志》等材料中的相关记载之后，将平帝皇后“未有子”和“有子”两说并存（见氏著《说“反枳”：睡虎地秦简〈日书〉交通“俗禁”研究》，贾益民、李焯芬主编《第一届饶宗颐与华学国际学术研讨会论文集》，齐鲁书社，2016，第 361 页）。本书相信“子孙瑞”所指乃女性的月经初潮，所以认为通子午道之时王皇后未有身孕。

④ 秦始皇绝金陵天子气的传说就与此有关。《三国志》卷五三《吴书·张纮传》注引《江表传》提到：“秣陵，楚武王所置，名为金陵。地势冈阜连石头，访问故老，云昔秦始皇东巡会稽经此县，望气者云金陵地形有王者都邑之气，故掘断连冈，改名秣陵。今处所具存，地有其气，天之所命，宜为都邑。”（第 1246 页）秦始皇是否当真“掘断连冈”，或者如《元和郡县图志》所说的那样“堑北山以绝其势”，史无明文，但三国以及唐代人都相信地理因素的改变会对人事、政治等构成影响，也是应当引起注意的。

起了我们进一步探索时人方位观念中神秘主义因素的兴趣。

有学者指出，以长安城为中心，西汉时期曾经存在一条超长距离的南北向建筑基线，这条基线向北到三原县北塬上的一处大型礼制建筑，向南到达子午谷口，总长 74 公里。如果进行更大范围的时空观察的话，这条基线往北指向朔方郡，往南指向汉中郡（图 6-5）。[①] 另外，王子今指出子午岭—直道、子

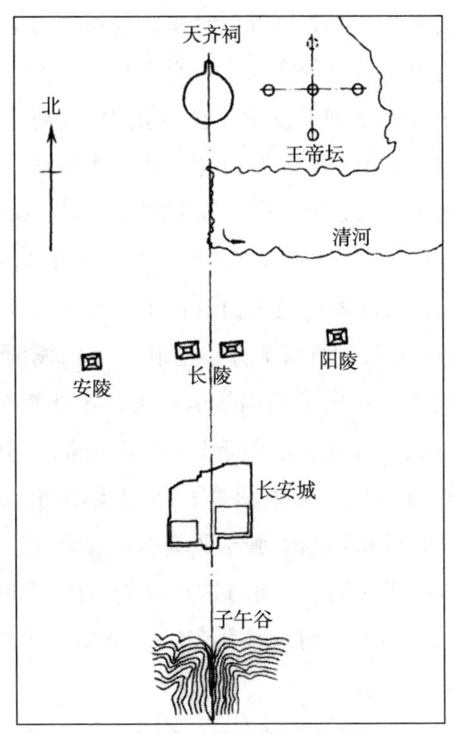

图 6-5 汉长安城基线及汉代遗迹示意

图片来源：秦建明、张在明、杨政：《陕西发现以汉长安城为中心的西汉南北向超长建筑基线》，《文物》1995 年第 3 期。

① 秦建明、张在明、杨政：《陕西发现以汉长安城为中心的西汉南北向超长建筑基线》，《文物》1995 年第 3 期。

午道—直河在咸阳—长安正南正北形成了纵贯千里的轴线。[①] 两条轴线一条为理想规划，一条为实际通行道路，位置略有不同，但当时人们以长安城为中心向南、北两个方向探索的想法和实践，是值得深思的。

也就是说，王莽在进行子午道规划的时候，其实是考虑了南北轴线的问题的。那么，东西两个方向上，是否也有相同的规划呢？事实上，在更早的历史时期，东和西两个方位在人们的认知中具有更为重要的意义。有学者指出，商本位于黄河下游，周本位于泾渭之间，夏位于两者正中，“周灭商以后，以夏、商旧疆与周人本土为基础的中、东、西格局，方才渐趋明朗”，[②] 这种格局一直延续到战国秦汉时期。孙家洲认为，大致以峭山—函谷关划分关东和关西（关中）两大地理区域的做法在两汉的影响极大，具体表现是关西政治中心与关东文化中心的对立。[③] 所以，如果东、西两个方位也有一条轴线的话，那应当是以长安为起点，往东至峭山—函谷关，再往东至河洛地区，最后至滨海地域（今连云港附近）。而长安南北建筑基线的发现者以谭其骧《中国历史地图集》所定咸阳与上朐所在的位置进行测量，发现咸阳与上朐东西基本成一直线，两地连线东端微向北侧偏 1 度左右。[④] 而与这条直线对应，秦驰道系统中亦有一条从咸阳出发，向东经函谷，过洛阳、成皋，到定陶，

① 王子今：《秦直道的历史文化观照》，《人文杂志》2005 年第 5 期。

② 胡阿祥：《“天下之中”及其正统意义》，《文史知识》2010 年第 11 期。

③ 孙家洲：《论汉代的“区域”概念》，《北京社会科学》1999 年第 2 期。另参见王子今《秦汉区域地理学的“大关中”概念》，《人文杂志》2003 年第 1 期。

④ 秦建明、张在明、杨政：《陕西发现以汉长安城为中心的西汉南北向超长建筑基线》，《文物》1995 年第 3 期。

再到邹县、琅琊的交通线。[①] 同样的，东西向的交通线也大致沿着轴线延伸，但两条线并不完全重合。

虽然这条东—西交通轴线没有“卯酉道”这样的名称，但南北、东西垂直交叉的轴线和交通线无疑会让我们想起《淮南子·天文训》中“子午、卯酉为二绳”的说法。在第一章中我们已经讨论过规矩、准绳和时空图式的相关问题，所谓“二绳”应当来源于测绘工具准绳，是两条标识东、西、南、北四正的直线。《淮南子》中还提到“丑寅、辰巳、未申、戌亥为四钩”,[②] 我们已经知道，“四钩”应当来源于测绘工具规矩，指示东北、东南、西南、西北四个方位，与东、南、西、北四正构成“八极”。《淮南子》的这则记述，恰可印证出土日书中“日廷图”的图式。

也就是说，王莽的子午道规划考虑了南北轴线的问题，而且显然也考虑到了当时已经存在的东西交通轴线。同时可以注意到，王莽心中应当有着完整的“天下四方”规划，而这也影响了他在取代汉帝国政权之后“制作地里”的理念与实践。

2. 长安十二座城门的重新命名

王莽在“制作地里”，并对全国地名进行大规模更改时，也重新命名了长安城十二座城门，这些材料保留在《汉书》以及《三辅黄图》、《水经注》等文献之中（表6-1）。

---

① 史念海：《秦汉时期国内之交通路线》，《河山集》四集，陕西师范大学出版社，1991，第542页。秦始皇两次经由函谷关、洛阳一线东行，但似均未直接从邹县往琅琊海边，而是折而北行，上泰山，然后至渤海以东，再折而向南登琅琊。史念海文中所附《秦代交通道路图》未标示邹县到琅琊的道路，对此条道路的存在与否当存疑。

② 何宁：《淮南子集释》，第207页。

表 6-1　汉长安十二城门名称一览

	西汉旧名	王莽新名	俗称
东出南头第一门	霸城门	仁寿门无疆亭	青城门、青门
东出第二门	清明门	宣德门布恩亭	藉田门、凯门
东出北头第一门	宣平门	春王门正月亭	东都门
南出东头第一门	覆盎门	永清门长茂亭	端门
南出第二门	安门	光礼门显乐亭	
南出第三门	西安门	信平门诚正亭	便门、平门
西出南头第一门	章城门	万秋门亿年亭	光华门、便门
西出第二门	直城门	直道门端路亭	龙楼门
西出北头第一门	雍门	彰义门著谊亭	函里门
北出东头第一门	洛城门	进和门临水亭	高门
北出第二门	厨城门	建子门广世亭	
北出西头第一门	横门	朔都门左幽亭	

原本长安城十二座城门的命名并无章法，至王莽时对城门进行整齐化地命名，城门的名称一般和亭的名称意义相对，例如“仁寿无疆”“宣德布恩”等。但也有个别命名没有遵循这样的规则。例如长安城北出第二门即正中之门原名为“厨城门”，据说因城内的长安厨官而得名，王莽改为“建子门广世亭”。[①]“建子”的本义是“月建在子”，王莽以此命名城门，显然是受到建除术的影响。睡虎地秦简《日书·建除》篇有“十一月建子”的说法，而在日廷图上，北方正中就对应地支子和十一月。可见“建子门”这一名称不是凭空而来的。史料中也记载，居摄三年，王莽上奏太后提到祥瑞事件时说：“陛下至圣，遭家不造，遇汉十二世三七之厄……十一月壬子，直建冬

① 何清谷校释《三辅黄图校释》，第 88 页。

至，巴郡石牛，戊午，雍石文，皆到于未央宫之前殿。”① 汉用寅正，十一月建子，且壬子恰好为冬至日，这一天对王莽来说无疑是值得纪念的，所以这一天出现的祥瑞事件需要引起特别的注意。另一值得纪念的是同年十月戊辰，这是王莽即位的日子。根据《日书·建除》，十月“定辰”，“可以藏，为官府室祠”，证明这一天是较为吉利的日子。② 所以王莽说：“以戊辰直定，御王冠，即真天子位，定有天下之号曰新。”③ 也就是说，王莽是以建除术确定自己“即真”的日期的。④

另外，长安城四面各有一座城门，经王莽修改过的名称与季节和方位有关。长安城北出西头第一门原名“横门”，在日廷图上位于亥位，王莽改为“朔都门左幽亭”，何清谷注引杨宽的说法，认为改名是借用了《尚书·尧典》的典故：“申命和叔，宅朔方，曰幽都。”⑤ 朔方也就是北方，代表冬季，与此门所在的方位相合。再者，长安城东出北头第一门原名“宣平门”，在日廷图上位于寅位，王莽改为“春王门正月亭”，或可推测这一名称来源于《春秋》隐公元年“春，王正月”。南出东头第一门原名“覆盎门”，在日廷图上位于巳位，王莽改为“永清门长茂亭”，改名缘由不详。考虑到草木“长茂”正

---

① 《汉书》卷九九上《王莽传上》，第 4093 页。

② 睡虎地秦墓竹简整理小组编《睡虎地秦墓竹简》，第 183 页。

③ 《汉书》卷九九上《王莽传上》，第 4095 页。

④ 通常认为，建除术其实是与日廷图搭配使用的（参见董涛《秦汉简牍〈日书〉所见“日廷图”探析》，《鲁东大学学报》2013 年第 5 期）。王莽既然熟悉建除术，对于日廷图应当也是不陌生的。另外，始建国五年，王莽志气方盛，决定巡狩，下诏说“其以此年二月建寅之节东巡狩，具礼仪调度”，此时王莽已经改为丑正，是以“二月建寅”。

⑤ 何清谷校释《三辅黄图校释》，第 88—89 页。

是夏季之特征，这一名称也可以对应城门所在方位代表的季节。西出南头第一门“章城门”，日廷图上位于申位，王莽改为“万秋门亿年亭”，“万秋”和“亿年”虽都就时间长度而言，但亦不能完全排除和季节的关系。

到了唐代，长安城北有玄武门、东有春明门、南有启夏门、西有金光门，其名称与季节、方位搭配的指向已十分明确了。

3. 王畿与天下——“保灾图”的再思考

王莽的“制作地里”并不仅是更改长安城城门的名称，事实上，他曾经将整个帝国的版图按照自己的理念重新划分。简单来说，王莽设置了一个庞大的王畿区，并在东西南北四个方位设置了四个大“部”。阎步克认为，王莽所设置的王畿地区，其辖地至少涵盖西汉时代的司隶校尉和洛阳所在的豫州，包括二十五个郡以及六队郡、六尉郡，共三十七郡。[①] 根据《汉书·王莽传》记载，天凤元年四月：

> 分长安城旁六乡，置帅各一人。分三辅为六尉郡，河东、河内、弘农、河南、颍川、南阳为六队郡，置大夫，职如太守；属正，职如都尉。更名河南大尹曰保忠信卿。益河南属县满三十。置六郊州长各一人，人主五县。及它官名悉改。大郡至分为五。郡县以亭为名者三百六十，以应符命文也。[②]

① 阎步克：《文穷图见：王莽保灾令所见十二卿及州、部辨疑》，《中国史研究》2004 年第 4 期。

② 《汉书》卷九九中《王莽传中》，第 4136 页。

从这里的记载来看，王莽对三辅和洛阳周边地区行政制度的改革至少参考了《周礼》和符命两方面的因素。六队郡，队亦即遂，《周礼·天官·遂人》说："遂人掌邦之野，以土地之图，经田野，造县鄙形体之法。五家为邻，五邻为里，四里为酂，五酂为鄙，五鄙为县，五县为遂。"[①]也就是说队是比县更高级别的行政单位，而其行政长官"遂大夫"之名来自《周礼》。但王莽只是借用《周礼》中部分官名，行政制度之内涵可能更多来自符命等神秘主义因素。此外，王莽分长安旁六乡，王子今考证其中三乡分别为建章乡、卢乡、东乡。[②]类似"东乡"这样以方位确定乡名在当时是十分普遍的现象，则长安六乡中或有南乡、西乡、北乡者亦未可知。

王莽的六队也是以方位命名的。《汉书·地理志》说："弘农郡，莽曰右队；河内郡，莽曰后队；颍川郡，莽曰左队；南阳郡，莽曰前队。"[③]按照方位来说，这四郡分别位于洛阳的西、北、东、南四方。另外，王莽的保灾令里有"兆队""祈队"：《水经注·济水》提到河东郡王莽更名为"洮队"，应当就是《王莽传》中的"兆队"；《水经注》又说荥阳城被王莽立为"祈队"。[④]王莽一直有迁都洛阳的打算，所以他着重河南郡的改制，并有以之与长安对比的意思，由此可以认为兆队郡应是荥阳，而非河南郡。至于六尉，分别是京尉、扶尉、翼尉、光尉、师尉、列尉。六队和六尉组合是数字

① 《周礼注疏》，阮元校刻《十三经注疏》，第740页。

② 王子今：《汉代长安乡里考》，《人文杂志》1992年第6期。

③ 《汉书》卷二八上《地理志上》，第1554页。

④ 郦道元著，陈桥驿校证《水经注校证》，中华书局，2007，第193页。

十二，而且有前后左右四个方位，这样整齐地排列应当不是偶然。会不会像日廷图那样，前、后、左、右四队占二绳四端的位置，而京、扶，翼、光，师、列六尉以及剩下的祈、兆二队占四勾的位置呢？这样的猜想乍看匪夷所思，但结合阎步克对“保灾图”的观察，或可有新的认识。

根据《汉书·王莽传》的记载，天凤三年五月，王莽下保灾令：

> 大司马保纳卿、言卿、仕卿、作卿、京尉、扶尉、兆队、右队、中部左洎前七部；大司徒保乐卿、典卿、宗卿、秩卿、翼尉、光尉、左队、前队、中部、右部，有五郡；大司空保予卿、虞卿、共卿、工卿、师尉、列尉、祈队、后队、中部洎后十郡；及六司、六卿，皆随所属之公保其灾害，亦以十率多少而损其禄。[1]

根据这里的记载，大司马、大司徒和大司空保中部二十五郡，六卿随三公所保。至于六队和六尉，可以认为他们也应当是和六卿一样随三公所保。那在所谓的“保灾图”上，六队和六尉应该处于什么位置呢？

图 6-6 是阎步克所绘制的“保灾图”；图 6-7 是笔者根据阎先生的图，加入勾绳、天干地支等日廷图的元素，以及六队和六尉等内容，重新绘制的图式。需要说明的是，当时全国共一百二十五郡，为免细节琐碎，对郡的内容予以省略。

---

① 《汉书》卷九九中《王莽传中》，第 4143 页。

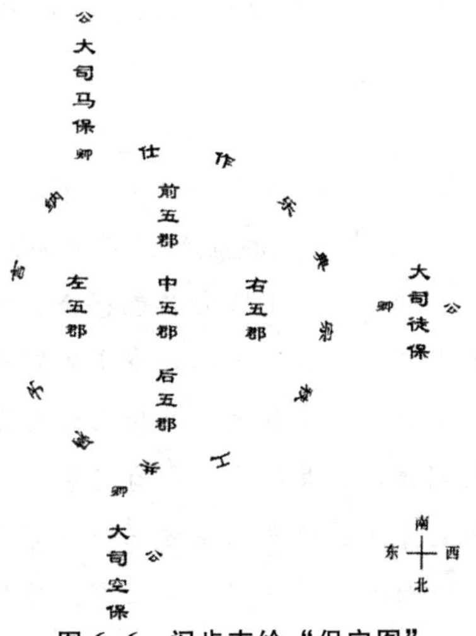

图 6-6　阎步克绘“保灾图”

图片来源：阎步克：《文穷图见：王莽保灾令所见十二卿及州、部辨疑》，《中国史研究》2004 年第 4 期。

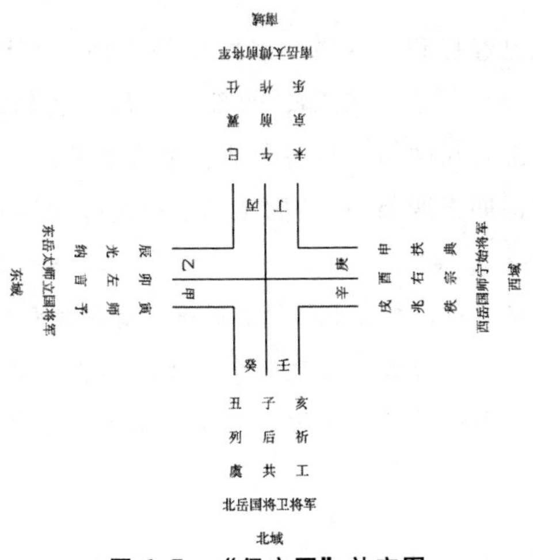

图 6-7　“保灾图”补充图

图片来源：笔者自制。

还需要指出的是，图 6-7 中六队、六尉和六卿以外的内容来自王莽保灾令的前半部分：

> “普天之下，莫非王土；率土之宾，莫非王臣。”盖以天下养焉。《周礼》膳羞百有二十品，今诸侯各食其同、国、则；辟、任、附城食其邑；公、卿、大夫、元士食其采。多少之差，咸有条品。岁丰穰则充其礼，有灾害则有所损，与百姓同忧喜也。其用上计时通计，天下幸无灾害者，太官膳羞备其品矣；即有灾害，以什率多少而损膳焉。东岳太师立国将军保东方三州一部二十五郡，南岳太傅前将军保南方二州一部二十五郡，西岳国师宁始将军保西方一州二部二十五郡；北岳国将卫将军保北方二州一部二十五郡。[①]

前文也已经提到，围绕王畿所在的中部，王莽在东、西、南、北四方分别设置了东部、西部、南部、北部，东部辖三州，其余三部各辖两州。东岳太师、南岳太傅、西岳国师和北岳国将分别保四方四部。[②] 按照王莽在始建国元年的说法：

> 岁星司肃，东岳太师典致时雨，青炜登平，考景以晷。荧惑司悊，南岳太傅典致时奥，赤炜颂平，考声以律。太白司艾，西岳国师典致时阳，白炜象平，考量以铨。辰星

① 《汉书》卷九九中《王莽传中》，第 4143—4144 页。

② 根据阎步克的意见，“西方一州二部”应改为“二州一部”（见《文穷图见：王莽保灾令所见十二卿及州、部辨疑》，《中国史研究》2004 年第 4 期）。

司谋，北岳国将典致时寒，玄炜和平，考星以漏。[①]

王莽将太师、太傅、国师和国将分别比拟为东方岁星、南方荧惑、西方太白、北方辰星。而《淮南子·天文训》中有一段材料或与此有关：

何谓五星？东方，木也，其帝太皞，其佐句芒，执规而治春，其神为岁星……南方，火也，其帝炎帝，其佐朱明，执衡而治夏，其神为荧惑……中央，土也，其帝黄帝，其佐后土，执绳而制四方，其神为镇星……西方，金也，其帝少昊，其佐蓐收，执矩而治秋，其神为太白……北方，水也，其帝颛顼，其佐玄冥，执权而治冬，其神为辰星。[②]

也就是说，岁星、荧惑、太白、辰星是四方之神，王莽应当是借用他们的名号以神化太师、太傅、国师和国将四公。同样，王莽还借月、日、北斗来神化司马、司徒、司空三公：

月刑元股左，司马典致武应，考方法矩，主司天文，钦若昊天，敬授民时，力来农事，以丰年谷。日德元厷右，司徒典致文瑞，考圜合规，主司人道，五教是辅，帅民承上，宣美风俗，五品乃训。斗平元心中，司空典致物图，考度以绳，主司地里，平治水土，掌名山川，众殖鸟

① 《汉书》卷九九中《王莽传中》，第4101页。

② 何宁：《淮南子集释》，第183—188页。

兽，蕃茂草木。[①]

这里以司马对应月亮，掌管武事，同时管理农业方面的事务；以司徒对应太阳，掌管文事，同时管理风俗方面的事务；以司空对应北斗[②]，掌管人事，同时管理地理方面的事务。对比岁星、荧惑、太白和辰星，月、日、北斗更近中央，是以司马、司徒、司空被王莽委任保中央二十五郡，也就可以理解了。王莽十一公中还有立国将军、前将军、卫将军、更始将军四将，表面上与方位、天文等都没有关系，但前将军保南方，更始将军甄丰原为右拂，这些当然都不是偶然。而王莽本人再加上十一公，又构成了数字十二，这一数字显然也是刻意为之。

在四部之外的四方，王莽又分别设置了东域、西域、南域、北域等四域。例如，《流沙坠简》中有："德侯，西域、东域、北域将帅，雍州、冀州牧，西部、北部监，文德、酒泉、张掖、武威、天水、陇、西海、北地。（2062）"李均明等认为，西域、东域和北域是王莽为五威将帅出巡所设立的方域之名。[③]《汉书补注》注引徐松提到"（《后汉书》）《西南夷传》有'南域'"，王子今认为，《后汉书·西南夷传·夜郎》中提到的"牂牁"、"句町"以及番禺江流域可能都被

① 《汉书》卷九九中《王莽传中》，第4101—4102页。

② 颜师古注引张晏曰："斗，北斗也，主齐七政。司空主水土，土为中，故责之。"孟康曰："《易》'河出图，洛出书'，司空主水土，责以其物也。"晋灼曰："中央为四季土。土者信，信者直，故为绳。"

③ 饶宗颐、李均明：《新莽简辑证》，台北：新文丰出版社，1996，第172—173页。

称为“南域”，并进一步指出：“‘西域’、‘东域’、‘北域’、‘南域’，都是指民族结构成分复杂，中原文化影响薄弱，中央政权行政力量已经介入，却不能有效全面控制的边远地方。起初则是指汉王朝的外邻。”[①] 这样的判断无疑是正确的，由此也可见王莽设置四域的基本理念。

很明显，这一由内而外的划分来源于经典文献记载中的“五服”观念，王莽自己就在诏书中说：“公作甸服，是为惟城；诸在侯服，是为惟宁；在采、任诸侯，是为惟翰；在宾服，是为惟屏；在揆文教，奋武卫，是为惟垣；在九州之外，是为惟藩：各以其方为称，总为万国焉。”[②] 但与传统“五服”观念不同的是，王莽的四部和四域都有着十分强烈的方位特征。郡、州、部、域由内而外排列有序，王莽一向喜欢整齐，在这一点上也可以体现。

但王莽的方位观念似乎不是静止不动，而是像天文那样有秩序运转的。前文提到的五威将出巡的事就是最好的例证。《王莽传》载始建国元年秋：

> 五威将乘乾文车，驾坤六马，背负鷩鸟之毛，服饰甚伟。每一将各置左右前后中帅，凡五帅。衣冠车服驾马，各如其方面色数。将持节，称太一之使；帅持幢，称五帝之使。莽策命曰：“普天之下，迄于四表，靡所不至。”其东出者，至玄菟、乐浪、高句骊、夫余；南出者，隃徼外，历益州，贬句町王为侯；西出者，至西域，尽改其王

① 王子今：《“西域”名义考》，《清华大学学报》2010 年第 3 期。

② 《汉书》卷九九中《王莽传中》，第 4137 页。

为侯；北出者，至匈奴庭，授单于印，改汉印文，去“玺”曰“章”。[①]

引文中说每一将有五帅，结合后文“五威将帅七十二人还奏事”[②] 的记载，那么五威将应有十二人，五威帅有六十人。十二将出使四方，这样“巧合”的数字和方位，很容易让人联想起前文一直在讨论的日廷图式。这样的图形在王莽心中想来是十分清晰的。五威将以“威”为名，其出巡有着“厌胜”层面的考量，具体如何厌胜，王莽在始建国四年说：

今年刑在东方，诛貉之部先纵焉。捕斩虏驺，平定东域，虏知殄灭，在于漏刻。此乃天地群神社稷宗庙佑助之福，公卿大夫士民同心将率虓虎之力也。予甚嘉之。其更名高句骊为下句骊，布告天下，令咸知焉。[③]

所谓“刑在东方”，颜师古注引张晏曰：“是岁在壬申，刑在东方。”日廷图上申的位置在西方。有关刑德的记载以《淮南子·天文训》最为详尽：“阴阳刑德有七舍。何谓七舍？室、堂、庭、门、巷、术、野……德在室则刑在野，德在堂则刑在术，德在庭则刑在巷，阴阳相德则刑德合门。”[④] 另外还有“太阴所居，曰德，辰为刑”，何宁集释云：“太阴所居，谓十干也。辰即十二枝……十二辰分为孟仲季。四孟亥自刑，则寅、巳、申

① 《汉书》卷九九中《王莽传中》，第 4115 页。
② 《汉书》卷九九中《王莽传中》，第 4118 页。
③ 《汉书》卷九九中《王莽传中》，第 4130 页。
④ 何宁：《淮南子集释》，第 212 页。

相刑。”[①] 按照何宁的说法，岁在壬申的话，与申在日廷图上位置相对的寅相刑，而寅位于东方，所以说“刑在东方”。

但本书认为，“刑”之与否与太阴所在有极密切的关系。《淮南子·天文训》也说：“凡用太阴，左、前刑，右、背德，击句陈之冲辰，以战必胜，以攻必克。”[②] 也就是说，太阴会“刑”所在的左方和前方，如果太阴在申这个位置的话，那么它的左边是北方，前边是东方，这样理解“刑在东方”应当是更容易接受的。这句话的后半句说的是和兵阴阳有关的内容，《汉书·艺文志》说“阴阳者，顺时而发，推刑德，随斗击，因五胜”，[③] 也是就此而言的。可能正是由于对“随斗击”战胜敌人效果的信任，天凤元年，王莽才铸造了威斗。

另外，在五威将帅出巡的那段材料中，颜师古解释“色数”为“色者，东方青，南方赤也。数者，若木数三，火数二之类也”。土位于中央，其色黄，数五、十，天干是戊己，而它正是王莽新朝的德运所在。是以五威将以“五”为名，且下属五威帅。前文提到五部每部辖二十五郡，全国共计一百二十五郡，联系王莽对数字五的喜爱就有合理的解释了。这样做当然也是为了上应天数，使自己的命运同“天”联系在一起。

也正因此，王莽才必须居于中央，与天文相对应，这就有了之后的迁都等一系列举动。前文已经提到，王莽规划天下四方的时候，考虑了南北和东西交通轴线的问题，那么他势必会

① 何宁：《淮南子集释》，第 268 页。何宁注释随后就引用《王莽传》中的两处实例，其中就包括“今年刑在东方”。

② 何宁：《淮南子集释》，第 270 页。

③ 《汉书》卷三〇《艺文志》，第 1760 页。

注意到，长安城其实并没有在当时所谓天下的中心，于是迁都洛阳也自然地被提上了议事日程。

4. 王莽营建东都的方位观念考察

王莽即位后不久，就打算迁都洛阳，学者们对王莽迁都的原因有着不同的意见。事实上，迁都确实有现实上的考虑，但王莽对“天下之中”的追求，显然是最不容忽视的原因。

洛阳本就是西汉建立之时都城的首选。其原因首先是刘邦君臣都是“山东”人，出于“故地人和”的理念都倾向于选择洛阳作为都城。[①] 再者，如果选择洛阳作为都城，也可以标榜对周文化的继承，[②] 这一想法在西汉建立之初乃至西汉中后期都不断有人提出。尤其是汉元帝以后儒生试图改制时，这一问题又被提及。如翼奉就认为汉元帝如果想要实现中兴的大业，就应当把都城迁回洛阳：“臣愿陛下徙都于成周，左据成皋，右阻黾池，前乡崧高，后介大河，建荥阳，扶河东，南北千里以为关，而入敖仓；地方百里者八九，足以自娱；东厌诸侯之权，西远羌胡之难，陛下共己亡为，按成周之居，兼盘庚之德，万岁之后，长为高宗。”[③] 其实迁都以模仿周代的制度也正是王莽在诏书中明确提到的。

学者也注意到，王莽虽然屡次提及两都制，但更多地是想倚重东都洛阳，以洛阳为新朝的真正首都。[④] 建都应于“天下

---

① 参见王子今《西汉末年洛阳的地位与王莽的东都规划》，《河洛史志》1995 年第 4 期；侯甬坚《中国古都选址的基本原则》，《历史地理学探索》，中国社会科学出版社，2004。

② 孙家洲、贾希良：《不为都畿 亦为重地——论洛阳在战国、秦、西汉时期的特殊地位》，《历史教学》1995 年第 3 期。

③ 《汉书》卷七五《翼奉传》，第 3176 页。

④ 沈刚：《王莽营建东都问题探讨》，《中国历史地理论丛》2005 年第 3 期。

之中”的理念，也对王莽营建东都的想法造成影响。[①] 诚然，长安作为都城确实是偏西了一些，对于统一大帝国的政治运行多少会造成不便，[②] 但王莽偏爱“中”的原因似不仅于此。

从总体上来看，中国历史上经济中心转移的大方向是东移南迁，两汉之际都城由长安转到洛阳符合这一基本趋势。[③] 而且关中地区日益增长的人口和粮食产量之间的矛盾，也可能是王莽试图放弃关中、选择洛阳作为首都的经济原因。廖伯源就猜测，关中生产的粮食不能满足帝国首都的需要，所以得从山东转运粮食到关中。[④] 到王莽统治时期，长安作为都城已近两百年，由于人口大规模增长，长安附近人口密度增加，[⑤] 再加上豪强的侵夺，京畿地区人地矛盾日益紧张。基于这样的形势王莽打算把都城迁往洛阳，也是可以理解的。[⑥] 再者，西汉中后期，周边军事形势也发生了转变：汉初中央担忧防范的“山东”诸侯王势力被削除，而且经过多年战争，匈奴势力也

---

① 参见李久昌《“天下之中”与列朝都洛》，《河南社会科学》2007 年第 4 期；另参氏著《周公“天下之中”建都理论研究》，《史学月刊》2007 年第 9 期。

② 见梁万斌《东汉建都洛阳始末》，《中华文史论丛》2013 年第 1 期。

③ 有关都城迁移之大势，可参看谭其骧《中国历史上的七大首都》，《长水集续编》，人民出版社，1994；另参史念海《中国古都和文化》，中华书局，1998；朱士光《中国古都学的研究历程》，中国社会科学出版社，2008；周振鹤《东西徘徊与南北往复——中国历史上五大都城定位的政治地理因素》，《华东师范大学学报》2009 年第 1 期。

④ 廖伯源：《论东汉定都洛阳及其影响》，《史学集刊》2010 年第 3 期。钱穆先生似先主此说，他在《战后新首都问题》一文中提到“关中虽称沃野，然实不足供养一首都”（氏著《政学私言》下卷，九州出版社，2010，第 166 页）。然关中粮食问题在西汉时期，尤其是王莽时期并不十分明显，这种因素对王莽迁都想法的影响有多大实难遽定。

⑤ 葛剑雄：《西汉人口地理》，人民出版社，1986，第 103 页。

⑥ 沈刚：《王莽营建东都问题探讨》，《中国历史地理论丛》2005 年第 3 期。

被大大削弱，西北边的军事压力减小。军事环境的宽松也为王莽的迁都打算提供了可能性。①

应当认为，历史事件的发生都不是由某一单纯的因素决定的，即便是在后人看来并不那么重要的因素，也可能对历史产生重要影响。前面提到王莽营建东都洛阳的诸多原因均有存在的可能性，而本书更为关心的是，排除诸多实际情况的考虑，哪些信仰上的因素在影响王莽做出迁都洛阳的决定？为此，不妨重新梳理一下史料记载中王莽营建东都洛阳以备迁都的大致过程。

新朝建立之初，王莽就声称新朝要模拟周代的制度，设立两都制。根据他本人在始建国四年（12）二月的说法："昔周二后受命，故有东都、西都之居。予之受命，盖亦如之。其以洛阳为新室东都，常安为新室西都。"② 但正如前文引述沈刚的观点，王莽真正的意图是以洛阳作为帝国唯一的首都。之所以先搬出两都制的说法，应当是为了试探民意。这年年底，王莽志气方盛，开始计划巡狩：

> 予之受命即真，到于建国五年，已五载矣。阳九之厄既度，百六之会已过。岁在寿星，填在明堂，仓龙癸酉，

① 参见朱士光《汉唐长安地区的宏观地理形势与微观地理特征》，中国古都学会编《中国古都研究》第2辑，浙江人民出版社，1986。此外，亦有学者指出谶纬或符命之言是王莽迁都洛阳的原因，证据是王莽曾提到玄龙石文曰"定帝德，国雒阳"（见廖伯源《论东汉定都洛阳及其影响》，《史学集刊》2010年第3期；另参吴从祥《谶纬与汉代迁都思潮之关系》，《长安大学学报》2011年第2期）。谶纬和符命对两汉之际人们的思想确实造成过巨大的影响，但玄龙石文未始不是王莽为迁都而刻意制造或者利用的舆论，径以之作为迁都的原因，似乎有本末倒置之嫌。

② 《汉书》卷九九中《王莽传中》，第4128页。

> 德在中宫。观晋掌岁，龟策告从，其以此年二月建寅之节东巡狩，具礼仪调度。[①]

虽然王莽在诏书中只是说要模仿舜巡狩四方，但从后文可以看出，他的真正目的是迁都。随后王莽下诏明确表示迁都洛阳，并将迁都的时间定在“始建国八年（16）”：

> 玄龙石文曰“定帝德，国雒阳”。符命著明，敢不钦奉！以始建国八年，岁缠星纪，在雒阳之都。其谨缮修常安之都，勿令坏败。敢有犯者，辄以名闻，请其罪。[②]

在这则诏书中，王莽据符命说明迁都的合理性，但延迟了迁都的时间，这可以说是一种稳定民心的政治手段。玄龙石是王莽“即真”的十二符应之一，王莽借谶纬之说向民众说明，既然玄龙石上明确说了新朝的首都应该是洛阳，那迁都就应该是再无疑义的事了。谶纬之说是为了说服民众迁都、稳定民心，却不一定是王莽决定迁都的原因，这一点是应当留意的。

然而，始建国六年（14）王莽便改元天凤，始建国八年由此不复存在。天凤元年正月，王莽刻意忽略了原定的“始建国八年”（也就是改元后的天凤三年）再迁都的打算，突然下诏一个月后就开始巡狩迁都的计划：

> 予以二月建寅之节行巡狩之礼，太官赍精干肉，内者

① 《汉书》卷九九中《王莽传中》，第4131页。

② 《汉书》卷九九中《王莽传中》，第4132页。

> 行张坐卧，所过毋得有所给。予之东巡，必躬载耒，每县则耕，以劝东作。予之南巡，必躬载耨，每县则薅，以劝南伪。予之西巡，必躬载铚，每县则获，以劝西成。予之北巡，必躬载拂，每县则粟，以劝盖藏。毕北巡狩之礼，即于土中居雒阳之都焉。敢有趋欢犯法，辄以军法从事。[①]

从诏书中可见王莽下了相当大的决心，而且明确说在巡狩之后就要定都洛阳。但如此仓促的举动遭到了大臣们的普遍反对，王莽无奈只好再次把迁都的日期推迟到“天凤七年（20）”：

> 更以天凤七年，岁在大梁，仓龙庚辰，行巡狩之礼。厥明年，岁在实沈，仓龙辛巳，即土之中雒阳之都。[②]

此时王莽迁都的决心依然十分强烈，发布诏书之后立即派遣太傅平晏和大司空王邑到洛阳去“营相宅兆，图起宗庙、社稷、郊兆云”，为迁都洛阳做准备。

然而天凤元年恰是新朝统治的分水岭，自此以后新朝的外患内忧接踵而至，史料中再无迁都的记载。天凤六年王莽改元地皇以厌胜天下盗贼，所以天凤七年也是不存在的。地皇元年（公元 20 年，也就是之前计划中的天凤七年），王莽在长安营建九庙，似乎已下定决心以长安为都城，不再考虑迁都的问题。

从始建国六年到地皇元年，其实不过短短六年，而有关迁都的计划一再更改，毫无定数，也反映出新朝政治的特殊气

① 《汉书》卷九九中《王莽传中》，第 4133—4134 页。
② 《汉书》卷九九中《王莽传中》，第 4134 页。

象。有学者认为王莽其实根本没有迁都的打算，例如《汉书补注》引何焯曰："莽至明堂犹横搜五日，况肯出行万里耶？皆虚为此文，以示坠典无所不举，又借臣下之言辍行，仍言天凤七年当出。上下相蒙，益彰奸伪，而乃有愚鄙之甚，私喜其术者，此南北五代所以多故也。"[①] 这种怀疑并非全然没有道理。抛弃经营近两百年的长安而迁都洛阳，其困难是可以想象的，生活在长安的大臣和民众恐怕就是难以逾越的阻力。从中可见，王莽似乎一直在做理念上的努力，即出于某种信仰的需要，必须摆出迁都的姿态。那么这种理念和信仰到底是什么呢？

可以发现，与决定迁都有关的几道诏书中，王莽几乎每条都提到与天文相关的内容。前文已述，这些时间显然都是王莽为迁都特意选择的。例如前引晋灼用《国语》中晋文公的故事来解释王莽为什么选择"岁次寿星"时出巡："晋文公以卯出酉入，过五鹿得土，岁在寿星，其日戊申。莽欲法之，以为吉祥。"[②]《汉书·律历志》说："后八岁，厘之二十四年也，岁在实沈，秦伯纳之。故《传》曰董因云'君以辰出，而以参入，必获诸侯'。"[③] 所以王莽最后一次提到迁都的年份就是"岁在实沈"。《汉书·五行志》提到："说曰：颛顼以水王，陈其族也。今兹岁在星纪，后五年在大梁，大梁，昂也。金为水宗，得其宗而昌，故曰'五年陈将复封'。"[④] 沿着这一思路也可以明白王莽选择"岁在大梁"之年的原因。

① 王先谦补注《汉书补注》，第 6145 页。

② 《汉书》卷九九中《王莽传中》，第 4131 页。

③ 《汉书》卷二一下《律历志下》，第 1019 页。

④ 《汉书》卷二七上《五行志上》，第 1327 页。

相比较而言，始建国五年的天象对王莽是最为有利的，因为这一年填星刚好位于明堂的位置。《史记索隐》引《春秋说题辞》："房、心为明堂，天王布政之宫。"[①] 也就是说明堂是天上的最高统治者发布政令的地方。王莽自认为得土德，填星在明堂无疑是极为有利的天象，所以晋灼说："寿星，角亢也。东宫仓龙，房心也。心为明堂，填星所在，其国昌。莽自谓土也，土行主填星。癸德在中宫，宫又土也。"[②] 得土德是新莽王朝"代汉而兴"的政治宣传重点，[③] 而天文现象恰好预示着土德的吉祥兴盛，这无疑会令王莽感到振奋。甚至可以推测，王莽应当就是以填星的位置自居的，例如他曾将太师、太傅、国师和国将比拟为东方岁星、南方荧惑、西方太白、北方辰星，既然四方星都有了，那么剩下的中央填星就是王莽自己了。再加上始建国五年的数字"五"也是五行土之数，同样可以对应新朝的德运，所以王莽计划在这一年迁都是精心考量过的。

从晋灼那段话的后半部分，可以看出天象中央的位置有着十分重要的内涵。"德在中宫"的"德"应是刑德，而《史记·天官书》将星空分为五宫，分别是中宫、东宫、南宫、西宫、北宫，其中"中宫天极星，其一明者，太一常居也；旁三星三公，或曰子属。后句四星，末大星正妃，余三星后宫之属也。环之匡卫十二星，藩臣。皆曰紫宫"。[④] 中宫又被称为

---

① 《史记》卷二七《天官书》，第 1296 页。

② 《汉书》卷九九中《王莽传中》，第 4131—4132 页。

③ 参见顾颉刚《五德终始说下的政治和历史》，《古史辨自序》；另见汪高鑫《论刘歆的新五德终始历史学说》，《中国文化研究》2002 年夏之卷，北京语言大学出版社，2002。

④ 《史记》卷二七《天官书》，第 1289 页。

“紫宫”“紫微宫”，就是所谓的“紫微垣”，是至上神太一的居所。也有说法，中宫内居住的就是黄帝，例如《淮南子·天文训》说：“中央，土也，其帝黄帝，其佐后土，执绳而制四方；其神为镇星，其兽黄龙，其音宫，其日戊己。”[①]《白虎通·五行》也说：“土为中宫。其日戊己。戊者，茂也；己者，抑屈起。其音宫，宫者，中也。其帝黄帝，其神后土。”[②]同样的说法还见于《礼记·月令》、《吕氏春秋·季夏纪》以及蔡邕《独断》等文献，可知中央方位于五行为土、五帝为黄帝、五音为宫、十天干为戊己，这是战国秦汉以来完整的阴阳五行理论体系的一部分。[③] 前文提到，无论黄帝还是太一，都是王莽极为尊崇的对象，既然太一和黄帝都居于中央，那王莽新朝的首都自然也应当位于中央，而不是偏居西部的长安。这或许是王莽执意迁都洛阳在信仰方面的一个重要原因。

在古人的思维中，天文是可以和地理对应的，因此也有了所谓的“分野”说。在当时的宇宙图式里，天干戊己位于中央的位置，其他四组天干甲乙、丙丁、庚辛、壬癸分列东、南、西、北四方。另外《史记·天官书》说：“甲、乙，四海之外，日月不占。丙、丁，江、淮、海岱也。戊、己，中州、河、济也。庚、辛，华山以西。壬、癸，恒山以北。”[④] 而

① 何宁：《淮南子集释》，第186—187页。

② 班固撰集，陈立疏证《白虎通疏证》，第181页。

③ 这一体系在《吕氏春秋》《礼记·月令》中被演绎成一整套涵盖天地万物古今之事的基本框架，包含天象、物候、农事、政事、人事等系统，综合各种思想、知识与技术，形成了一个日常思想与行为的秩序。详见葛兆光《中国思想史》，复旦大学出版社，2001，第217页。

④《史记》卷二七《天官书》，第1332—1333页。

《汉书·天文志》给出了另外一种解释："甲齐，乙东夷，丙楚，丁南夷，戊魏，己韩，庚秦，辛西夷，壬燕、赵，癸北夷。"[①] 所谓"中州、河、济"和"戊魏，己韩"，都是以居于中央的天干戊己表示洛阳所在的区域。正如葛兆光所言，天是汉代人理解和判断一切的基本依据，仿效天的构造，模拟天的运行，遵循天的规则，就可以获得思想与行动上的合理性，且凡是仿效天的，就同时被赋予了天的神秘和权威。[②] 王莽一直致力于"制作地里"，恐怕也正是出于使天文和地理相对应的目的。

将都城与天文对应更是汉代巫术思维的体现。有关长安"斗城"的说法在学界曾引起长久的争论，[③] 人们认为长安城以及附近的礼制建筑都有模拟天文的功能，正如《三辅黄图》所说："端门四达，以则紫宫，象帝居；渭水贯都，以象天汉；

---

① 《汉书》卷二六《天文志》，第 1288 页。

② 葛兆光：《中国思想史》，第 208 页。

③ 史料中最早称长安为"斗城"的是《三辅黄图》："城南为南斗形，北为北斗形，至今人呼汉京城为斗城是也。"（何清谷校释《三辅黄图校释》，第 64 页）但这显然已经是汉代以后人的称呼了。元代学者李好文经过实地勘查后对汉长安为"斗城"的说法提出质疑，这一说法受到后世一些学者的支持，见佐原康夫《汉代都市机构的研究》，东京：汲古书院，2002，第 72 页；马正林《汉长安城总体布局的地理特征》，《陕西师范大学学报》1994 年第 4 期；史念海《汉代长安城的营建规模——谨以此恭贺白寿彝教授九十大寿》，《中国历史地理论丛》1998 年第 2 期。当然，也有的学者明确支持"斗城"说，如 Paul Wheatley，*The Pivot of the Four Quarters*，Edinburgh：University of Edinburgh Press，1971，pp. 441–444；中野美代子《北斗之城》，《仙界とポルノグラフィー》，第 95—111 页；李小波《从天文到人文——汉唐长安城规划思想的演变》，《北京大学学报》2000 年第 2 期；于希贤《中国古代都城规划的文化透视》，《中国历史地理论丛》2000 年第 3 期；黄晓芬《论西汉帝都长安的形制规划与都城理念》，《历史地理》第 25 辑。

横桥南渡，以法牵牛。”[①] 王莽显然也是受到这种思想的影响，所以在他看来，真正理想的都城是在方位上可以与天上的“紫宫”对应的洛阳城，而非偏西的长安。

最后再来看与迁都同时进行的巡狩活动，可以说王莽对巡狩的规划也内含对天文景象的模拟。前文提到他预计出巡的时间分别是始建国五年二月和天凤元年二月，为什么一定选择二月呢？这是因为王莽用丑正，是以斗杓所指的丑为正月，那么二月就是斗杓指向寅的这一月，所以说“二月建寅”。同时，这也是对天子“五载一巡狩”的古礼的模仿。根据《史记·封禅书》的说法：

> 岁二月，东巡狩，至于岱宗……五月，巡狩至南岳。南岳，衡山也。八月，巡狩至西岳。西岳，华山也。十一月，巡狩至北岳。北岳，恒山也。皆如岱宗之礼。中岳，嵩高也。五载一巡狩。[②]

二月在东方，五月在南方，八月在西方，十一月在北方，然后回到中央定都洛阳，这是王莽规划的巡狩和迁都路线。虽然说这一路线和行进方向都遵循古礼，但事实上古礼原本也是来自对星辰运行的认知和模拟。前文已论，古人很早已经掌握了北斗斗柄指向的规律，王莽巡狩模拟北斗的运行，以

---

① 何清谷校释《三辅黄图校释》，第 22 页。另参见刘庆柱《汉长安城的考古发现及相关问题研究——纪念汉长安城考古工作四十年》，特别指出“崇方”和“择中”，实际上与建筑学上对天地的理解和模拟分不开（《考古》1996 年第 10 期）。

② 《史记》卷二八《封禅书》，第 1355—1356 页。

人事模拟天文，用意恐怕也就是前文提到的，期望获得天的神秘与权威。

从整体上思考王莽试图迁都洛阳的原因，政治、经济、文化乃至军事上的客观因素都产生了作用，然而如果忽略信仰方面感性的因素，也是不应当的。考察相关文献，可以发现王莽对洛阳的喜爱很大一部分是因为这里对应的是星空中的紫宫，作为太一和黄帝的居所，紫宫在王莽的信仰中占有举足轻重的地位。王莽曾一度认为“制定则天下自平”，所以对“制作地里”表现出浓厚的兴趣，其背后的逻辑便是试图将人间之地理与天文对应，构建一个可以自行运转的合理的政治模式。在这个模式中，人间的皇帝需要居于中央的位置，以对应天帝的居所，并通过这样的方式获得天的力量和权威。进一步而论，可以认为王莽整合天下四方，其实也是在模拟天体运转，如果人间的这一体系也同样整齐划一，那么皇帝只需垂拱，天下自然大治。如此，王莽“制作地里”的信仰基础也就容易理解了。

第四节　“方”与“方外”

历史时期，王朝周边常有强悍的少数民族部落崛起，威胁中央政权，其中尤以西、北两个方位为典型，这就导致人们的思想意识中对西、北地区多了恐惧和厌恶的心理，并认为这里是“鬼物”居住的地方。汉武帝时期曾经对西北用兵，汉与西北游牧部落的交往逐渐增多。到了王莽统治时期，其战略目标已经成了“夷灭”匈奴；而把匈奴改为“降奴”，则是王莽齐整天下的又一典型例证。改名的思想背景包括当时颇为盛行的厌胜巫术，也反映出王莽认为自己统治的天下包含前代认知的“方外”地区。

1. “方外”考

《说文解字·方部》说：“方，并船也，象两舟省总头形。”是说“方”为象形字，像两只并在一起的船。段玉裁也认为“并船”是“方”字的本义，后来引申为“比方”，又引申为“方圆”“方正”“方向”。另外“方”字也假借为“旁”，意思是“大”；又假借为“甫”，例如“方之，方有之也”。[①] 本节要讨论的方位之“方”的意涵，就是从方圆、方正之“方”而来的。在此首先要讨论的问题是，“方”的这一字义究竟是如何引申而来的呢？

春秋战国时期就有“无规矩不成方圆”的说法，例如《礼记·经解》说：“绳墨诚陈，不可欺以曲直；规矩诚设，不可欺以方圆。”[②]《韩非·奸劫弑臣》说：“无规矩之法，绳墨之端，虽王尔不能以成方圆。”[③]《吕氏春秋·不苟论·自知》也说：“欲知平直，则必准绳；欲知方圆，则必规矩。”[④] 而《周髀算经》引商高之言曰：“数之法，出于圆方。圆出于方，方出于矩。”所谓“方出于矩”，可理解为“方”这种形状是由“矩”绘制的，亦可理解为“方”是由两个相同的“矩”并在一起形成的图形，例如《周髀算经》提到矩的使用方式时就说：“平矩以正绳，偃矩以望高，覆矩以测深，卧矩

① 许慎撰，段玉裁注《说文解字注》，第404页。有关“方舟”问题的讨论参见王子今《“造舟为梁”及早期浮桥史探考》，《文博》1998年第4期。

② 《礼记正义》，阮元校刻《十三经注疏》，第1609页。

③ 王先慎：《韩非子集解》，第105页。

④ 吕不韦编，许维遹集释《吕氏春秋集释》，第646—647页。

以知远，环矩以为圆，合矩以为方。”[①] 联系前引《说文解字》所谓的“方，并船也”，方的“方形”意涵之由来就不难理解了。

“方外”的所指应当就来自方形。尹湾汉墓出土简牍有博局图，图正中的方格内有相较余字为大的“方”字（见图1-14），[②] 学者自然将其同《西京杂记》卷四所载许博昌六博口诀联系起来。许氏口诀有两说，一为“方畔揭道张，张道揭畔方。张究屈玄高，高玄屈究张”，一说为“张道揭畔方，方畔揭道张。张究屈玄高，高玄屈究张”，口诀中的“方”显然指的就是图中的方格。黄儒宣曾对当时可见的主要博局图进行了细致梳理，发现虽然只尹湾汉简的书写有“方”字，但几乎所有的博局图中央都有一方格。[③] 按照前引李零等人的说法，博局图来源于古人的宇宙观念，如果此说成立，那么博局图中的“方”的含义，是否与方位有关呢？是否可以

---

① 程贞一、闻人军译注《周髀算经译注》，第24页。关于《周髀算经》的成书年代一直存在争议，学者们普遍认为是书成于西汉初年，早于《九章算术》，但部分内容可能更为古老，正如李约瑟所说的那样：“最为妥善的办法是把《周髀》看作是周代的骨架加上汉代的皮肉，而把《九章算术》看作秦和西汉的著作加上东汉的一些坤补。”（见〔英〕李约瑟《李约瑟中国科学技术史》第3卷《数学、天学和地学》，第44页）另参见冯礼贵《〈周髀算经〉成书年代考》，《古籍整理研究学刊》1986年第4期。所以可以认为“合矩以为方”的提法虽晚，但相关思想可能产生较早。

② 相关研究参见刘乐贤《尹湾汉墓出土数术文献初探》，连云港市博物馆、中国文物研究所编《尹湾汉墓简牍综论》，科学出版社，1999，第175—186页；曾蓝莹《尹湾汉墓〈博局占〉木牍试解》，《文物》1999年第8期；李解民《〈尹湾汉墓《博局占》木牍试解〉订补》，《文物》2000年第8期；李零《跋中山王墓出土的六博棋局——与尹湾〈博局占〉的设计比较》，《中国历史文物》2002年第1期。

③ 黄儒宣：《六博棋局的演变》，《中原文物》2010年第1期。

说，方框内部就是“方内”，而外部就是“方外”呢？应当说这样的推测是极有可能的，这个图式无疑可以帮助我们形象地认知先秦两汉人心目中“方内”和“方外”的相对位置关系。

在秦汉人的思维意识中，“方外”指的是不为人们真正认知，以及中央政府的统治无法抵达的地方。《尚书·尧典》和《史记·五帝本纪》都曾提到“四裔之地”，与“方外”所指相同，都是不受中央王朝政治统治的地方。《集解》引贾逵曰：“四裔之地，去王城四千里。”另引马融曰：“谓在八议，君不忍刑，宥之以远。五等之差亦有三等之居：大罪投四裔，次九州之外，次中国之外。当明其罪，能使信服之。”① 从马融的说法可知，四裔在九州之外更远的地方；而贾逵的“去王城四千里”说可能来自五服说，荒服距离王畿两千里到两千五百里，四裔当更在荒服之外了。另外，汉文帝在诏书中也将“方外”和“四荒之外”并称，但特指的是当时对汉王朝威胁最大的匈奴地区：“朕既不明，不能远德，是以使方外之国或不宁息。夫四荒之外不安其生，封畿之内勤劳不处，二者之咎，皆自于朕之德薄而不能远达也。间者累年，匈奴并暴边境，多杀吏民。”② 在文帝看来，无论是“方外”还是“四荒之外”，都是汉朝的“德”以及行政统治无法顺利推行的地方。而“方外”不为人们真正所认知的另外一个重要表现，是在人们意识中这些地方是鬼神物怪

① 《史记》卷一《五帝本纪》，第 38、41 页。

② 《史记》卷一〇《孝文本纪》，第 431 页。

的居住地。[①]

还应当提及的是，在庄子“游方之外”的思想影响下，与“世俗”对立，产生了另外一个系统的“方外”，这一“方外”在魏晋南北朝以后具有更大的影响。例如阮籍被认为是“方外之士”，[②] 桓温说谢奕是他的“方外司马”。[③] 再后来遂以“方外之士”称呼出家人，以“方外之交”指称士人与和尚、道士等非世俗人士的往来。然细究庄子所谓的“游方之外”，与之相对的“世俗”应当就是前引博局图方框之内的世界；只不过庄子所向往的“方外”不是边远荒蛮之地，而是一个更为理想的世界，这一理想世界与宗教信仰结合，就有了魏晋之后的“方外”观念。而至于《周易·坤卦》所谓的“敬以直内，义以方外”，[④] 后来成为“直内方外”的修身思想，则是另外一种完全不同的意思了。

2.“鬼方”称谓的源起

商周时人常以“某方”指称居住在周边地区且与他们有往来的部落，例如著名的鬼方，以及土方、吕方、苦方、龙方、马方、蜀方、盂方、羌方等。王国维《鬼方昆夷猃狁考》一文认为“鬼方之地，实由宗周之西而包其东北”，并详细论

---

① 另外，有学者指出所谓“域”是中央王朝统治到达但并不能有效控制的地区，例如王子今指出：“‘西域’、‘东域’、‘北域’、‘南域’，都是指民族结构成分复杂，中原文化影响薄弱，中央政权行政力量已经介入，却不能有效全面控制的边远地方。起初则是指汉王朝的外邻。”如此说，域应当是介于“方内”和“方外”之间的特殊地带，见氏文《“西域”名义考》，《清华大学学报》2010 年第 3 期。

② 《晋书》卷四九《阮籍传》，第 1361 页。

③ 《晋书》卷七九《谢奕传》，第 2080 页。

④ 《周易正义》，阮元校刻《十三经注疏》，第 19 页。

述道："我国古时有一强梁之外族，其族西自汧、陇，环中国而北，东及太行、常山间，中间或分或合，时入侵暴中国。其俗尚武力，而文化之度不及诸夏远甚；又本无文字，或虽有而不与中国同，是以中国之称之也，随世异名，因地殊号，至于后世，或且以丑名加之。其见于商、周间者，曰鬼方、曰混夷、曰獯鬻；其在宗周之季，则曰猃狁；入春秋后则始谓之戎，继号曰狄；战国以降，又称之曰胡、曰匈奴。综上诸称观之，则曰戎、曰狄者，皆中国人所加之名；曰鬼方、曰混夷、曰獯鬻、曰猃狁、曰胡、曰匈奴者，乃其本名。而鬼方之方、混夷之夷，亦为中国所附加。"① 王国维还从文字学的角度考察鬼方之名，指出原应作"畏方"，"畏"与"远"同义，汉人用隶书写定经籍时，改"畏方"为"鬼方"。按王氏的说法，"鬼方"是本名，又"鬼"为"畏"、为"远"，然细思之则可发现，当地人没有称呼自己为"远方"的道理，"鬼方"之名应也是"中国人"所加的。而混夷、獯鬻、猃狁、胡、匈奴为本名的说法则得到了多数学者的认可，可能确实来自音译。②

① 王国维：《鬼方昆夷猃狁考》，《观堂集林（外二种）》，第 583 页。王国维的这一判断也为后来的研究者们继承，见田继周《秦汉民族史》，四川民族出版社，1996，第 40 页。

② 相关研究参见何星亮《匈奴语试释》，《中央民族学院学报》1982 年第 1 期；饶宗颐《饶宗颐东方学论集》，汕头大学出版社，1999；林梅村《汉唐西域与中国文明》，文物出版社，1998，第 56—81 页；陈勇《〈史记〉所见"胡"与"匈奴"称谓考》，《民族研究》2005 年第 6 期；陈健文《试论中国早期"胡"概念之渊源》，《欧亚学刊》第 6 辑，中华书局，2007；卡哈尔曼·穆汗《塞、匈奴、月氏、铁勒四部名称考》，《西域研究》2000 年第 4 期。另可参见余太山《匈奴、Huns 同族论质疑》，《文史》第 33 辑，中华书局，1990；余太山《犬方、鬼方、舌方与猃狁、匈奴同源说》，《古族新考》，中华书局，2000。

这里本书关心的是鬼方的“鬼”字应属何意。按照王国维的说法，此字原为“畏”字，意思是“远”，汉代人隶定为“鬼”字。然汉人用这样一个字描述历史上存在的民族，其用意究竟何在呢？笔者推测这可能和留存在汉代人意识中的“方外”，尤其是西北方向为众鬼居住地有关。

在汉代早期的观念中，对冥界的想象尚未如后世那样定型，人们对鬼怪生活在何处有不同的理解，后来盛极一时的“死人去泰山”的观念此时还只是在特定地域及人群中流行。①而有一种冥界观念引起了我们的注意，那就是认为鬼生活在“四边之外”，例如王充在《论衡·订鬼》中说：

> 一曰：鬼者，物也，与人无异。天地之间，有鬼之物，常在四边之外，时往来中国，与人杂则，凶恶之类也，故人病且死者乃见之。天地生物也，有人如鸟兽，及其生凶物，亦有似人象鸟兽者。故凶祸之家，或见蜚尸，或见走凶，或见人形，三者皆鬼也。或谓之鬼，或谓之凶，或谓之魅，或谓之魑，皆生存实有，非虚无象类之也。何以明之？成事：俗间家人且凶，见流光集其室，或见其形若鸟之状，时流人堂室，察其不谓若鸟兽矣。夫物有形则能食，能食则便利。便利有验，则形体有实矣。《左氏春秋》曰：“投之四裔，以御魑魅。”《山海经》曰：“北方有鬼国。”②

---

① 参见王子今《史记的文化发掘：中国早期史学的人类学探索》第六章第四部分“‘鬼’与‘物’”，第445页。

② 黄晖：《论衡校释（附刘盼遂集解）》，第936—938页。

王充所谓的“一曰”，是引述当时人的看法，则知此种看法在汉代部分人群中流行。但应当注意的是，王充在这里提到的鬼其实是“凶物”，而非“人死为鬼”之鬼。王充认为“凶物”同样为天地所生，有些“凶物”也会像人或鸟兽的样子，它们会被称为“鬼”“凶”“魅”“魑”，有实在的身体，甚至可能带来实质的伤害。[①] 王充之所以强调“有形”，或者是要与当时更为普遍的“人死为鬼无形”的认知做对比。不难想到，王充所述的这类神异怪物的思想来源应当就是《山海经》中的神话，而他所说的“四边之外”和《山海经》中的“海外”“大荒”是否有关就不得而知了。[②] 另外根据学者的研究，《山海经》神话起源于西北地区，在战国两汉时代传播至楚地以及齐地东部沿海地区，其影响范围和深度虽难以断定，但应当可以说已为当时相当部分人所熟知。[③]

王充在论证鬼物常在四边之外时举出的几条证据中，“投之四裔，以御魑魅”的记载也见于《尚书》和《史记》，据《史记·五帝本纪》：

---

① 相关研究参见王子今《史记的文化发掘：中国早期史学的人类学探索》，第 445 页。

② 《后汉书》卷四九《王充传》说他“家贫无书，常游洛阳市肆，阅所卖书，一见辄能诵忆，遂博通众流百家之言”（第 1629 页），有学者认真梳理了《论衡》中所引著作，可见王充的阅读面之广（见岳宗伟《〈论衡〉引书研究》，博士学位论文，复旦大学，2006 年）。

③ 有关《山海经》神话的传播可参见顾颉刚《〈山海经〉中的昆仑区》，《中国社会科学》1982 年第 1 期；《〈庄子〉和〈楚辞〉中昆仑和蓬莱两个神话系统的融合》，《中华文史论丛》第 10 辑，上海古籍出版社，1979；汤惠生《神话中之昆仑山考述——昆仑山神话与萨满教宇宙观》，《中国社会科学》1996 年第 5 期。

> 昔帝鸿氏有不才子，掩义隐贼，好行凶慝，天下谓之浑沌。少皞氏有不才子，毁信恶忠，崇饰恶言，天下谓之穷奇。颛顼氏有不才子，不可教训，不知话言，天下谓之梼杌。此三族世忧之，至于尧，尧未能去。缙云氏有不才子，贪于饮食，冒于货贿，天下谓之饕餮。天下恶之，比之三凶。舜宾于四门，乃流四凶族，迁于四裔，以御螭魅，于是四门辟，言毋凶人也。[1]

大意是，舜帝将有大恶的家族迁徙流放到四裔之地，让他们抵御魑魅。关于四裔之地前文已有论述，而这里的魑魅就是鬼物。也就是说，在历史上某一时段，人们确实相信方外四裔生活着鬼物，可能会给中原地区的人们带来威胁。另外，《左传》宣公三年王孙满回答楚庄王“问鼎”时也说：“昔夏之方有德也，远方图物，贡金九牧，铸鼎象物，百物而为之备，使民知神奸，故民入川泽山林，不逢不若，螭魅罔两，莫能逢之。”杜预《正义》云“百物”即“鬼神百物”。[2] 到李贤为《后汉书》作注提到这段话的时候，将其转译为“夏禹之时，令远方图画山川奇异之物，使九州之牧贡金铸鼎以象之，令人知鬼神百物之形状而备之，故人入山林川泽，魑魅罔两莫能逢之”，[3] 则知所谓“魑魅罔两”其实也就是鬼物，而“魑魅罔两”生活的地方一是“四裔之地”，一是“山林川泽”，可以说两地都非实指，而是人们对不熟悉的、未开发的区域的想象。

---

① 《史记》卷一《五帝本纪》，第 36—37 页。

② 《春秋左传正义》，阮元校刻《十三经注疏》，第 1868 页。

③ 《后汉书》卷二《显宗孝明帝纪》，第 109 页。

此外，《史记正义》引裴矩《西域记》描述当时人们对西北沙漠、戈壁地区印象的时候也提到了魑魅魍魉：“以其地道路恶，人畜即不约行，曾有人于碛内时闻人唤声，不见形，亦有歌哭声，数失人，瞬息之间不知所在，由此数有死亡。盖魑魅魍魉也。”① 可知南北朝隋唐时代人们对“方外”的想象中仍有鬼物活动。至于《大唐西域记》“侈陈灵异”（四库提要语），乃至明清之后盛行于民间的《西游记》所言西方多神魔鬼怪，大抵都可视为这种“方外有鬼神”意识的流变。

再如，《楚辞·招魂》有对四方恶劣环境的描述，提到四方多有鬼怪：东方有“长人千仞，惟魂是索些”；南方有“雕题黑齿，得人肉以祀，以其骨为醢些”；西方有千里流沙，而且有“赤蚁若象，玄蜂若壶些”；北方有“增冰峨峨，飞雪千里些”；天上、地下也都有各种鬼怪。②《招魂》的本意是告知亡魂不要远走，而应该返回故居，并以“高堂邃宇”“层台累榭”，以及“二八侍宿”“九侯淑女”等相诱惑。这一仪式大概与《礼记》中记载的“复礼”有关，即在人死后不久进行某些仪式请求亡者的魂魄归来。《礼记·礼运》说：“及其死也，升屋而号，告曰：‘皋！某复。’”③《招魂》大概与“皋！某复”的用意相同，只是描述多有夸张的成分，而这背后包含的人们对远方的恐惧情绪，则是应当引起注意的。

---

① 《史记》卷一二三《大宛列传》，第 3175 页。

② 洪兴祖：《楚辞补注》，第 199—201 页。然令人费解的是，《招魂》里提到的北方却没有神怪，只有千里冰雪。

③ 《礼记正义》，阮元校刻《十三经注疏》，第 1415 页。有关“复礼”的讨论可参见余英时《东汉生死观》，侯旭东等译，上海古籍出版社，2005，第 131 页。

在人们的意识中，“方外”之地尤以西北方向最为险恶，例如前引《论衡》提到“北方有鬼国”，据《海内北经》载：“鬼国在贰负之尸北，为物人面而一目，一曰贰负神在其东，为物人面蛇身。”此国的“物”具有人的面容但仅有一目，袁珂认为此即《海外北经》的“一目国”，并且认为贰负神所杀死的窫窳也是“人面蛇身”，推测两者均是天神。①

《论衡·订鬼》还引用了另外一段据说出自《山海经》的材料：“沧海之中，有度朔之山，上有大桃木，其屈蟠三千里，其枝间东北曰鬼门，万鬼所出入也。上有二神人，一曰神荼，一曰郁垒，主阅领万鬼。恶害之鬼，执以苇索，而以食虎。于是黄帝乃作礼以时驱之，立大桃人，门户画神荼、郁垒与虎，悬苇索以御。”② 大致相同的记述亦见于蔡邕《独断》及应劭《风俗通义》，③ 但不见于今本《山海经》。④ 王充说万鬼出入的鬼门在沧海之中，没有提及具体方位，而在《乱龙》中又说：“上古之人，有神荼、郁垒者，昆弟二人，性能执鬼，居东海度朔山上，立桃树下，简阅百鬼。”⑤ 则知度朔山

---

① 袁珂校注《山海经校注（最终修订版）》，第 270—271 页。只是无论“人面一目”，还是“人面蛇身”，在《山海经》的诸多物怪之中并不能说有何特异之处，王充怕也只是以“鬼国”为例讨论“订鬼”的问题。

② 黄晖：《论衡校释（附刘盼遂集解）》，第 936 页。

③ 《风俗通义》云：“谨按：《黄帝书》：‘上古之时，有荼与郁垒昆弟二人，性能执鬼。度朔山上章桃树下，简阅百鬼，无道理妄为人祸害，荼与郁垒缚以苇索，执以食虎。’”此《黄帝书》当是流行于东汉时期、与《山海经》类似的著作。而同样的内容王充以为出自《山海经》，《史记集解》认为出自《海外经》，未知孰是。

④ 推测王充所见《山海经》中度朔之山等内容或东汉以后亡佚。

⑤ 黄晖：《论衡校释（附刘盼遂集解）》，第 938—939 页。

在东海之中，而山以“朔”为名，是地理位置在偏北方亦未可知。鬼门在度朔山的东北方，后世风水学中也以东北为鬼门，两者恐怕并非仅仅是巧合。

另外，《山海经·大荒北经》中带来旱灾的女魃就居住在北方：

> 有系昆之山者……有人衣青衣，名曰黄帝女魃。蚩尤作兵伐黄帝，黄帝乃令应龙攻之冀州之野。应龙畜水，蚩尤请风伯雨师，纵大风雨。黄帝乃下天女曰魃，雨止，遂杀蚩尤。魃不得复上，所居不雨。叔均言之帝，后置之赤水之北。叔均乃为田祖。魃时亡之。所欲逐之者，令曰：“神北行！”先除水道，决通沟渎。[①]

从《山海经》以及《淮南子·地形训》的相关记载来看，赤水是位于北方的一条河流，女魃则是被流放到赤水更北的地方。驱逐女魃的咒语是“神北行”，也是请求她回归原本在北方的居所。

值得一提的是，史籍中有关于人死后头朝向北方的记载，例如《礼记·礼运》说：“死者北首，生者南乡。”《礼记·檀弓下》也说：“葬于北方，北首，三代之达礼也，之幽之故也。”[②]《孔子家语·问礼》亦有：“故生者南向，死者北首，皆从其初也。”[③]然考古发掘的结果却证实此说并未通行，例如秦人的墓葬多西首，秦公大墓也有朝东的；

① 袁珂校注《山海经校注（最终修订版）》，第362—363页。

② 《礼记正义》，阮元校刻《十三经注疏》，第1415、1302页。

③ 陈士珂辑《孔子家语疏证》，上海书店，1987，第27页。

二里头墓葬虽朝北者多，然亦有相当一部分西首；商王大墓的朝向也非一定。[①] 所以“死者北首”很可能只是一种理想的情况，是当时知识阶层出于某种理念所做的设计。但同时也不能否认，这种设计背后或许包含着对北方为幽冥之地的认知。

春秋战国时期有“九原”，意思是墓地，应当是时人观念中的幽冥之界。例如《礼记·檀弓下》记载：“赵文子与叔誉观乎九原。文子曰：‘死者如可作也，吾谁与归？’”从文意来看，显然是将“九原”作为死者之地。同篇又有“九京”之说：“武也得歌于斯，哭于斯，聚国族于斯，是全要领以从先大夫于九京也。”[②] “九京”被认为是“九原”之讹，有学者进一步指出，正是“九原”与“黄泉”结合，才有了后来“九泉”的观念，其同样指的是人死后要去的幽冥世界。[③] 然而奇怪的是，赵国人在北方新占领的地区设郡，并称之为“九原”，此后秦人及西汉人又沿用

① 相关考古报道见中国社会科学院考古研究所二里头工作队《1987 年偃师二里头遗址墓葬发掘简报》，《考古》1992 年第 4 期；中国社会科学院考古研究所编著《偃师二里头：1959 年—1978 年考古发掘报告》，中国大百科全书出版社，1999；安阳市文物考古研究所编著《安阳殷墟徐家桥郭家庄商代墓葬》，科学出版社，2011；周原博物馆《周原遗址刘家墓地西周墓葬的清理》，《文博》2007 年 4 期；周原博物馆《1996 年扶风黄堆老堡子西周墓清理简报》，《文物》2005 年第 4 期。宋镇豪认为墓葬朝向因地区性、群体性、族类，以及鬼魂的善恶而有所不同，见氏著《中国上古时代的丧葬礼俗》，收入科技部社会发展科技司、国家文物局博物馆与社会文物司编《中国文明探源工程文集（社会与精神文化卷）》下册，科学出版社，2009，第 832—847 页。

② 《礼记正义》，阮元校刻《十三经注疏》，第 1315、1316 页。

③ 萧登福：《先秦两汉冥界及神仙思想探原》，台北：文津出版社，2001，第 21—22 页。

旧称。[①] 这是否与当时人们以北方为冥界的信仰有关，就不得而知了。后来汉武帝似觉此名不雅，遂改“九原”为“五原”。[②]

至于将方外作为鬼物居住地，但是特别强调西、北方的原因，很可能和太阳自东南升起，从西北落下有关。例如《楚辞·天问》就说“日安不到，烛龙何照”，王逸注释云：“天之西北，有幽冥无日之国，有龙衔烛而照之。”[③] 西、北落日，是以在人们的意识中，这两个方位就和黑暗联系起来。《庄子·逍遥游》里的“北冥”之说，恐怕也是由此而来的。在阴阳观念兴起后，因鬼物属阴，自然就与这一方向搭配在一起。

3. 从“鬼方”到“降奴”——方外意识的转变

由于不熟悉和不了解，先秦秦汉时期人们对于“方外”保持着相当遥远的心理距离，并将其视为鬼魅物怪的居住地；尤其是对中原政权构成挑战的西、北地域，对其“异化”多于理性认知。这种社会意识形成于十分久远的历史时期，并一直存留在人们的心底深处，产生重要影响。但是，随着认识的提升和交流的增多，人们的意识也在发生改变，尤其是上层统治阶层和知识阶层，出于政治的需要开始更多理性地思考和处

---

① 九原郡为赵国人所设置之材料见于《水经注》卷三《河水》引《竹书纪年》“魏襄王十七年，邯郸命吏大夫奴迁于九原，又命将军大夫适子戍，吏皆貉服矣”，也就是说早在秦人占领以前此地就被赵人称为“九原”。然《左传》中的“九原”原就在赵地，赵人恐怕是以旧地名称呼新地。相关研究可参见史念海《论秦九原郡始置的年代》，《河山集》七集，陕西师范大学出版社，1999，第 376—384 页；陈仓《战国九原郡补说》，《中国历史地理论丛》第 2 辑，1994 年，第 247—249 页。

② 《汉书》卷二八下《地理志下》，第 1619 页。“五原郡，秦九原郡，武帝元朔二年更名。”

③ 洪兴祖：《楚辞补注》，第 93 页。

理“方外”问题。例如汉代自文帝开始，试图将自己的“德”散布到“方外”地区，汉文帝在与匈奴和亲的诏书中说：

> 朕既不明，不能远德，是以使方外之国或不宁息。夫四荒之外不安其生，封畿之内勤劳不处，二者之咎，皆自于朕之德薄而不能远达也。间者累年，匈奴并暴边境，多杀吏民，边臣兵吏又不能谕吾内志，以重吾不德也。[①]

在这段诏书中三次提到了“德”的问题，可见文帝的个人追求以及这一时代的政治风气。所谓“远德”指的是将汉朝的“德”布施到边远之地，感化那里的百姓。虽然这则诏书中体现的文帝之“远德”追求只是为了粉饰被迫和亲的无奈之举，但这种理念却为后来者继承。至武帝时代，在国家实力增强的背景之下，人们对于“远德方外”的追求更为强烈，汉武帝在即位之后的第一次贤良对策中就提出了如何将“德”传播于四海和“方外”的问题：

> 伊欲风流而令行，刑轻而奸改，百姓和乐，政事宣昭，何修何饬而膏露降，百谷登，德润四海，泽臻屮木，三光全，寒暑平，受天之祜，享鬼神之灵，德泽洋溢，施乎方外，延及群生？[②]

---

① 《史记》卷一〇《孝文本纪》，第 431 页。

② 《汉书》卷五六《董仲舒传》，第 2496—2497 页。有关董仲舒对策的年代可参见岳庆平《董仲舒对策年代辨》，《北京大学学报》1986 年第 3 期。

是知与文帝类似，汉武帝施政的大政方针也在于“德润四海”，使德泽“施手方外”。针对汉武帝的提问，董仲舒给出了“更化”的对策，认为遵循仁、义、礼、智、信五常之道，就可以做到“德施于方外，延及群生”。董仲舒强调统治者首先要做到自身“德”的强大，然后以之感化民众和“方外”，应当说这一思想符合儒家的一贯追求。[①] 另外，董仲舒还主张“王者爱及四夷”，以“德”感化四夷。[②] 董仲舒的思想不乏后继者，例如盐铁会议中“文学”说：“春秋‘王者无敌’。言其仁厚，其德美，天下宾服，莫敢受交也。德行延及方外，舟车所臻，足迹所及，莫不被泽。蛮、貊异国，重译自至。”[③] 这种思想强调有德就可以感化“方外”之国，其实就是对董仲舒的延续，而这也是西汉后期乃至东汉时期对外政策中占有主导性的思想。

淮南王刘安也曾给武帝上书，就当时武帝经营南越的问题提出意见，其中涉及当时知识阶层对“方外”问题的看法。例如淮南王说：

> 越，方外之地，剪发文身之民也。不可以冠带之国法度理也。自三代之盛，胡越不与受正朔，非强弗能服，威

① 有学者指出，董仲舒的社会政治思想里吸收与发挥了黄老的“刑德”思想，主张两手并用，而以仁义教化为根本（见金春峰《汉代思想史》，中国社会科学出版社，1987，第 199 页）。另见李玉洁《董仲舒的德治思想》，《孔子研究》2002 年第 3 期。

② 详见汪高鑫《论汉代公羊学的夷夏之辨》，《南开学报》2006 年第 1 期；周桂钿《董仲舒政治哲学的核心——大一统论》，《中国哲学史》2007 年第 4 期；潘传表《汉代公羊学关于大一统的制度设计》，《求索》2011 年第 11 期。

③ 桓宽撰集，王利器校注《盐铁论校注》，中华书局，1992，第 508 页。

> 弗能制也，以为不居之地，不牧之民，不足以烦中国也。故古者封内甸服，封外侯服，侯卫宾服，蛮夷要服，戎狄荒服。[①]

又说：

> 陛下以四海为境，九州为家，八薮为囿，江汉为池，生民之属皆为臣妾。人徒之众足以奉千官之共，租税之收足以给乘舆之御。玩心神明，秉执圣道，负黼依，冯玉几，南面而听断，号令天下，四海之内莫不向应。陛下垂德惠以覆露之，使元元之民安生乐业，则泽被万世，传之子孙，施之无穷。天下之安犹泰山而四维之也，夷狄之地何足以为一日之闲，而烦汗马之劳乎！《诗》云“王犹允塞，徐方既来”，言王道甚大，而远方怀之也。[②]

刘安提到的“四海”“九州”“八薮”“江汉”等都可以理解为“方内”，而南越则属“方外”之地。有关汉武帝时代早期人们心目中“方内”和“方外”的地理位置，这则上书中有很好的体现。另外，刘安也强调对于“方外”之地应当采取“怀”的措施，也就是以德感化，这与董仲舒的思想颇为相似。

然而，与要求以“德”感化“方外”不同的是，武帝时期要求“填抚方外”“并方外”“拒敌方外”的声音更为强

① 《汉书》卷六四上《严助传》，第 2777 页。

② 《汉书》卷六四上《严助传》，第 2784—2785 页。

烈，也就是以武力对抗来自周边族群的挑战。整个汉武帝时期的对外政策可以说正是沿着这一思路在推进。武帝的对外政策，尤其是针对匈奴的军事活动大致可以分为前、后两个时期：前期以防御为主，是受到普遍肯定的；争议比较大的是武帝后期在西域和匈奴地区的军事活动。陈苏镇曾考察武帝后期对西域的政策，认为此阶段主要军事活动的目的是达到“重九译，致殊俗，威德遍于四海”的政治效果；要达到这一效果，就要实现对西域地区的控制；而要保证对西域各国的控制，保持西域道路的持久畅通，只有彻底征服匈奴这一个办法。所以太初至政和年间对匈奴的用兵就是出于这一目的而发动的。①

然而随着商丘成、马通无功而返，李广利投降匈奴，武帝的这一战略目的并没有实现，朝内巫蛊之乱的严重后果也迫使武帝对以往的政策做出调整。此后由于匈奴内部的分裂等原因，汉与匈奴的实力对比逐渐发生转变，这一转变也影响着社会意识的变迁。在这样的背景影响下，王莽时代对于“方外”的思想更倾向于征服和吞灭，试图把周边地区全部纳入中央政府的实际统治范围。其中的标志性事件便是王莽派遣五威将出巡四方。

五威将虽然是军事人员，但此次出行却无任何实际军事意义可言，他们更多被认为是天神太一的使者，这种身份具有浓郁的神秘色彩；他们的使命也具有很强的神秘性，即厌胜。王莽所谓的“四表”可以理解为当时能够抵达的天下四方的极致，“化四表”或者说“光被四表”，是传说中三皇、帝尧、

① 陈苏镇：《〈春秋〉与“汉道”——两汉政治与政治文化研究》，第280—281页。另外，田继周总结汉武帝时期与匈奴的关系，认为前期具有防御的性质，后期则倾向于非正义和黩武，是研究者较为普遍的意见（见氏著《秦汉民族史》，第94—107页）。

帝舜时代的丰功伟绩，王莽此举恐有模仿上古帝王的含义。但王莽的使者把方外地区的“王”改为“侯”，把“玺”改为“章”，显然有把这些地区彻底纳入中央统治之下的含义，比上古帝王更加向前进了一步，意欲真正实现“普天之下，莫非王土”的目标。

始建国前四年可以说是王莽事业达到顶峰的时期，班固评价他“志方盛，以为四夷不足吞灭”，这也是对王莽此时心态的恰当描述。然此后不久，王莽对匈奴的政策遭到匈奴方强烈抵制，双方矛盾日益激化。王莽似乎下定了决心要以军事行动彻底解决匈奴问题，于始建国二年（10）十二月，“更名匈奴单于曰降奴服于”，开始了对匈奴的军事征伐活动，并发布诏书：“降奴服于知，威侮五行，背畔四条，侵犯西域，延及边垂，为元元害，罪当夷灭。”① 是知王莽的战略目标是“夷灭”匈奴。而把匈奴改为“降奴”，其思想背景应当就是当时颇为盛行的厌胜巫术，与之类似的还有改高句骊为“下句骊”等。王莽的最终目的是要将匈奴和高句骊纳入帝国的版图之中，可以说，他期待自己统治的天下包含前代认知的“方外”地区，且不承认帝国内部还有不服从统治的地区。

汉武帝以后，汉与匈奴有六十多年的和平时期，史载“自宣帝以来，数世不见烟火之警，人民炽盛，牛马布野”。② 而随着交往的增加，西汉中后期人们已经很少把“方外”当成是鬼物居住的地方，对当地的民族和政权都有了更多了解，至元帝时期汉民中甚至出现了“匈奴中乐”的想法，汉人“越塞”进

① 《汉书》卷九九中《王莽传中》，第 1421 页。

② 《汉书》卷九四下《匈奴传下》，第 3826 页。

入匈奴地区生活可能已经比较普遍，所以王莽“四条”中第一条就是“中国人亡入匈奴者……皆不得受”。也有一些汉人和匈奴人结亲生子。① 再加上匈奴实力已不如先前强大，在这种情形之下，王莽准备彻底消泯“方内”与“方外”的界限，真正实现“天下一统”的政治理想，便有了一定的现实基础。

总的来说，“方”的字形来源于并在一起的船，字义来源于古老的绘图工具矩；而“方外”指的是中央政府统治无法抵达的地方。“鬼方”一词起源甚早，其最初之含义或许就是王国维所说的“远方”之意。但这个词被汉人隶定后具有了“众鬼聚居之地”的意思，这与时人将“方外”尤其是西方和北方当作是幽冥之地的意识有关。若深入追究，可以发现这一观念可能来自太阳东南升、西北落的自然现象，当然也包含了中原地区人们对西、北方向强悍民族的恐惧印象。而随着汉代人对远方世界探索的深入，人们对于“方外”的看法也经历了较大的转变：从最初的认作是鬼怪聚居之地而刻意丑化，到希望将王朝的“德”流布于斯，再到王莽时代的厌胜与强服。其中折射的“方外”意识的演化，意味着至少在空间认知的层面，巫术思维开始逐渐让位于科学、理性的思维模式。

小　结

前文讨论璇玑玉衡问题，认为璇玑是星象名称，也是一种测天仪器的名称，在历史早期人们根据星象制作了模拟璇玑玉

① 王子今：《汉代北边“亡人”：民族立场与文化表现》，《南都学坛》2008 年第 2 期；王绍东：《从“闻匈奴中乐”看秦汉时期游牧文化的人文精神》，《内蒙古大学学报》2009 年第 4 期。

衡的天文仪器，并尝试借助天文的神秘力量帮助人间秩序的建构，这或许就是“舜在璇玑玉衡，以齐七政”的真实含义。而到了王莽的时代，同样模拟北斗制作了一件斗状器物——威斗，尝试将人间政治与天文星象对应起来。史料中虽然没有明言，但王莽制作威斗的理论基础显然是基于对“舜在璇玑玉衡，以齐七政”的理解。事实上，从取得政权之初即派遣五威将巡行天下威慑四方，到后来铸造威斗以期“厌胜众兵”，王莽对“立威”的需求是贯穿始终的。正如前人所言，王莽取得政权合法性存疑，其反对者始终在帝国内部存在，王莽期待通过各种方式来增强自身政权之“威”，以求得民众的接受和认可。应当认识到，威斗神秘特征的最主要来源是对北斗七星的模拟，例如在文献记载中北斗七星被赋予主管边疆地区军事行动的特殊意义，因而被绘制在灵旗上，汉代人相信在战争进行的过程中由太史以灵旗指向所讨伐的国家，可以起到厌胜的效果。

本章的讨论注意到，人们对天象并不是简单模拟，而是根据自己的需要重新计算和建构，赋予时间以吉凶、宜忌方面的内容，以方便对时间的选择，这也就是择日术的基本操作方式。择日术归根到底是人们对时间的认识和理解，是根据对自然的观察赋予时间新的意义，同时要求自身遵循时间运行的规律，并因此而形成了一整套影响深远的制度和习俗。基于此本章重点讨论了史官与岁星纪年择日的问题。如《国语》中记载史官董因的一段预言，他从自己的原本职事出发，结合天象，以先前已有事件的吉凶来预测和判断未来事件的走向。事实上刘歆也是依照同样的逻辑帮助王莽选择继位和出巡的时间的，这种以时间（也就是岁星纪年）为纽带构建起来的历史事件和现实之间的联系，虽然并不符合科学逻辑，但确实曾经对人们的思想产生深远的影响。例如在某一时间曾经有美好的事情发生，那么人们自然会期待在轮回过后的相同时间依然会有美好的事情发生，这确实符合人们认识事物的简单规律，是以长久以来能够深入人心。

总的来说，先秦两汉时期的人们期望通过模拟天象寻找时空规律，获得神秘的力量，这是人们认识时间和空间的必然过程，其神秘化的路径应当引起更进一步的关注和思考。

结　语

在今人的认知中，时间、空间与运动是紧密相连的，这主要是因为人们是经由天文现象认识时间的，而天体是运动着的，所以运动本身就是时间的重要特性。在古代人认识时间和空间的过程中，时间与空间的结合同样是非常重要的，其典型表现之一即十二地支既能够用于表现时间，也能够用于表现空间，所以本书在讨论时间与空间问题的时候，并未将这两者截然区分。

本书讨论时空观念的重点在讨论人们对时间和空间与人事之间联系的认知，这也可以说是对秦汉时代人们认识世界的思维模式的研究。正是基于这样的认知，人们会利用各类仪器探索天体运转的基本规律，进而对天文和时间、空间有初步的认识。但必须注意的是，这种认知还停留在较为简单质朴的层面，相较于现代意义上的科学还有一定距离，很难经得起反复的验证。人们还是倾向于相信时间和空间背后的神秘力量。可以认为，秦汉时代时空观念的本质就是科学夹杂着谬误，实践经验与神秘思想混淆，如果要从整体上认识当时人们的时空观念，这两个方面的内容都是必须注意的。

本书着重讨论了历史早期人们基于特定的时空观念发展出的各类仪器和设备，包括规矩、准绳，以及土圭、圭表、璇玑、浑仪等。古人制作这些仪器用于观测天文现象，并用于历法修订，以期政治活动与社会生活都能够顺时守序。至秦汉时期，这些仪器经过反复的实验和改进，已经达到了相当的精确度，能够对天体的运行进行基本的模拟和观测，例如圭表已经能够用于实际的工程测量工作，漏刻则可以用来计量非常精细的时间了。但同时也应当注意，这些仪器也会反过来影响人们对宇宙的认知，其具体表现就是，人们基于对这些仪器的使用，获得了更加精确的时空知识。例如，通过使用规矩和准绳之类的工具，人们可以获知较为精确的方位；经由对圭表、浑仪和漏刻的使用，汉代的时候就已经把时间精确到“刻”，且漏刻的发明和完善使得人们摆脱了计量时间的过程中对天文的依赖，此后进一步以天文现象和漏刻配合，以得到更为精确的时间。新的时间计量方式的出现，无疑会对人们的时间观念造成影响，人们不必再仰观天空，而是可以依靠完善之后的漏壶等模拟时间的流逝，获得更为明确的时间信息。

与此同时，人们也不再简单依赖自然现象确定时间。本书讨论鸡鸣问题时注意到，历史早期人们的生活与自然结合较为紧密，会使用鸡鸣计时，即便每天鸡鸣的时间有所偏差，但古人大致以鸡鸣时分开启新的一天，本身并没有太大问题。然而随着生产活动的发展，单纯依靠自然现象的计时方式显然已经无法满足需求，于是包括漏刻在内的新的时间计量方式开始出现，鸡鸣也成为一个时间点被固定下来，并逐渐演变为一个时称。以两个时称代表两个时间点来标记时间段，虽然较此前有所进步，但仍很难做到精确，因为如果要标记一个时段，则两个时间点必须是确定的，最初的平旦、日入、夜过中和鸡鸣等时称只是模糊的时间点，因而测量出来的时间段也必然是模糊的。另外人们也很快发现，每天日出和日落的时间点并不相同，如果要实现精度的时间计量，则必须将时称固定在具体的时间点上。正基于此，时称与地支这两种不同体系的时间计量方式开始结合。

本书最后一部分讨论威斗与时空模拟问题。在历史早期人们就根据星象制作了模拟璇玑玉衡的天文仪器，并尝试借助天文的神秘力量帮助建构人间秩序，王莽时代制作威斗，同样是模拟北斗运行，尝试将人间政治与天文星象对应起来，以期实现厌胜的效果。并且，古人对天象并不是简单模拟，而是根据现实的需要重新计算和建构，给时间增添吉凶、宜忌的内涵，从而实现对时间的选择，并由此而形成了一整套影响深远的制度和习俗。

此外应当引起我们思考的是，为什么古人会对时间有如此精确的要求？当人类社会进入工业化时代，精准的时间可以协调不同群体的分工合作，然而在农业社会，人们掌握时间则不完全出于类似的需要。一般认为，农业社会中观测天文获取时间的主要作用在农业生产方面，但除此之外，天文显然与建立在农业基础上的国家运行有更为密切的关系。很多材料显示，在农业时代人们希望行政机构以及整个社会都能像天体运行那样有秩序地运转，而一旦天文现象出现异常，则意味着灾难性的事件有可能会发生。加之受技术与时代局限，历法也会与天文现象产生冲突，这往往引起人们思想上的恐慌。反过来，对历法与时间精确度的追求，推动古人不断改进天文仪器，以期准确观测、模拟天象，并预测其发展。

历史表明，工具的不断改进是推动人们思想意识前进最为主要的因素之一，具体到秦汉时期，天文测量仪器的进步和发展使得人们有机会对于天文产生接近科学和理性的认知，从秦到汉末，人们不再仅仅使用这些仪器进行神秘巫术的命运测算，也不再单纯相信鬼神对时间和空间的控制，有赖于工具的发展，古人思想中的理性因素有所加强，而其深远之影响，显然又不仅仅在时间和空间观念方面。所以总体来看，技术的进步促进了人们思想意识的变化，而思想意识的变化也会要求进一步改进技术。爬梳和探讨两者间的相互促进，可以对中国古代“科学”思维的进步有较为充分的认识。

参考文献

一　典籍类

〔日〕安居香山、中村璋八辑《纬书集成》，河北人民出版社，1994。

（汉）班固撰集，陈立疏证《白虎通疏证》，吴则虞点校，中华书局，1994。

（汉）班固撰，王先谦补注《汉书补注》，上海师范大学古籍整理研究所整理，上海古籍出版社，2012。

曹胜高、岳洋峰辑注《汉乐府全集（汇校汇注汇评）》，崇文书局，2018。

陈国庆编《汉书艺文志注释汇编》，中华书局，1983。

陈士珂辑《孔子家语疏证》，上海书店，1987。

程贞一、闻人军译注《周髀算经译注》，上海古籍出版社，2012。

〔日〕川边信一著，徐泽林、刘丽芳译注《〈周髀算经图解〉译注》，上海交通大学出版社，2015。

（晋）崔豹:《古今注》，明芝秀堂刊本。

（唐）杜佑:《通典》，王文锦等点校，中华书局，1988。

丁福保编《全汉三国晋南北朝诗》，中华书局，1959。

（宋）范成大：《桂海虞衡志》，大象出版社，2019。

方向东：《大戴礼记汇校集解》，中华书局，2008。

（晋）葛洪著，王明校释《抱朴子内篇校释》，中华书局，1985。

（晋）葛洪撰，周天游校注《西京杂记校注》，三秦出版社，2006。

顾颉刚、刘起釪：《尚书校释译论》，中华书局，2005。

（清）顾炎武撰，黄汝成集释《日知录集释》，栾保群点校，中华书局，2020。

（晋）郭璞注，王贻樑、陈建敏校释《穆天子传汇校集释》，中华书局，2019。

（清）郭庆藩：《庄子集释》，王孝鱼点校，中华书局，1961。

《汉书》，中华书局，1962。

（清）郝懿行：《竹书纪年校正》，李念孔点校，齐鲁书社，2010。

（清）郝懿行：《晋宋书故》，张述铮、张越点校，中华书局，1991。

何清谷校释《三辅黄图校释》，中华书局，2005。

洪兴祖：《楚辞补注》，白化文等点校，中华书局，1983。

《后汉书》，中华书局，1965。

（汉）桓宽撰集，王利器校注《盐铁论校注》，中华书局，1992。

（汉）桓谭撰，朱谦之辑校《新辑本桓谭新论》，中华书局，2009。

黄怀信：《鹖冠子校注》，中华书局，2004。

黄怀信:《大戴礼记汇校集注》，三秦出版社，2005。

(北魏) 贾思勰著，石声汉校释《齐民要术今释》，中华书局，2009。

《晋书》，中华书局，1974。

《旧唐书》，中华书局，1975。

《旧五代史》，中华书局，1976。

(北魏) 郦道元著，陈桥驿校证《水经注校证》，中华书局，2007。

黎靖德编《朱子语类》，王星贤点校，中华书局，1986。

梁思成:《营造法式注释》，中国建筑工业出版社，1983。

(清) 梁玉绳:《史记志疑》，贺次君点校，中华书局，1981。

(清) 梁玉绳等编《史记汉书诸表订补十种》，吴树平等点校，中华书局，1982。

(汉) 刘安编，何宁撰《淮南子集释》，中华书局，1998。

(汉) 刘熙撰，(清) 毕沅疏证，(清) 王先谦补《释名疏证补》，中华书局，2008。

(汉) 刘向撰，向宗鲁校证《说苑校证》，中华书局，1987。

(秦) 吕不韦编，许维遹集释《吕氏春秋集释》，梁运华整理，中华书局，2009。

(宋) 吕大临、赵九成:《考古图 续考古图 考古图释文》，中华书局，1987。

(元) 马端临:《文献通考》，中华书局，2011。

《南史》，中华书局，1975。

(清) 皮锡瑞撰，吴仰湘编《尚书大传疏证》，中华书局，2015。

容庚：《颂斋吉金图录》，《容庚学术著作全集》，中华书局，2012。

（清）阮元校刻《十三经注疏》，中华书局，2009。

（清）阮元等撰，冯立昇等校注《畴人传合编校注》，中州古籍出版社，2012。

《三国志》，中华书局，1982。

（宋）司马光编著《资治通鉴》，（元）胡三省音注，“标点资治通鉴小组”校点，中华书局，1956。

《史记》，中华书局，1982。

（宋）叶梦得：《避暑录话》，徐时仪整理，大象出版社，2019。

《宋史》，中华书局，1985。

《宋书》，中华书局，1974。

（汉）宋衷注，（清）秦嘉谟等辑《世本八种》，中华书局，2008。

苏舆：《春秋繁露义证》，钟哲点校，中华书局，1992。

（宋）苏轼著，李之亮笺注《苏轼文集编年笺注》，巴蜀书社，2011。

《隋书》，中华书局，1973。

（清）孙星衍等辑《汉官六种》，周天游点校，中华书局，1990。

（清）孙诒让：《墨子间诂》，孙启治点校，中华书局，2001。

（清）孙诒让：《周礼正义》，王文锦、陈玉霞点校，中华书局，2013。

（清）孙希旦：《礼记集解》，沈啸寰、王星贤点校，中华书局，1989。

（元）陶宗仪：《说郛》，中国书店，1986。

（汉）王充著，黄晖撰《论衡校释（附刘盼遂集解）》，中华书局，1990。

（汉）王符撰，（清）汪继培笺，彭铎校正《潜夫论笺校正》，中华书局，1985。

（清）王夫之：《读通鉴论》，舒士彦点校，中华书局，1975。

（宋）王黼：《宣和博古图》，诸莉君整理校点，上海书店出版社，2017。

（宋）王楙：《野客丛书》，王廷洽整理，大象出版社，2019。

（清）王鸣盛：《十七史商榷》，中华书局，2010。

（明）王圻、（明）王思义编集《三才图会》，上海古籍出版社，1988。

王叔岷：《史记斠证》，中华书局，2007。

（清）王先谦：《荀子集解》，沈啸寰、王星贤点校，中华书局，1988。

（清）王先慎：《韩非子集解》，钟哲点校，中华书局，1998。

（清）王引之：《经义述闻》，上海书店出版社，2012。

（宋）王应麟：《六经天文编》，郑振峰等点校，中华书局，2012。

《尉缭子》卷四，文渊阁四库全书本。

（清）吴大澂：《古玉图考》，浙江人民美术出版社，2013。

（梁）萧绎撰，许逸民校笺《金楼子校笺》，中华书局，2011。

《新唐书》，中华书局，1975。

熊明辑校《汉魏六朝杂传集》，中华书局，2017。

（唐）徐坚等：《初学记》，中华书局，2004。

徐元诰：《国语集解（修订本）》，王树民、沈长云点校，中华书局，2002。

（汉）许慎撰，（清）段玉裁注《说文解字注》，上海古籍出版社，1981。

（汉）荀悦：《汉纪》，《两汉纪》，张烈点校，中华书局，2002。

（清）严可均校辑《全上古三代秦汉三国六朝文》，中华书局，1958。

杨伯峻：《列子集释》，中华书局，1979。

（汉）扬雄撰，汪荣宝注疏《法言义疏》，陈仲夫点校，中华书局，1987。

（北魏）杨衒之撰，周祖谟校释《洛阳伽蓝记校释》，中华书局，2010。

（汉）应劭撰，王利器校注《风俗通义校注》，中华书局，1981。

《玉海》，文渊阁四库全书本。

《元史》，中华书局，1976。

袁珂校注《山海经校注（最终修订版）》，北京联合出版公司，2014。

（清）章学诚撰，叶瑛校注《校雠通义》，靳斯点校，中华书局，1985。

（清）赵翼：《陔余丛考》，中华书局，1963。

（清）赵在翰辑《七纬（附论语谶）》，钟肇鹏、萧文郁点校，中华书局，2012。

（宋）郑樵：《通志二十略》，王树民点校，中华书局，1995。

（宋）周去非：《岭外代答》，查清华整理，大象出版社，2019。

周兴陆辑著《世说新语汇校汇注汇评》，凤凰出版社，2017。

朱右曾：《逸周书集训校释》，商务印书馆，1937。

二 出土文献

陈伟主编《里耶秦简牍校释》第1卷，武汉大学出版社，2012。

陈伟主编，彭浩、刘乐贤等撰《秦简牍合集·释文注释修订本》（贰），武汉大学出版社，2016。

陈伟主编，李天虹、刘国胜等撰《秦简牍合集·释文注释修订本》（叁），武汉大学出版社，2016。

甘肃省文物考古研究所编《天水放马滩秦简》，中华书局，2009。

甘肃省文物考古研究所、甘肃省博物馆、文化部古文献研究室、中国社会科学院历史研究所编《居延新简：甲渠候官与第四燧》，文物出版社，1990。

关长龙辑校《敦煌本数术文献辑校》，中华书局，2019。

湖北省荆州市周梁玉桥遗址博物馆编《关沮秦汉墓简牍》，中华书局，2001。

湖北省文物考古研究所、随州市考古队编《随州孔家坡汉墓简牍》，文物出版社，2006。

连云港市博物馆、东海县博物馆、中国社会科学院简帛研究中心、中国文物研究所编《尹湾汉墓简牍》，中华书局，1997。

饶宗颐、李均明：《新莽简辑证》，台北：新文丰出版社，1996。

睡虎地秦墓竹简整理小组编《睡虎地秦墓竹简》，文物出版社，1990。

孙占宇：《天水放马滩秦简集释》，甘肃文化出版社，2013。

孙占宇、鲁家亮：《放马滩秦简及岳麓秦简〈梦书〉研究》，武汉大学出版社，2017。

谢桂华、李均明、朱国炤：《居延汉简释文合校》，文物出版社，1987。

三　著作类

〔日〕白川静：《中国古代文学：从神话到楚辞》，〔日〕国久见太、崔倩倩译，四川人民出版社，2018。

〔美〕班大为：《中国上古史实揭秘：天文考古学研究》，徐凤先译，上海古籍出版社，2008。

北京天文馆编《李鉴澄先生百岁华诞志庆集》，中国水利水电出版社，2005。

常福元：《天文仪器志略》，京华印书局，1921。

常玉芝：《殷商历法研究》，吉林文史出版社，1998。

晁福林等：《中国民俗史·先秦卷》，人民出版社，2008。

陈金华、孙英刚编《神圣空间：中古宗教中的空间因素》，复旦大学出版社，2014。

陈久金：《陈久金天文学史自选集》，山东科学技术出版社，2017。

陈久金主编《中国古代天文学家》，中国科学技术出版社，

2013。

陈美东：《中国古代天文学思想》，中国科学技术出版社，2007。

陈美东、华同旭主编《中国计时仪器通史（古代卷）》，安徽教育出版社，2011。

陈梦家：《汉简缀述》，中华书局，1980。

陈戍国：《中国礼制史·秦汉卷》，湖南教育出版社，2002。

陈伟：《燕说集》，商务印书馆，2011。

陈伟等：《秦简牍整理与研究》，经济科学出版社，2017。

陈旭霞：《中国民间信仰》，河北人民出版社，2013。

陈雍：《说说考古》，故宫出版社，2017。

陈直：《史记新证》，中华书局，2006。

陈直：《汉书新证》，中华书局，2008。

陈忠锋：《王莽理想政治研究》，上海三联书店，2017。

陈遵妫：《中国天文学史》（上、中、下），上海人民出版社，2006。

程千帆：《史通笺记》，中华书局，1980。

崔适：《史记探源》，吉林出版集团股份有限公司，2017。

邓可卉：《比较视野下的中国天文学史》，上海人民出版社，2011。

邓可卉编著《天文史话》，上海科学技术文献出版社，2019。

丁山：《古代神话与民族》，商务印书馆，2017。

方述鑫等编《甲骨文金文字典》，巴蜀书社，1993。

冯时：《星汉流年——中国天文考古录》，四川教育出版社，1996。

冯时：《出土古代天文学文献研究》，台北：台湾古籍出版有限公司，2001。

冯时：《中国古代的天文与人文》，中国社会科学出版社，2006。

冯时：《中国天文考古学》，中国社会科学出版社，2010。

冯时：《中国古代物质文化史·天文历法》，开明出版社，2013。

傅道彬：《中国生殖崇拜文化论》，湖北人民出版社，1990。

〔荷〕高罗佩：《中国古代房内考》，李零等译，上海人民出版社，1990。

〔荷〕高罗佩：《秘戏图考》，杨权译，广东人民出版社，1992。

高之栋：《自然科学史讲话》，陕西科学技术出版社，1986。

〔日〕高木智见：《先秦社会与思想——试论中国文化的核心》，何晓毅译，上海古籍出版社，2011。

葛剑雄：《西汉人口地理》，人民出版社，1986。

葛兆光：《中国思想史》，复旦大学出版社，2001。

〔日〕工藤元男：《睡虎地秦简所见秦代国家与社会》，〔日〕广濑薰雄、曹峰译，上海古籍出版社，2011。

顾颉刚：《古史辨自序》，商务印书馆，2011。

关增建：《量天度地衡万物——中国计量简史》，大象出版社，2013。

管飞主编《天问之路——中国古代天文学史话》，贵州教育出版社，2013。

郭盛炽：《中国古代的计时科学》，科学出版社，1988。

侯甬坚：《历史地理学探索》，中国社会科学出版社，2004。

胡芳：《汉景帝阳陵探秘》，西北大学出版社，2006。

胡新生：《中国古代巫术》，人民出版社，2010。

华同旭：《中国漏刻》，安徽科学技术出版社，1991。

韩国河等：《中国古代物质文化史·秦汉》，开明出版社，2014。

黄儒宣：《〈日书〉图像研究》，中西书局，2013。

黄展岳：《南越国考古学研究》，中国社会科学出版社，2015。

江晓原：《天学真原》，辽宁教育出版社，1991。

江晓原：《脉望夜谭》，复旦大学出版社，2012。

江晓原、钮卫星：《回天——武王伐纣与天文历史年代学》，上海人民出版社，2000。

姜守诚：《〈太平经〉研究——以生命为中心的综合考察》，社会科学文献出版社，2007。

靳宝：《大葆台西汉墓研究》，北京燕山出版社，2012。

金春峰：《汉代思想史》，中国社会科学出版社，1987。

金毓黻：《中国史学史》，商务印书馆，2017。

金哲、陈燮君：《时间学》，浙江人民出版社，1992。

孔国平：《中国数学思想史》，南京大学出版社，2015。

李学勤：《夏商周年代学札记》，辽宁大学出版社，1999。

李亚农：《殷代社会生活》，上海人民出版社，1955。

李俨、钱宝琮：《李俨 钱宝琮科学史全集》，辽宁教育出版社，1998。

李勇：《月龄历谱与夏商周年代》，世界图书公司北京公司，2004。

〔英〕李约瑟：《李约瑟中国科学技术史》第4卷《物理

学及相关技术》第一分册《物理学》，陆学善等译，科学出版社、上海古籍出版社，2003。

〔英〕李约瑟：《李约瑟中国科学技术史》第3卷《数学、天学和地学》，梅荣照等译，科学出版社、上海古籍出版社，2018。

李浈：《中国传统建筑木作工具》，同济大学出版社，2004。

李志超：《天人古义——中国科学史论纲》，大象出版社，2014。

李志超：《中国水钟史》，安徽教育出版社，2014。

梁宗华：《汉代经学流变与儒学理论发展》，山东人民出版社，2018。

林存光：《儒教中国的形成》，学习出版社，2018。

林梅村：《汉唐西域与中国文明》，文物出版社，1998。

刘节：《中国史学史稿》，中州书画社，1982。

刘金沂、赵澄秋：《中国古代天文学史略》，河北科学技术出版社，1990。

刘克明：《中国工程图学史》，华中科技大学出版社，2003。

刘乐贤：《睡虎地秦简日书研究》，台北：文津出版社，1994。

刘乐贤：《简帛数术文献探论（增订版）》，中国人民大学出版社，2012。

刘师培著，邬国义、吴修艺编校《刘师培史学论著选集》，上海古籍出版社，2006。

刘坦：《论星岁纪年》，科学出版社，1955。

刘文英：《中国古代时空观念的产生和发展》，上海人民出版社，1980。

刘文英：《梦的迷信与梦的探索》，中国社会科学出版社，1989。

刘瑛：《〈左传〉、〈国语〉方术研究》，人民文学出版社，2006。

刘子芬：《玉说汇编》，书目文献出版社，1993。

卢嘉锡总主编，丘光明等著《中国科学技术史·度量衡卷》，科学出版社，2001。

卢嘉锡总主编，陈美东著《中国科学技术史·天文学卷》，科学出版社，2003。

卢嘉锡、路甬祥主编《中国古代科学史纲》，河北科学技术出版社，1998。

卢央：《中国古代星占学》，中国科学技术出版社，2013。

陆建芳主编，欧阳摩壹著《中国玉器通史 战国卷》，海天出版社，2014。

陆思贤：《周易·天文·考古》，文物出版社，2014。

陆思贤、李迪：《天文考古通论》，紫禁城出版社，2000。

陆星原：《卜辞月相与商代王年》，上海社会科学院出版社，2014。

吕思勉：《秦汉史》，上海古籍出版社，1983。

吕思勉：《先秦学术概论》，中国书籍出版社，2020。

马衡：《凡将斋金石丛稿》，中华书局，1977。

马叙伦：《读金器刻词》，中华书局，1962。

〔英〕玛丽·道格拉斯：《洁净与危险》，黄剑波等译，民族出版社，2008。

木芹：《两汉民族关系史》，四川民族出版社，1988。

潘鼐：《中国恒星观测史》，学林出版社，2009。

潘鼐主编《中国古天文仪器史（彩图本）》，山西教育出版社，2005。

庞朴主编，李存山等编《中华文化通志·哲学志》，上海人民出版社，1998。

蒲慕州：《礼俗与宗教》，中国大百科全书出版社，2005。

蒲慕州：《生活与文化》，中国大百科全书出版社，2005。

蒲慕州：《追寻一己之福——中国古代的信仰世界》，上海古籍出版社，2007。

蒲慕州：《墓葬与生死：中国古代宗教之省思》，中华书局，2008。

蒲慕州：《历史与宗教之间》，复旦大学出版社，2020。

清华大学国学研究院编《马衡文存》，江苏人民出版社，2020。

清华大学艺术博物馆编《必忠必信——清华大学艺术博物馆藏铜镜》，上海书画出版社，2017。

琼那·诺布旺典：《唐卡中的天文历算》，陕西师范大学出版社，2007。

饶宗颐：《饶宗颐东方学论集》，汕头大学出版社，1999。

任蜜林：《汉代内学：纬书思想通论》，巴蜀书社，2011。

尚秉和：《周易古筮考 周易尚氏学》，光明日报出版社，2006。

石硕、严俊主编《观天者说》，科学普及出版社，2019。

史念海：《河山集》四集，陕西师范大学出版社，1991。

史念海：《中国古都和文化》，中华书局，1998。

史宁中：《数学思想概论》第5辑《自然界中的数学模型》，东北师范大学出版社，2015。

宋鸿德、张儒杰、尹贡白、李瑞进编著《中国古代测绘史话》，测绘出版社，1993。

〔日〕薮内清：《中国的天文学》，东京恒星社厚生阁，1949。

孙机：《汉代物质文化资料图说（增订本）》，上海古籍出版社，2008。

孙机：《从历史中醒来：孙机谈中国古文物》，生活·读书·新知三联书店，2016。

孙慰祖：《历代玺印断代标准品图鉴》，吉林美术出版社，2010。

孙英刚：《神文时代：谶纬、术数与中古政治研究》，上海古籍出版社，2015。

陶磊：《〈淮南子·天文〉研究——从数术史的角度》，齐鲁书社，2003。

陶磊：《从巫术到数术——上古信仰的历史嬗变》，山东人民出版社，2008。

田继周：《秦汉民族史》，四川民族出版社，1996。

万迪棣：《中国机械科技之发展》，台北："中央"文物供应社，1983。

汪建平、闻人军：《中国科学技术史纲（修订版）》，武汉大学出版社，2012。

王德昌、张建卫编著《时间雕塑——日晷》，安徽科学技术出版社，2006。

王国维：《观堂集林（外二种）》，河北教育出版社，2003。

王晖：《商周文化比较研究》，人民出版社，2000。

王晖：《古史传说时代新探》，科学出版社，2009。

王青：《汉朝的本土宗教与神话》，台北洪叶文化事业有限公司，1998。

王仁湘：《凡世与神界：中国早期信仰的考古学观察》，上海古籍出版社，2018。

王巍总主编《中国考古学大辞典》，上海辞书出版社，2014。

王献唐：《中国古代货币通考》，齐鲁书社，1979。

王学理编著《汉代雄风：汉景帝与阳陵》，三秦出版社，2003。

王振铎：《科技考古论丛》，文物出版社，1989。

王志杰：《茂陵文物鉴赏图志》，三秦出版社，2012。

王志强：《汉代天下秩序的建构与文学书写》，群言出版社，2019。

王子今：《史记的文化发掘：中国早期史学的人类学探索》，湖北人民出版社，1997。

王子今：《中国女子从军史》，军事谊文出版社，1998。

王子今：《睡虎地秦简〈日书〉甲种疏证》，湖北教育出版社，2003。

王子今：《秦汉史——帝国的成立》，台北三民书局，2009。

温少峰、袁庭栋：《殷墟卜辞研究——科学技术篇》，四川社会科学院出版社，1983。

闻一多：《古典新义》，商务印书馆，2017。

闻一多：《神话与诗》，吉林出版集团股份有限公司，2017。

〔美〕巫鸿：《传统革新：巫鸿美术史文集》，上海人民出版社，2019。

吴承洛：《中国度量衡史》，商务印书馆，1937。

吴守贤、全和钧主编《中国古代天体测量学及天文仪器》，中国科学技术出版社，2008。

夏增民：《儒学传播与汉晋南朝文化变迁》，华中科技大学出版社，2009。

萧登福：《先秦两汉冥界及神仙思想探原》，台北文津出版社，2001。

谢金良：《审美与时间：先秦道家典籍研究》，复旦大学出版社，2012。

〔日〕新城新藏：《东洋天文学史研究》，沈璿译，中华学艺社，1933。

信立祥：《汉代画像石综合研究》，文物出版社，2000。

徐振韬主编《中国古代天文学词典》，中国科学技术出版社，2013。

许结：《中国文化史论纲》，广西师范大学出版社，2003。

阎步克：《乐师与史官：传统政治文化与政治制度论集》，生活·读书·新知三联书店，2001。

杨伯达：《中国玉器全集》，河北美术出版社，2005。

杨伯达：《巫玉之光：中国史前玉文化论考》，上海古籍出版社，2005。

杨伯达：《巫玉之光·续集》，紫禁城出版社，2011。

叶舒宪：《重述神话中国》，上海交通大学出版社，2018。

叶舒宪：《高唐女神与维纳斯：中西文化中的爱与美》，陕西人民出版社，2020。

〔日〕樱井邦朋：《天文考古学入门》，东京：讲谈社，1982。

于豪亮：《于豪亮学术论集》，上海古籍出版社，2015。

余太山：《古族新考》，中华书局，2000。

袁珂：《古神话选释》，北京联合出版公司，2017。

袁珂：《中国神话通论》，四川人民出版社，2019。

张柏春：《明清测天仪器之欧化：十七、十八世纪传入中国的欧洲天文仪器技术及其历史地位》，辽宁教育出版社，2000。

张培瑜等：《中国古代历法》，中国科学技术出版社，2007。

张闻玉：《古代天文历法讲座》，广西师范大学出版社，2008。

张衍田：《中国古代纪时考》，上海古籍出版社，2019。

赵继宁：《〈史记·天官书〉研究》，甘肃人民出版社，2015。

郑文光：《中国天文学源流》，科学出版社，1981。

《中国天文学简史》编写组编《中国天文学简史》，天津科学技术出版社，1979。

中国天文学史整理研究小组编著《中国天文学史》，科学出版社，1981。

《周公测景台调查报告》，商务印书馆，1937。

周桂钿：《秦汉思想史》，福建教育出版社，2015。

朱士光：《中国古都学的研究历程》，中国社会科学出版社，2008。

朱文鑫：《天文考古录》，商务印书馆，1933。

朱文鑫：《历法通志》，商务印书馆，1934。

祝中熹：《古史钩沉》，上海古籍出版社，2018。

〔日〕佐原康夫：《汉代都市机构的研究》，东京：汲古书院，2002。

四　论文类

安徽省文物工作队、阜阳地区博物馆、阜阳县文化局：

《阜阳双古堆西汉汝阴侯墓发掘简报》，《文物》1978年第8期。

敖天照：《三星堆玉石器再研究》，《四川文物》2003年第2期。

薄树人：《关于马上漏刻的第四第五种推测》，《自然科学史研究》1995年第2期。

畅海桦：《试探晋国史官地位嬗变之因》，《山西师大学报》2010年第5期。

车一雄、徐振韬、尤振尧：《仪征东汉墓出土铜圭表的初步研究》，中国社会科学院考古研究所编《中国古代天文文物论集》，文物出版社，1989。

陈仓：《战国赵九原郡补说》，《中国历史地理论丛》1994年第2辑。

陈侃理：《秦汉的颁朔与改正朔》，收入余欣主编《中古时代的礼仪、宗教与制度》，上海古籍出版社，2012。

陈侃理：《〈春秋繁露·止雨〉二十一年八月朔日考》，《史原》2013年第4期复刊。

陈侃理：《北大汉简所见的古堪舆术》，收入北京大学出土文献研究所编《北京大学藏西汉竹书》（伍），上海古籍出版社，2014。

陈侃理：《序数纪日的产生与通行》，《文史》2016年第3期。

陈健文：《试论中国早期"胡"概念之渊源》，《欧亚学刊》第6辑，中华书局，2007。

陈久金：《关于岁星纪年的若干问题》，《学术研究》1980年第6期。

陈久金:《中国古代时制研究及其换算》,《自然科学史研究》1983 年第 2 期。

陈久金:《中国十二星次、二十八宿星名含义的系统解释》,《自然科学史研究》2012 年第 4 期。

陈美东:《我国古代漏壶的理论与技术——沈括的〈浮漏议〉及其它》,《自然科学史研究》1982 年第 1 期。

陈美东:《论我国古代年、月长度的测定(上)》,中国天文学史整理研究小组编《科技史文集》第 10 辑《天文学专辑(3)》,上海科学技术出版社,1983。

陈美东:《试论西汉漏壶的若干问题》,中国社会科学院考古研究所编《中国古代天文文物论集》,文物出版社,1989。

陈美东:《中国古代的漏箭制度》,《广西民族大学学报》(自然科学版)2006 年第 4 期。

陈槃:《汉晋遗简偶述》,《中研院历史语言研究所集刊》第 16 本,1947 年。

陈槃:《秦汉间之所谓"符应"论略》,《中研院历史语言研究所集刊》第 16 本,1947 年。

陈雍:《"干章铜漏"辨正》,《北方文物》1994 年第 3 期。

陈勇:《〈史记〉所见"胡"与"匈奴"称谓考》,《民族研究》2005 年第 6 期。

陈云洪:《四川汉代高禖图画像砖初探》,《四川文物》1995 年第 1 期。

陈政均:《试释"巨乘马"》,《文博》1984 年第 3 期。

〔日〕成家彻郎:《睡虎地秦简〈日书·玄戈〉》,王维坤译,《文博》1991 年第 3 期。

程少轩:《放马滩简〈星度〉新研》,《自然科学史研究》2014 年第 1 期。

程少轩:《胎濡小考》,《中国文字研究》第 19 辑,上海书店出版社,2014。

戴应新:《神木石峁龙山文化玉器》,《考古与文物》1988 年第 5、6 期。

德效骞:《商代的记日法》,《通报》第 40 期,1951 年。

邓可卉、李迪:《对圭表起源的一些看法》,《科学技术与辩证法》1999 年第 5 期。

邓淑苹:《圭璧考》,《故宫学术季刊》1977 年第 3 期。

董莲池、毕秀洁:《商周“圭”字的构形演变及相关问题研究》,《中国文字研究》第 13 辑,大象出版社,2010。

董涛:《秦汉简牍〈日书〉所见“日廷图”探析》,《鲁东大学学报》2013 年第 5 期。

董亚巍、郭永和:《从汉代铜镜纹饰看圆规在制图中的应用》,《江汉考古》2003 年第 4 期。

董作宾:《殷代的记日法》,《台湾大学文史哲学报》1953 年第 5 期。

冯汉骥:《四川的画像砖墓及画像砖》,《文物》1961 年第 11 期。

冯礼贵:《〈周髀算经〉成书年代考》,《古籍整理研究学刊》1986 年第 4 期。

冯时:《陶寺圭表及相关问题研究》,《考古学集刊》第 19 集,科学出版社,2013。

冯时:《祖槷考》,《考古》2014 年第 8 期。

傅举有:《论秦汉时期的博具、博戏兼及博局纹镜》,《考古学报》1986 年第 1 期。

傅振伦:《甘肃定西出土的新莽权衡》,《中国历史博物馆馆刊》,1979 年。

甘肃省文物考古研究所:《甘肃永昌水泉子汉墓发掘简报》,《文物》2009 年第 10 期。

高鲁:《玉盘日晷考》,《中国天文学会会刊》第 4 期,1927 年。

高鲁:《刘半农的西汉日晷》,《宇宙》1935 年第 2 期。

高文:《野合图考》,《四川文物》1995 年 1 期。

〔日〕工藤元男:《二十八宿占(一)——秦简〈日书〉札记》,《史滴》第 8 号,1987 年 1 月。

〔日〕工藤元男:《云梦睡虎地竹简〈日书〉秦、楚二十八宿占——先秦社会文化的地域性和普遍性》,《古代》第 88 号,1989 年 9 月。

〔日〕工藤元男:《具注历的渊源——“日书”·“视日”·“质日”》,《简帛》第 9 辑,上海古籍出版社,2014。

顾颉刚:《〈庄子〉和〈楚辞〉中昆仑和蓬莱两个神话系统的融合》,《中华文史论丛》第 10 辑,上海古籍出版社,1979。

顾颉刚:《〈山海经〉中的昆仑区》,《中国社会科学》1982 年第 1 期。

顾颖:《汉代谶纬与汉代墓葬中的北斗图像》,《艺术学界》第 17 辑,江苏凤凰美术出版社,2017。

广州市文物管理处等:《广州秦汉造船工场遗址试掘》,《文物》1977 年第 4 期。

郭盛炽:《庐山“璇玑玉衡”的用途初析》,《中国科学院上海天文台年刊》第16期，上海科学技术出版社，1995。

郭盛炽：《马上漏刻辨》，《自然科学史研究》1995年第2期，1995。

何驽：《山西襄汾陶寺城址中期王级大墓IIM22出土漆杆"圭尺"功能试探》，《自然科学史研究》2009年第3期。

何驽：《江苏仪征东汉墓出土铜圭表再分析》，《南京博物院集刊》第12集，文物出版社，2011。

何星亮：《匈奴语试释》，《中央民族学院学报》1982年第1期。

何幼琦：《干支纪年史的探讨》，《殷都学刊》1992年第4期。

〔日〕河田雄治：《秦汉时代的日晷仪》，日本《天文月报》第1卷第8号，1908年。

胡阿祥：《"天下之中"及其正统意义》，《文史知识》2010年第11期。

胡其德：《太一与三一》，《东方宗教研究》1993年新3期。

胡新生：《异姓史官与周代文化》，《历史研究》1994年第3期。

黄丽丽：《试论〈汉书·艺文志〉"诸子出于王官"说(上)》，《中国历史文物》1999年第1期。

黄儒宣：《六博棋局的演变》，《中原文物》2010年第1期。

嵇童（林富士）：《压抑与安顺——厌胜的传统》，《历史月刊》第132期，1999年。

江西省文物考古研究院、中国人民大学历史学院考古文博系：《江西南昌西汉海昏侯刘贺墓出土铜器》，《文物》2018

年第 11 期。

江新：《〈春秋繁露《求雨》、《止雨》〉作者考》，《中国哲学史》2012 年第 1 期。

蒋竹山：《女体与战争——明清厌炮之术“阴门阵”再探》，《新史学》第 10 卷第 3 期，1999。

卡哈尔曼·穆汗：《塞、匈奴、月氏、铁勒四部名称考》，《西域研究》2000 年第 4 期。

劳榦：《从甲午月食讨论殷周年代的关键问题》，《中研院历史语言研究所集刊》第 64 本第 3 分，1993 年。

劳榦：《六博及博局的演变》，《中研院历史语言研究所集刊》第 35 本，1964 年。

李尔重：《试循闻一多之路探索〈周易〉——〈左传〉〈国语〉引〈易〉情况掇拾》，收入陆耀东、李少云、陈国恩主编《闻一多殉难六十周年纪念暨国际学术研讨会论文集》，武汉大学出版社，2007。

李广申：《漏刻的迟疾与液体粘滞性》，《科学史集刊》第 6 期，科学出版社，1963。

李翰：《关于厌胜钱的初步探讨》，《中国钱币》1984 年第 2 期。

李合群：《试论影响北宋东京规划布局的非理性因素——象天设都与堪舆学说》，《河南大学学报》2006 年第 5 期。

李鉴澄：《论后汉四分历的晷景、太阳去极和昼夜漏刻三种记录》，《天文学报》1962 年第 1 期。

李鉴澄：《考察古阳城测景台和观星台的回忆》，《中国科技史料》1984 年第 1 期。

李解民：《秦汉时期的一日十六时制》，《简帛研究》第 2

辑，法律出版社，1996。

李解民：《〈尹湾汉墓《博局占》木牍试解〉订补》，《文物》2000年第8期。

李久昌：《“天下之中”与列朝都洛》，《河南社会科学》2007年第4期。

李久昌：《周公“天下之中”建都理论研究》，《史学月刊》2007年第9期。

李均明：《汉简所见一日十八时、一时十分记时制》，《文史》第22辑，中华书局，1984。

李零：《马王堆汉墓“神祇图”应属辟兵图》，《考古》1991年第10期。

李零：《马王堆房中书研究》，《文史》第35辑，中华书局，1992。

李零：《高罗佩与马王堆房中书》，湖南省博物馆编《马王堆汉墓研究文集——1992年马王堆汉墓国际学术研讨会论文选》，湖南出版社，1994。

李零：《跋中山王墓出土的六博棋局——与尹湾〈博局占〉的设计比较》，《中国历史文物》2002年第1期。

李凭：《黄帝历史形象的塑造》，《中国社会科学》2012年第3期。

李强：《论西汉千章铜漏的使用方法》，《自然科学史研究》1996年第1期。

李天虹：《秦汉时分纪时制综论》，《考古学报》2012年第3期。

李天勇、谢丹：《璋的考辨——兼论三星堆玉器》，《四川文物·三星堆古蜀文化研究专辑》，1992年。

李维宝、陈久金：《论中国十二星次名称的含义和来历》，《天文研究与技术》2009年第1期。

李小波：《从天文到人文——汉唐长安城规划思想的演变》，《北京大学学报》2000年第2期。

李学勤：《〈博局占〉与规矩纹》，《文物》1997年第1期。

李学勤：《初读里耶秦简》，《文物》2003年第1期。

李学勤：《时分与〈吴越春秋〉》，《历史教学问题》1991年第4期。

李勇：《晷影测年：以陶寺疑似圭尺为例》，《自然科学史研究》2016年第4期。

李玉洁：《董仲舒的德治思想》，《孔子研究》2002年第3期。

李之勤：《历史上的子午道》，《西北大学学报》1981年第2期。

力成：《我国现存完整的铜壶滴漏》，《文物天地》1983年第6期。

连劭名：《式盘中的四门与八卦》，《文物》1987年第9期。

连劭名：《马王堆帛画〈太一避兵图〉与南方楚墓中的镇墓神》，《南方文物》1997年第2期。

梁万斌：《东汉建都洛阳始末》，《中华文史论丛》2013年第1期。

梁云：《周代用圭制度的流变》，《中国历史文物》2005年第3期。

梁振杰：《“诸子出于王官”说质疑》，《中国史研究》2010

年第 2 期。

廖伯源：《论东汉定都洛阳及其影响》，《史学集刊》2010 年第 3 期。

林梅村：《鍮石入华考》，《考古与文物》1999 年第 2 期。

〔日〕林巳奈夫：《中国古代的石刀形玉器和骨铲形玉器》，《东方学报》第 54 册，1982 年。

凌纯声：《中国古代瑞玉的研究》，《中研院民族学研究所集刊》第 20 期，1965 年。

刘斌：《良渚文化的祭坛与观象测年》，《中国文物报》2007 年 1 月 5 日。

刘东瑞：《矩和矩尺》，《文史》第 10 辑，中华书局，1980。

刘复：《西汉时代的日晷》，国立北京大学《国学季刊》第 3 卷第 4 号，1932 年。

刘乐贤：《睡虎地秦简日书〈诘咎篇〉研究》，《考古学报》1993 年第 4 期。

刘乐贤：《尹湾汉墓出土数术文献初探》，收入连云港市博物馆、中国文物研究所编《尹湾汉墓简牍综论》，科学出版社，1999。

刘金沂：《从"圆"到"浑"——汉初二十八宿圆盘的启示》，《中国天文学史文集》编辑组编《中国天文学史文集》第 3 集，科学出版社，1984。

刘庆柱：《汉长安城的考古发现及相关问题研究——纪念汉长城考古工作四十年》，《考古》1996 年第 10 期。

刘松来、李会康：《"诸子出于王官"学术源流考辨——亦谈"诸子出于王官"说与汉家学术话语》，《中国人民大学学报》2019 年第 1 期。

刘仙洲：《我国古代在计时器方面的发明》，《清华北大理工学报》1975年第2期。

刘信芳：《〈日书〉四方四维与五行浅说》，《考古与文物》1993年第2期。

刘玉生：《“秘戏”汉画像石管窥》，《中原文物》1996年增刊。

刘云友：《中国天文史上的一个重要发现——马王堆汉墓帛书中的〈五星占〉》，《文物》1974年第11期。

鲁子健：《璇玑玉衡考》，《社会科学研究》1994年第5期。

栾丰实：《牙璧研究》，《文物》2005年第7期。

罗福颐、唐兰：《新莽始建国元年铜方斗》，《故宫博物院院刊》，1958年。

罗树元：《璇玑玉衡探源》，《湖南师范大学自然科学学报》1990年第4期。

罗树元、黄道芳：《论〈夏小正〉的天象和年代》，《湖南师范大学自然科学学报》1985年第4期。

吕世浩：《汉代时制初探——以悬泉置出土时称木牍为中心的考察》，《甘肃省第二届简牍学国际学术研讨会论文集》，上海古籍出版社，2012。

马楠：《〈晋文公入于晋〉述略》，《文物》2017年第3期。

马怡：《汉代的计时器及相关问题》，《中国史研究》2006年第3期。

马正林：《汉长安城总体布局的地理特征》，《陕西师范大学学报》1994年第4期。

那志良：《两件玉圭的时代》，《故宫文物月刊》第40期，

1986年。

南京博物院:《江苏仪征石碑村汉代木椁墓》,《考古》1966年第1期。

聂鸿音、黄振华:《岁星纪年十二次名义考》,《中国历史文物》2003年第4期。

潘传表:《汉代公羊学关于大一统的制度设计》,《求索》2011年第11期。

彭明瀚:《吴城文化水井初探》,《考古与文物》2003年第5期。

彭裕商:《殷代日界小议》,《殷都学刊》2000年第2期。

钱穆:《神农与黄帝》,《说文月刊》第4卷合订本,1944年。

秦建明:《华表与古代测量术》,《考古与文物》1995年第6期。

秦建明、张在明、杨政:《陕西发现以汉长安城为中心的西汉南北向超长建筑基线》,《文物》1995年第3期。

曲安京:《黄道与盖天说的七衡图》,《自然辩证法通讯》1994年第6期。

曲石:《为璇玑正名》,《文博》1988年第5期。

全和钧、阎林山:《关于西汉漏刻的特点和刻箭的分划》,《自然科学史研究》1985年第3期。

饶宗颐:《图诗与词赋——马王堆新出"大一出行图"私见》,收入湖南省博物馆主编《湖南省博物馆四十周年纪念论文集》,湖南教育出版社,1996。

饶宗颐:《论天水秦简中之"中鸣"、"后鸣"与古代以音律配合时刻制度》,《简牍学研究》第2辑,甘肃人民出版社,

1998。

任杰:《秦汉时制探析》,《自然科学史研究》2009年第4期。

任妮娜:《有齿出牙环状玉器:后红山文化时代环渤海地区的文化互动》,《辽宁师范大学学报》2015年第5期。

山东省菏泽地区汉墓发掘小组:《巨野红土山西汉墓》,《考古学报》1983年第4期。

山西省考古研究所侯马工作站:《晋国石圭作坊遗址发掘简报》,《文物》1987年第6期。

陕西省博物馆、文管会考古调查组:《长安窝头寨汉代钱范遗址调查》,《考古》1972年第5期。

尚民杰:《从〈日书〉看十六时制》,《文博》1996年第4期。

尚民杰:《云梦〈日书〉十二时名称考辨》,《华夏考古》1997年第3期。

尚民杰:《居延汉简时制问题探讨》,《文物》1999年第11期。

沈刚:《王莽营建东都问题探讨》,《中国历史地理论丛》2005年第3期。

沈建华:《从甲骨文圭字看殷代仪礼中的五行观念起源》,《文物》1993年第5期。

〔日〕森和:《〈日书〉与中国古代史研究——以时称和时制的问题为例》,《SHITEKI(史滴)》30号,早稻田大学东洋史恳话会,2008年12月。

石云里、方林、韩朝:《西汉夏侯灶墓出土天文仪器新探》,《自然科学史研究》2012年第1期。

石璋如：《读各家释七衡图、说盖天说起源新例初稿》，《中研院历史语言研究所集刊》第68本第4分，1997年。

史念海：《汉代长安城的营建规模——谨以此恭贺白寿彝教授九十大寿》，《中国历史地理论丛》1998年第2期。

宋超：《战国秦汉时期女娲形象的演变》，《咸阳师范学院学报》2004年第1期。

宋会群、李振宏：《秦汉时制研究》，《历史研究》1993年第6期。

宋镇豪：《先秦时期是如何记时的》，《文史知识》1986年第6期。

宋镇豪：《试论殷代的纪时制度——兼谈中国古代分段纪时制》，《考古学研究（五）》上册，科学出版社，2003。

孙机：《托克托日晷》，《中国历史博物馆馆刊》，1981年。

孙家洲：《论汉代的“区域”概念》，《北京社会科学》1999年第2期。

孙家洲、贾希良：《不为都畿 亦为重地——论洛阳在战国、秦、西汉时期的特殊地位》，《历史教学》1995年第3期。

孙庆伟：《西周玉圭及其相关问题的初步研究》，《文物世界》2000年第2期。

孙占宇：《放马滩秦简日书“星度”篇初探》，《考古》2011年第4期。

眭秋生：《“规”“矩”与我国古代数学》，《南京师大学报》（自然科学版）1987年第3期。

汤惠生：《神话中之昆仑山考述——昆仑山神话与萨满教宇宙观》，《中国社会科学》1996年第5期。

唐友波：《上海博物馆藏新莽衡杆及诏版与诏书解读》，

收入上海博物馆编《学人文集：上海博物馆60周年论文精选（金石卷）》，上海书画出版社，2012。

夏鼐：《从宣化辽墓的星图论二十八宿和黄道十二宫》，《考古学报》1976年第2期。

夏鼐：《商代玉器的分类、定名和用途》，《考古》1983年第5期。

夏鼐：《所谓玉璿玑不会是天文仪器》，《考古学报》1984年第4期。

汪高鑫：《论刘歆的新五德终始历史学说》，《中国文化研究》2002年夏之卷，北京语言大学出版社，2002。

汪高鑫：《论汉代公羊学的夷夏之辨》，《南开学报》2006年第1期。

王邦维：《"洛州无影"与"天下之中"》，《四川大学学报》2005年第4期。

王博：《老子思维方式的史官特色》，《道家文化研究》第4辑，上海古籍出版社，1994。

王重民：《说"十二时"》，收入氏著《敦煌遗书论文集》，中华书局，1984。

王晖：《周武王东都选址考辨》，《中国史研究》1998年第1期。

王健：《西汉后期的文化危机与"再受命"事件新论》，《中国史研究》2015年第1期。

王健民、刘金沂：《西汉汝阴侯墓出土圆盘上的二十八宿古距度的研究》，中国社会科学院考古研究所编《中国古代天文文物论集》，文物出版社，1989。

王立兴：《民间二十四时制与魏晋迄隋的天象记录》，《天文学报》1982年第4期。

王立兴：《纪时制度考》，收入《中国天文学史文集》编辑组编《中国天文学史文集》，科学出版社，1986。

王萍：《老子与中国早期史官》，《文史哲》2000年第2期。

王绍东：《从"闻匈奴中乐"看秦汉时期游牧文化的人文精神》，《内蒙古大学学报》2009年第4期。

王胜利：《〈云梦秦简《日书》初探〉商榷》，《江汉论坛》1987年第11期。

王宪章：《庐山太平宫的"璇玑玉衡"为古代道人测天仪器》，《中国道教》1994年第1期。

王银田、饶晨：《论"鍮石"》，《敦煌研究》2009年4期。

王育成：《东汉道符释例》，《考古学报》1991年第1期。

王煜：《四川汉墓画像中"钩绳"博局与仙人六博》，《四川文物》2011年第2期。

王樾：《中国古代玉器中的"六瑞"与"六器"》，《中国文物报》2002年1月4日。

王振铎：《张衡候风地动仪的复原研究》，《文物》1963年第2、4、5期。

王振铎、李强：《仪征汉墓出土的铜圭表》，徐湖平主编《南京博物院文物博物馆考古文集》，文物出版社，2003。

王子今：《秦人屈肢葬仿象"窋卧"说》，《考古》1987年第12期。

王子今：《秦汉时期气候变迁的历史学考察》，《历史研究》1995年第2期。

王子今：《西汉末年洛阳的地位与王莽的东都规划》，《河洛史志》1995 年第 4 期。

王子今：《“造舟为梁”及早期浮桥史探考》，《文博》1998 年第 4 期。

王子今：《轩辕传说与早期交通的发展》，《炎黄文化研究》2001 年第 8 期。

王子今：《秦汉区域地理学的“大关中”概念》，《人文杂志》2003 年第 1 期。

王子今：《〈南都赋〉自然生态史料研究》，《中国历史地理论丛》2004 年第 3 期。

王子今：《康巴民族考古与交通史的新认识》，《中国文物报》2005 年 10 月 5 日，第 8 版。

王子今：《秦直道的历史文化观照》，《人文杂志》2005 年第 5 期。

王子今：《汉代北边“亡人”：民族立场与文化表现》，《南都学坛》2008 年第 2 期。

王子今：《西汉长安的公共空间》，《中国历史地理论丛》2012 年第 1 辑。

王子今：《说“反枳”：睡虎地秦简〈日书〉交通“俗禁”研究》，收入贾益民、李焯芬主编《第一届饶宗颐与华学国际学术研讨会论文集》，齐鲁书社，2016。

王子今、刘林：《咸阳—长安文化重心地位的形成与上古蜀道主线路的移换》，《长安大学学报》2012 年第 1 期。

吴从祥：《谶纬与汉代迁都思潮之关系》，《长安大学学报》2011 年第 2 期。

武家璧：《陶寺观象台与考古天文学》，《科学技术与辩证法》2008 年第 5 期。

席泽宗：《马王堆汉墓帛书中的彗星图》，《文物》1978年第2期。

兴平县文化馆、茂陵文管所：《陕西兴平汉墓出土的铜漏壶》，《考古》1978年第1期。

肖巍：《中国占星术初探》，《上海社会科学院学术季刊》1991年第4期。

萧良琼：《卜辞中的“立中”与商代的圭表测景》，中国天文学史整理研究小组编《科技史文集》第10辑《天文学专辑（3）》，上海科技出版社，1983。

萧良琼：《殷墟甲骨文中的天文资料提要》，收入薄树人主编《中国科学技术典籍通汇·天文卷》（一），河南教育出版社，1993。

徐振韬：《从帛书〈五星占〉看“先秦浑仪”的创制》，《中国天文学史文集》编辑组编《中国天文学史文集》，科学出版社，1978。

阎步克：《文穷图见：王莽保灾令所见十二卿及州、部辨疑》，《中国史研究》2004年第4期。

阎步克：《诗国：王莽庸部、曹部探源》，《中国社会科学》2004年第6期。

严敦杰：《跋六壬式盘》，《文物参考资料》1958年第7期。

严敦杰：《式盘综述》，《考古学报》1985年第4期。

阎林山、全和钧：《论我国固有的百刻计时制》，《天文参考资料》1977年第4期。

杨伯达：《莱夷玉文化板块探析——胶县三里河大汶口文化玉器解读》，《故宫博物院院刊》2009年第6期。

杨忙忙：《汉铜漏壶的保护修复及相关问题探讨》，《文物保护与考古科学》2016 年第 4 期。

伊克昭盟文物工作站：《内蒙古伊克昭盟发现西汉铜漏》，《考古》1978 年第 5 期。

伊世同：《周公测景台——兼及元代郭守敬四丈测影高表》，收入《郭守敬诞辰 770 周年国际纪念活动文集》，人民日报出版社，2003。

尤仁德：《璿玑新探》，《考古与文物》1991 年第 6 期。

于豪亮：《秦简〈日书〉记时记月诸问题》，中华书局编辑部编《云梦秦简研究》，中华书局，1981。

于少先：《木质垂球及木质觇标墩——测量工具的始祖》，《寻根》1997 年第 5 期。

于希贤：《中国古代都城规划的文化透视》，《中国历史地理论丛》2000 年第 3 期。

余太山：《匈奴、Huns 同族论质疑》，《文史》第 33 辑，中华书局，1990。

张德芳：《悬泉汉简中若干“时称”问题的考察》，《出土文献研究》第 6 辑，上海古籍出版社，2004。

张德芳：《简论汉唐时期河西及敦煌地区的十二时制和十六时制》，《考古与文物》2005 年第 2 期。

张龙海：《山东临淄近年出土的汉代钱范》，《考古》1993 年第 11 期。

张闻玉：《云梦秦简〈日书〉初探》，《江汉论坛》1987 年第 4 期。

张闻玉：《云梦秦简〈日书〉再探——答王胜利先生》，收入氏著《古代天文历法论集》，贵州人民出版社，1995。

张闻玉:《论时刻》,《金筑大学学报》(综合版) 1996 年第 2 期。

张衍田:《古代纪时考述》,《儒家典籍与思想研究》第 9 辑,北京大学出版社,2017。

赵吴成:《平木用“刨”新发现》,《文物》2005 年第 11 期。

曾蓝莹:《尹湾汉墓〈博局占〉木牍试解》,《文物》1999 年第 8 期。

曾磊:《周家台秦简〈日书〉“占物”臆解》,《四川文物》2013 年第 2 期。

曾宪通:《秦汉时制刍议》,《中山大学学报》1992 年第 4 期。

曾宪通:《选堂先生与秦汉时制研究》,《韩山师范学院学报》2015 年第 5 期。

甄尽忠:《汉代北斗信仰的文化意涵》,《石家庄学院学报》2016 年第 4 期。

中国社会科学院考古研究所洛阳工作队:《汉魏洛阳城南郊的灵台遗址》,《考古》1978 年第 1 期。

中国科学院考古研究所满城发掘队:《满城汉墓发掘纪要》,《考古》1972 年第 1 期。

周崇云:《天长三角圩汉代木工工具刍议》,《文物研究》第 11 辑,黄山书社,1998。

周法高:《论商代月蚀的记日法》,《亚洲学报》第 25 期,1964—1965 年。

周桂钿:《董仲舒政治哲学的核心——大一统论》,《中国哲学史》2007 年第 4 期。

周世德：《中国古代造船工程技术成就》，自然科学史研究所主编《中国古代科技成就》，中国青年出版社，1978。

周振鹤：《东西徘徊与南北往复——中国历史上五大都城定位的政治地理因素》，《华东师范大学学报》2009 年第 1 期。

朱士光：《汉唐长安地区的宏观地理形势与微观地理特征》，《中国古都研究》第 2 辑，浙江人民出版社，1986。

朱越利：《马王堆帛简书房中术产生的背景》，《中华医史杂志》1998 年第 1 期。

竺可桢：《二十八宿起源之时代与地点》，《思想与时代》第 34 期，1944 年。

庄大钧：《简论〈老子〉与史官文化之关系》，《山东师范大学学报》1994 年第 5 期。

禚振西：《陕西户县的两座汉墓》，《考古与文物》1980 年创刊号。

邹秀火：《古天文仪器——璇玑玉衡》，《南方文物》2001 年第 1 期。

后　记

这本小书着意探讨的对于时空观念的思考缘起于撰写博士论文期间，然其中的大多数章节是在博士毕业之后陆续完成的。2015 年，我在国家社科基金青年项目的支持下继续研究时空观念问题，同时着手修改博士论文以待结项后出版，但后来注意到天文观测仪器对于时空观念的影响，是以就相关问题展开讨论，也就有了本书前面五章的内容。最后一章探讨威斗与四方观念等问题，则是在博士期间陆续完成的。

小书在写作及出版的过程中，得到了许多师友的帮助。多年前和王子今老师讨论社会观念、社会意识等概念问题，遂有志于从事相关研究。后来博士论文撰写期间，从宏观思考到细节处理都受到陈苏镇老师指导。马怡老师关于计时方式的研究，也为本书中许多问题的展开提供了思路。还要特别感谢李禹阶老师为本书赐序，我回重庆工作以后，一直蒙李老师关照，本书的最终出版也有赖他的鼎力支持。陈鹏与曲柄睿两位好友从撰写博士论文到工作期间，一直关心这本书的出版，在这里向他们表示最诚挚的谢意。

感谢李思宜、张紫璇、鲁吉颖、孙文琪、黄丹玲、邱久芳等各位同学协助校勘各章节，感谢肖军伟同学协助处理书中的图片，并随时提供电子文献方面的支持。感谢社会科学文献出版社陈肖寒兄一直关心，也感谢编辑郑彦宁女士的辛苦工作，没有他们也就没有这本书的最终出版。

本书的出版距离博士论文的撰写已经过去近十年，其间新的材料不断出土和刊布，而笔者的学术观点和思想也在发生变化，这些因素都使得本书中的许多内容有可以进一步完善的空间。内心总是期待再有数年时间，认真修改并将其中的部分章节投稿发表，然现实问题迫在眉睫，所以呈现出来这么一部并不能算是完善的著作，谨此深心致歉。

董涛

2023 年 11 月于嘉陵江畔

图书在版编目（CIP）数据

秦汉时空观念研究 / 董涛著.-- 北京：社会科学文献出版社，2024.12

（大有）

ISBN 978-7-5228-1934-1

Ⅰ.①秦… Ⅱ.①董… Ⅲ.①时空观-研究-中国-秦汉时代 Ⅳ.①B016.9

中国国家版本馆 CIP 数据核字（2023）第 106209 号

大有

秦汉时空观念研究

著　　者 / 董　涛

出 版 人 / 冀祥德
组稿编辑 / 陈肖寒
责任编辑 / 郑彦宁
责任印制 / 王京美

出　　版 / 社会科学文献出版社 · 历史学分社（010）59367256
地址：北京市北三环中路甲 29 号院华龙大厦　邮编：100029
网址：www.ssap.com.cn
发　　行 / 社会科学文献出版社（010）59367028
印　　装 / 北京联兴盛业印刷股份有限公司

规　　格 / 开　本：889mm × 1194mm　1/32
印　张：14.875　字　数：347 千字
版　　次 / 2024 年 12 月第 1 版　2024 年 12 月第 1 次印刷
书　　号 / ISBN 978-7-5228-1934-1
定　　价 / 89.00 元

读者服务电话：4008918866